普通高等院校"十三五"规划教材

经 济 法

JINGJI

FA

隋美妍　赖路燕　任丽莉◎主　编
谭秀丽　郭赟　宋微　樊永强　许丹桂　张红艳◎副主编

清华大学出版社
北京

内 容 简 介

"经济法"是经济类、管理类等专业重要的专业基础课,在整个课程体系中处于核心地位。全书共有十四章,分别是导论、企业法、公司法、企业破产法、合同法、知识产权法、反不正当竞争法、产品质量法、消费者权益保护法、票据法、证券法、税收法律制度、劳动法,以及经济仲裁和经济诉讼。本书详细讲解了经济法的基础知识,循序渐进,注重各章之间的内在联系。各章内容既相互独立,又相互结合,构成一个完整的经济法体系。

本书适合本科院校经济类、管理类专业的学生使用,也适合其他跨专业的学生选修使用。

本书封面贴有清华大学出版社防伪标签,无标签者不得销售。
版权所有,侵权必究。举报: 010-62782989, beiqinquan@tup.tsinghua.edu.cn。

图书在版编目(CIP)数据

经济法 / 隋美妍,赖路燕,任丽莉主编. —北京: 清华大学出版社,2018(2022.1重印)
(普通高等院校"十三五"规划教材)
ISBN 978-7-302-49158-3

Ⅰ. ①经… Ⅱ. ①隋… ②赖… ③任… ①经济法-中国-高等学校-教材 Ⅳ. ①D922.29

中国版本图书馆 CIP 数据核字(2017)第 318321 号

责任编辑: 刘志彬
封面设计: 汉风唐韵
责任校对: 宋玉莲
责任印制: 刘海龙

出版发行: 清华大学出版社
网　　址: http://www.tup.com.cn, http://www.wqbook.com
地　　址: 北京清华大学学研大厦 A 座　　邮　编: 100084
社 总 机: 010-62770175　　邮　购: 010-62786544
投稿与读者服务: 010-62776969, c-service@tup.tsinghua.edu.cn
质量反馈: 010-62772015, zhiliang@tup.tsinghua.edu.cn

印 装 者: 三河市国英印务有限公司
经　　销: 全国新华书店
开　　本: 185mm×260mm　　印　张: 17.75　　字　数: 428千字
版　　次: 2018年1月第1版　　印　次: 2022年1月第5次印刷
定　　价: 52.00元

产品编号: 076138-01

前　言

随着我国法制建设步伐的不断加快,社会主义市场经济法律体系日益完善。经济法知识已经成为高等院校经济类、管理类专业大学生知识结构中不可缺少的组成部分。"经济法"作为经济类、管理类等专业学习的一门重要的专业基础课,在整个课程体系中处于核心地位。

在建设社会主义市场经济体制的过程中,需要大量的复合型人才,尤其是既懂经济又懂法律的经营管理人才。本书基于高等教育在人才培养上的要求,整合经济与管理类专业的教学需要,着力提高学生的法律素质和利用法律解决经济问题的能力。本书的体例安排十分注重经济法的理论性、实用性和实践性的有机结合。在编写过程中,我们力争做到以下几点:通俗性,在介绍相关理论时,做到言简意赅、通俗易懂;实用性,本书坚持理论联系实际的原则,每个章节的重点、难点大都附带相关案例,以帮助学生提高分析问题、解决问题的能力;科学性,本书从内容的筛选到结构的编排都经过了精心策划,具有科学的理论根基。

本书共分为十四章,各章都以案例导入开篇,根据理论知识的需要,穿插了经济生活中发生的典型实例,极大地方便了课堂讨论和课后的实训检测,旨在拓宽学生的逻辑思维领域,有效锻炼学生分析和解决问题的能力。为使本书的内容更具有针对性,本书在策划和编写过程中,突出以下特色:

(1)与时俱进,以新颁布或修订的法律、法规为蓝本进行编撰,反映近年来最新的经济立法理念,如《公司法》《税法》等。

(2)为了使本书内容贴近高等院校培养高素质技能型人才的目标,本书博采众长,广泛吸收各类高校经济法教材的精华,侧重于培养学生在知法、懂法的基础上,运用法律知识分析解决经济生活中各类经济纠纷的能力,提高学生的法律意识和维权技巧。

(3)理论与实践相结合,突出实际操作训练。本书通过穿插大量经济生活中的案例,深入浅出地剖析各知识点,以提升学生对知识的准确把握和灵活运用能力。

（4）内容突出重点、难点及基础核心知识，紧扣高等院校教改目标及教学大纲的要求。在各章节重点内容编排、结构布局、案例难易程度的把握上，以技能训练为主，知识够用为度，丰富实例，增强了趣味性及师生互动。

本书由烟台南山学院商学院隋美妍、江西环境工程职业学院商学院赖路燕和河南信息统计职业学院任丽莉任主编，烟台南山学院商学院谭秀丽和郭赟、邯郸职业技术学院宋微、太原工业学院樊永强、河南信息统计职业学院许丹桂任副主编，河南信息统计职业学院张红艳参与编写。本书在编写中吸收了许多国内同类教材和论著中先进的学术成果，并得到清华大学出版社的大力支持，在此一并致谢。

由于编者水平有限，书中疏漏之处在所难免，恳请广大读者不吝批评指正，以便不断修订完善。

编　者

目 录

第一章　导论 　1
　第一节　经济法概述 …… 1
　第二节　经济法律关系 …… 4
　第三节　经济法律责任 …… 8
　复习思考题 …… 9

第二章　企业法 　10
　第一节　企业法概述 …… 11
　第二节　个人独资企业法 …… 12
　第三节　合伙企业法 …… 15
　第四节　外商投资企业法 …… 24
　复习思考题 …… 35

第三章　公司法 　36
　第一节　公司法概述 …… 37
　第二节　有限责任公司 …… 39
　第三节　股份有限公司 …… 47
　第四节　公司的财务、会计制度 …… 54
　第五节　公司的合并、分立和解散 …… 55
　复习思考题 …… 57

第四章　企业破产法 　58
　第一节　企业破产法概述 …… 59
　第二节　破产案件的申请与受理 …… 60
　第三节　破产程序中的机构 …… 63
　第四节　债务人财产相关制度 …… 66
　第五节　重整与和解 …… 70
　第六节　破产清算 …… 75
　复习思考题 …… 78

第五章　合同法　79

- 第一节　合同法概述 …… 79
- 第二节　合同的订立 …… 82
- 第三节　合同的效力 …… 89
- 第四节　合同的履行 …… 96
- 第五节　合同的担保 …… 102
- 第六节　合同的变更和转让 …… 109
- 第七节　合同权利义务的终止 …… 115
- 第八节　违约责任 …… 120
- 复习思考题 …… 125

第六章　知识产权法　126

- 第一节　知识产权法概述 …… 127
- 第二节　商标法 …… 128
- 第三节　专利法 …… 134
- 第四节　著作权法 …… 142
- 复习思考题 …… 148

第七章　反不正当竞争法　149

- 第一节　反不正当竞争法概述 …… 150
- 第二节　不正当竞争行为 …… 151
- 第三节　不正当竞争行为的法律责任 …… 154
- 复习思考题 …… 156

第八章　产品质量法　157

- 第一节　产品质量法概述 …… 158
- 第二节　产品质量的管理和监督 …… 159
- 第三节　生产者、销售者的产品质量责任和义务 …… 161
- 第四节　违反产品质量法的责任 …… 162
- 复习思考题 …… 165

第九章　消费者权益保护法　166

- 第一节　消费者权益保护法概述 …… 166
- 第二节　消费者的权利与经营者的义务 …… 168
- 第三节　对消费者权益的保护 …… 175
- 第四节　消费争议的解决和法律责任 …… 177
- 复习思考题 …… 183

第十章　票据法　184

- 第一节　票据和票据法　185
- 第二节　票据法律关系与票据行为　186
- 第三节　票据的种类　188
- 第四节　票据权利　190
- 第五节　违反票据法的法律责任　193
- 复习思考题　194

第十一章　证券法　195

- 第一节　证券和证券法　196
- 第二节　证券发行　198
- 第三节　证券交易　201
- 第四节　证券上市　204
- 第五节　上市公司的收购　207
- 第六节　证券机构　208
- 第七节　法律责任　211
- 复习思考题　212

第十二章　税收法律制度　213

- 第一节　税法　213
- 第二节　流转税法律制度　219
- 第三节　所得税法律制度　223
- 第四节　税收征收管理法　228
- 复习思考题　232

第十三章　劳动法　233

- 第一节　劳动法概述　233
- 第二节　劳动合同法　235
- 第三节　劳动者的权利制度　248
- 第四节　劳动争议的处理　256
- 复习思考题　259

第十四章　经济仲裁和经济诉讼　260

- 第一节　经济仲裁　260
- 第二节　经济诉讼　265
- 复习思考题　271

参考文献　272

第一章 导论

> **学习目标**
> 1. 了解经济法的产生和发展。
> 2. 明确经济法的调整对象,熟悉经济法律关系的构成要素。
> 3. 理解经济法律责任的各种方式。
> 4. 能够运用经济法的基础知识和原理来分析经济法律中的现象及问题,并能给出解决问题的方法。

案例导入

甲委托乙采购茶叶,并给乙一份无期限限制的授权委托书。10月,甲通知乙取消授权委托,并要求乙交回授权委托书,乙交回。11月,乙以甲的代理人的名义与丙订立了一份价值10万元的茶叶订购合同。

思考:合同是否生效?试说明当事人之间的法律关系。

第一节 经济法概述

一、经济法的产生和发展

经济法同其他法律一样,是人类社会发展到一定历史阶段的产物。随着商品经济的不断发展,各种经济关系日益复杂化,这就使调整这种经济关系的各种经济法规逐渐得到充实、完善和发展。伴随着人类社会形态的发展,经济法的发展过程经历了一个漫长的时期。

经济法学界人士认为,早在1755年,法国空想社会主义者摩莱里(Morelly)所著的《自然法典》中就明确提出了"经济法"这一概念。1842年,法国另一位空想社会主义者德萨米（Dezamy）所著的《公有法典》中不但两次使用"经济法"一词，而且还提出了与现行经济法相类似的工业法、农业法等一系列部门经济法。这一时期的经济立法进程还比较缓慢，没有形成独立的法律部门。

19世纪末20世纪初，随着自由资本主义向垄断资本主义的过渡，主要的资本主义国家（如德国等）都采用经济立法手段对经济生活进行干预。具有代表性的是，1906年德国学者雷特（Retter）在《世界经济年鉴》中开始使用"经济法"这一名称，被认为是现代经济法的开端。另外，美国在20世纪30年代发生了严重的经济危机，时任总统的罗斯福为了摆脱危机，加紧推行所谓的"新政"，搞了一系列的"社会立法"全面干预社会经济，帮助垄断资本家摆脱经济危机，从而加速了经济立法。日本自明治维新之后制定了一系列调整经济关系的法律，现行的上万件法规中，大部分是与经济有关的条文。20世纪50年代后期，日本进入了经济大发展时期，这个时期的经济立法也得到了加速发展。1979年，日本出版了《六法全书》，其中经济法单独列为一篇，共11类225个经济法规。

总之，资本主义国家经济法的产生和发展，标志着国家权力对经济生活开始实行直接的干预，以达到振兴本国经济的目的。

在我国，现代经济法的产生和发展，主要分为以下两个时期。

（一）中国经济法的产生时期

我国从新中国成立至20世纪70年代末期，由于一直实行的是计划经济体制，所以经济法的形成速度比较缓慢。但是，政府从宏观调控、维护国家和公共利益等需要出发，也制定和颁布了不少经济法律、法规，如《土地改革法》《私营企业暂行条例》《矿业暂行条例》《机关、国营企业、合作社签订合同契约的暂行办法》《商业企业管理登记试行办法》《商标管理条例》等。这些经济法律、法规的颁布和施行虽为我国公有制经济的建立和国民经济的发展积累了经验，但终因计划经济基本是由政府行政命令直接指挥经济活动，使经济法律、法规流于形式。

（二）中国经济法的发展时期

这个时期又可以分为两个阶段。

▶ 1. 第一阶段（1979—1992年）

这个阶段，我国开始改革过去高度集中的计划经济体制，实行与市场调节相结合的经济体制，国家经济模式也发生了明显变化，逐步重视价值规律和市场机制对国民经济的调节作用，重视以法律手段调控经济，颁布了大量经济法律、法规，如《个人所得税法》《标准化管理条例》《环境保护法（试行）》《经济合同法》等。十多年间，全国人大及其常委会和国务院制定的有关经济管理的法律、法规达600多件。这些法律、法规的内容涉及企业管理、国有资产管理、计划、财政、金融、价格、自然资源、环境保护，以及工业、农业、建筑、交通、运输、科技、邮电、服务等各个方面。

这个阶段的经济立法是适应经济体制改革初期的要求而产生的。其特点有：一是经济法与民商法、行政法不分；二是国家宏观调控主要依靠计划手段；三是法律、法规庞杂，作为经济法核心的重要法律缺位。

▶ 2. 第二阶段（1993年至今）

这一阶段是中国经济法迅速发展的时期。1993年以来，国家围绕推进改革和建立社会主义市场经济法律体系框架，颁布了大量的经济法律、法规。在产业结构调整方面，国务院制定了《90年代国家产业政策纲要》，全国人大常委会制定了《农业法》《农业技术推广法》《科技进步法》等；在国有资产管理方面，颁布了有关国有资产管理、运营、评估、考核、监督等一系列法规；在财政税收方面，颁布了《预算法》《审计法》《会计法》，1994年围绕税制改革修改了《税收征收管理办法》；在金融方面，颁布了《中国人民银行法》《商业银行法》《票据法》《保险法》。此外，还制定和实施了《反不正当竞争法》《消费者权益保护法》《产品质量法》《公司法》《担保法》《劳动法》《价格法》《证券法》《合同法》等大量的经济法律、法规，从而为建立完备的社会主义市场经济的经济法体系奠定了坚实的基础，确保了我国社会经济的持续、稳定、健康发展。

二、经济法的概念和调整对象

经济法是指调整国家在管理与协调经济运行过程中发生的经济关系的法律规范的总称。根据前面给出的含义，经济法的调整对象是国家需要干预的特定经济关系，具体来说主要包括以下内容。

（一）市场主体调控关系

市场主体调控关系是指国家在对市场主体的活动进行管理，以及市场主体自身运行过程中所发生的经济关系。其中，市场主体包括企业（公司、合伙、独资企业等）、个体工商户、公民个人等。

（二）市场运行调控关系

市场运行调控关系是指国家为了建立市场经济秩序，维护国家、市场经营者和消费者的合法权益而干预市场所发生的经济关系。规范这些经济关系的法律有《反不正当竞争法》《产品质量法》《消费者权益保护法》等。

（三）宏观经济调控关系

宏观经济调控关系是指国家从长远和社会公共利益出发，对关系国计民生的重大因素，在实行全局性的管理过程中，与其他社会组织之间发生的具有隶属性或指导性的社会经济关系。规范这些经济关系的法律有产业调节、计划，土地管理，金融证券监督等有关的法律、法规制度。

（四）社会分配调控关系

社会分配调控关系是指国家在对国民收入进行初次分配和再分配过程中所发生的经济关系。规范这些经济关系的法律有财政、税收方面的法律法规。

三、经济法的地位

经济法的地位是指经济法在整个法律体系中的地位。

经济法是不是一个独立的法律部门，取决于经济法是否具有特定的调整对象。

（1）经济法的调整对象有一定的范围。它只调整在国家干预国民经济运行过程中发生的经济关系，不调整其他经济关系，更不调整非经济关系。

（2）经济法的调整对象是有具体内容的。它们分别是市场主体调控关系、市场秩序调控关系、宏观经济调控和可持续发展社会关系，以及社会分配关系。

（3）经济法的调整对象同其他法律部门的调整对象是明确而又相互区别的。也就是说，经济法调整的国家干预经济关系，同其他法律部门的调整对象既不是交叉的，也不是重叠的。

因此，我们有充分的理由认为，经济法是一个独立的法律部门。它与民法、商法、行政法、刑法、国际法等法律部门一样同属于国家二级大法，在我国社会主义法律体系中具有极其重要的地位。

第二节 经济法律关系

一、经济法律关系的概念和特征

（一）经济法律关系的概念

经济法律关系是法律关系的一种，经济法律关系是指由经济法律规范确认和调整的经济法主体在经济运行过程中所形成的经济权利和经济义务的法律关系。但并非所有的经济关系都是法律关系，只有当某种特定的经济关系为经济法律规范所调整并以经济权利和义务为内容时，才具有经济法律关系的性质。

（二）经济法律关系的特征

▶ 1. 经济法律关系具有意志性

经济法律关系是具有意志性的社会关系，这是它不同于作为经济法调整对象的经济管理关系的一个重要特征。在经济法律关系形成和实现的过程中，国家意志是主导的，但它和经济法律关系参加者的意志是相互联系的。

（1）经济法律关系参加者的意志必须符合国家的意志。经济法律关系是由经济法律规范确认的，而经济法律规范由国家制定，渗透着国家意志。可以说，经济法律关系是贯彻国家意志的重要形式。因此，在经济法律关系的形成过程中，经济法律关系参加者的意志必须服从国家意志，国家意志对经济法律关系的形成起着主导作用。

（2）国家的意志必须借助经济法律关系参加者的意志才能实现。无疑，经济法律关系的参加者的行为始终是受其意志支配的。只有人们按照自己的意志，在经济法律规范允许的范围内相互结成一定的经济法律关系，行使经济权利，履行经济义务，体现在经济法律规范中的国家意志才能得以实现。所以，在经济法律关系实现过程中，国家意志必须借助经济法律关系参加者的意志才能实现。

▶ 2. 经济法律关系是经济法律规范确认和调整所形成的法律关系

法律规范是法律关系产生、变更和终止的前提，权利义务关系是依据相应法律规定而形成的。没有法律规范的具体规定，经济法律关系就不能产生，其内容也无法实现。在经济法律关系中，任何主体不享有经济法律规定以外的权利，也不承担经济法律规定以外的义务。

▶ 3. 经济法律关系具有社会公共经济管理性

经济法律关系与其他法律关系的一个重要区别就在于，经济法律关系具有社会公共的经济管理性质。法律关系是由法律确认的，而具体法律关系的特性则是由法律所调整的社会关系本身的特殊性质决定的。经济法律关系作为法律关系的一种,它的特性也取决于经济法所调整的社会关系本身的性质。

经济法的调整对象是以社会公共性为根本特征的经济管理关系,包括因政府进行宏观管理而发生的宏观经济管理关系和因国家维护市场秩序而发生的市场管理关系。因此,不论就经济法调整的总体而言,还是就经济法调整的具体社会关系而言,其社会管理性是极为明显的。无疑,这种社会关系经经济法调整之后,其社会公共管理性仍渗透在权利、义务之中。所以,社会公共经济管理性是经济法律关系的一大特征。

▶ **4. 经济法律关系需要由国家强制力保证实现**

由于经济法律关系为经济法律规范所确认,而经济法律规范由国家所制定,所以,经济法律关系一旦形成就会受到国家的保障。也就是说,经济法律关系是由国家强制力保证实现的。通常,参加经济法律关系的当事人是能够实现他所享有的经济权利和履行他所承担的经济义务的。当经济法律关系的实现遇到障碍,或权利人不能完全行使和享有权利,或义务不履行时,就需要法院强制执行,责令义务人履行义务,甚至给予违法行为人以必要的制裁,以有效地保证经济法律关系的实现。

▍二、经济法律关系的构成要素

经济法律关系的构成要素是构成经济法律关系的必要条件。任何一种经济法律关系都是由主体、客体和内容三个要素组成的,缺少其中任何一个要素都形成不了经济法律关系,变动了其中任何一个要素就不再是原有的经济法律关系。

（一）经济法律关系主体

经济法律关系主体简称经济法主体,是指参加经济法律关系,享有经济权利,承担经济义务的当事人。享有权利的一方称为权利主体,承担义务的一方称为义务主体。一般而言,各方主体均既享有经济权利,又承担经济义务,具有双重主体的身份。

▶ **1. 经济法律关系主体的资格**

经济法律关系主体的资格是指当事人参与经济法律关系,享有经济权利并承担义务的能力。它是经济法律关系主体参与经济法律关系的前提和基础,只有具备主体资格的当事人才能参与经济法律关系,享有经济权利并承担经济义务。社会组织和个人只有符合法定条件,依照法定程序或由法定机关授权、认可,才能取得主体资格,并在法律规定的范围内参与经济法律关系。

▶ **2. 经济法律关系主体的范围**

依照我国法律规定,目前经济法的主体范围如下。

（1）国家机关。国家机关是行使国家职能的各种机关的总称,包括国家权力机关、国家行政机关、国家司法机关等。作为经济法主体的国家机关,主要是指国家行政机关中的经济管理机关。在某些情况下,国家也可以以自己的名义作为主体参与经济法律关系,如发行国债、以政府名义与外国签订经济贸易协议等。

（2）企业。企业是最为重要的经济法主体,是指依法成立的以营利为目的从事商品生产、经营和服务活动的独立的社会经济组织。

（3）其他社会组织,主要是指事业单位和社会团体、企业内部组织和有关人员。企业内部组织虽无独立的法律地位,但在有关人员根据经济法律规定参与企业内部的生产经营管理活动时，在实行内部承包经营责任制、实行内部独立核算等情况下形成相应的经济法律关系，便具有经济法主体的地位。

(4) 公民(自然人)、农村承包经营户、个体工商户。此类为个人主体，他们在通常情况下是民事法律关系的主体。但当他们参与经济法律关系，同国家经济管理机关或其他社会组织发生经济权利和义务关系时，就成为经济法律关系主体，如农民与农村集体经济组织发生承包关系、公民向税务机关纳税等。

(二) 经济法律关系客体

经济法律关系客体，是指经济法律关系主体的经济权利和经济义务所共同指向的对象，包括物、经济行为和智力成果。

物，是经济法律关系客体中最普遍、最主要的一种对象，是指能够为人们控制和支配，具有一定经济价值且以一定物质形态存在的物品。

经济行为，是指经济法主体为达到一定目的所进行的经济活动，包括经济管理行为，提供劳务行为和完成工作行为，如运输法律关系中的客体就是运送行为。

智力成果，是指人们的脑力劳动所创造的精神产品，又称精神财富或无形产品，如学术论文、著作、文艺作品、创造发明、商标等。它们可以成为著作权、商标权、发明权、专利权等法律关系的客体。

此外，在现实经济中，权利也可能成为经济法律关系的客体。例如，土地使用权的客体是土地，当土地使用权成为土地出让法律关系中指向的对象时，土地使用权就构成该法律关系的客体。

(三) 经济法律关系的内容

经济法律关系的内容，是指经济法主体依法享有的经济权利和承担的经济义务。在不同的经济法律关系中，主体的权利和义务各不相同。

▶ **1. 经济权利**

经济权利是指经济法主体依法具有的自己为或不为一定行为和要求他人为或不为一定行为的资格。我国法律赋予经济法主体的经济权利是极其广泛的，概括起来主要有以下几个方面。

(1) 经济职权。经济职权是指国家机关及其工作人员在行使经济管理职能时依法享有的权利。经济职权具有隶属性和行政权力性。在国家机关及其工作人员依法行使经济职权时，其他经济法主体均应服从。经济职权对国家机关及其工作人员而言，既是权利又是义务，不得随意放弃或转让，如决策权、资源配置权、许可权、审核权等。

(2) 所有权。所有权是指所有权人依法对自己所有的财产享有的占有、使用、收益和处分的权利。这种权利具有排他性和绝对性。所有权人无须他人协助即可实现其权利。所有权是一种最完整的物权，具有四项权能，即占有权、使用权、收益权和处分权。这四项权能可以在一定条件下与所有权人分离，这种分离是所有权人行使所有权的一种方式。

(3) 法人财产权。法人财产权是指企业法人对股东投资所设企业的全部财产在经营中所享有的占有、使用、收益和处分的权利。我国《公司法》规定，公司享有股东投资形成的全部法人财产权。

(4) 债权。债权是指按照合同约定或法律规定，在当事人之间产生的特定权利。债权是一种请求权，其义务主体是特定的。

(5) 知识产权。知识产权即专利权、商标权、著作权等，是智力成果的创始人依法享有的权利和生产经营活动中标记所有权人依法所享有的权利的总称。

▶ 2. 经济义务

经济义务是指经济法主体根据法律规定，或者为满足权利主体的要求，必须为或不为一定行为的责任。经济义务具有以下含义：

(1) 义务主体必须依照法定范围做出一定行为或不做出一定行为，以满足权利主体实现其权利；

(2) 当主体不履行义务时应承担相应的法律责任。

经济权利与经济义务是辩证统一、相辅相成的，没有经济权利就不会有经济义务。经济法主体不能只享有经济权利而不承担经济义务，也不能只承担经济义务而不享有经济权利。

三、经济法律关系的产生、变更和终止

(一) 经济法律关系的产生、变更和终止的概念

社会经济活动是在连续不断的运动中进行中，在此基础上形成的经济法律关系也是不断地产生、变更和终止的。

经济法律关系的产生是指由于一定的客观情况的出现而在经济法主体之间形成的权利义务关系。例如，企业依照《合同法》规定签订买卖合同，签订合同双方就都享有一定的经济权利并承担一定的经济义务，从而使它们之间形成买卖合同法律关系。

经济法律关系的变更是指经济法律关系主体、客体和内容的变化。主体变更既可以是数目的增加或减少，也可以是原来主体的改变；客体变更既可以是范围的变动，也可以是性质的变化。经济法律关系的主体、客体变了，相应的经济权利和义务也就随之改变了。

经济法律关系的终止是指经济法律关系主体之间的权利和义务关系的消灭。它有两种情况：一种是绝对终止，如已经全部履行了合同规定的义务；另一种是相对终止，是将权利义务转移到另一个主体，或是部分履行了义务。

(二) 经济法律关系产生、变更和终止的条件

经济法律关系的产生、变更和终止是有条件的，需要有经济法律事实的存在。所谓经济法律事实，是指能够直接引起经济法律关系的产生、变更与终止的客观情况。经济法律事实依照其发生与当事人的意志有无关系，又分为法律行为与法律事件两类。

法律行为是指以经济法主体的意志为转移，能够引起经济法律关系发生、变更和终止的有意识的活动，分为违法行为和合法行为。违法行为不能产生行为人所预期的后果，但可能产生其他法律后果，也会引起相应的经济法律关系的产生、变更或终止，如引起经济制裁法律关系等。违法行为是行为人承担法律责任的依据之一。

法律事件是指法律规范规定的，不以当事人的主观意志为转移的客观事实，包括自然现象和社会现象引起的事实。自然现象引起的事实又称绝对事件，如地震、火灾、冰雹、海啸、洪水等。社会现象引起的事实又称相对事件，如因爆发战争或重大政策改变等致使合同无法履行等。相对事件虽然是因人的行为而引起的，但其出现在特定经济法律关系中并不以当事人的意志为转移。

第三节 经济法律责任

一、经济法律责任的概念和特征

经济法律责任是由经济法规定的，在经济法主体违反法定经济义务时必须承担的法律后果。

经济法律责任是法律责任的一种，具有不同于其他法律责任的特征。

▶ 1. 综合统一性

从其内部构成看，经济法律责任不是某种单一的责任，它是民事责任、行政责任、刑事责任的综合，是三种责任有机结合构成的统一体。

▶ 2. 双重处罚性

双重处罚性主要表现在两个方面：一方面表现在"双罚"规定上，既可以对违法的法人予以经济制裁，又可以同时对法人组织中的直接责任者予以民事、行政乃至刑事制裁；另一方面表现在经济法规中的"并处"上，即对同一违法主体，可以同时适用数种制裁措施。

▶ 3. 多元追究性

有权追究违法主体经济法律责任的机关是综合的，主要有司法机关、国家经济行政管理机关、仲裁机构，在其职权范围内，它们都有权运用有关的经济法律、法规，追究违法主体的经济法律责任。

二、承担经济法律责任的原则

（一）过错责任原则

过错责任原则是我国经济法确认的，在追究违法主体的经济法律责任时普遍适用的一项原则。过错责任原则的适用条件如下。

▶ 1. 须有经济违法行为

经济违法行为是指经济法主体拒不履行和不适当履行法定经济义务的行为，既可以表现为违法主体以积极的作为违反了经济法规定的不作为义务，实施了法律所禁止的行为，又可以表现为违法主体以消极的不作为违反了经济法规定的作为义务，拒绝实施经济法要求的某种行为。如纳税人违反税收法规拒不纳税的行为。

▶ 2. 行为人须有过错

过错是指行为人在实施经济违法行为时，主观上所持有的故意或过失心理状态。

▶ 3. 须有损害或危害事实

一般来说，行为人的行为只要违法，就应当追究其经济法律责任。但是，在具体确定经济法律责任时，违法行为是否造成了危害经济管理秩序或损害他人利益的事实，也是一个不可忽视的要件。特别是在确定违法主体应承担何种责任、对其应予以何种制裁时，危害事实的有无以及危害性质、危害程度等客观情况，就具有特别重要的意义。

▶ **4. 违法行为与损害事实之间须有因果关系**

如果违法行为与损害事实之间没有因果关系，就不能让行为人对该损害承担责任。

(二) 无过错责任原则

无过错责任原则是指在有法律直接规定的情况下，无论行为人是否有过错，都要对其行为导致的损害事实承担责任的原则。这是经济法主体承担经济法律责任的特殊原则，这种原则只有在特定情况下，即在经济法律有明确规定时才能适用。这一原则的确定，可以使因实行过错责任原则得不到应有补偿的受害人得到补偿，使经济法律责任的承担更加公平、合理。

三、经济法律责任形式

(一) 民事责任

民事责任是指经济法主体违反民事法律、法规依法应承担的民事法律后果。承担民事责任的方式主要有：停止侵害、排除妨碍和消除危险；返还财产、恢复原状以及修理、重做和更换；赔偿损失、支付违约金；消除影响、恢复名誉等。

(二) 行政责任

行政责任是指国家有关机关对违反经济法律、法规的单位和个人依照行政程序而给予的行政制裁，包括行政处罚和行政处分。对违反经济法的企业和经济组织，可以给予行政处罚，包括警告、罚款、没收违法所得、没收非法财物、责令停业整顿、暂扣或者吊销许可证、暂扣或者吊销执照、行政拘留等。对国家机关和企事业单位的有关责任人员，可以给予行政处分，包括警告、记过、记大过、降职、留用察看、开除等。

(三) 刑事责任

刑事责任是指对违反经济法律，情节严重，构成犯罪的行为，依法给予刑事制裁。根据《中华人民共和国刑法》的规定，刑罚分为主刑和附加刑。主刑包括管制、拘役、有期徒刑、无期徒刑和死刑。附加刑包括罚金、剥夺政治权利、没收财产。主刑独立适用，附加刑可以单独或附加适用。对犯罪的外国人、无国籍人，可以独立适用或附加适用驱逐出境。

拓展案例

2015年10月30日，李某和妻子王某、儿子到汽车交易市场选购汽车。当他们从一家4S店出来时，一辆停在店门口消防通道上的汽车突然启动，将王某撞倒并从她身上碾过，王某当场死亡。李某深受刺激，被送往医院急救。经公安机关调查后，该事故定性为"道路外车辆事故"。肇事者是位女性，46岁，事发后她内心深受谴责。肇事者的丈夫向李某表示愿意承担责任，4S店和汽车交易市场也表示愿意承担相应责任。

思考：本案例共涉及几个法律关系？对王某的死亡，应由哪方主体承担责任？

复习思考题

1. 简述经济法的概念及其调整对象。
2. 举例说明经济法律关系的构成要素。
3. 简述经济法律责任的形式。

第二章 企业法

> **学习目标**
>
> 1. 了解企业法的基础理论知识，掌握个人独资企业的设立条件、管理、解散、清算等。
> 2. 掌握普通合伙企业和有限合伙企业的概念、特征、设立条件、合伙事务执行，以及合伙企业的法律责任等内容。
> 3. 了解中外合资经营企业、中外合作经营企业、外资企业的法律特征，明确合营企业和合作企业的区别。
> 4. 能运用学到的法律知识解决各种类型企业经营中涉及的法律问题。

案例导入

王某与甲、乙两人商议合伙开办一家小食品加工厂。三人商定各出资2万元，订立了书面协议，在准备生产的过程中，发现资金仍然不够，王某于是动员其弟弟丙支持他们2万元。丙表示可以出资，但是要参加合伙的盈余分配。经王某与甲、乙两位合伙人商议，对丙参加盈余分配表示同意，但约定丙不得参与合伙的经营活动，并正式订立了书面协议。小食品加工厂成立1年后，丙了解到该厂经营情况不景气，就以妻子生病缺钱为由，要求抽回他的2万元，王某不答应。某日，王某外出，丙遂找到甲、乙两位合伙人，以同样的理由要求还钱，并声称王某已经同意。碍于王某与丙的关系，甲、乙两位合伙人便将该小食品加工厂当时仅有的12 000元现金交给了丙。王某得知后对此表示十分不满，又过了半年，王某告知丙，小食品加工厂现已经累计亏损32 000元，债权人正在追讨债务。丙的8 000元应当用来还债，不予归还。

思考：

1. 王某找其弟弟丙支持他们时，该合伙企业是否已经成立？
2. 丙的出资行为能否视为新加入合伙企业？
3. 对丙抽走12 000元的行为应当如何认定？他是否有权再要求抽回剩下的8 000元？
4. 丙对小食品加工厂的债务承担什么责任？为什么？

第一节 企业法概述

一、企业的概念和特征

企业是依法设立的以营利为目的的从事生产经营活动的独立核算的经济组织。

企业主要有以下特征。

（1）企业是社会经济组织。企业作为一种社会组织，有自己的机构及工作程序，主要从事经济活动，并有相应的财产。

（2）企业是以营利为目的，从事生产经营活动的社会经济组织。

（3）企业是实行独立核算的社会经济组织，不实行独立核算的社会经济组织不能称为企业。

（4）企业是依法设立的社会经济组织。企业通过依法设立，可以取得相应的法律地位，获得合法的身份，得到国家法律的认可和保护。

二、企业的分类

根据不同的分类标准，企业可以有不同的分类。

按照企业组织形式的不同，可以分为个人独资企业、合伙企业和公司企业。

按照企业法律属性的不同，可以分为法人企业和非法人企业。

按照企业所属行业的不同，可以分为工业企业、农业企业、建筑企业、交通运输企业、邮电企业、商业企业和外贸企业等。

按照企业的所有制性质的不同，可以分为全民所有制企业、集体所有制企业、私营企业和混合所有制企业。

按照企业投资者是否含有涉外或涉港澳台因素，可以分为内资企业和外商投资企业。

三、企业法的概念、主要内容和主要任务

企业法是调整企业在设立、组织、活动、变更及终止过程中所发生的各种经济关系的法律规范的总称。

企业法的主要内容是关于调整企业的内外部组织关系和从设立到消亡过程中发生的各种法律关系，具体包括企业的设立条件、设立程序、权利能力和行为能力、财产、组织形式、经营管理，以及企业的变更、解散、清算等。企业法的主要任务是确立企业的法律地位，调整企业的内外部关系。随着我国社会主义市场经济体制的确立与完善，在立法方面进一步加大了市场主体法的立法力度，自20世纪80年代以来，我国陆续颁布了《全民所有制企业法》《城镇集体所有制企业条例》《中华人民共和国公司法》《中华人民共和国合伙企业法》《中华人民共和国个人独资企业法》《中华人民共和国中外合资经营企业法》《中华人民共和国中外合作经营企业法》《中华人民共和国外资企业法》《中华人民共和国企业破产法》等一系列法律规范。这一系列法律规范的颁布，对于建立现代企业制度，完善社会主义市场经济体制起到了积极作用。

第二节 个人独资企业法

一、个人独资企业法概述

(一) 个人独资企业的概念和特征

个人独资企业是指由一个自然人投资，财产为投资人个人所有，投资人以其个人财产对企业债务承担无限责任的经营实体。

个人独资企业是历史上最早出现的企业组织形式，现代公司企业的繁荣兴盛并没有淘汰个人独资企业这种古老的企业形式。今天，在许多产业里，个人独资企业显示了勃勃生机，其责任的无限性、设立的简便性、管理的直接性、投入的广泛性，以及与投资者利益的直接相关性使个人独资企业更能适应市场发展的需要。

个人独资企业具有以下法律特征。

▶ 1. 个人独资企业投资人是一个自然人

根据《个人独资企业法》的规定，设立个人独资企业只能是一个自然人，国家机关、国家授权投资的机构或者国家授权的部门、企业、事业单位等都不能作为个人独资企业的设立人。个人独资企业的"独资"，意味着没有资本的联合，企业发展规模会受到相应的限制。因此，个人独资企业一般属于中小企业。

▶ 2. 个人独资企业的投资人对企业的债务承担无限责任

当企业资产不足以清偿到期债务时，投资人应以个人全部财产用于清偿，这实际上将企业的责任与投资人的责任联为一体。因此，个人独资企业债权人债权的实现在很大程度上依赖于投资人的信用和偿债能力。

▶ 3. 个人独资企业的内部机构设置简单，经营管理方式灵活

略。

▶ 4. 个人独资企业是非法人企业

这是个人独资企业在法律地位上的特征。个人独资企业尽管有自己的名称或商号，并以企业名义从事经营行为和参加诉讼活动，但它不具有独立的法人地位。其一，个人独资企业本身不是财产所有权主体，不享有独立的财产权利；其二，个人独资企业不承担独立责任，而是由投资人承担无限责任。这一特点与合伙企业相同而区别于公司。个人独资企业不具有法人资格，但属于独立的法律主体，其性质属于非法人组织，享有相应的权利能力和行为能力，能够以自己的名义进行法律行为。

(二) 个人独资企业法的概念

《个人独资企业法》是1999年8月30日第九届全国人民代表大会常务委员会第十一次会议通过，自2000年1月1日起施行的《中华人民共和国个人独资企业法》(以下简称《个人独资企业法》)，共6章48条。

(三) 个人独资企业法的适用范围

《个人独资企业法》只适用于一个自然人投资设立的独资企业，即个人独资企业。外国

企业、其他经济组织和个人在我国境内设立的独资企业属于外商独资企业，不适用本法。

二、个人独资企业的设立

(一) 设立条件

▶ 1. 投资人为具有中国国籍的自然人

《个人独资企业法》第 8 条规定，设立个人独资企业的投资人应为一个自然人。第 47 条规定，外商独资企业不适用本法。因此，设立个人独资企业的投资人应为一个自然人且只能是中国公民。投资人应当具备完全民事行为能力，且不得为法律、行政法规禁止从事营利性活动的人，如国家公务员、法官、检察官、人民警察及现役军人等。

▶ 2. 有合法的企业名称

企业名称是一个企业区别于其他企业的标志，企业的名称应与其组织形式、经营范围以及责任形式相符，为避免公众的误解，禁止在企业名称中使用"有限"或"有限责任"字样，也不得使用"公司""股份"等字样，可以使用厂、店、中心或工作室等字样。

▶ 3. 有投资人申报的出资

个人独资企业的出资额由投资人自愿申报，无须出具验资证明，也无最低注册资本额，投资人所申报的出资额，不一定是最终的实缴金额。个人独资企业的出资方式，既可以个人财产出资，也可以家庭共有财产作为个人出资，若以家庭共有财产作为个人出资，应当依法以家庭共有财产对企业债务承担无限责任。

▶ 4. 有固定的生产经营场所和必要的生产经营条件

生产经营场所包括企业的住所和进行生产经营活动的处所。生产经营的必要条件是指与企业生产经营范围、规模相适应的条件，如厂房、办公场地、机器设备等，根据企业经营业务内容等具体情况确定，自有、租赁均可。

▶ 5. 有必要的从业人员

从业人员是企业开展经营活动必不可少的要素和条件，关于从业人员的人数，法律并没有做出具体的规定，由企业视经营情况而定。

(二) 设立程序

▶ 1. 设立申请

个人独资企业的设立申请，可以由投资人自己提出，也可以由投资人委托代理人代为提出。委托代理人申请设立登记时，应当出具投资人的委托书和代理人的合法证明。个人独资企业所在地的工商行政管理机关为受理申请的登记机关。

申请人应当向登记机关提交设立申请书、投资人身份证明、生产经营场所使用证明等文件。设立申请书应当载明：企业的名称和住所；投资人的姓名和居所；投资人的出资额和出资方式；经营范围。

个人独资企业不得从事法律、行政法规禁止经营的业务，如军工、金融业等。从事法律、行政法规规定须报经有关部门审批业务的，申请设立登记时应当提交有关部门的批准文件。

▶ 2. 设立登记

登记机关应当在收到设立申请文件之日起 15 日内，对符合法律规定条件的企业予以登记，发给营业执照。个人独资企业的营业执照的签发日期，为个人独资企业成立日期。在领取个人独资企业营业执照前，投资人不得以个人独资企业名义从事经营活动。

登记机关对于不符合法律规定条件的设立申请，不予登记，并应当给予书面答复，说明理由。

▶3. 设立分支机构

个人独资企业设立分支机构，应当由投资人或者其委托的代理人向分支机构所在地的工商行政管理机关申请登记，领取营业执照。分支机构经核准登记后，应将登记情况报该分支机构隶属的个人独资企业的登记机关备案。分支机构的民事责任由设立该分支机构的个人独资企业承担。

▶4. 变更登记

个人独资企业存续期间登记事项发生变更的，应当在做出变更决定之日起15日内依法向登记机关申请办理变更登记。

三、个人独资企业的事务管理

（一）个人独资企业事务的管理方式

个人独资企业的事务管理方式有三种：一是个人独资企业的投资人可以自任企业的厂长、经理，管理和执行企业的各项事务；二是委托其他具有民事权利能力的人管理企业事务；三是聘用其他具有民事权利能力的人管理企业事务。投资人可以自由选择以上三种方式之一。投资人委托或聘用其他具有民事权利能力的人管理个人独资企业的事务，应当与委托人或被聘用人签订书面合同，明确委托的具体内容和授权范围。投资人对受托人或聘用人的职权限制，不得对抗善意第三人。

（二）受托人或被聘用人不得从事的行为

受托人或被聘用人不得从事下列行为：

(1) 利用职务之便，索取或收受贿赂；
(2) 利用职务或工作上的便利侵占企业财产；
(3) 挪用企业资金归个人使用或借贷给他人；
(4) 擅自将企业资金以个人名义或以他人名义开立账户存储；
(5) 擅自以企业财产提供担保；
(6) 未经投资人同意，从事与本企业相竞争的业务；
(7) 未经投资人同意，同本企业订立合同或进行交易；
(8) 未经投资人同意，擅自将企业商标或知识产权转让给他人使用；
(9) 泄露企业的商业秘密；
(10) 法律、行政法规规定禁止的其他行为。

四、个人独资企业的解散和清算

（一）个人独资企业的解散

《个人独资企业法》第26条规定，个人独资企业有下列情形之一的，应当解散：①投资人决定解散；②投资人死亡或者被宣告死亡，无继承人或者继承人决定放弃继承；③被依法吊销营业执照；④法律、行政法规规定的其他情形。

（二）个人独资企业的清算

个人独资企业解散的，应当进行清算。《个人独资企业法》对个人独资企业清算做了如下规定。

▶ **1. 通知和公告债权人**

《个人独资企业法》第 27 条规定，个人独资企业解散，由投资人自行清算或者由债权人申请人民法院指定清算人进行清算。投资人自行清算的，应当在清算前 15 日内书面通知债权人，无法通知的，应当予以公告。债权人应当在接到通知之日起 30 日内，未接到通知的应当在公告之日起 60 日内，向投资人申报债权。

▶ **2. 债务清偿**

个人独资企业解散后，原投资人对个人独资企业存续期间的债务仍应承担偿还责任，但债权人在 5 年内未向债务人提出偿债请求的，该责任消灭。

《个人独资企业法》第 29 条规定，个人独资企业解散的，财产应当按照下列顺序清偿：①所欠职工工资和社会保险费用；②所欠税款；③其他债务。个人独资企业财产不足以清偿债务的，投资人应当以个人的其他财产予以清偿。

▶ **3. 注销登记**

个人独资企业清算结束后，投资人或者人民法院指定的清算人应当编制清算报告，并于 15 日内到登记机关办理注销登记。经登记机关注销登记，个人独资企业终止。个人独资企业办理注销登记时，应当交回营业执照。

拓展案例

2016 年 12 月 25 日，王某出资 10 万元设立个人独资企业，并聘请张某管理企业事务。同时约定，凡张某签订标的额超过 3 万元以上的合同，须经王某同意。2017 年 3 月 25 日，张某未经王某同意，以企业名义向善意第三人李某购买价值 6 万元的货物。4 月 22 日，李某将货物发至企业，但王某以张某购买货物的行为超越其职权限制为由拒绝支付货款。双方协商未果。

思考：张某购买货物的行为是否有效？为什么？

第三节 合伙企业法

一、合伙企业法概述

（一）合伙企业的概念

合伙，是指两个以上的人为着共同目的，相互约定共同出资、共同经营、共享收益、共担风险的自愿联合。

合伙企业，是指自然人、法人和其他组织依照《合伙企业法》在中国境内设立的由各合伙人订立合伙协议，共同出资、合伙经营、共享收益的普通合伙企业和有限合伙企业。

（二）合伙企业的分类

合伙企业分为普通合伙企业和有限合伙企业。普通合伙企业由普通合伙人组成，合伙人对合伙企业债务承担无限连带责任。有限合伙企业由普通合伙人和有限合伙人组成，普通合伙人对合伙企业债务承担无限连带责任，有限合伙人以其认缴的出资额为限对合伙企业债务承担责任。

二、普通合伙企业

（一）普通合伙企业的概念

普通合伙企业，是指由普通合伙人组成，普通合伙人对合伙企业债务依照《合伙企业法》规定承担无限连带责任的一种合伙企业。普通合伙企业具有以下特点。

(1) 由普通合伙人组成。所谓普通合伙人，是指在合伙企业中对合伙企业的债务依法承担无限连带责任的自然人、法人和其他组织。

(2) 合伙人对合伙企业债务依法承担无限连带责任，法律另有规定的除外。所谓法律另有规定，是指《合伙企业法》中"特殊普通合伙企业"的规定。

（二）合伙企业的设立

▶ 1. 合伙企业的设立条件

根据《合伙企业法》的规定，设立合伙企业，应当具备下列条件。

(1) 有两个以上合伙人。合伙人为自然人的，应当具有完全民事行为能力。合伙企业合伙人至少为2人以上，对于合伙企业合伙人数的最高限额，我国《合伙企业法》未做规定。

关于合伙人的资格，《合伙企业法》做了以下限定：①合伙人可以是自然人，也可以是法人或者其他组织。合伙人为自然人的，应当具有完全民事行为能力。无民事行为能力人和限制民事行为能力人不得成为合伙企业的合伙人。②国有独资公司、国有企业、上市公司以及公益性的事业单位、社会团体不得成为普通合伙人。③法律、行政法规规定禁止从事盈利性活动的人，不得成为合伙人，如警官、法官、检察官。

(2) 有书面合伙协议。合伙协议是指合伙人为设立合伙企业而达成的规定合伙人之间权利义务关系的协议。合伙协议应当依法由全体合伙人协商一致，以书面形式订立。订立合伙协议、设立合伙企业，应当遵循自愿、公平、平等、诚实信用原则。

合伙协议经全体合伙人签名、盖章后生效。合伙人按照合伙协议享有权利，履行义务。修改或者补充合伙协议，应当经全体合伙人一致同意，合伙协议另有约定的除外。合伙协议未约定或者约定不明确的事项，由合伙人协商决定；协商不成的，依照《合伙企业法》和其他有关法律、行政法规的规定处理。

(3) 有合伙人认缴或者实际缴付的出资。合伙协议生效后，合伙人应当按照合伙协议的规定缴纳出资。合伙人可以用货币、实物、知识产权、土地使用权或者其他财产权利出资，也可以用劳务出资。合伙人以实物、知识产权、土地使用权或者其他财产权利出资，需要评估作价的，可以由全体合伙人协商确定，也可以由全体合伙人委托法定评估机构评估。合伙人以劳务出资的，其评估办法由全体合伙人协商确定，并在合伙协议中载明。合伙人以非货币财产出资的，依照法律、行政法规的规定，需要办理财产权转移手续的，应当依法办理。

(4) 有合伙企业的名称和生产经营场所。合伙企业的名称应当与其责任形式相符合。普通合伙企业应当在其名称中标明"普通合伙"字样,其中特殊的普通合伙企业,应当在其名称中标明"特殊普通合伙"字样,合伙企业的名称必须和"合伙"联系起来,名称中必须有"合伙"两字。

(5) 法律、行政法规规定的其他条件。

▶ 2. 合伙企业设立程序

(1) 申请。申请设立合伙企业,应当向企业登记机关提交登记申请书、合伙协议书、合伙人身份证明等文件。合伙企业的经营范围中有属于法律、行政法规规定在登记前须经批准的项目的,该项经营业务应当依法经过批准,并在登记时提交批准文件。

(2) 登记。申请人提交的登记申请材料齐全、符合法定形式,企业登记机关能够当场登记的,应予当场登记,发给营业执照。除前款规定情形外,企业登记机关应当自受理申请之日起20日内,做出是否登记的决定。予以登记的,发给营业执照;不予登记的,应当给予书面答复,并说明理由。合伙企业的营业执照签发日期,为合伙企业成立日期。合伙企业领取营业执照前,合伙人不得以合伙企业名义从事合伙业务。

合伙企业设立分支机构,应当向分支机构所在地的企业登记机关申请登记,领取营业执照。

合伙企业登记事项发生变更的,执行合伙事务的合伙人应当自做出变更决定或者发生变更事由之日起15日内,向企业登记机关申请办理变更登记。

(三) 合伙企业的事务执行和责任

▶ 1. 合伙企业事务的执行方式

合伙企业事务的执行,是指为实现合伙企业的合伙目的而进行的业务活动。合伙企业事务执行的具体方式可以由各合伙人在协议中约定。根据我国《合伙企业法》的规定,合伙企业事务的执行方式有以下四种。

(1) 全体合伙人共同执行。基于各合伙人出资的法律行为和对合伙财产享有共有且同等的权利,各合伙人可以共同执行合伙企业的事务。对内,各合伙人相互协商共同管理合伙企业的内部事务;对外,每个合伙人都代表合伙企业在合伙企业的范围内执行合伙事务。

(2) 合伙事务执行人执行。如果合伙人数众多,经营管理能力参差不齐,为取得更好的经营效果,可以由合伙协议约定或全体合伙人决定,委托一名或数名合伙人执行合伙企业的一般事务,其他合伙人不再执行合伙事务,但享有监督检查权。

(3) 由各合伙人分别执行合伙企业事务,即由各合伙人分别执行合伙企业某一方面的事务。未参与执行的合伙人除享有监督权外,对其他合伙人执行合伙企业事务有权提出异议。

(4) 聘任第三人执行。经全体合伙人同意,可以聘请合伙人以外的第三人为合伙企业的经营管理人。该经营管理人在授权范围内履行职责,超越权限从事经营活动,或因故意、重大过失给合伙企业造成损失的,依法承担赔偿责任。

▶ 2. 合伙企业事务的执行

(1) 合伙企业的议事规则。合伙人对合伙企业有关事项做出决议,按照合伙协议约定的表决办法办理。合伙协议未约定或者约定不明确的,实行合伙人一人一票并经全体合伙人过半数通过的表决办法。《合作企业法》对合伙企业的表决办法另有规定的，从其规定。下列事项除合伙协议另有约定外，应当经全体合伙人一致同意：①改变合伙企业的名称；②改变合伙企业的经营范围、主要经营场所的地点；③处分合伙企业的不动产；④转让或者处分合伙企业的知识产权和其他财产权利；⑤以合伙企业名义为他人提供担保；⑥聘任合伙人以外的人担任合伙企业的经营管理人员。

(2) 合伙企业事务的监督管理。执行合伙事务的合伙人，对外代表合伙企业，其他合伙人不再执行合伙企业的事务。无论是全体合伙人共同执行，还是委托一个或者数个合伙人对外代表合伙企业执行合伙事务，各合伙人均有权随时了解合伙企业的经营状况和财务状况，有权查阅合伙企业会计账簿等财务资料。在委托一个或者数个合伙人执行合伙事务的，其他合伙人不再执行合伙事务。不执行合伙事务的合伙人有权监督执行事务合伙人执行合伙事务的情况。执行事务合伙人应当定期向其他合伙人报告事务执行情况以及合伙企业的经营和财务状况。

合伙人分别执行合伙事务的，执行事务合伙人可以对其他合伙人执行的事务提出异议。提出异议时，应当暂停该项事务的执行。如果发生争议，按照合伙协议约定的表决办法办理。合伙协议未约定或者约定不明确的，实行合伙人一人一票并经全体合伙人过半数通过的表决办法。受委托执行合伙事务的合伙人不按照合伙协议或者全体合伙人的决定执行事务的，其他合伙人可以决定撤销该委托。

特别注意的是，在有限合伙企业中，有限合伙人的权利受到一定的限制。有限合伙人不执行合伙事务，不得对外代表有限合伙企业，但是，有限合伙人的下列行为，不视为执行合伙事务：①参与决定普通合伙人入伙、退伙；②对企业的经营管理提出建议；③参与选择承办有限合伙企业审计业务的会计师事务所；④获取经审计的有限合伙企业财务会计报告；⑤对涉及自身利益的情况，查阅有限合伙企业财务会计账簿等财务资料；⑥在有限合伙企业中的利益受到侵害时，向有责任的合伙人主张权利或提起诉讼；⑦执行合伙事务的合伙人怠于行使权利时，督促其行使权利或者为了本企业的利益以自己的名义提起诉讼；⑧依法为本企业提供担保。

▶3. 合伙企业的责任承担

(1) 保护善意第三人。《合伙企业法》第37条规定，合伙企业对合伙人执行合伙事务以及对外代表合伙企业权利的限制，不得对抗善意第三人。该限制是通过内部协议对合伙事务执行人及其代理人的外部行为的效力加以限制，其限制对第三人发生效力的前提是第三人知情，如果第三人不知情，该内部效力对第三人不发生抗辩的效力。

(2) 合伙企业的债务清偿。合伙企业对其债务应先以其全部财产清偿，不能清偿到期债务的，合伙人承担无限连带责任。所谓无限连带责任，是指合伙企业以其财产和各合伙人的个人财产作为合伙企业债务的担保，合伙企业的到期债务先由企业财产清偿，不足部分由各合伙人的个人财产清偿。各合伙人应按照合伙协议中规定的分担比例分担债务，若合伙协议中无此规定或规定不明的，由各合伙人平均分担。任一合伙人的个人财产不足以清偿分担的债额的，由其他合伙人偿付。偿付人偿付后，就超出自己分担数额的部分，有权向其他合伙人追偿。

合伙人发生与合伙企业无关的债务，相关债权人不得以其债权抵销其对合伙企业的债务，也不得代位行使合伙人在合伙企业中的权利。

合伙人的自有财产不足以清偿其与合伙企业无关的债务的，合伙人可以请求分取其在合伙企业中的收益用于清偿，债权人也可依法请求人民法院强制执行该合伙人在合伙企业中的财产份额用于清偿；同等条件下，其他合伙人有优先购买权，其他合伙人不购买，也不同意将该财产份额转让给其他人的，依照规定为该合伙人办理退伙结算，或者办理削减该合伙人在合伙企业中相应财产份额的结算。

（四）合伙企业的财产

合伙企业的财产，是构成合伙企业能力的物质基础，是指合伙企业设立时各合伙人缴付的出资及合伙存续期间依法取得的收益和其他财产。合伙企业的财产为各合伙人按各自的份额共有。因此，在合伙企业清算前，除非有法律的事由，合伙人不得请求分割共有财产；合伙人在合伙企业清算前私自转移或处分合伙企业财产的，合伙企业不得以此对抗善意第三人；在合伙企业存续期间，除合伙协议另有约定外，合伙人向合伙企业以外的第三人转让自己在合伙企业中的财产份额的，须经全体合伙人同意；其他合伙人在同等条件下享有优先购买权；购得合伙企业财产份额的第三人，经全体合伙人同意，成为新的合伙人；合伙人之间转让在合伙企业中的全部或者部分财产份额时，应当通知其他合伙人。合伙人非经其他合伙人同意，不得出质合伙企业的财产份额；未经同意出质的，出质无效，并承担由此给善意第三人造成损失的赔偿责任。

（五）合伙人的变更

合伙人的变更，包括入伙和退伙两种情况。

▶ 1. 入伙

入伙是指合伙企业存续期间，第三人加入合伙企业，取得合伙人资格的行为。法律对新合伙人入伙的规定有：①新合伙人入伙时，须经全体合伙人同意，并依法订立书面入伙协议，并办理变更登记手续；②订立入伙协议时，原合伙人应当向新合伙人报告合伙企业的经营状况和财务状况；③入伙的新合伙人与原合伙人享有同等权利并承担同等责任，但对于新合伙人在合伙企业中的地位，入伙协议另有约定的，从其约定；④入伙的新合伙人对入伙前合伙企业的债务承担连带责任。

▶ 2. 退伙

退伙是指合伙人退出合伙企业，丧失合伙人资格的行为。退伙分为自愿退伙、法定退伙和除名退伙三种。自愿退伙是指合伙人不愿继续参与合伙事务而自愿申请退出合伙企业，丧失合伙人资格的行为。法定退伙是指合伙人由于发生法定事由而退出合伙企业，丧失合伙人资格的行为。除名退伙是指合伙人因违反合伙宗旨或合伙协议的约定事由，经其他合伙人一致决定强制其退出合伙企业的行为。

合伙企业约定经营期限的，在以下情况下，发生自愿退伙：①合伙协议约定的退伙事由出现；②经全体合伙人同意；③发生合伙人难以继续参加合伙的事由；④其他合伙人严重违反合伙协议约定的义务。

合伙企业未约定经营期限的，合伙人在不给合伙企业事务执行造成不利影响的情况下，可以退伙，但应当提前30日通知其他合伙人，合伙人违反规定，擅自退伙的，应当赔偿由此给其他合伙人造成的损失。

合伙人在以下情况下，发生法定退伙：①合伙人死亡或被宣告死亡；②被依法宣告为无民事行为能力的人；③个人丧失偿债能力；④法律规定或合伙人协议约定，合伙人必须具有相关资格而丧失该资格;⑤被人民法院强制执行其在合伙企业中的全部财产份额。

合伙人在以下情况下,发生除名退伙:①未履行出资义务;②因故意或重大过失给合伙企业造成损失;③执行合伙企业事务时有不正当行为;④合伙协议约定的事由。

退伙的法律后果:①退伙人丧失合伙人资格;②退伙人或合伙人的继承人有权请求其他合伙人按照退伙时合伙企业的财产状况进行结算,退还退伙人的财产份额;③退伙人退出合伙企业时,合伙企业的财产少于合伙企业的债务的,退伙人应当依照合伙协议约定的比例分担亏损,合伙协议未约定比例的,由各合伙人平均分担亏损;④合伙人死亡或被宣告死亡的,对该合伙人在合伙企业中的财产份额享有合法继承权的继承人依合伙协议的约定或经全体合伙人同意,从继承之日起取得该合伙企业的合伙人资格;⑤退伙人应对其退出合伙企业前已经发生的债务,与其他合伙人承担连带责任;因合伙人的退伙导致合伙企业合伙人数不足两人的,合伙企业随之终止。

(六)特殊的普通合伙企业

特殊的普通合伙企业是指以专业知识和专门技能为客户提供有偿服务的专业服务机构。特殊的普通合伙企业的责任分担形式与普通合伙企业的责任分担形式不同。常见的特殊普通合伙企业有律师事务所、会计师事务所、审计师事务所等。特殊的普通合伙企业名称中应当标明"特殊普通合伙"字样。《合伙企业法》对特殊的普通合伙企业有专门规定,主要体现在责任承担与风险基金两个方面。

▶ 1. 责任承担

特殊的普通合伙企业的一个合伙人或者数个合伙人在执业活动中因故意或者重大过失造成合伙企业债务的,应当承担无限责任或者无限连带责任,其他合伙人以其在合伙企业中的财产份额为限承担责任。合伙人在执业活动中非因故意或重大过失造成的合伙企业债务以及合伙企业的其他债务,由全体合伙人承担无限连带责任。合伙人执业活动中因故意或者重大过失造成的合伙企业债务,以合伙企业财产对外承担责任后,该合伙人应当按照合伙协议的约定对给合伙企业造成的损失承担赔偿责任。

▶ 2. 风险基金

特殊的普通合伙企业应当建立执业风险基金,办理职业保险。执业风险基金,主要是指为了化解经营风险,特殊的普通合伙企业从其经营收益中提取相应比例的资金留存或者根据相关规定上缴至指定机构所形成的资金。执业风险基金用于偿付合伙人执业活动造成的债务。执业风险基金应当单独立户管理,具体管理办法由国务院规定。目前,财政部已经颁布了《会计师事务所职业风险基金管理办法》《资产评估机构执业风险基金管理办法》。

特殊的普通合伙企业除适用上述规定外,其他的适用普通合伙企业的规定。

三、有限合伙企业

有限合伙企业是由普通合伙人和有限合伙人组成,其中普通合伙人对合伙企业债务承担无限连带责任,有限合伙人以其认缴的出资额为限对合伙企业债务承担责任。在法律适用中,凡是《合伙企业法》中对有限合伙企业有特殊规定的,应当适用有关《合伙企业法》中对有限合伙企业的特殊规定。无特殊规定的,适用有关普通合伙企业及其合伙人的一般规定。

（一）有限合伙企业的合伙人人数

《合伙企业法》规定，有限合伙人必须有 2 人以上 50 个以下的合伙人，至少应当有一个普通合伙人。

（二）对有限合伙企业的公示要求

为了保护交易相对人的利益，有限合伙企业的一些情况应当公示，让交易相对人知悉。因此，《合伙企业法》规定，有限合伙企业的名称中应当标明"有限合伙"字样；有限合伙企业登记事项中应当载明有限合伙人的姓名或者名称及认缴的出资额。

（三）有限合伙人的权利

有限合伙中，有限合伙人以不执行合伙企业事务为代价，获得对合伙企业债务承担有限责任的权利。因此，在有限合伙企业中，有限合伙人的权利是受到一定的限制的：①有限合伙人不得以劳务出资；②有限合伙人不执行合伙事务，不得对外代表有限合伙企业。

《合伙企业法》规定，有限合伙人的下列行为，不视为执行合伙事务：①参与决定普通合伙人入伙、退伙；②对企业的经营管理提出建议；③参与选择承办有限合伙企业审计业务的会计师事务所；④获取经审计的有限合伙企业财务会计报告；⑤对涉及自身利益的情况，查阅有限合伙企业财务会计账簿等财务资料；⑥在有限合伙企业中的利益受到侵害时，向有责任的合伙人主张权利或者提起诉讼；⑦执行事务合伙人怠于行使权利时，督促其行使权利或者为了本企业的利益以自己的名义提起诉讼；⑧依法为本企业提供担保。

（四）有限合伙人有限责任的免除

有限合伙人对合伙企业债务承担有限责任也不是绝对的，当出现法定情形时，有限合伙人也会对合伙企业债务承担无限连带责任。《合伙企业法》规定，第三人有理由相信有限合伙人为普通合伙人并与其交易的，该有限合伙人对该笔交易承担与普通合伙人同样的责任。有限合伙人未经授权以有限合伙企业名义与他人进行交易，给有限合伙企业或者其他合伙人造成损失的，该有限合伙人应当承担赔偿责任。

（五）有限合伙企业不同于普通合伙企业的其他规定

针对有限合伙企业的特点，《合伙企业法》对有限合伙企业还做了一些不适用于普通合伙企业的规定，主要包括以下几个方面。

(1) 有限合伙企业不得将全部利润分配给部分合伙人。但是，合伙协议另有约定的除外。

(2) 有限合伙人可以同本合伙企业进行交易；但是，合伙协议另有约定的除外。

(3) 有限合伙人可以自营或者同他人合作经营与本有限合伙企业相竞争的业务；但是，合伙协议另有约定的除外。

(4) 有限合伙人可以将其在有限合伙企业中的财产份额出质；但是，合伙协议另有约定的除外。

(5) 有限合伙人可以按照合伙协议的约定向合伙人以外的人转让其在有限合伙企业中的财产份额，但应当提前 30 日通知其他合伙人。

(6) 有限合伙人的自有财产不足清偿其余合伙企业无关的债务的，该合伙人可以其从有限合伙企业中分取的收益用于清偿；债权人也可以依法请求人民法院强制执行该合伙人在有限合伙企业中的财产份额用于清偿。人民法院强制执行有限合伙人的财产份额时，应当通知全体合伙人。在同等条件下,其他合伙人有优先购买权。

(7) 作为有限合伙人的自然人在有限合伙企业存续期间丧失民事行为能力的,其他合伙人不得因此要求其退伙。

(8) 作为有限合伙人的自然人死亡、被依法宣告死亡或者作为有限合伙人的法人及其他组织终止时,其继承人或者权利承受人可以依法取得该有限合伙人在有限合伙企业中的资格。

(9) 有限合伙企业与普通合伙企业的相互转换。有限合伙企业仅剩有限合伙人的,应当解散;有限合伙企业仅剩普通合伙人的,转为普通合伙企业。除合伙协议另有约定外,普通合伙人转变为有限合伙人,或者有限合伙人转变为普通合伙人,应当经全体合伙人一致同意。有限合伙人转变为普通合伙人的,对其作为有限合伙人期间有限合伙企业发生的债务承担无限连带责任。普通合伙人转变为有限合伙人的,对其作为普通合伙人期间合伙企业发生的债务承担无限连带责任。

(10) 有限合伙人退伙后,对基于其退伙前的原因发生的有限合伙企业债务,以其退伙时从有限合伙企业中取回的财产承担责任。另外,法律对有限合伙企业未做特殊规定的,适用关于普通合伙企业的一般规定。

四、合伙企业的解散和清算

(一) 合伙企业的解散

合伙企业的解散是指合伙人自愿或因法律规定消灭合伙企业的法律人格。根据《合伙企业法》第85条规定,合伙企业有下列情形之一的,应当解散:

(1) 合伙期限届满,合伙人决定不再经营;
(2) 合伙协议约定的解散事由出现;
(3) 全体合伙人决定解散;
(4) 合伙人已不具备法定人数满30日;
(5) 合伙协议约定的合伙目的已经实现或者无法实现;
(6) 依法被吊销营业执照、责令关闭或者被撤销;
(7) 法律、行政法规规定的其他原因。

(二) 合伙企业的清算

合伙企业的清算是指在合伙企业被决定解散后,由各合伙人了结合伙事务、收取债权、偿还债务,清理出剩余财产分配给各合伙人,以便消灭合伙企业的法律人格的法律程序。无论何种原因解散,都发生对合伙财产的清算。

▶ 1. 确定清算人

清算人是担任清算事务的执行人。清算人有三种形式:①全体合伙人担任清算人;②经全体合伙人过半数同意,自合伙企业解散后15日内指定1名或数名合伙人担任清算人;③委托第三人担任清算人。自合伙企业解散事由出现后15日内,未能依照上述方式确定清算人的,经合伙人或其他利害关系人申请,由人民法院指定清算人进行清算。

清算人在清算期间执行下列事务:①清理合伙企业的财产,编制资产负债表和财产清单;②清理与清算有关的合伙企业未了结的事务;③清缴所欠税款;④处理债权债务;⑤处理合伙企业清偿债务后的剩余财产;⑥代表合伙企业参加民事诉讼。

▶ 2. 通知和公告债权人

清算人自被确定之日起 10 日内将合伙企业解散事项通知债权人，并于 60 日内在报纸上公告。债权人应当自接到通知之日起 30 日内，未接到通知的自公告之日起 45 日内，向清算人申报债权。债权人申报债权，应当说明债权的有关事项，并提供证明材料。清算人应当对债权进行登记。

▶ 3. 剩余财产的分配

清算后剩余财产按下列顺序分配：①偿付清算费用；②偿付所欠职工工资和劳动保险费用；③偿付合伙企业所欠税款；④偿付合伙企业债务；⑤返还合伙人出资。进行上述债务清偿后企业财产仍有剩余的，按合伙协议的约定办理；合伙协议未约定或约定不明的，由合伙人协商确定；协商不成的，由各合伙人按照实际出资比例分配；无法确定出资比例的，由各合伙人平均分配。合伙人偿付后，就超出自己分担数额的部分，有权向其他合伙人追偿。在清算过程中，发现合伙企业的全部财产不足以清偿其债务的，由各合伙人以个人财产清偿；合伙企业解散后，原合伙人对合伙企业存续期间的债务仍承担连带责任。

▶ 4. 编制清算报告并办理注销登记

清算结束后，清算人应当编制清算报告，经全体合伙人签名、盖章后，在清算结束之日起 15 日内报送企业登记机关，并办理合伙企业注销登记。

拓展案例

甲、乙、丙拟以普通合伙企业的形式设立小老虎奶茶店，并订立合伙协议，部分内容如下：

(1) 甲的出资为现金 5 万元和劳务作价 10 万元；

(2) 乙的出资为现金 6 万元；

(3) 丙的出资为作价 10 万元的房屋一栋，不办理财产权转移手续，且丙保留对该房屋的处分权。

思考：该协议的上述三项内容是否符合《合伙企业法》的规定？

拓展案例

甲、乙、丙、丁共同投资设立了 A 有限合伙企业（以下简称 A 企业）。合伙协议约定：甲、乙为普通合伙人，分别出资 10 万元；丙、丁为有限合伙人，分别出资 15 万元；甲执行合伙企业事务，对外代表 A 企业。2017 年 A 企业发生下列事实。

2月，甲以 A 企业的名义与 B 公司签订了一份 12 万元的买卖合同。乙获知后，认为该买卖合同损害了 A 企业的利益，且甲的行为违反了 A 企业内部规定的甲无权单独与第三人签订超过 10 万元合同的限制，遂要求各合伙人做出决议，撤销甲代表 A 企业签订合同的资格。

4月，乙、丙分别征得甲的同意后，以自己在 A 企业中的财产份额出质，为自己向银行借款提供质押担保。丁对上述事项均不知情，乙、丙之间也对质押担保事项互不知情。

8月，丁退伙，从 A 企业取得退伙结算财产 12 万元。

9月，A 企业吸收庚作为普通合伙人入伙，庚出资 8 万元。

10月，A企业的债权人C公司要求A企业偿还6月份所欠款项50万元。

11月，丙因所设个人独资企业发生严重亏损不能清偿D公司到期债务，D公司申请人民法院强制执行丙在A企业中的财产份额用于清偿其债务。人民法院强制执行丙在A企业中的全部财产份额后，甲、乙、庚决定A企业以现有企业组织形式继续经营。

经查：A企业内部约定，甲无权单独与第三人签订超过10万元的合同，B公司与A企业签订买卖合同时，不知A企业该内部约定；合伙协议未对合伙人以财产份额出质事项进行约定。

思考：

1. 甲以A企业的名义与B公司签订的买卖合同是否有效？并说明理由。

2. 合伙人对撤销甲代表A企业签订合同的资格事项做出决议，在合伙协议未约定表决办法的情况下，应当如何表决？

3. 乙、丙的质押担保行为是否有效？并分别说明理由。

4. 如果A企业的全部财产不足以清偿C公司的债务，对不足以清偿的部分，哪些合伙人应当承担清偿责任？如何承担清偿责任？

5. 人民法院强制执行丙在A企业中的全部财产份额后，甲、乙、庚决定A企业以现有企业组织形式继续经营是否合法？并说明理由。

第四节 外商投资企业法

一、外商投资企业法概述

（一）外商投资企业的概念及特征

外商投资企业，是指外国的公司、企业、其他经济组织或个人依照中国法律在中国境内单独投资或与中国投资者共同投资设立的中外合资企业、中外合作企业和外资企业等企业。

外商投资企业具有以下特征：

（1）外商投资企业是外国投资者，包括外国企业和其他经济组织或个人参与或独立设立的企业，企业的部分资本或者全部资本属于外国投资者；

（2）外商投资企业是外国投资者以直接投资方式设立的企业；

（3）外商投资企业是依照中国法律、在中国境内设立，企业具有中国国籍，而非外国企业。

企业设立后，必须遵守中国的法律，依法履行企业的义务，并接受中国政府的管理和监督，同时其合法权益受中国法律保护。

我国目前的外商投资企业主要包括中外合资经营企业、中外合作经营企业和外商独资企业三种类型。

（二）外商投资企业法的概念

从狭义上讲，外商投资企业法是指我国现行的《中华人民共和国中外合资经营企业法》

《中华人民共和国中外合作经营企业法》和《中华人民共和国外资企业法》。从广义上讲,外商投资企业法是指调整外商投资企业在设立、组织、经营、终止和解散等过程中所发生的经济关系的法律规范的总称,主要调整:①外商投资企业在审批、设立登记、税收等方面与国家机关之间发生的管理关系;②在我国境内境外与其他经济组织之间发生的经济关系;③外商投资企业的内部组织关系等。广义上的外商投资企业法还包括《中华人民共和国公司法》《中外合资经营企业法实施条例》《外资企业法实施细则》,以及与此有密切关系的其他法规和国际条约等。

二、中外合资经营企业法

(一) 中外合资经营企业法概述

1. 中外合资经营企业的概念和特征

中外合资经营企业(以下简称合营企业)是指由中外合营者(中国的企业或其他经济组织同外国的企业、其他经济组织或个人)根据中国法律的规定,按照平等互利的原则,经中国政府批准,在中国境内共同投资、共同经营、共负盈亏、共担风险的企业。

合营企业的特征如下。

(1) 合营企业的主体双方是外国投资者和中国投资者。同时,我国的港、澳、台地区视同外国。

(2) 合营企业的组织形式为有限责任公司。

(3) 合营企业作为有限责任公司,属于中国法人,具有独立的法律人格。

(4) 董事会是最高权力机关,实行董事会领导下的经理负责制。

(5) 合营企业为股权式合营企业,中外合营者投资或提供的条件,折算成股份,合作各方的权利、义务是依照合营合同的约定按照出资比例对企业共担风险,共负盈亏。

2. 中外合资经营企业法的立法概况

自 1979 年以来,我国颁布了一系列关于中外合资经营企业的法律和法规,主要有《中外合资经营企业法》《中外合资经营企业法实施条例》《关于中外合资经营企业注册资本与投资总额比例的暂行规定》《关于承包中外合资经营企业的规定》等。我国于 2001 年 3 月 15 日和 2016 年 9 月 3 日对《中外合资经营企业法》相关规定进行了修订,于 2011 年 1 月 8 日和 2014 年 2 月 19 日对《中外合资经营企业法实施条例》进行了修订。

(二) 合营企业的设立

1. 合营企业的设立条件

在中国境内设立的合营企业,应当能够促进中国经济的发展和科学技术水平的提高,有利于社会主义现代化建设。国家鼓励、允许、限制或禁止设立合营企业的行业,按照国家指导外商投资方向的规定及外商投资产业指导目录执行。根据《中外合资经营企业法实施条例》第 4 条规定,申请设立合营企业有下列情形之一的,不予批准:①有损中国主权的;②违反中国法律的;③造成环境污染的;④签订的协议、合同、章程明显不公平,损害合营一方权益的。

2. 合营企业的设立程序

合营企业的设立程序要经过申请、审批、登记三个步骤。

（1）申请。由中国合营者向其主管部门呈报拟与外国投资者设立合营企业的项目建议书和初步可行性研究报告。项目建议书和初步可行性研究报告经企业主管部门审查同意并转报审批机关批准后，合营企业各方可协商签订合营协议、合同、章程等。

中国合营者应当负责向审批机关报送以下材料：①设立合营企业的申请书；②由合营各方授权代表签署的合营企业协议、合同和章程；③由合营各方委派的合营企业董事长、副董事长、董事人选名单；④合营企业主管部门和合营企业所在地的省、自治区、直辖市人民政府对设立该合营企业签署的意见。

（2）审批。在中国境内设立合营企业必须经国务院对外经济贸易主管部门即商务部审查批准，发给批准证书。但具备以下条件的，可由国务院授权省、自治区、直辖市人民政府或者国务院有关部门审批：①投资总额在国务院规定的投资审批权限以内，中国合营者的资金来源已经落实的；②不需要国家增拨原材料，不影响燃料、动力、交通运输、外贸出口配额等方面全国平衡的。此种情况应报商务部备案。审批机关自接到中国合营者按规定报送的全部文件之日起，在3个月内决定批准或者不批准。

（3）登记。申请者应当在收到批准证书之日起1个月内，向国家工商行政管理主管部门登记，领取营业执照，开始营业。合伙企业营业执照的签发日期，即为该合营企业的成立日期。

(三) 合营企业的资本制度

▶ 1. 合营企业的注册资本和投资总额

合营企业的注册资本是指为设立合营企业在登记管理机关注册的资本总额，应为合营各方在合营企业合同中认缴的出资额之和。在合营企业的注册资本中，外国合营者的投资比例一般不低于25%。合营企业的注册资本一般应以人民币表示。合营企业在合营期内不得减少注册资本。但因投资总额和生产经营规模等发生变化，确需减少注册资本的，须经审批机关审批。经合营他方同意和审批机构批准，合营一方可以向第三者转让其全部或部分股权；一方转让其全部或部分股权的，他方有优先购买权。合营企业注册资本的增加、减少，应当由董事会会议通过，并报审批机构批准，向登记管理机构办理变更登记手续。

合营企业的投资总额，是指按照合营企业的合同、章程规定的生产规模，需要投入的基本建设资金和生产流动资金的总和。合营企业的注册资本应与投资总额之间保持一个适当、合理的比例，现行有关规定如下：

（1）合营企业的投资总额在300万美元以下（含300万美元）的，其注册资本至少应占投资总额的7/10；

（2）合营企业的投资总额在300万美元以上至1 000万美元（含1 000万美元）的，其注册资本至少应占投资总额的1/2，其中投资总额在420万美元以下的，注册资本不得低于210万美元；

（3）合营企业的投资总额在1 000万美元以上至3 000万美元（含3 000万美元）的，其注册资本至少应占投资总额的2/5，其中投资总额在1 250万美元以下的，注册资本不得低于500万美元；

（4）合营企业的投资总额在3 000万美元以上的，其注册资本至少应占投资总额的1/3，其中投资总额在3 600万美元以下的，注册资本不得低于1 200万美元。

▶ 2. 合营企业各方的出资方式和出资期限

合营企业各方的出资方式有三种：现金出资、有形资产出资和无形资产出资。现金出资即以货币形式出资。有形资产出资，是指包括机器、设备、原材料、零部件等实物形式的出资。无形资产出资，是指包括专利权、商标权等工业产权和专有技术等知识产权形式的出资。以有形资产和无形资产出资的，其作价由合营企业各方按照公平合理的原则协商确定，或者聘请合营企业各方同意的第三者评定。合营企业各方必须以其自己所有的现金投资，不得以投资企业的名义取得的贷款作为自己的出资，也不得以合营企业或合营他方的财产和权益作为其出资担保。

合营企业的出资期限有两种：一次性缴清和分期缴付。合同规定一次性缴清的，合营企业各方应当从营业执照签发之日起6个月内缴清。分期缴付的，合营企业各方的第一次出资额不得低于各自认缴出资额的15%，且应当在营业执照签发之日起3个月内缴清。逾期不缴纳的应当承担法律责任。

(四) 合营企业的组织机构

合营企业的组织形式为有限责任公司，即合营企业以其拥有的全部资产对债务负责，而合营各方对企业的责任也仅以其各自认缴的出资额为限。合营企业的组织机构是董事会和经营管理机构，实行董事会领导下的经理负责制。

▶ 1. 合营企业的董事会

董事会是合营企业的最高权力机构，按照合营企业章程的规定，讨论决定合营企业的一切重大问题。由于合营企业不设股东大会和监事会，董事会集合营企业的最高权力机关、决策机关及领导机关于一身，决定合营企业的重大问题。

董事会成员不得少于3人，董事长和副董事长由合营各方协商确定或由董事会选举产生。中国合营者的一方担任董事长的，由他方担任副董事长。董事名额的分配由合营各方参照出资比例协商确定，董事由合营各方按照分配的名额委派和撤换。董事的任期为4年，经合营各方继续委派可以连任。董事长是合营企业的法定代表人。董事长不能履行职责时，应当授权副董事长或者其他董事代表合营企业。

董事会会议每年至少召开1次，由董事长负责召集并主持。董事长不能召集时，由董事长委托副董事长或者其他董事负责召集并主持董事会会议。经1/3以上董事提议，可以由董事长召开董事会临时会议。董事会会议应当有2/3以上董事出席方能举行。董事不能出席的，可以出具委托书委托他人代表其出席和表决。董事会会议一般应当在合营企业法定地址所在地举行。

下列事项由出席董事会会议的董事一致通过方可做出决议：①合营企业章程的修改；②合营企业的中止、解散；③合营企业注册资本的增加、减少；④合营企业的合并、分立；⑤其他事项，可根据合营企业章程载明的议事规则做出决议。

▶ 2. 合营企业的经营管理机构

合营企业设经营管理机构，负责企业的日常经营管理工作。经营管理机构设总经理1人，副总经理若干人。总经理执行董事会会议的各项决议，组织领导合营企业的日常经营管理工作。在董事会授权范围内，总经理对外代表合营企业，对内任免下属人员，行使董事会授予的其他职权。副总经理协助总经理工作。

总经理、副总经理由合营各方推荐，由合营企业董事会聘请，可以由中国公民担任，也可由外国公民担任。经董事会聘请，董事长、副董事长、董事可以兼任合营企业的总经理、副总经理或者其他高级管理职务。总经理或者副总经理不得兼任其他经济组织的总经理或者副总经理，不得参与其他经济组织对本企业的商业竞争。总经理、副总经理及其他高级管理人员有营私舞弊或者严重失职行为的，经董事会决议可以随时解聘。

（五）合营企业的经营管理

▶ 1. 合营企业在中国法律、法规规定的范围内，有权自主地从事经营管理活动

合营企业按照合营合同规定的经营范围和生产规模所制订的生产经营计划，由董事会执行，报企业主管部门备案。企业的主管部门和各级计划管理部门不得对合营企业下达指令性生产经营计划。经营所需的机器、设备、原材料、燃料、配套件、运输工具和办公用品等物资，合营企业有权自行决定在中国购买或向国外购买。

▶ 2. 合营企业的利润分配

合营企业的销售收入扣除成本、缴纳企业所得税后，即为合营企业的净利润（也称税后利润）。根据我国法律规定，净利润应当依以下原则分配：提取储备基金、职工奖励及福利基金、企业发展基金。企业的储备基金除用于弥补合营企业的亏损外，也可以用于本企业增加资本。三项基金扣除后的余额，按合营各方的出资比例进行分配。外方欲将分得的利润再在中国投资的，可以申请减免税收；如要汇出国外，则应经中国银行按外汇管理法的规定办理。

（六）合营企业的期限、解散与清算

▶ 1. 合营企业的期限

在中国设立的合营企业，属于国家鼓励和允许投资的项目，除下列情况应当约定合营期限的，合营各方在企业合同、章程中可以约定也可以不约定合营期限：①从事服务性行业的，如饭店、公寓、写字楼、娱乐、饮食、出租汽车、彩扩洗相、维修、咨询等；②从事土地开发以及经营房地产的；③从事资源勘探开发的；④国家规定限制投资项目的；⑤国家其他法律和法规规定需要约定合营期限的。约定合营期限的合营企业，合营各方如果同意延长合营期限的，约定在合营期限届满前 6 个月，向原审批机构报送由合营各方授权代表签署的延长合营期限的申请书。审批机构应当在接到申请书之日起 30 日内予以批复。合营企业经批准延长合营期限后，应按照《企业法人登记管理条例》的规定，办理变更登记手续。

▶ 2. 合营企业的解散

根据我国法律的规定，合营企业在下列情况下解散：

(1) 合营期限届满；

(2) 企业发生严重亏损，无力继续经营；

(3) 合营一方不履行合营企业协议、合同、章程规定的义务，致使企业无法继续经营；

(4) 因自然灾害、战争等不可抗力遭受严重损失，无法继续经营；

(5) 合营企业未达到其经营目的，同时又无发展前途；

(6) 合营企业合同、章程规定的其他解散原因已经出现。

合营企业如发生严重亏损、一方不履行合同和章程规定的义务等，经合营各方协商同意，报请审查批准机关批准，并向国家工商行政管理主管部门登记，可终止合同。如果因违反合营企业合同规定而造成损失的，应由违反合同的一方承担经济责任。

3. 合营企业的清算

合营企业宣告解散时,应当进行清算,并成立清算委员会,由清算委员会负责清算事宜。清算工作结束后,由清算委员会提出清算结束报告,提请董事会会议通过后,向审批机构报告,并向登记管理机构办理注销登记手续,缴销营业执照。

三、中外合作经营企业法

1988年4月13日第七届全国人民代表大会第一次会议通过,并分别于2000年10月31日、2016年9月3日、2016年11月7日进行了修订的《中华人民共和国中外合作经营企业法》(以下简称《中外合作经营企业法》)及其实施细则是中外合作经营企业的主要法律依据。

(一)中外合作经营企业的概念及特征

中外合作经营企业(以下简称合作企业)是指中国合作者与外国合作者依法在中国境内共同举办的,按合作企业合同的约定分配收益或者产品,分担风险和亏损的企业。

合作企业的特征如下。

(1)合作企业属于契约式的外商投资企业。中外合作者的投资或者提供的合作条件,不折算成股份,即各方的投资不作价、不计股,中外合作者按何种比例进行收益或者产品的分配、风险和亏损的分担,由合作企业合同约定。也就是说,合作企业合同是企业成立的基本依据,合作各方的权利、义务不是取决于投资比例和股份,而是取决于合作企业合同的约定。所以,合作企业称为契约式合作,而合营企业称为股权式合营。

(2)合作企业的组织形式具有多样化的特点。合作企业既可以是法人企业,也可以是非法人企业,而合营企业都具有法人资格。

(3)合作企业的组织结构与管理方式具有灵活多样的特征,既可以是董事会制,也可以是联合管理委员会制,还可以委托第三方管理。

(4)合作企业一般采取让外方先行回收投资的做法,外方承当的风险相对较小,但合作期满,企业的资产均归中方所有。

(二)合作企业的设立

我国鼓励设立产品出口或者技术先进的生产型合作企业。对以下情形的合作企业不予批准:①损害国家主权或者社会公共利益;②危害国家安全的;③对环境造成污染损害的;④有违反法律、行政法规或者国家产业政策的其他情形。

申请设立合作企业,由中国合作者向审批机关报送由合作各方的法定代表人或授权代表签署的合作企业协议、合同、章程等有关文件。审批机关应当自收到设立申请的全部文件之日起45日内决定批准或者不予批准。审批机关认为报送的文件不全或者有不当之处的,有权要求合作各方在指定期限内补全或修正。经批准设立的合作企业应当自接到批准证书之日起30日内向工商行政管理机关申请登记,领取营业执照。营业执照的签发日期,为合作企业的成立日期。

(三)合作企业的组织形式、注册资本和出资

1. 合作企业的组织形式

(1)法人型合作企业。法人型合作企业应符合中国法律关于法人条件的规定,依法取得中国法人资格,其组织形式为有限责任公司。法人型合作企业拥有自己独立的财产,以

企业法人的名义享有权利和承担义务。除合作企业合同另有约定外，合作各方以其投资或提供的合作条件为限对合作企业承担责任，合作企业以其全部财产对合作企业的债务承担责任。

（2）非法人型合作企业。非法人型合作企业不具有法人资格，合作各方应根据其认缴的出资额或提供的合作条件，在合作合同中约定各自承担债务责任的比例，但不得影响合作各方连带责任的承担。偿还合作企业债务超过自己应当承担数额的合作一方，有权向其他合作者追偿。

▶ 2. 合作企业的注册资本

合作企业的注册资本，是指为设立合作企业，在工商行政管理机关登记的合作各方认缴的出资额之和。合作企业注册资本在合作期限内不得减少，但是，因投资总额和生产经营规模等变化，确需减少的，须经审查批准机关批准。

▶ 3. 合作企业的出资

合作企业合作各方投资或提供合作条件的方式可以是货币，也可以是实物或工业产权、专有技术、土地使用权等财产权利。合作各方以自有的财产或财产权利作为投资或合作条件，对该投资或合作条件不得设立抵押或其他形式的担保。合作各方缴纳投资或提供合作条件后，应当由中国注册会计师验证，合作企业据此发给合作各方出资证明书。

依法取得法人资格的，外方合作者的投资一般不低于合作企业注册资本的25％；不具有法人资格的，应当向工商行政管理机关登记合作各方的投资或所提供的合作条件。由于合作企业是契约式的合营企业，合作各方的出资不一定都需折算为货币形式计算投资比例，只需确定合作各方的合作条件。与合营企业相比，这种做法更为灵活简便，可以避免合作各方在厂房、设备、工业产权、专有技术等如何作价问题中的争议。

（四）合作企业的管理形式与议事规则

▶ 1. 合作企业的管理形式

合作企业的组织机构具有较强的灵活性。依据《合作企业法》第12条的规定，合作企业应当设立董事会或联合管理机构，依照合作企业合同或者章程的规定，决定合作企业的重大问题。此外，还规定合作企业成立后可以委托中外合作企业者以外的第三方经营管理。合作企业的管理形式有三种。

（1）董事会制。具有法人资格的合作企业，一般实行董事会制。董事会是合作企业的最高权力机关，决定合作企业的重大问题。董事会的组成、董事长的人选由合作各方协商确定。合作企业的一方担任董事长的，由他方担任副董事长。董事会决定或聘请总经理负责合作企业的日常经营管理工作，总经理对董事会负责。

（2）联合管理制。非法人型合作企业采用联合管理制，即由合作各方委派代表组成联合管理委员会，代表合作各方共同管理合作企业。联合管理机构是合作企业的最高领导和决策机构，有权决定合作企业的一切重大问题，任命或选派总经理负责企业的日常经营管理工作。

（3）委托管理制。经合作各方一致同意，合作企业可以委托中外合作一方进行经营管理，另一方不参加管理；也可以委托合作方以外的第三方经营管理企业。采用委托管理制的合作企业，应当与被委托人签订委托经营管理合同。合作企业成立后改为委托第三方经营管理的，属于合作合同的重大变更，必须经董事会或者联合管理机构一致同意。合作企业应当与第三方签订委托管理合同,连同第三方的资信证明文件,报审批机关审批,并向工商行政管理机关办理变更登记手续。

▶ 2. 合作企业的议事规则

合作企业的董事会会议或者联合管理委员会会议每年至少召开一次,由董事长或主任召集并主持。董事长或者主任因特殊原因不能履行职务时,由董事长或者主任指定副董事长、副主任或者其他董事、委员召集并主持。1/3以上董事或委员可以提议召开董事会会议或联合管理委员会会议。

召开董事会会议或者联合管理委员会会议,应当在会议召开的10日前通知全体董事或者委员。董事会或联合管理委员会做出决议一般由出席会议的董事或委员过半数同意,但章程的修改,合作企业注册资本的增减,合作企业的解散、资产抵押,合作企业的合并、分立及变更组织形式等,须由出席会议的董事或委员一致同意,方可做出决议。

(五)合作企业收益的分配、亏损风险分担及投资回收

合作企业的合作各方依照合作企业合同的约定,分配收益或产品,承担风险和亏损。合作企业在分配方式上,可以实行利润分成,也可以实行产品分成。合作企业合同中约定合作期满合作企业的全部固定资产归中国合作者所有的,可以在合作企业合同中约定外国合作者在合作期限内先行回收投资的办法。

外国合作者在合作期限内可以申请按照下列方式先行回收其投资:

(1)在按照投资或提供合作条件进行分配的基础上,在合作企业合同中约定扩大外国合作者收益分配比例;

(2)经财政税务机关按照国家有关税收的规定审查批准,外国合作者在合作企业缴纳所得税前回收投资;

(3)经财政税务机关和审查批准机关批准的其他回收投资方式。

外国合作者在合作期限内先行回收投资的,合作各方应当依照有关法律的规定和合作合同的约定,对合作企业的债务承担责任。

(六)合作企业的合作期限和终止

▶ 1. 合作企业的合作期限

合作企业的合作期限由中外合作者协商并在合作企业合同中规定。合作企业期限届满后,合作各方同意延长合作期限的,应在距合作期满前180日向审查批准机关提出申请,审查批准机关应自接到申请之日起30日内决定批准或不批准。如果合作企业合同约定外国合作者先行回收投资,并且投资已经回收完毕,不再延长合作期限;但外国合作者增加投资,合作各方协商同意延长的,可向审查批准机关申请延长合作期限。合作企业被批准延长合作期限的,应向原登记机关办理变更登记手续。

▶ 2. 合作企业的终止

合作企业终止的原因主要有以下几项:

(1)合作期限届满;

(2)合作企业发生严重亏损,或因不可抗力遭受严重损失,无法继续经营;

(3)合作企业一方或数方不履行合作企业合同、章程规定的义务,致使合作企业无法继续经营;

(4)企业合同、章程规定中规定的其他解散原因出现;

(5) 合作企业因违反法律、行政法规，依法被责令关闭。

上述第(2)项和第(4)项情况发生时，应当由合作企业的董事会或联合管理委员会做出决定，报审查批准机关批准。上述第(3)项情况发生时，不履行合作企业合同、章程规定的义务的合作企业一方或数方，应当对因履行合同的他方因此造成的损失承担赔偿责任。合作期满或提前终止时，应依照法定程序对企业的资产及债权、债务进行清算。合作企业各方应依照合作企业合同的约定确定合作企业财产的归属。合作企业的合作期满或提前终止，应向工商行政管理机关和税务机关办理注销登记手续。

四、外资企业法

外资企业法是调整外资企业从设立到终止期间所发生的各种经济关系的法律规范的总称。这些法律规范主要包括：1986年4月12日第六届全国人民代表大会第四次会议通过并于2000年10月31日、2016年9月3日修改的《中华人民共和国外资企业法》（以下简称《外资企业法》），1990年12月12日由原对外经济贸易合作部发布并经国务院于2001年4月12日、2014年2月19日修订的《中华人民共和国外资企业法实施细则》（以下简称《外资企业法实施细则》），以及我国宪法和其他法律、法规关于外资企业的规定。

（一）外资企业的概念及特征

外资企业，是指依照中国有关法律在中国境内设立的，全部资本由外国投资者投资的企业。但不包括外国企业和其他经济组织在中国境内设立的分支机构。

外资企业具有以下特征：

(1) 外资企业是依照中国的法律规定在中国境内设立的企业，具有中国国籍，其主要办事机构必须设在中国境内；

(2) 外资企业的全部资本由外国投资者（包括外国企业、其他经济组织或个人）投资，中国企业或其他经济组织不提供任何注册资本；

(3) 外资企业是独立的法律主体，它可以根据在中国设立企业的形式的不同而成为法人企业或非法人企业。这一特点，也与外国企业或外国其他经济组织在中国境内的分支机构相区别。

（二）外资企业的设立

▶ 1. 外资企业设立的条件

《外资企业法》及其实施细则对外资企业设立的条件做了具体规定。《外资企业法》第3条规定，设立外资企业，必须有利于中国国民经济的发展，能够取得显著的经济效益。国家鼓励外资企业采用先进技术和设备，从事新产品开发，实现产品升级换代，节约能源和原材料，并鼓励设立从事产品出口的外资企业。

根据《外资企业法实施细则》的规定，对于申请设立外资企业，有以下情形的，不予批准：①有损中国主权或者社会公共利益的；②危及中国国家安全的；③违反中国法律、法规的；④不符合中国国民经济发展要求的；⑤可能造成环境污染的。

▶ 2. 外资企业的设立程序

(1) 申请。外国投资者设立外资企业，应当通过拟设外资企业所在地的县级或者县级以上人民政府向审批机关提出申请，并报送下列文件：①设立外资企业申请书；

②可行性研究报告；③外资企业章程；④外资企业法定代表人(或者董事会人选)名单；⑤外国投资者的法律证明文件和资信证明文件；⑥拟设立外资企业所在地的县级或县级以上人民政府的书面答复；⑦需要进口的物资清单；⑧其他需要报送的文件。两个或者两个以上外国投资者共同申请设立外资企业，应当将其签订的合同副本报送审批机关备案。

(2) 审批。设立外资企业的申请，由国家对外经济贸易主管部门或者国务院授权的机关审查批准。审查批准机关应当在接到申请之日起90日内决定批准或者不批准。外国投资者在收到批准证书的30日内向工商行政管理机关申请登记，领取营业执照。营业执照的签发日期为外资企业的成立日期。

(3) 登记。设立外资企业的申请经批准后，外国投资者应当在接到批准证书之日起30日内，向国家工商行政管理总局或者国家工商行政管理总局授权的地方工商行政管理局申请开业登记。登记主管机关应当在受理申请后30日内，做出核准登记或者不予核准登记的决定。申请开业登记的外国投资者，经登记主管机关核准登记注册，领取营业执照后，企业即告成立。外资企业的营业执照签发日期为企业成立日期。外资企业应当在企业成立之日起30日内在税务机关办理税务登记。

外资企业符合中国法律关于法人条件规定的，依法取得中国法人资格。

(三) 外资企业的组织形式、注册资本与出资方式

▶ 1. 外资企业的组织形式

外资企业的组织形式为有限责任公司，经批准也可以为其他责任形式。外资企业为有限责任公司的，外资企业以其全部资产为其债务承担责任，外国投资者对企业的责任以其认缴出资额为限。外资企业为其他责任形式的，外国投资者对企业的责任适用中国法律、法规的规定。

▶ 2. 外资企业的注册资本

外资企业的注册资本，是指为设立外资企业在工商行政管理机关登记的资本总额，也即外国投资者认缴的全部出资额。外资企业的注册资本要与其经营规模相适应，注册资本与投资总额的比例应当符合中国法律的有关规定。外资企业在经营期内不得减少其注册资本。外资企业注册资本的增加、转让须经审批机关批准，并向工商行政管理机关办理变更登记手续。外资企业将其财产或权益对外抵押、转让须经审批机关批准，并向工商行政管理机关备案。

▶ 3. 外资企业的出资方式

外国投资者可以用可自由兑换的外币出资，也可以用机器设备、工业产权、专有技术等作价出资，经审批机关批准，外国投资者也可以用中国境内设立的其他外商投资企业获得的人民币利润出资。外国投资者缴付出资的期限应当在设立外资企业申请书和企业章程中载明。一次性缴付出资的，应在企业营业执照签发之日起90日内缴清。外国投资者分期缴付出资的，其最后一期出资应当在营业执照签发之日起3年内缴清。第一期出资不得少于外国投资者认缴的出资额的15%，并应当在外资企业营业执照签发之日起90日内缴清。外国投资者缴付每期出资后，外资企业应当聘请中国的注册会计师验证，并出具验资报告，报审批机关和工商行政管理机关备案。第一期出资未按期缴清的，或者无正当理由逾期30日不缴付其他各期出资的，外资企业批准证书即自动失效。外资企业应当向工商

行政管理机关办理注销登记手续,缴销营业执照;不办理注销登记和缴销营业执照的,由工商行政管理机关吊销其营业执照并予以公告。

(四)外资企业的经营管理

我国《外资企业法》第11条规定,外资企业依照经批准的章程进行经营管理活动,不受干涉。

▶1. 供、销方面

外资企业有权自行决定购买本企业自用的机器设备、原材料、燃料、零部件、配套件、运输工具和办公用品等。外资企业进口的物资和技术劳务的价格不得高于当时的国际市场同类物资和技术劳务的正常价格。外资企业的出口产品价格,由外资企业参照当时的国际市场价格自行确定,但不得低于合理的出口价格。

▶2. 利润分配

外资企业依照中国税法规定缴纳所得税后的利润,应当提取储备基金、职工奖励及福利基金。储备基金的提取比例不得低于税后利润的10%,当累计提取金额达到注册资本的50%时,可以不再提取。职工奖励及福利基金的提取比例由外资企业自行确定。外资企业以前会计年度的亏损未弥补的,不得分配利润;以往会计年度未分配的利润,与本会计年度可供分配的利润一并分配。

(五)外资企业的经营期限、变更和终止,以及清算

▶1. 外资企业的经营期限

根据《外资企业法》及其实施细则的规定,以及不同行业和企业的具体情况,外资企业的经营期限由外国投资者在设立外资企业的申请书中拟订,经审批机关批准。外资企业的经营期限,从其营业执照签发之日起计算。

▶2. 外资企业的变更和终止

外资企业注册资本的增加、转让须经审批机关批准,并向工商行政管理机关办理变更登记手续。外资企业经营期限经批准延长的,应自收到批准延长期限文件之日起30日内,向工商行政管理机关办理变更登记手续。

外资企业有下列情形之一的,应予以终止:①经营期限届满;②经营不善,严重亏损,外国投资者决定解散;③因自然灾害、战争等不可抗力而遭受严重损失,无法继续经营的;④破产;⑤违反中国法律、法规,危害社会公共利益被依法撤销;⑥外资企业章程规定的其他解散事由已经出现。外资企业如存在上述②、③、④项情形,应自行提交终止申请书,报审批机关核准终止;如依上述①、②、③、⑥项的规定终止的,应在终止之日起15日内对外公告并通知债权人。

▶3. 外资企业的清算

外资企业应在终止公告发出之日起15日内,提出清算程序、原则和清算委员会人选,报审批后进行清算。清算委员会应当由外资企业的法定代表人、债权人代表和有关主管机关的代表组成,并聘请中国的注册会计师、律师参加。清算费用从外资企业现有资产中支付。清算委员会行使下列职权:①召集债权人会议;②接管并清理企业财产,编制资产负债表和财产目录;③提出财产作价和计算依据;④制定清算方案,收回债权和清偿债务;⑤追回股东应缴而未缴的款项;⑥分配剩余财产;⑦代表外资企业起诉和应诉。

外资企业在清算结束之前,外国投资者不得将该企业的资金汇出或携出中国境外,不得自行处理企业的财产。在清算结束后,外资企业资产净额和剩余财产超过注册资本的部分视同利润,应依照中国税法缴纳所得税,并应向工商行政管理机关办理注销登记手续,缴销营业执照。

拓展案例

某中外合资经营企业在合同中规定,合资企业注册资本800万美元,中方投资650万美元,其中场地使用权作价200万美元,机器设备作价250万美元,现金200万美元;外方投资150万美元,其中现金为100万美元,机器设备50万美元(是以合营企业名义向某国租赁来的);企业投资总额为2 500万美元;注册资本预计在5年之内全部缴清;企业若今后需要更多资金,可以通过向社会发行股票的方式来筹措;合营企业的经营期限暂定为10年,在期满前2年,外放可以提前回收投资;企业的内部管理机构为联合管理委员会,主任由中方担任;根据企业的发展需要,可以设立分公司,分公司为外资企业性质,对外独立承担责任。

思考:根据相关法律规定,分析以上合同中存在什么问题?请说明理由。

复习思考题

1. 个人独资企业的设立条件有哪些?
2. 普通合伙企业和有限合伙企业的区别是什么?
3. 合伙企业入伙、退伙的条件分别是什么?
4. 中外合营企业与中外合作企业的区别有哪些?

第三章 公司法

学习目标

1. 了解公司的法律特征和公司的设立条件、程序。
2. 掌握有限责任公司和股份有限公司的组织机构和股份转让等法律规定，掌握公司合并、分立、解散、清算的法律规定。
3. 掌握公司法中关于公司董事、监事、高级管理人员的任职资格和义务的规定。
4. 能够处理公司的设立、变更、解散等事宜，并能够识别常见的违法行为。

案例导入

甲百货公司等6家企业共同投资设立A贸易有限公司（简称A公司）。2017年2月6日，A公司与本市B纺织厂签订了一份服装购销合同，合同约定：①B纺织厂1个月内向A公司供应服装500套，总价款为人民币15万元；②B纺织厂将货送到A公司的仓库后，A公司在1个月内付款。2017年3月22日，B纺织厂如约将货物运到A公司的仓库。4月24日，B纺织厂要求A公司支付货款15万元，而此时A公司由于经营管理不善，经营状况严重恶化，公司处于亏损状态，已拖欠了很多债务无力偿付。因此，A公司向B纺织厂表示无法按期支付货款。B纺织厂考虑到A公司的股东，包括甲百货公司在内的6家企业大部分的经营状况都比较好。于是，将包括甲百货公司在内的6家企业作为被告向当地人民法院提起诉讼，要求这6家企业清偿货款15万元。

思考：

1. 甲百货公司等6家企业与A公司的关系是什么？
2. B纺织厂能否要求甲百货公司等6家企业承担货款清偿责任？应当由谁承担货款清偿责任？请说明理由。
3. 法院将如何处理本案？

第一节 公司法概述

一、公司的概念和特征

根据我国法律规定,公司是指依法设立的以营利为目的、由股东投资形成的企业法人。从法律上讲,我国的公司主要有以下四个特征。

(一)依法设立

依法设立指公司必须依法定条件、法定程序设立,即一方面要求公司的章程、资本、组织机构、活动原则等必须合法;另一方面要求公司的设立要经过法定程序进行工商登记。公司通常依《公司法》设立,但有时还必须符合其他法律规定,如《商业银行法》《保险法》《证券法》等。

(二)以营利为目的

投资人出资设立公司的目的是从公司经营中取得利润。因此,盈利目的不仅要求公司本身为营利而活动,而且要求公司有盈利时应当将利润分配给投资人。

(三)是股权制企业

公司由股东的投资行为设立。股东投资行为形成的权利是股权。股权是一种独立的特殊权利,不同于所有权,也不同于经营权等他物权,更不同于债权。依据《公司法》第4条规定,公司股东依法享有资产受益、参与重大决策和选择管理者等权利。

(四)具有法人资格

公司是企业法人,有独立的法人财产,能独立承担民事责任。我国《公司法》规定,有限责任公司和股份有限公司均具有法人资格,股东以其认缴的出资额或认购的股份为限对公司承有限责任。

二、公司的分类

公司一般分为以下几类。

▶ 1. 以公司资本结构和股东对公司债务承担责任的方式为标准进行分类

(1)有限责任公司,是指股东以其认缴的出资额为限对公司承担责任,公司以其全部财产对公司的债务承担责任的公司。

(2)股份有限公司,是指将其全部资本分为等额股份,股东以其认购的股份为限对公司承担责任,公司以其全部财产对公司的债务承担责任的公司。

(3)无限公司,是指股东对公司债务承担连带无限责任的公司。

(4)两合公司,是指公司由承担无限责任的股东和承担有限责任的股东组成。一般而言,承担无限责任的股东是公司的经营管理者,承担有限责任的股东则不参与经营管理。

(5)股份两合公司,是指公司由负无限责任的股东和负有限责任的股东组成,资本分为等额股份。其股东承担法律责任情况与两合公司相同,区别则在于公司的资本分为等额股份。

2. 以公司的信用基础为标准进行分类

（1）资合公司，是指以资本的结合作为信用基础的公司。此类公司仅以资本的实力取信于人，股东个人是否有财产、能力或信誉与公司无关。资合公司的典型形式是股份有限公司。

（2）人合公司，是指以股东个人的财力、能力和信誉作为信用基础的公司，其典型形式是无限公司和有限责任公司。

（3）人资兼合公司，是指同时以公司资本和股东个人信用作为公司信用基础的公司，其典型形式是两合公司和股份两合公司。

3. 以公司组织关系为标准进行分类

（1）母公司与子公司。这是按公司外部组织关系所做的分类。在不同公司之间存在控制与依附关系时，处于控制地位的是母公司，处于依附地位的是子公司。虽然它们存在控制与被控制的组织关系，但它们都具有法人资格，在法律上是彼此独立的企业。

（2）总公司与分公司。这是从公司内部组织关系上进行的分类，分公司其实只是总公司的分支机构，并非真正意义上的公司，分公司没有独立的公司名称、章程，没有独立的财产，不具有法人资格，但可以领取营业执照，进行经营活动，其民事责任由总公司承担。

4. 以公司国籍为标准进行分类

以公司国籍为标准进行分类，可以将公司分为本国公司和外国公司。但各国确定公司国籍的标准不尽相同，我国采用以公司注册登记地和设立依据法律地相结合的标准确定公司的国籍。

5. 以公司的组织机构和经营活动是否局限于一国为标准进行分类

以公司的组织机构和经营活动是否局限于一国为标准进行分类，可以将公司分为国内公司和跨国公司。跨国公司往往并不是一个单独的公司，而是由控制公司与设立在各国的众多附属公司形成的国际公司集团。

三、公司法的概念及立法概况

公司法是规定公司法律地位，调整公司组织关系，规范公司的设立、变更与终止过程中的组织行为的法律规范的总称。公司法的概念有狭义与广义之分。狭义的公司法，仅指专门调整公司问题的法律，如《中华人民共和国公司法》（以下简称《公司法》）。广义的公司法，除包括专门的《公司法》外，还包括其他有关公司的法律、法规、行政规章、司法解释，以及其他各法之中的调整公司组织关系、规范公司组织行为的法律规范，如《公司登记管理条例》《民法通则》《中外合资经营企业法》等。

我国现行的《公司法》于1993年12月29日由第八届全国人民代表大会常务委员会第五次会议通过并颁布，自1994年7月1日起施行。1999年12月25日和2004年8月28日对《公司法》进行了两次修订，但涉及面很窄，仅对少数几个条文做了修改。2005年10月27日，第十届全国人民代表大会常务委员会第十八次会议对《公司法》进行了第三次修订，并于2006年1月1日起施行。2013年12月28日，第十二届全国人大常委会第六次会议对《公司法》进行了第四次修订，修改了现行《公司法》的12个条款，并于2014年3月1日起施行，此次修订主要体现在以下三个方面：①将注册资本实缴登记制改为认缴登记制；②放宽了注册资本登记条件；③简化了公司登记事项和登记文件。

第二节 有限责任公司

一、有限责任公司的概念

有限责任公司又称有限公司,是指按照《公司法》的有关规定设立的,股东以其出资额为限对公司承担责任,公司以其全部财产对公司债务承担责任的企业法人。

二、有限责任公司的设立

(一)设立条件

根据《公司法》规定,设立有限责任公司应当具备下列条件。

▶ 1. 股东符合法定人数

《公司法》规定,有限责任公司由 50 个以下股东出资设立。股东人数为 1 人时,为一人有限责任公司。除国有独资公司外,有限责任公司的股东可以是自然人,也可以是法人。

▶ 2. 有符合公司章程规定的全体股东认缴的出资额

2014 年修订的《公司法》规定:①取消了除法律、法规另有规定外,有限责任公司最低注册资本 3 万元的规定,不再限制公司设立时股东(发起人)的首次出资比例、货币出资比例和缴足出资的期限;②公司实收资本不再作为工商登记事项;③公司设立出资不必经会计师事务所验资。这些法律规定的取消,简化了工商登记制度,放宽了公司设立的行政审批条件,缩短了公司设立的时间,减少了公司设立需要的人力、物力等方面的成本,降低了市场准入的门槛。

股东的出资方式可以用货币出资,也可以用实物、知识产权、土地使用权等可以用货币估价并可以依法转让的非货币财产作价出资。但是,法律、行政法规规定不得作为出资的财产除外,如股东不得以劳务、信用、自然人姓名、商誉、特许经营权或者设定担保的财产等作价出资。

股东出资应当履行必要的手续。股东以货币出资的,应当将货币足额存入有限责任公司在银行开设的临时账户,以非货币财产出资的,应当依法办理其财产权的转移手续。股东不按照前款规定缴纳所认缴的出资的,除应当足额缴纳外,还应当向已足额缴纳出资的股东承担违约责任。公司成立后,发现公司股东所缴非货币财产的实际价额显著低于公司章程所定价额的,应当由交付该出资的股东补交其差额,公司设立时的其他股东对其承担连带责任。

▶ 3. 股东共同制定公司章程

公司章程是公司股东依法订立的记载公司名称、宗旨、资本、组织机构、活动基本准则等对内对外事务的公开性书面法律文件。设立有限责任公司必须由股东共同依法制定公司章程,股东应当在公司章程上签名、盖章。公司章程对公司、股东、董事、监事、高级管理人员具有约束力。

根据《公司法》规定，有限责任公司章程应当载明下列事项：①公司名称和住所；②公司经营范围；③公司注册资本；④股东的姓名或者名称；⑤股东的出资方式、出资额和出资时间；⑥公司的机构及其产生办法、职权、议事规则；⑦公司法定代表人；⑧股东会会议认为需要规定的其他事项。

▶ 4. 有公司名称，建立符合有限责任公司要求的组织机构

公司名称是公司外部形象的重要标志，是公司法律人格的文字符号，是公司人格的体现。公司名称是其区别于其他公司、企业的识别标志，应当符合国家有关规定，经公司登记机关核准登记的公司名称受法律保护。国家工商行政管理总局发布的《企业名称登记管理规定》中规定，公司的名称通常由行政区划、字号(商号)、所属行业或经营特点、组织形式(公司种类)四部分构成。有限责任公司或股份有限公司的公司名称中必须标明"有限责任公司""股份有限公司"字样。在同一行政区划内，同行业的企业不得重名，且公司名称中不得含有下列内容和文字：①有损于国家、社会公共利益的；②可能对公众造成欺骗或者误解的；③外国国家(地区)名称、国际组织名称；④政党名称、党政军机关名称、群众组织名称、社会团体及部队番号；⑤汉语拼音字母(外文名称中使用的除外)、数字；⑥其他法律、行政法规规定禁止的。

公司组织机构是公司内部的具体设置机构，通常包括权力机构、决策执行机构和监督机构。但规模较小或人数较少的有限责任公司可以不设董事会、监事会等组织机构，而只设一名执行董事和1~2名监事。

▶ 5. 有公司住所

公司以其主要办事机构所在地为住所。主要办事机构即主要的经营管理机构。一个公司可以有多个经营场所，但登记的住所只能有一个。公司的住所应当在其公司登记机关辖区内。

(二) 设立程序

有限责任公司的设立程序较为简单，主要有以下步骤。

▶ 1. 发起人发起

有限责任公司因其性质决定了只能采取发起设立方式设立。除国有独资公司和一人有限责任公司外，发起人实施发起行为时，通常都要先签订一个发起人协议，以明确各自的权利和义务。

▶ 2. 制定公司章程

制定公司章程是设立程序中的重要一环。全体发起人应依照法定要求并结合拟成立公司的具体情况制定章程。《公司法》第25条规定，股东应当在公司章程上签名、盖章。因此，自然人股东应亲自在公司章程上签名，法人股东则应加盖法人印章并加上其法定代表人的签字。

▶ 3. 审批

经营范围或行业涉及审批的应该报政府有关部门审批。

▶ 4. 缴纳出资

《公司法》第28条规定，股东应当按期足额缴纳公司章程中规定的各自所认缴的出资

额。股东以货币出资的，应当将货币出资足额存入有限责任公司在银行开设的账户；以非货币财产出资的，应当依法办理其财产权的转移手续。

▶ 5. 办理设立登记手续并领取营业执照

《公司法》第29条规定，股东认足公司章程规定的出资后，由全体股东指定的代表或者共同委托的代理人向公司登记机关报送公司登记申请书、公司章程等文件，申请设立登记。公司登记机关，即各级工商行政管理部门，对公司设立登记的申请进行审查，对符合法定设立条件的申请予以登记并发给营业执照，否则不予登记。公司营业执照签发日期为公司成立日期。未经公司登记机关登记的，不得以公司名义从事经营活动。公司设立分公司也应进行必要的登记。

三、有限责任公司的组织机构

公司组织机构又称公司机关，是代表公司活动、行使相应职权的自然人或自然人组成的集合体。有限责任公司的组织机构包括股东会、董事会、监事会及经理。

(一) 股东会

▶ 1. 股东会的组成

有限责任公司股东会由全体股东组成。除法律禁止或限制的特别规定外，有权代表国家投资的政府部门或机构、企业法人、具有法人资格的事业单位和社会团体，自然人均可按照规定成为有限责任公司的股东。

▶ 2. 股东会的职权

股东会是公司的权力机构，行使下列职权：

(1) 决定公司的经营方针和投资计划；
(2) 选举和更换非职工代表担任的董事、监事，决定有关董事、监事的报酬事项；
(3) 审议批准董事会或者执行董事的报告；
(4) 审议批准监事会或者监事的报告；
(5) 审议批准公司的年度财务预算方案、决算方案；
(6) 审议批准公司的利润分配方案和弥补亏损方案；
(7) 对公司增加或者减少注册资本做出决议；
(8) 对发行公司债券做出决议；
(9) 对公司合并、分立、变更公司形式、解散和清算等事项做出决议；
(10) 修改公司章程；
(11) 公司章程规定的其他职权。

对上述事项股东以书面形式一致表示同意的，可以不召开股东会会议，直接做出决定，并由全体股东在决定文件上签名、盖章。

▶ 3. 股东会会议

股东会会议分为定期会议和临时会议。定期会议应当按照公司章程的规定按时召开。代表1/10以上表决权的股东，1/3以上的董事，监事会或者不设监事会的公司的监事提议召开临时会议的，应该召开临时会议。

首次股东会会议由出资最多的股东召集和主持，依法行使职权。以后的股东会会议，公司设立董事会的，由董事会召集，董事长主持；董事长不能或者不履行职务的，由副董事长主持；副董事长不能或者不履行职务的，由半数以上董事共同推举1名董事主持。公司不设董事会的，股东会会议由执行董事召集和主持。董事会或者执行董事不能或者不履行召集董事会职责的，由监事会或者不设监事会的公司的监事召集和主持；监事会或者监事不召集和主持的，代表1/10以上表决权的股东可以自行召集和主持。

召开股东会会议，应当于会议召开15日以前通知全体股东，但公司章程另有规定或者全体股东另有约定的除外。股东会应当对所议事项的决定做成会议记录，出席会议的股东应当在会议记录上签名。

▶ 4. 股东的表决权

股东会会议由股东按照出资比例行使表决权，但公司章程另有规定的除外。股东会的议事方式和表决程序，除《公司法》有规定的外，由公司章程规定。

股东会会议做出修改公司章程、增加或者减少注册资本的决议，以及公司合并、分立、解散或者变更公司形式的决议，必须经代表2/3以上表决权的股东通过。

(二) 董事会

▶ 1. 董事会的组成

有限责任公司设董事会(依法不设董事会者除外)，其成员为3~13人。两个以上的国有企业或者其他两个以上的国有投资主体投资设立的有限责任公司，其董事会成员中应当有公司职工代表；其他有限责任公司董事会成员中也可以有公司职工代表。董事会中的职工代表由公司职工通过职工代表大会、职工大会或者其他形式民主选举产生。

董事会设董事长1人，可以设副董事长。董事长、副董事长的产生办法由公司章程规定。董事任期由公司章程规定，但每届任期不得超过3年。董事任期届满，连选可以连任。董事任期届满未及时改选，或者董事在任期内辞职导致董事会成员低于法定人数的，在改选出的董事就任前，原董事仍应当依照法律、行政法规和公司章程的规定，履行董事职务。

▶ 2. 董事会的职权

董事会对股东会负责，行使下列职权：

(1) 召集股东会议，并向股东会报告工作；
(2) 执行股东会的决议；
(3) 决定公司的经营计划和投资方案；
(4) 制定公司的年度财务预算方案、决算方案；
(5) 制定公司的利润分配方案；
(6) 制定公司增加或者减少注册资本以及发行公司债券的方案；
(7) 制定公司合并、分立、变更公司形式，以及公司解散的方案；
(8) 决定公司内部管理机构的设置；
(9) 决定聘任或者解聘公司经理及其报酬事项，并根据经理的提名决定聘任或者解聘公司的副经理、财务负责人及其报酬事项；
(10) 制定公司的基本管理制度；
(11) 公司章程规定的其他职权。

▶ 3. 董事会会议

董事会会议由董事长召集和主持；董事长不能或者不履行职务的，由副董事长召集和主持；副董事长不能或者不履行职务的，由半数以上的董事共同推举1名董事召集和主持。

除《公司法》有规定的外，董事会的议事方式和表决程序由公司章程规定。董事会决议的表决，实行一人一票。董事会应当对所议事项的决定做成会议记录，出席会议的董事应当在会议记录上签名。

股东人数较少或者规模较小的有限责任公司，可以设1名执行董事，不设立董事会。执行董事可以兼任公司经理。执行董事的职权由公司章程规定。

(三) 监事会

▶ 1. 监事会的组成

有限责任公司设立监事会，其成员不得少于3人。股东人数较少或者规模较小的有限责任公司，可以设1~2名监事或不设立监事会。监事会应当包括股东代表和适当比例的公司职工代表，其中职工代表的比例不得低于1/3，具体比例由公司章程规定。监事会中的职工代表由公司职工通过职工代表大会、职工大会或者其他形式民主选举产生。

监事会设主席1人，由全体监事过半数选举产生。监事会主席召集和主持监事会会议；监事会主席不能或者不履行职务的，由半数以上监事共同推举1名监事召集和主持监事会会议。董事、高级管理人员不得兼任监事。

监事的任期每届为3年。监事任期届满，连选可以连任。监事任期届满未及时改选，或者监事在任期内辞职导致监事会成员低于法定人数的，在改选出的监事就任前，原监事仍应当依照法律、行政法规和公司章程的规定，履行监事职务。

▶ 2. 监事会的职权

监事会、不设监事会的公司的监事行使下列职权：

(1) 检查公司财务；

(2) 对董事、高级管理人员执行公司职务的行为进行监督，对违反法律、行政法规、公司章程或者股东会决议的董事、高级管理人员提出罢免的建议；

(3) 当董事、高级管理人员的行为损害公司的利益时，要求董事、高级管理人员予以纠正；

(4) 提议召开临时股东会会议，在董事会不履行本法规定的召集和主持股东会会议职责时，召集和主持股东会会议；

(5) 向股东会会议提出提案；

(6) 依照《公司法》第125条的规定，对董事、高级管理人员提起诉讼；

(7) 公司章程规定的其他职权。

监事可以列席董事会会议，并对董事会决议事项提出质询或者建议。监事会、不设监事会的公司的监事行使职权所必需的费用，由公司承担。

监事会、不设监事会的公司的监事发现公司经营情况异常，可以进行调查；必要时，可以聘请会计师事务所等协助其工作，费用由公司承担。

▶ 3. 监事会会议

监事会会议每年度至少召开一次，监事可以提议召开临时监事会会议。除《公司法》有规定的外,监事会的议事方式和表决程序由公司章程规定。监事会决议应当经半数以上监事通过。监事会应当对所议事项做成会议记录,出席会议的监事应当在会议记录上签名。

（四）经理

《公司法》第 50 条规定,有限责任公司可以设经理,由董事会决定聘任或者解聘。据此规定,在有限责任公司中,经理不再是必设机构而成为选设机构。公司章程可以规定不设经理,而设总裁、首席执行官等职务,行使公司的管理职权。

《公司法》规定,在公司设经理时,经理对董事会负责,行使下列职权。

(1) 主持公司的生产经营管理工作,组织实施董事会决议。

(2) 组织实施公司年度经营计划和投资方案。

(3) 拟订公司内部管理机构设置方案。

(4) 拟订公司的基本管理制度。

(5) 制定公司的具体规章。

(6) 提请聘任或者解聘公司副经理、财务负责人。

(7) 决定聘任或者解聘除应当董事会决定聘任或者解聘以外的负责管理人员。

(8) 董事会授予的其他职权。

经理列席董事会会议。公司章程对经理职权另有规定的,从其规定。

四、董事、监事和高级管理人员的任职资格及其义务

（一）董事、监事和高级管理人员的任职资格的禁止性规定

《公司法》规定,有下列情形之一的,不得担任公司的董事、监事和高级管理人员。

(1) 无民事行为能力或者限制民事行为能力。

(2) 因犯有贪污、贿赂、侵占财产、挪用财产罪或者破坏社会经济秩序罪,被判处刑罚,执行期满未逾 5 年,或者因犯罪被剥夺政治权利,执行期满未逾 5 年。

(3) 担任因经营不善破产清算的公司、企业的董事或者厂长、经理,并对该公司、企业的破产负有个人责任的,自该公司、企业破产清算完结之日起未逾 3 年。

(4) 担任因违法被吊销营业执照、责令关闭的公司、企业的法定代表人,并负有个人责任的,自该公司、企业被吊销营业执照之日起未逾 3 年。

(5) 个人所负数额较大的债务到期未清偿。

（二）董事、监事和高级管理人员的义务

公司的董事、监事和高级管理人员在依法行使职权时,应承担下列义务。

(1) 遵守公司章程,忠实履行职务,维护公司利益,不得利用在公司的地位和职权为自己牟取私利。

(2) 不得收受贿赂或者其他非法收入,侵占公司的财产。

(3) 不得任意动用公司的资产。董事、经理不得挪用公司资金或者将公司资金借贷给他人；不得将公司资产以其个人名义或者其他个人名义开立账户存储；不得以公司资产为本公司的股东或者其他个人债务提供担保。

(4) 不得自营或者为他人经营与其所任职公司同类的营业或者从事损害本公司利益的活动；从事上述营业或者活动的,所得收入归公司所有。除公司章程规定或者股东会同意外,不得同本公司订立合同或者进行交易。

(5) 除依照法律规定或者经股东会同意外，不得泄露公司秘密。

凡是董事、监事和高级管理人员执行公司职务时违反法律、行政法规或者公司章程的规定，给公司造成损害的，应当承担赔偿责任。

五、特殊有限责任公司

（一）一人有限责任公司的特别规定

所谓一人有限责任公司，是指只有一个自然人股东或者一个法人股东的有限责任公司。为维护债权人等利害关系人的权益，保障社会经济秩序，《公司法》对一人有限责任公司的设立和组织机构以专门一节做了特殊规定，以加强对其的监管，特殊规定以外的问题，则适用对有限责任公司的一般规定。

(1) 一人有责任公司的注册资本最低限额为人民币10万元，高于普通有限责任公司。股东应当一次足额缴纳公司章程规定的出资额，不允许分期缴付出资。

(2) 规定一个自然人只能投资设立一个一人有限责任公司，禁止其设立多个一人有限责任公司，而且该一人有限责任公司不能投资设立新的一人有限责任公司。

(3) 一人有限责任公司应当在公司登记中注明自然人独资或者法人独资，并在公司营业执照中载明。一人有限责任公司章程由股东制定。

(4) 一人有限责任公司不设股东会。法律规定的股东会职权由股东行使，当股东行使相应职权做出决定时，应当采用书面形式，并由股东签字后置备于公司。一人有限责任公司应当在每一会计年度终了时编制财务会计报告，并经会计师事务所审计。

(5) 为防止一人有限责任公司的股东滥用公司法人资格与有限责任制度，将公司财产混同于个人财产，抽逃资产，损害债权人的利益，《公司法》规定，一人有限责任公司的股东不能证明公司财产独立于股东自己财产的，应当对公司债务承担连带责任。

（二）国有独资公司的特别规定

国有独资公司，是指国家单独出资，由国务院或地方人民政府委托本级人民政府国有资产监督管理机构履行出资人职责的有限责任公司。《公司法》对国有独资公司的设立和组织机构也以专门一节做了特殊规定，特殊规定以外的问题，则适用对有限责任公司的一般规定。

(1) 国有独资公司章程由国有资产监督管理机构制定，或者由董事会制定报国有资产监督管理机构批准。

(2) 国有独资公司不设股东会，由国有资产监督管理机构行使股东会职权。国有资产监督管理机构可以授权公司董事会行使股东会的部分职权，决定公司的重大事项，但公司的合并、分立、解散、增减注册资本和发行公司债券，必须由国有资产监督管理机构决定。其中，国务院有关规定确定的重要国有独资公司的合并、分立、解散、申请破产，应当由国有资产监督管理机构审核后，报本级人民政府批准。

(3) 国有独资公司设立董事会，依照法律规定的有限责任公司董事会的职权和国有资产监督管理机构的授权行使职权。董事每届任期不得超过3年。董事会成员中应当有公司职工代表。董事会成员由国有资产监督管理机构委派，但是，董事会成员中的职工代表由公司职工代表大会选举产生。董事会设董事长1人，可以设副董事长。董事长、副董事长由国有资产监督管理机构从董事会成员中指定。

(4) 国有独资公司设经理，由董事会聘任或者解聘。国有独资公司经理的职权与普通有限责任公司相同，经国有资产监督管理机构同意，董事会成员可以兼任经理。

(5) 国有独资公司的董事长、副董事长、董事和高级管理人员，未经国有资产监督管理机构同意，不得在其他有限责任公司、股份有限公司或者其他经济组织兼职。

(6) 国有独资公司监事会成员不得少于5人，其中职工代表的比例不得低于1/3，具体比例由公司章程规定。监事会成员由国有资产监督管理机构委派，但是，监事会中的职工代表由公司职工代表大会选举产生，监事会主席由国有资产监督管理机构从监事会成员中指定。国有独资公司监事会的职权范围小于普通有限责任公司的监事会，包括：①检查公司财务；②对董事、高级管理人员执行公司职务的行为进行监督，对违反法律、行政法规、公司章程或者股东会决议的董事、高级管理人员提出罢免的建议；③当董事、高级管理人员的行为损害公司的利益时，要求董事、高级管理人员予以纠正；④国务院规定的其他职权。

六、有限责任公司的股权转让

《公司法》第72条规定，有限责任公司的股东之间可以相互转让其全部或者部分股权。股东向股东以外的人转让股权，应当经其他股东过半数同意。股东应就其股权转让事项书面通知其他股东征求同意，其他股东自接到书面通知之日起满30日未答复的，视为同意转让。其他股东半数以上不同意转让的，不同意的股东应当购买该转让的股权；不购买的，视为同意转让。经股东同意转让的股权，在同等条件下，其他股东有优先购买权。两个以上股东主张行使优先购买权的，协商确定各自的购买比例；协商不成的，按照转让时各自的出资比例优先购买。公司章程对股权转让另有规定的，从其规定。

▶ **1. 股东之间转让股权**

股东之间可以自由转让其全部股权或者部分股权，即股东之间转让不受限制。由于股东之间的转让只会改变股东的股权份额，不会破坏股东之间的信用联系，所以，可以不经过股东会同意，转让股东和受让股东可以自行决定。

▶ **2. 股东向股东以外的人转让股权**

股东向股东以外的人转让股权，应当经其他股东过半数同意。股东应就其股权转让事项书面通知其他股东征求同意，其他股东自接到书面通知之日起满30日未答复的，视为同意转让。其他股东半数以上不同意转让的，不同意的股东应当购买该转让的股权；不购买的，视为同意转让。

经股东同意转让的股权，在同等条件下，其他股东有优先购买权。两个以上股东主张行使优先购买权的，协商确定各自的购买比例；协商不成的，按照转让时各自的出资比例行使优先购买权。公司章程对股权转让另有规定的，从其规定。

▶ **3. 因强制执行程序引起的股权转让**

人民法院依照法律规定的强制执行程序转让股东的股权时，应当通知公司及全体股东，其他股东在同等条件下有优先购买权。其他股东自人民法院通知之日起满20日不行使优先购买权的，视为放弃优先购买权。

依照上述规定转让股权后，公司应当注销原股东的出资证明书，向新股东签发出资证明书，并相应修改公司章程和股东名册中有关股东及其出资额的记载。对公司章程的该项修改不需再由股东会表决。

▶ 4. 请求转让

有下列情形之一的，对股东会该项决议投反对票的股东可以请求公司按照合理的价格收购其股权：

(1) 公司连续5年不向股东分配利润，而公司该5年连续盈利，并且符合《公司法》规定的分配利润条件的；

(2) 公司合并、分立、转让主要财产的；

(3) 公司章程规定的营业期限届满或者章程规定的其他解散事由出现，股东会会议通过决议修改章程使公司存续的。

自股东会会议决议通过之日起60日内，股东与公司不能达成股权收购协议的，股东可以自股东会会议决议通过之日起90日内向人民法院提起诉讼。

▶ 5. 股权继承

自然人股东死亡后，其合法继承人可以继承股东资格，公司章程另有规定的除外。

第三节 股份有限公司

一、股份有限公司的概念和特征

(一) 股份有限公司的概念

股份有限公司是指全部资本被分为等额股份，股东以其所持股份为限对公司承担责任，公司以其全部资产对公司债务承担责任的企业法人。

(二) 股份有限公司的特征

与有限责任公司相比，股份有限公司具有以下特征。

(1) 股东人数没有最高限额的限制。由于股份有限公司可以公开募股，其股东人数没有最高限额的规定。

(2) 资本划分为等额股份。股份有限公司将资本总额划分为若干等额的股份，便于认购。

(3) 募股集资的开放性。有别于有限责任公司的封闭性，股份有限公司可以定向募集和公开募集的方法筹集资本。

(4) 股票可以自由转让。股份有限公司是典型的资合公司，公司以资本为信用基础，股东之间关系松散，股票的自由转让增加了股份有限公司募股集资的广泛性、开放性和灵活性。

(5) 经营信息公开。股份有限公司是开放性公司，公司的生产经营状况直接关系股东的利益。因此，公司应当将公司章程、股东名册、公司债券存根、股东大会会议记录、董事会会议记录、财务报告置备于公司。公司应当将生产经营活动、公司董事、监事和高级经营管理人员的相关情形定期向股东披露。股东有权查阅公司章程、股东名册、公司债券存根、股东大会会议记录、董事会会议决议、监事会会议决议、财务会计报告，对公司的经营提出质询。

二、股份有限公司的设立

(一) 股份有限公司的设立方式

股份有限公司的设立,可以采取发起设立或者募集设立的方式。发起设立,是指由发起人认购公司应发行的全部股份而设立公司。募集设立,是指由发起人认购公司应发行股份的一部分,其余股份向社会公开募集或者向特定对象募集而设立公司。

(二) 股份有限公司的设立条件

根据《公司法》规定,设立股份有限公司,应当具备下列条件。

▶ 1. 发起人符合法定人数

设立股份有限公司,应当有2人以上200人以下为发起人,其中须有半数以上的发起人在中国境内有住所。股份有限公司的发起人承担公司筹办事务。发起人应当签订发起人协议,明确各自在公司设立过程中的权利和义务。发起人既可以是自然人也可以是法人。

▶ 2. 有符合公司章程规定的全体发起人认购的股本总额或者募集的实收股本总额

股份有限公司采取发起设立方式设立的,注册资本为在公司登记机关登记的全体发起人认购的股本总额。在发起人认购的股份缴足前,不得向他人募集股份。股份有限公司采取募集方式设立的,注册资本为在公司登记机关登记的实收股本总额。法律、行政法规以及国务院决定对股份有限公司注册资本实缴、注册资本最低限额另有规定的,从其规定。

▶ 3. 股份发行、筹办事项应符合法律规定

略。

▶ 4. 发起人制定公司章程,采用募集方式设立的须经创立大会通过

股份有限公司章程应当载明下列事项:①公司名称和住所;②公司经营范围;③公司设立方式;④公司股份总数、每股金额和注册资本;⑤发起人的姓名或者名称、认购的股份数、出资方式和出资时间;⑥董事会的组成、职权、任期和议事规则;⑦公司法定代表人;⑧监事会的组成、职权、任期和议事规则;⑨公司利润分配方法;⑩公司的解散事由与清算办法;⑪公司的通知和公告办法;⑫股东大会会议认为需要规定的其他事项。

▶ 5. 有公司名称

股份有限公司应有公司名称,并建立符合股份有限公司要求的组织机构。

▶ 6. 有公司的住所

略。

(三) 股份有限公司的设立程序

▶ 1. 发起设立的程序

(1) 发起人制定公司章程。

(2) 发起人认购股份、缴纳出资。以发起设立方式设立股份有限公司的,发起人应当书面认定公司章程规定其认购的股份。一次缴纳的,应即缴纳全部出资;分期缴纳的,应缴纳首期出资。以非货币财产出资的,应当依法办理其财产权的转移手续。发起人不按照上述规定缴纳出资的,应当按照发起人协议的约定承担违约责任。

(3) 验资。发起人认购股份、缴纳出资后,必须经依法设立的验资机构验资并出具证明。

(4) 选举董事会和监事会。发起人首次缴纳出资后，应当选举董事会和监事会，由董事会向公司登记机关报送公司章程、由依法设立的验资机构出具的验资证明，以及法律、行政法规规定的其他文件。

(5) 申请设立登记。

2. 募集设立的程序

(1) 发起人发起成立股份有限公司，并制定公司章程。

(2) 发起人认购股份。《公司法》要求发起人认购的股份不得少于公司股份总数的35%，但是，法律、行政法规另有规定的，从其规定。

(3) 发起人缴纳出资、验资。发起人按照所认购的股份和《公司法》的规定缴纳出资，股款缴足后，须经法定的验资机构验资，并出具证明。股份有限公司成立后，发起人未按照公司章程的规定缴足出资的，应当补缴；其他发起人承担连带责任。股份有限公司成立后，发现作为设立公司出资的非货币财产的实际价额显著低于公司章程所定价额的，应当由交付该出资的发起人补足其差额；其他发起人承担连带责任。

(4) 起草招股说明书，申请募股。招股说明书应当附有发起人制定的公司章程，并载明下列事项：①发起人认购的股份数；②每股的票面金额和发行价格；③无记名股票的发行总数；④募集资金的用途；⑤认股人的权利、义务；⑥本次募股的起止期限及逾期未募足时认股人可以撤回所认股份的说明。股票公开发行实行核准制。公开发行股票必须依照法律规定的条件，报经国务院证券监督管理机构(中国证券监督管理委员会)核准。国务院证券监督管理机构设发行审核委员会，依法审核股票发行申请。未经依法批准，任何单位和个人不得公开发行股票。

(5) 公告招股说明书，制作认股书。认股书应当载明招股说明书中所载明的事项，由认股人填写认购股数、金额、住所，并签名、盖章。认股人按所认购股数缴纳股款。

(6) 签订承销、代收股款协议。发起人向社会公开募集股份，应当同依法设立的证券公司签订承销协议，由证券公司承销股份；应当同银行签订代收股款协议。代收股款的银行应当按照协议代收和保存股款，向缴纳股款的认股人出具收款单据，并负有向有关部门出具收款证明的义务。

(7) 召开创立大会。发起人应当自股款缴足之日起30日内主持召开公司创立大会。创立大会由发起人、认股人组成。创立大会行使下列职权：①审议发起人关于公司筹办情况的报告；②通过公司章程；③选举董事会成员；④选举监事会成员；⑤对公司的设立费用进行审核；⑥对发起人用于抵作股款的财产的作价进行审核；⑦发生不可抗力或者经营条件发生重大变化直接影响公司设立的，可以做出不设立公司的决议。发起人应当在创立大会召开15日前将会议日期通知各认股人或者予以公告。创立大会应有代表股份总数过半数的发起人、认股人出席，方可举行。创立大会行使职权并做出决议，必须经出席会议的认股人所持表决权过半数通过。出现下列情况之一，发起人应当返还认股人所缴股款并加算银行同期存款利息：①发行的股份超过招股说明书规定的截止期限尚未募足；②发行股份的股款缴足后，发起人在30日内未召开创立大会；③创立大会决议不设立公司。

(8) 申请设立登记。董事会应于创立大会结束后30日内，向公司登记机关报送下列文件，申请设立登记：①公司登记申请书；②创立大会的会议记录；③公司章程；④验资证明；⑤法定代表人、董事、监事的任职文件及其身份证明；⑥发起人的法人资格证明或者自然人身份证明；⑦公司住所证明。另外，还应当向公司登记机关报送国务院证券监督管理机构的核准文件。

（9）公司成立后，依法进行公告。

股份有限公司成立后，发起人未按照公司章程的规定缴足出资的，应当补缴；其他发起人承担连带责任。股份有限公司成立后，发现作为设立公司出资的非货币资产的实际价额显著低于公司章程所定价额的，应当由交付该出资的发起人补足其差额；其他发起人承担连带责任。

（四）股份有限公司的发起人

股份有限公司的发起人是指按照《公司法》的规定，认购公司的股份并承担公司设立事务的人。股份公司成立后，发起人为公司第一批股东。从发起人资格上讲，大多数国家并无限制，法人和自然人、本国人和外国人、在当地居住的人和不在当地居住的人均可以成为公司的发起人。我国《公司法》规定，自然人作为股份有限公司的发起人，应当具有完全的民事行为能力，并不能是国家机关的公务员。

在公司设立过程中，发起行为有时是以行为人自己的名义进行，有时是以尚未成立的公司名义进行。一般认为，发起人的行为是设立中的公司的行为，对外代表设立中的公司。如果公司能有效成立，发起人即转为股东，其发起行为所产生的权利与义务转由公司承受；如果公司设立不成功，其行为所产生的权利义务无法转归公司，只能由发起人集体承担。

在发起设立股份有限公司的过程中，发起人应承担下列法律责任。

（1）公司不能成立时，对设立行为所产生的债务和费用负连带责任。

（2）公司不能成立时，对认股人已缴纳的股款，负返还股款并加算银行同期存款利息的连带责任。

（3）在公司设立过程中，由于发起人的过失，致使公司利益受到损害的，应当对公司承担赔偿责任。

三、股份有限公司的组织机构

股份有限公司的组织机构分为股东大会、董事会、监事会，它们分别是权力机构、执行与经营决策机构、监督机构。

（一）股东大会

▶ 1. 股东大会的性质、组成和职权

股东大会是股份有限公司的最高权力机关，由全体股东组成，股份有限公司必须设立这一机关。股东大会的职权与有限责任公司股东会的职权基本相同。

▶ 2. 股东大会的召开

股东大会分为年会和临时会议两种。年会应当每年召开一次，通常在会计年度终了后的6个月内召开。如果出现了下列情形，应当在2个月内召开临时股东大会：①董事人数不足《公司法》规定的人数或者公司章程所定人数的2/3时；②公司未弥补亏损达股本总数的1/3时；③持有公司股份10%以上的股东请求时；④董事会认为必要时；⑤监事会提议召开时；⑥公司章程规定的其他情形。

股东大会会议由董事会召集，董事长主持；董事长不能履行职务或者不履行职务的，由副董事长主持；副董事长不能履行职务或者不履行职务的，由半数以上董事共同推举 1 名董事主持。董事会不能履行或者不履行召集股东大会会议职责的，监事会应当及时召集和主持；监事会不召集和主持的，连续 90 日以上单独或者合计持有公司 10％以上股份的股东可以自行召集和主持。

召开股东大会会议，应于会议召开 20 日（临时股东大会为 15 日）前通知各股东；发行无记名股票的，应当于会议召开 30 日前进行公告。持无记名股票的股东要出席股东大会的，应当于会议召开 5 日之前至股东大会闭会时将股票交存于公司，否则不得出席会议。

▶ 3. 股东大会的决议

股东出席股东大会会议，所持每一股份有一表决权，实行"股份多数决定原则"。这一原则包含两个含义：一是要有代表股份多数的股东出席；二是要有出席会议的股东所持表决权的多数通过。股东大会做出决议，必须经出席会议的股东所持表决权过半数通过。但是，股东大会做出修改公司章程、增加或者减少注册资本的决议，以及公司合并、分立、解散或者变更公司形式的决议，必须经出席会议的股东所持表决权的 2/3 以上通过。股东大会应当对所议事项的决定做成会议记录，主持人、出席会议的董事应当在会议记录上签名。会议记录应当与出席股东的签名册及代理出席的委托书一并保存，供股东查阅。

▶ 4. 累积投票制

《公司法》规定，股东大会选举董事、监事时，可以实行累积投票制，这是我国《公司法》为保护中小股东利益做出的一项突破。

所谓累积投票制，是选举两名以上董事或监事时，每一股份拥有与可当选人数相等的投票权，这样每个股东手里的投票权就等于他所持有的股份数与可当选人数的乘积，股东既可以用所有的投票权集中选举某一人，也可以分散投票选举数人，最终按照得票多少依次确定当选人选。累积投票制的功能在于限制大股东对选举过程的操纵，保障中小股东有可能选出自己信任的董事或监事。

需要注意两点：一是累积投票制仅限于股东大会选举董事、监事时实行；二是累积投票制是任意性的，公司可以采用该制度，也可以不采用。是否采用由公司章程规定或股东大会决定，《公司法》不做强制要求。

(二) 董事会

▶ 1. 董事会的性质和组成

董事会是股份有限公司必设的业务执行和经营管理决定机关，对股东大会负责。股份有限公司董事会的成员为 5~19 人。发起设立的公司，董事由发起人选举产生；募集设立的公司，董事由创立大会选举产生；公司成立后，董事由股东大会选举产生。董事会设董事长 1 人，可以设副董事长。董事长和副董事长由董事会以全体董事的过半数选举产生。一般情况下，董事长为公司的法定代表人。股份有限公司董事的任期与有限责任公司的规定完全一致。

▶ 2. 董事会的职权

董事会的职权与有限责任董事会的职权基本相同。但除此以外，董事会还负责：①公司申请设立登记；②选举董事长和副董事长；③申办新股发行的手续；④备置公司文书（如公司章程、股东名册、财务会计报告等），以供股东查阅。

▶ 3. 董事会议的召开和决议

股份有限公司的董事会会议分为定期会议和临时会议两种。定期会议每年度至少召开两次，每次应当于会议召开10日以前通知全体董事和监事。临时会议的通知方式和通知时限，可由公司章程做出规定。股份有限公司的董事会会议应由1/2以上的董事出席方可举行。董事会做出决议，必须经出席会议全体董事过半数通过。董事会应当对会议所议事项的决定做成会议记录，出席会议的董事和记录员在会议记录上签名。董事应对董事会决议承担责任。董事会的决议违反法律、行政法规或者公司章程，致使公司遭受严重损失的，参与决议的董事对公司负赔偿责任。但经证明在表决时曾表明异议并记载于会议记录的，该董事可以免除责任。

（三）监事会

监事会是股份有限公司必设的监督机关，负责监督公司的财务及业务执行情况。监事会的组成、职权以及议事规则与有限责任公司基本相同。董事、高级管理人员不得兼任监事。

（四）经理

经理是对股份有限公司日常经营管理负有全责的高级管理人员，由董事会聘任或解聘，对董事会负责。《公司法》关于有限责任公司经理职权的规定，适用于股份有限公司的经理。

四、股份的发行与转让

（一）股份与股票

▶ 1. 股份的概念与分类

股份是股份有限公司特有的概念，是公司资本最基本的构成单位。每一股份所代表的金额相等；持有股份数量代表股东享有权益的范围；股份以股票为表现形式，便于流通和转让。

依据不同的标准，可对股份做如下分类。

（1）普通股和优先股。优先股股东在公司利润或剩余财产分配上享有优先于普通股股东的权利，如股利固定、先于普通股分配红利、公司终止清算时先于普通股收回投资，但普通股股东有表决权而优先股股东没有。我国《公司法》对普通股和优先股未做规定，从理论上讲，未规定即未禁止。

（2）表决权股、无表决权股和限制表决权股。表决权股股东对公司的经营管理享有表决权，无表决权股不享有，限制表决权股的表决权则受到公司章程的限制。这只是理论上的分类，我国《公司法》没有此规定。

（3）记名股和无记名股。记名股是将股东的姓名记载于股票票面和公司的股东名册上，转让时要做记名背书，并在股东名册上变更。无记名股则不记载股东姓名，转让时也只需交付即生效。我国《公司法》规定，公司可以发行记名股票，也可以发行无记名股票，但向发起人、法人发行的股票，应当为记名股票。

（4）额面股和无额面股。面额股是指在股票票面上记载一定金额的股份。无面额股不标明金额，只标明每股占公司资本的比例。我国《公司法》将票面金额作为股票上应当记载的主要事项，实际上禁止了无额面股的发行。

(5) 国家股、法人股、个人股和外资股。国家股是指由国家授权投资的机构或者国家授权的部门,以国有资产向公司投资形成的股份。法人股是指具有法人地位的组织以其可支配的资产向公司投资形成的股份。个人股是以个人财产投资形成的股份。外资股是指外国和中国港、澳、台地区的投资者,以购买人民币特种股票的形式投资形成的股份。

▶ 2. 股票的概念与特征

股票是股份证券化的形式,是股份有限公司签发的证明股东所持股份的凭证。

股票具有以下特征。

(1) 股票是要式证券,其制作和记载事项由法律做出了明确规定。

(2) 股票是证权证券,即证券是权利的一种物化的外在形式,它作为权利的载体,权利是已经存在的。与之相对应的概念是设权证券,是指证券所代表的权利本来不存在,随着证券的制作而产生,即权利的发生以证券的制作和存在为条件。股票是证权证券,支票就是设权证券。

(3) 股票是有价证券,它包含着财产权利的内容。

(二) 股份发行

我国《公司法》第127条规定,股份发行实行公平、公正的原则。具体应该做到:①公司向社会公开募集股份时,应就有关股份发行的信息依法公开披露;②同股同价,即同次发行的股份,每股的发行条件和价格应当相同;③同股同权,即发行同种股份,股东所享有的权益相同。

《公司法》第128条规定,股票发行价格可以按票面金额,也可以超过票面金额,但不得低于票面金额。以超过票面金额发行所得溢价款,应列入公司资本公积金。

(三) 股份的转让

股份转让实行自由转让的原则。但是,为了保护公司、股东及债权人的利益,我国《公司法》对股份转让规定了以下限制。

(1) 股东转让其股份,必须在依法设立的证券交易场所进行,或者按照国务院规定的其他方式进行。

(2) 发起人持有的本公司股份,自公司成立之日起1年内不得转让。公司公开发行股份前已发行的股份,自公司股票在证券交易所上市交易之日起1年内不得转让。

(3) 公司的董事、监事和高级管理人员应当向公司申报所持有的本公司的股份及其变动情况,在任职期间每年转让的股份不得超过其所持有本公司股份总数的25%;所持本公司股份自公司股票上市交易之日起1年内不得转让。上述人员离职后半年内,不得转让其所持有的本公司股份。公司章程可以对公司董事、监事和高级管理人员转让其所持有的本公司股份做出其他限制性规定。

公司不得收购本公司股份,但有下列情形之一的除外:①减少公司注册资本;②与持有本公司股份的其他公司合并;③将股份奖励给本公司职工;④股东因对股东大会做出的公司合并、分立决议持异议,要求公司收购其股份。公司也不得接受本公司的股票为质押权的标的。

第四节 公司的财务、会计制度

一、财务、会计制度基本要求

（1）公司应当依照法律、行政法规和国务院财政主管部门的规定建立本公司的财务、会计制度。

（2）公司应当在每一会计年度终了时制作财务会计报告，并依法经会计师事务所审计。公司财务会计报告主要包括资产负债表、损益表、财务状况变动表、财务情况说明书、利润分配表等。

（3）公司应当依法披露有关财务、会计资料。有限责任公司应当按照公司章程规定的期限将财务会计报告送交各股东。股份有限公司的财务会计报告应当在召开股东大会的20日前置备于本公司，供股东查阅。公开发行股票的股份有限公司必须公告其财务会计报告。

（4）公司除法定的会计账簿外，不得另立会计账簿。对公司资产不得以任何个人名义开立账户存储。

二、利润分配

公司利润是指公司在一定会计期间的经营成果，包括营业利润、投资净收益和营业外收支净额等。公司应按照以下顺序进行利润分配。

（1）弥补以前年度的亏损，但不得超过税法规定的弥补年限。

（2）缴纳所得税。

（3）弥补在税前利润弥补亏损后仍存在的亏损。

（4）提取法定公积金。公司应提取税后利润的10%列入公司的法定公积金，公司法定公积金累计额为公司注册资本的50%以上时，可不再提取。

（5）提取任意公积金。按照股东会或者股东大会决议提取。

（6）向股东分配利润。

公积金又称为附加资本或准备金，是公司基于自身发展需要，为了加强其财产基础和信用，依法律和章程规定，在资本之外所保留的资金金额。公积金分为盈余公积金和资本公积金两类。盈余公积金是从公司税后利润中提取的公积金，分为法定公积金和任意公积金两种。资本公积金是直接由资本原因形成的公积金，股份有限公司以超过股票票面金额的发行价格发行股份所得溢价款以及国务院财政部门规定列入资本公积金的其他收入（如法定财产重估增值、接受捐赠资产价值等），应当列为公司资本公积金。

公积金应当按照规定的用途使用，其主要用途如下：①弥补公司的亏损。公司的亏损按照国家税法规定可以用缴纳所得税前的利润弥补，超过所得税前利润弥补期限仍未补足的亏损，可以用公司税后利润弥补；发生特大亏损，税后利润仍不足弥补的，可以用公司的公积金弥补。但是，资本公积金不得用于弥补公司的亏损。②扩大公司生产经营。公司可以根据生产经营的需要，用公积金来扩大生产经营规模。③转增公司资本。公司为了实现增加资本的目的，可以将公积金的一部分转为资本。对用任意公积金转增资本的，法律没有限制。但用法定公积金转增资本时，《公司法》规定，转增后所留存的该项公积金不得少于转增前公司注册资本的 25%。

第五节 公司的合并、分立和解散

一、公司的合并

（一）公司合并的概念和形式

公司合并是指两个以上的公司依照法定程序变为一个公司的行为，其形式有两种：一是吸收合并；二是新设合并。吸收合并是指一个公司吸收其他公司加入本公司，被吸收的公司解散。新设合并是指两个以上公司合并设立一个新的公司，合并各方解散。

（二）公司合并的程序

（1）签订合并协议。公司合并，应当由合并各方签订合并协议。

（2）编制资产负债表及财产清单。

（3）做出合并决议。公司在签订合并协议并编制资产负债表及财产清单后，应当就公司合并的有关事项做出合并决议。

（4）通知债权人。公司应当自做出合并决议之日起 10 日内通知债权人，并于 30 日内在报纸上公告。债权人自接到通知书之日起 30 日内，未接到通知书的自公告之日起 45 日内，可以要求公司清偿债务或者提供相应的担保。

（5）依法进行登记。公司合并后，登记事项发生变更的，应当依法向公司登记机关办理变更登记。

（三）公司合并各方的债权、债务

公司合并时，合并各方的债权、债务应当由合并后存续的公司或者新设的公司继承。

二、公司的分立

（一）公司分立的概念和形式

公司分立是指一个公司依法分为两个或两个以上的公司。公司分立的形式有两种：一是新设分立；二是派生分立。前者是公司以其全部财产分别归入两个以上的新设公司，原公司解散；后者是公司以其部分财产另设一个或数个新的公司，原公司存续。

（二）公司分立的程序

公司分立的程序与公司合并的程序基本一样，要签订分立协议，编制资产负债表及财产清单，做出分立决议，通知债权人，办理工商变更登记等。

（三）公司分立前的债务

公司分立前的债务由分立后的公司承担连带责任。但是，公司在分立前与债权人就债务清偿达成的书面协议另有约定的除外。

三、公司的解散

（一）公司解散的原因

《公司法》规定，公司解散的原因有以下五种情形：

(1)公司章程规定的营业期限届满或者公司章程规定的其他解散事由出现；

(2)股东会或者股东大会决议解散；

(3)因公司合并或者分立需要解散；

(4)依法被吊销营业执照、责令关闭或者被撤销；

(5)人民法院依法予以解散。

公司有上述第(1)项情形的，可以通过修改公司章程而存续。公司依照规定修改公司章程的，有限责任公司须经持有2/3以上表决权的股东通过，股份有限公司须经出席股东大会会议的股东所持表决权的2/3以上通过。

公司经营管理发生严重困难，继续存续会使股东利益受到重大损失，通过其他途径不能解决的，持有公司全部股东表决权10%以上的股东，可以请求人民法院解散公司。公司被依法宣告破产的，依照有关企业破产的法律实施破产清算。

（二）公司清算

▶ 1. 成立清算组

公司解散时，除因合并或者分立者外，应当依法进行清算。根据《公司法》的规定，公司应当在解散事由出现之日起15日内成立清算组，开始清算。有限责任公司的清算组由股东组成，股份有限责任公司的清算组由董事或者股东大会确定的人员组成。逾期不成立清算组进行清算的，债权人可以申请人民法院指定有关人员组成清算组进行清算。人民法院应当受理该申请，并及时组织清算组进行清算。

▶ 2. 清算组的职权

根据《公司法》的规定，清算组在清算期间行使下列职权：①清算公司财产，分别编制资产负债表和财产清单；②通知、公告债权人；③处理与清算有关的公司未了结的业务；④清缴所欠税款以及清算过程中产生的税款；⑤清理债权、债务；⑥处理公司清偿债务后的剩余财产；⑦代表公司参与民事诉讼活动。

清算组在公司清算期间代表公司进行一系列民事活动，全权处理公司经济事务和民事诉讼活动。根据《公司法》规定，清算组成员应当忠于职守，依法履行清算义务。清算组成员不得利用职务收受贿赂或者其他非法收入，不得侵占公司财产。清算组成员因故意或者重大过失给公司或者债权人造成损失的，应当承担赔偿责任。

▶ 3. 清算工作的程序

(1)登记债权。清算组应当自成立之日起10日内通知债权人，并于60日内在报纸上公告。债权人应当自接到通知书之日起30日内，未接到通知书的自公告之日起45日内，向清算组申报其债权。债权人申报债权，应当说明债权的有关事项，并提供证明材料。清算组应当对债权进行登记。在申报债权期间，清算组不得对债权人进行清偿。

(2)清理公司财产，制定清算方案。清算组应当对公司财产进行清理，编制资产负债表和财产清单，制定清算方案。清算方案应当报股东会、股东大会或者人民法院确认。清算组在清理公司财产、编制资产负债表和财产清单后，发现公司财产不足清偿债务的，应当依法向人民法院申请宣告破产。公司经人民法院裁定宣告破产后,清算组应当将清算事务移交给人民法院。

(3) 清偿债务。公司财产在分别支付清算费用、职工的工资、社会保险费用和法定补偿金,缴纳所欠税款,清偿公司债务后的剩余财产,有限责任公司按照股东的出资比例分配,股份有限公司按照股东持有的股份比例分配。清算期间,公司存续,但不得开展与清算无关的经营活动。公司财产在未按上述规定清偿前,不得分配给股东。

(4) 公告公司终止。公司清算结束后,清算组应当制作清算报告,报股东会、股东大会或者人民法院确认,并报送公司登记机关,申请注销公司登记,公告公司终止。

拓展案例

某房地产股份公司注册资本为人民币2亿元。后来由于房地产市场不景气,公司年底出现了无法弥补的经营亏损,亏损总额为人民币7 000万元。某股东据此请求召开临时股东大会。公司决定于次年4月10日召开临时股东大会,并于3月20日在报纸上刊登了会议通知。通知确定的会议议程包括以下事项:①选举更换部分董事、选举更换董事长;②选举更换全部监事;③更换公司总经理;④就发行公司债券做出决议;⑤就公司与另一房地产公司合并做出决议。在股东大会上,上述各事项均经出席大会的股东所持表决权的半数通过。

思考:

1. 公司发生亏损后,在股东请求时,是否应召开股东大会?为什么?

2. 公司在临时股东大会的召集、召开过程中,有无与法律规定不相符的地方?如有,请指出,并说明理由。

复习思考题

1. 简述有限责任公司的设立条件。
2. 简述公司的董事、监事、经理的任职资格和职责。
3. 简述股份有限公司的设立条件。
4. 比较有限责任公司和股份有限公司,指出两者的区别。
5. 简要介绍一人有限公司的特别规定。

第四章 企业破产法

学习目标

1. 了解我国企业破产法的适用范围及破产原因。
2. 明确破产案件的管辖及受理规定。
3. 熟悉破产程序中的相关规定。
4. 理解破产管理人和债权人会议的职权。
5. 掌握破产财产的分配顺序。
6. 能够解释和分析企业破产中基本的法律问题，并能够依法办理破产申请、债权申报等事宜。

案例导入

A市新兴化工厂是一家国有企业，主要生产化肥，拥有固定资产1 000多万元，现有职工402人。由于化肥市场竞争加剧，自2005年以来，企业连年亏损，累计负债额为850万元。虽然采取了一切挽救措施，但由于企业设备老化，产品单一，没有收到预期的效果，最终被迫停产。截至2017年12月31日，新兴化工厂累计负债1 200万元，无力清偿到期债务，生存无望。在这种情况下，新兴化工厂向A市中级人民法院申请破产。

思考：
1. 新兴化工厂是否有破产能力？
2. 新兴化工厂是否出现破产原因？
3. 新兴化工厂要申请破产，哪个法院有管辖权？
4. 除新兴化工厂外，还有哪些主体可以向法院申请其破产？

第一节 企业破产法概述

一、破产和破产法

▶ 1. 破产的概念

从法律意义上讲,破产是指债务人不能清偿到期债务的事实状态,或者指债务人无力偿债的情况下公平清偿债务的一种法律程序。破产一般是指对债务人的破产清算程序,通常从广义上理解,不仅包括破产清算制度,而且包括以挽救债务人、避免破产为目的的重整、和解等法律制度。

▶ 2. 破产法的概念及发展历程

破产法是破产制度的法律表现形式。它是规定在债务人不能清偿到期债务时,法院强制对其全部财产清算分配,公平清偿债权人,或者通过和解、重整,避免其倒闭,清偿债务的法律规范的总称。

破产法主要包括破产实体规范和程序规范两方面。实体规范主要包括破产能力、破产原因、债务人财产、破产债权、取回权、撤销权、破产无效行为、抵销权、破产费用和共益债务等制度;程序规范主要包括破产案件的管辖、破产申请的提出与受理、债权申报、管理人、债权人会议、和解、重整、破产宣告、清算分配与破产程序的终结等制度。

现代破产法并非单纯的债务清偿法,它肩负着公平清理债务和治理困境企业的双重任务,两者相辅相成。一方面,通过和解、重整等企业拯救制度,避免债务人破产,使债务人得以复兴,为债权人权利的实现提供更为有利的条件;另一方面,通过破产清算,淘汰无法挽救的企业,将其现有财产用于对债权人的公平分配。因此,现代意义上的破产法是集企业拯救和债务清偿为一体的法律制度。

我国1986年制定了新中国第一部破产法——《中华人民共和国企业破产法(试行)》,该法仅适用于全民所有制企业的破产。1991年制定的《中华人民共和国民事诉讼法》设专章"企业法人破产还债程序",调整具有法人资格的非国有企业的破产。为规范企业破产程序,公平清理债权债务,保护债权人和债务人的合法权益,维护社会主义市场经济秩序,2006年8月27日,《中华人民共和国企业破产法》(以下简称《企业破产法》)终于"破茧而出"。它标志着我国第一部具有现代意义的市场经济的破产法的诞生,对我国社会主义市场经济法律体系的完善产生了深远的影响。

二、破产法的适用范围

▶ 1. 企业法人

《企业破产法》使用主体范围为所有的企业法人,包括国有企业与法人型私营企业、三资企业、上市公司与非上市公司,有限责任公司与股份有限公司。

▶ 2. 商业银行、证券公司、保险公司等金融机构

由于商业银行、证券公司和保险公司等金融机构在国家经济生活中起着重要作用,企

业破产法对这些金融机构做了特殊规定,即在具备破产原因的情况下,国务院金融管理机构可以向人民法院提出对该金融机构进行重整或者破产清算的申请。国务院金融监督机构依法对出现重大经营风险的金融机构采取接管、托管等措施的,可以向人民法院申请终止以该金融机构为被告或者被执行人的民事诉讼程序或者执行程序。如果上述金融机构实施破产的,国务院可以依据《企业破产法》和其他有关法律的规定制定实施办法。

三、破产原因

破产原因也称为破产界限,是申请债务人破产的事实根据,是对债务人依法进行破产清算和破产预防的法律事实。我国《企业破产法》第2条明确规定,企业法人不能清偿到期债务,并且资产不足以清偿全部债务或者明显缺乏清偿能力的,依照本法规定清理债务。

四、破产案件的管辖

▶ 1. 地域管辖

《企业破产法》第5条规定,企业破产案件由债务人所在地人民法院管辖。所谓债务人所在地,是指企业主要办事机构所在地。

▶ 2. 级别管辖

破产案件的级别管辖,以债务人的企业登记机关为准,即县、县级市或区的工商行政管理机关核准登记的企业,由基层法院管辖;由地区、地级市以上工商行政管理机关核准登记的企业,由中级人民法院管辖。

第二节 破产案件的申请与受理

一、破产申请的提出

破产申请是指破产申请人向人民法院请求受理破产案件,适用破产程序,宣告破产的意思表示。在我国,破产程序的开始不以申请为准而是以受理为准,因此,破产申请不是破产程序的开始,而是破产程序开始的条件。

(一)破产申请人

根据《企业破产法》第7条规定,债务人有本法第2条规定的情形的,可以向人民法院提出重整、和解或者破产清算申请。债务人不能清偿到期债务,债权人可以向人民法院提出对债务人进行重整或者破产清算的申请。企业法人已经解散但未清算或者未清算完毕,资产不足以清偿债务的,依法负有清算责任的人应当向人民法院申请破产清算。

由此可见,破产申请人包括债务人、债权人和对债务人负有清算责任的人。

此外,《企业破产法》第134条规定,商业银行、证券公司、保险公司等金融机构有本法第2条规定的情形的,国务院金融监督管理机构可以向人民法院提出对该金融机构进行重整或者破产清算的申请。

(二) 申请破产应提交的材料

我国《企业破产法》规定，向人民法院提出破产申请，应当提交破产申请书和有关证据。破产申请书应当载明下列事项：①申请人、被申请人的基本情况；②申请目的；③申请的事实和理由；④人民法院认为应当载明的其他事项。债务人提出申请的，还应当向人民法院提交财产状况说明、债务清册、债权清册、有关财务会计报告、职工安置预案，以及职工工资的支付和社会保险费用的缴纳情况。根据《最高人民法院关于适用〈中华人民共和国企业破产法〉若干问题的规定(一)》[以下简称《企业破产法司法解释(一)》]的规定，债权人申请债务人破产的，应当提交债务人不能清偿到期债务的有关证据。

二、破产申请的受理

破产案件的受理又称立案，是指人民法院在收到破产案件申请后，认为申请符合法定条件而予以接受，并由此开始破产程序的司法行为。

▶ 1. 破产申请受理的程序

《企业破产法》第 10 条规定，债权人提出破产申请的，人民法院应当自收到申请之日起 5 日内通知债务人，债务人对申请有异议的，应当自收到该通知之日起 7 日内向法院提出。人民法院应当自异议期满之日起 10 日内裁定是否受理。除前款规定情形外，人民法院应当自收到破产申请之日起 15 日内裁定是否受理。有特殊情况需要延长前两款规定的裁定受理期限的，经上一级人民法院批准，可以延长 15 日。

人民法院受理破产申请的，应当自裁定做出之日起 5 日内送达申请人。债权人提出申请的，人民法院应当自裁定做出之日起 5 日内送达债务人。债务人应当自裁定送达之日起 15 日内，向人民法院提交财产状况说明、债务清册、债权清册、有关财务会计报告，以及职工工资的支付和社会保险费用的缴纳情况。

人民法院裁定不受理破产申请的，应当自裁定做出之日起 5 日内送达申请人并说明理由。申请人对裁定不服的，可以自裁定送达之日起 10 日内向上一级人民法院提起上诉。

人民法院应当自裁定受理破产申请之日起 25 日内通知已知债权人，并予以公告。

人民法院受理破产申请后至破产宣告前，经审查发现债务人不符合破产原因的，可以裁定驳回申请。申请人对裁定不服的，可以自裁定送达之日起 10 日内向上一级人民法院提起上诉。

▶ 2. 破产申请受理的法律效力

为维护债权人的公平受偿利益，确保破产程序的顺利进行，各国破产法均明确规定了破产程序开始后所产生的效力。我国破产法采取的是破产程序受理开始主义，破产程序在破产申请后即正式启动，并产生相应的法律效力。

(1) 债务人的有关人员应当承担法定义务。根据《企业破产法》第 15 条的规定，自破产案件受理之日起，债务人的有关人员，包括法定代表人或经法院决定的财务管理人员和其他经营管理人员，应当承担下列义务：①妥善保管其占有和管理的财产、印章和账簿、文书等资料；②根据人民法院、管理人的要求进行工作，并如实回答询问；③列席债权人会议并如实回答债权人的询问；④未经人民法院许可，不得离开住所地；⑤不得新任其他企业的董事、监事和高级管理人员。

(2) 债务人对个别债权人的债务清偿无效。破产程序的原则是对所有债权人的公平清偿，而债务人对于个别债权人的清偿侵害了同一顺序上的其他债权人的合法权益，因此，《企业破产法》第 16 条规定："人民法院受理破产申请后，债务人对个别债权人的债务清偿无效。"

（3）债务人的债务人或者财产持有人应当向管理人清偿债务或者交付财产。《企业破产法》第 17 条规定："人民法院受理破产申请后，债务人的债务人或者财产持有人应当向管理人清偿债务或者交付财产。""债务人的债务人或者财产持有人故意违反前款规定向债务人清偿债务或者交付财产，使债权人受到损失的，不免除其清偿债务或者交付财产的义务。"

（4）管理人有权决定解除或者继续履行债务人和对方当事人均未履行完毕的合同。人民法院受理破产申请后，管理人对破产申请受理前成立而债务人和对方当事人均未履行完毕的合同有权决定解除或者继续履行，并通知对方当事人。管理人自破产申请受理之日起 2 个月未通知对方当事人，或者自收到对方当事人催告之日起 30 日内未答复的，视为解除合同。管理人决定继续履行合同的，对方当事人应当履行；但是，对方当事人有权要求管理人提供担保。管理人不提供担保的，视为解除合同。

（5）有关债务人财产的保全措施应当解除，执行程序应当中止。《企业破产法》第 19 条规定："人民法院受理破产申请后，有关债务人财产的保全措施应当解除，执行程序应当中止。"

（6）已经开始而尚未终结的有关债务人的民事诉讼或者仲裁应当中止。《企业破产法》第 20 条规定："人民法院受理破产申请后，已经开始而尚未终结的有关债务人的民事诉讼或者仲裁应当中止；在管理人接受债务人的财产后，该诉讼或者仲裁继续进行。"

（7）受理破产的人民法院对于有关债务人的民事诉讼进行专属管辖。专属管辖，是指法律强制规定某类案件只能由特定法院管辖，其他法院无管辖权，当事人也不能协议变更的管辖。《企业破产法》第 21 条规定："人民法院受理破产申请后，有关债务人的民事诉讼，只能向受理破产申请的人民法院提起。"

三、债权申报

债权申报，是指债权人在人民法院受理破产申请后，依照法定程序主张并证明其债权的存在，以便参加破产程序的法律行为。债权申报是债权人的单方意思表示，以债权人主张自己的债权为主要内容，必须在法定期限内申报，是债权人参加破产程序的必要条件。

人民法院受理破产申请后，应当确定债权人申报债权的期限。债权申报期限自人民法院发布受理破产申请公告之日起计算，最短不得少于 30 日，最长不得超过 3 个月。债权人应当在人民法院确定的债权申报期限内向管理人申报债权。

附条件、附期限的债权和诉讼、仲裁未决的债权，债权人可以申报。需要注意的是，我国《企业破产法》规定，债务人所欠职工的工资和医疗、伤残补助、抚恤费用，所欠的应当划入职工个人账户的基本养老保险、基本医疗保险费用，以及法律、行政法规规定应当支付给职工的补偿金，不必申报，由管理人调查后列出清单并予以公示。职工对清单记载有异议的，可以要求管理人更正；管理人不予更正的，职工可以向人民法院提起诉讼。

债权人申报债权时，应当书面说明债权的数额和有无财产担保，并提交有关证据。申报的债权是连带债权的，应当说明。连带债权人可以由其中一人代表全体连带债权人申报债权,也可以共同申报债权。

在人民法院确定的债权申报期限内,债权人未申报债权的,可以在破产财产最后分配前补充申报。但是,此前已进行的分配,不再对其补充分配。为审查和确认补充申报债权的费用,由补充申报人承担。债权人未依《企业破产法》规定申报债权的,不得依照《企业破产法》规定的程序行使权利。

管理人收到债权申报材料后,应当登记造册,对申报的债权进行审查,并编制债权表。债权表和债权申报材料由管理人保存,供利害关系人查阅。

第三节 破产程序中的机构

一、破产管理人

(一)破产管理人的概念和法律地位

破产管理人,是指依照《企业破产法》的规定,在破产重整、破产和解和破产清算程序中负责债务人财产管理和其他事项的专门机构。

为了对债务人的财产实行有效的管理以避免债务人对财产的恶意处分,在破产程序开始后,应当由一个专门机构来管理和处分。这一专门机构在大陆法系许多国家被称为破产管理人或者破产财产管理人。在各国破产立法中,对破产管理人制度均有相应规定。破产管理人是破产程序中最重要的一个机构,它具体管理破产中的各项事务,破产程序进行中的其他机关或组织仅起监督或辅助作用。破产程序能否在公正、公平和高效的基础上顺利进行和顺利终结,与破产管理人关系极为重大。

在我国《企业破产法》通过以前的破产立法中,未规定破产管理人的概念,而采用的是清算组概念。《企业破产法》采用了"管理人"的概念,规定人民法院在裁定受理破产申请时,应当同时指定管理人。

(二)破产管理人的选任方式

关于破产管理人的选任方式,各国立法规定不尽相同。有由法院选任的,如日本;有由债权人会议选任的,如英国、美国;也有以法院选任为原则,而允许债权人会议另行选任的,如德国。

我国《企业破产法》规定,破产管理人由人民法院指定。债权人会议认为破产管理人不能依法、公正执行职务或者有其他不能胜任职务情形的,可以申请人民法院予以更换。

(三)破产管理人的选任范围与任职资格

我国破产管理人的范围可以是清算组或者相应的社会中介机构,也可以是自然人。对此,《企业破产法》第24条规定,破产管理人可以由有关部门、机构的人员组成的清算组或者依法设立的律师事务所、会计师事务所、破产清算事务所等社会中介机构担任。人民法院根据债务人的实际情况,可以在征询有关社会中介机构的意见后,指定该机构具备相关专业知识并取得执业资格的人员担任破产管理人。个人担任破产管理人的,应当参加执业责任保险。有下列情形之一的，不得担任破产管理人：①因故意犯罪受过刑事处罚；②曾被吊销相关专业执业证书；③与本案有利害关系；④人民法院认为不宜担任破产管理人的其他情形。

（四）破产管理人的职责

我国《企业破产法》第25条围绕破产财产的保管、清理、估价、处理和分配等对破产管理人的职责做了明确规定：①接管债务人的财产、印章和账簿、文书等资料；②调查债务人财产状况，制作财产状况报名；③决定债务人的内部管理事务；④决定债务人的日常开支和其他必要开支；⑤在第一次债权人会议召开之前，决定继续或者停止债务人的营业；⑥管理和处分债务人的财产；⑦代表债务人参加诉讼、仲裁或者其他法律程序；⑧提议召开债权人会议；⑨人民法院认为破产管理人应当履行的其他职责。

（五）破产管理人的权利、义务与责任

我国《企业破产法》规定，破产管理人应当勤勉尽责，忠实执行职务；破产管理人没有正当理由不得辞去职务；破产管理人辞去职务应当经人民法院许可。破产管理人在执行职务过程中，经人民法院许可，可以聘用必要的工作人员。破产管理人的报酬由人民法院确定。债权人会议对破产管理人的报酬有异议的，有权向人民法院提出。《最高人民法院关于审理企业破产案件确定管理人报酬的规定》对破产管理人报酬的确定做出了明确具体的规定。

破产管理人未勤勉尽责，忠实执行职务的，人民法院可以依法处以罚款；给债权人、债务人或者第三人造成损失的，依法承担赔偿责任；构成犯罪的，依法追究刑事责任。

（六）对破产管理人的监督

破产程序同时兼具清算与执行的特征，破产程序往往涉及众多利害关系人的利益，故有必要建立破产监督机制。对于破产管理人所受的监督，《企业破产法》规定，破产管理人依照《企业破产法》的规定执行职务，向人民法院报告工作，并接受债权人会议和债权人委员会的监督。破产管理人应当列席债权人会议，向债权人会议报告职务执行情况，并回答询问。债权人认为破产管理人不能依法、公正执行职务或者有其他不能胜任职务情形的，可以申请人民法院予以更换。

二、债权人会议

债权人会议，是在破产程序进行中，为便于全体债权人参与破产程序以实现其破产程序参与权，维护全体债权人的共同利益而由全体登记在册的债权人组成的表达债权人意志和统一债权人行动的议事机构。债权人会议是对内协调和形成全体债权人的共同意思，对外通过对破产程序的参与和监督，来实现全体债权人破产参与权的机构。

依法申报债权的债权人为债权人会议的成员，有权参加债权人会议，享有表决权。债权尚未确定的债权人，除人民法院能够为其行使表决权而临时确定债权额的以外，不得行使表决权。对债务人的特定财产享有担保权的债权人，未放弃优先受偿权的，对于以下事项不享有表决权：①通过和解协议；②通过破产财产的分配方案。

债权人会议设主席一人，由人民法院从有表决权的债权人中指定。债权人会议主席主持债权人会议。第一次债权人会议由人民法院召集，自债权申报期限届满之日起15日内召开。以后的债权人会议，在人民法院认为必要时，或者管理人、债权人委员会、占债权总额 1/4 以上的债权人向债权人会议主席提议时召开。召开债权人会议，管理人应当提前 15 日通知已知的债权人。

依据《企业破产法》规定，债权人会议行使下列职权：①核查债权；②申请人民法院更换破产管理人，审查破产管理人的费用和报酬；③监督破产管理人；④选任和更换债权人委员会成员；⑤决定继续或者停止债务人的营业；⑥通过重整计划；⑦通过和解协议；⑧通过债务人财产的管理方案；⑨通过破产财产的变价方案；⑩通过破产财产的分配方案；⑪人民法院认为应当由债权人会议行使的其他职权。

债权人会议的决议，由出席会议的有表决权的债权人过半数通过，并且其所代表的债权额占无财产担保债权总额的 1/2 以上。但是，债权人会议通过重整计划草案，须由出席会议的同一表决组的债权人过半数同意，并且其所代表的债权额占该组债权总额的 2/3 以上。债权人会议通过和解协议的决议，须由出席会议的有表决权的债权人过半数同意，并且其所代表的债权额占无财产担保债权总额的 2/3 以上。债权人认为债权人会议的决议违反法律规定，损害其利益的，可以自债权人会议做出决议之日起 15 日内，请求人民法院裁定撤销该决议，责令债权人会议依法重新做出决议。债权人会议的决议，对于全体债权人均有约束力。对上述债权人职权中的第⑧项和第⑨项事项，经债权人会议表决未通过的，由人民法院裁定。对于上述第⑩项事项，经债权人会议二次表决仍未通过的，由人民法院裁定。债权人对人民法院依法做出的对上述第⑧项和第⑨项事项的裁定不服的，债权额占无财产担保债权总额 1/2 以上的债权人对人民法院依法做出的对上述第⑩项事项的裁定不服的，可以自裁定宣布之日或者收到通知之日起 15 日内向该人民法院申请复议。复议期间不停止裁定的执行。

三、债权人委员会

由于债权人会议不是常设机构，一般不能经常性地召集和做出决定。为保证债权人充分行使权利，特别是行使监督破产财产的管理、变价和分配过程的权利，有必要将债权人的集体决定权授予他们所信赖的个人。这种代表债权人会议行使权利、监督破产程序进行的机构，就称为债权人委员会。

我国《企业破产法》规定，债权人会议可以决定设立债权人委员会。债权人委员会由债权人会议选任的债权人代表和 1 名债务人的职工代表或者工会代表组成。债权人委员会成员不得超过 9 人，其成员应当经人民法院书面决定认可。

债权人委员会行使下列职权：①监督债务人财产的管理和处分；②监督破产财产分配；③提议召开债权人会议；④债权人会议委托的其他职权。债权人委员会执行职务时，有权要求破产管理人、债务人的有关人员对其职权范围内的事务做出说明或者提供有关文件。破产管理人、债务人的有关人员违反规定拒绝接受监督的，债权人委员会有权就监督事项请求人民法院做出决定；人民法院应当在 5 日内做出决定。

破产管理人实施下列行为，应当及时报告债权人委员会：①涉及土地、房屋等不动产权益的转让；②探矿权、采矿权、知识产权等财产权的转让；③全部库存或者营业的转让；④借款；⑤设定财产担保；⑥债权和有价证券的转让；⑦履行债务人和对方当事人均未履行完毕的合同；⑧放弃权利；⑨担保物的取回；⑩对债权人利益有重大影响的其他财产处分行为。未设立债权人委员会的，管理人实施上述规定的行为应当及时报告人民法院。

第四节 债务人财产相关制度

一、债务人财产概述

(一) 债务人财产的概念

"债务人财产"是《企业破产法》首次出现的概念，其第30条规定，债务人财产，是指破产申请受理时属于债务人的全部财产，以及破产申请受理后至破产程序终结前债务人取得的财产。这一概念不仅涵盖了破产清算程序中的债务人财产，也将破产和解程序和重整程序中的债务人财产包括在内，能较好地概括清算、和解和重整三种程序下债务人财产的不同状况，其内涵更为全面。

与"债务人财产"密切相关的一个概念是"破产财产"。在我国破产法学界，"破产财产"这一概念在广义和狭义两个意义上被使用。广义上的破产财产，在大陆法系中也称为破产财团，和《企业破产法》中的"债务人财产"基本同义。狭义上的破产财产，指企业被宣告破产后，用以清算和在债权人之间进行分配的财产。《企业破产法》第107条第2款规定："债务人被宣告破产后，债务人称为破产人，债务人财产称为破产财产，人民法院受理破产申请时对债务人享有的债权称为破产债权。"由此可见，在《企业破产法》中，破产财产仅在狭义上使用，指在清算程序中在债权人之间进行分配的财产。

(二) 债务人财产的范围

因此，根据《企业破产法》及《最高人民法院关于适用〈中华人民共和国企业破产法〉若干问题的规定(二)》[以下简称《企业破产法司法解释(二)》]的相关规定，债务人财产由以下两部分构成。

▶ 1. 破产申请受理时属于债务人的全部财产

破产申请受理时属于债务人的全部财产具体包括以下几项。

(1) 企业自有的财产。主要是企业的固定资产和流动资产；破产企业享有的土地、水流、破产等自然资源的使用权，包括土地使用权、水面使用权、采矿权；设定了担保权益或优先权的财产，包括抵押物、留置物、出质物，担保物灭失后产生的保险金、补偿金、赔偿金等代位物以及依照法律规定存在优先权的财产。

(2) 属于债务人企业的财产权利。主要是债务人依法享有的可以用货币估价并可以依法转让的债权、股权、知识产权、用益物权等财产和财产权益。

(3) 债务人对按份享有所有权的共有财产的相关份额，或者共同享有所有权的共有财产的相应财产权利，以及依法分割共有财产所得部分。

▶ 2. 债务人在破产申请受理后至破产程序终结前所取得的财产

具体包括：

(1) 因破产企业债务人的清偿和财产持有人的交还而取得的财产；

(2) 因未履行合同的继续履行而取得的财产；

(3) 由破产企业享有的投资权益所产生的收益；

(4) 破产财产所生的孳息或转让所得；

(5) 继续经营的收益；

(6) 基于其他合法原因而取得的财产，如破产申请受理后，有关债务人财产的执行程序未依照规定中止的，采取执行措施的相关单位依法予以纠正后执行回转的财产等。

(三) 不属于债务人财产的范围

根据《企业破产法司法解释（二）》第2条的规定，下列财产不属于债务人财产：

(1) 债务人基于仓储、保管、承揽、代销、借用、寄存、租赁等合同或者其他法律关系占有、使用的他人财产；

(2) 债务人在所有权保留买卖中尚未取得所有权的财产；

(3) 所有权专属于国家且不得转让的财产；

(4) 其他依照法律、行政法规不属于债务人的财产。

二、破产程序中的相关实体权利

(一) 破产别除权

破产别除权，是指债权人不依破产清算程序，就属于破产人的特定财产个别优先受偿的权利。

破产别除权是大陆法系上的概念，我国《企业破产法》未采用别除权的概念，但第109条对此做了规定："对破产人的特定财产享有担保权的权利人，对该特定财产享有优先受偿的权利。"因此，破产别除权通常以担保物权为基础，是针对债务人设定担保的特定财产行使的权利。

别除权权利人在债务人进行破产清算时，可以就破产财产中作为别除权标的物的特定财产优先受偿，不必依照破产清算程序按破产财产分配方案的规定接受清偿。但是当别除权权利人的债权额超过了破产别除权标的物的价值时，即行使优先受偿权利未能完全受偿的，则其未受偿的债权作为普通债权。破产别除权权利人放弃优先受偿权利的，则其债权作为普通债权。

(二) 破产撤销权

破产撤销权又称否认权，是指破产管理人对破产人在破产宣告前的法定期间内所为的有害于全体债权人利益的行为所享有的，请求法院予以撤销的权利。

我国《破产法》第31条和第32条规定，人民法院受理破产申请前1年内，涉及破产人财产的下列行为，管理人有权请求人民法院予以撤销：①无偿转让财产的；②以明显不合理的价格进行交易的；③对没有财产担保的债务提供财产担保的；④对未到期的债务提前清偿的；⑤放弃债权的。其所对应的财产列入破产财产。人民法院受理破产申请前6个月内，破产人已达破产界限，但仍对个别债权人进行清偿的，管理人有权请求人民法院予以撤销。但是，个别清偿使破产人财产受益的除外。

(三) 破产追回权

破产追回权，是指在破产程序中，破产管理人对于其行使撤销权与主张债务人实施行为无效而取得的债务人的财产以及其他应归属于债务人的财产予以追回的权利。依据我国《企业破产法》第33条～第36条的规定，破产追回权的行使存在以下几种情形。

(1) 破产管理人行使破产撤销权而应取得的债务人的财产。这是行使破产撤销权的当然后果，否则破产撤销权的行使将无意义。

（2）破产管理人主张债务人实施的行为无效而应取得的债务人的财产。对此，我国《企业破产法》第33条规定，涉及破产人财产的下列行为无效：①为逃避债务而隐匿、转移财产的；②虚构债务人或者承认不真实的债务的。

（3）人民法院受理破产申请后，债务人的出资人尚未完全履行出资义务的，破产管理人应当要求该出资人缴纳所认缴的出资，而不受出资期限的限制。

（4）债务人的董事、监事和高级管理人员利用职权从企业获取的非正常收入和侵占的企业财产，管理人应当追回。

（四）破产取回权

破产取回权，是指在破产程序中，对于不属于债务人的财产，其所有人或者其他权利人不依照破产程序，通过破产管理人将该财产予以取回的权利。破产取回权实际上是民法上物的返还请求权在破产程序中的一种表现。

破产取回权分为一般取回权和特殊取回权。适用破产法概括性规定的取回权为一般取回权，是指在破产管理人接管的债务人财产中有他人财产时，该财产权利人享有不依破产程序取回其财产的权利。各国破产法中对此均有规定。适用破产法特别规定的取回权为特殊取回权，通常包括出卖人取回权、行纪人取回权和代偿取回权。出卖人取回权是指在异地动产买卖合同中，卖方已经发货，买方尚未收到，也未付清货款，这里买方的破产案件为法院所受理，卖方有权取回货物。但管理人也有权要求付清货款、交付货物。行纪人取回权是指行纪人受委托人的委托购入货物，于异地向委托人发送，委托人尚未收到又未付清价款时被宣告破产，行纪人享有取回委托物的权利。代偿取回权是指当取回权的标的被非法转让或灭失时，该财产的权利人有权取回转让其财产所得到的对待给付财产或补偿金。

我国《企业破产法》第38条规定了一般取回权："人民法院受理破产申请后，债务人占有的不属于债务人的财产，该财产的权利人可以通过管理人取回。但是，本法另有规定的除外。"第39条规定了出卖人取回权："人民法院受理破产申请时，出卖人已将买卖标的物向作为买受人的债务人发运，债务人尚未收到且未付清全部价款的，出卖人可以取回在运途中的标的物。但是，管理人可以支付全部价款，请求出卖人交付标的物。"

（五）破产抵销权

破产抵销权，是指破产债权人在破产案件受理前对破产人负有债务的，不论债的种类和到期时间，可不依破产程序，在破产分配前以其对债务人的债权抵销其对债务人所负债务的权利。

抵销权原属民法上的权利，但它在破产诉讼中的行使有一定的特殊性。民法上的抵销权，要求相互抵销的债务必须均已到清偿期限，且给付种类必须相同，履行劳务的债不能与履行金钱的债抵销。破产法中的抵销权则无此限制，因此在破产程序中，未到期的债权一律视为到期，不同种类的债权也要一律折合为货币形式方可加以清偿，债权债务没有履行期限与给付种类的区别，故均可加以抵销。不过，民法上的抵销权对债权债务成立的期间并无限制，无论何时成立的均可抵销；而破产法上的抵销权则仅允许破产程序开始前成立的债权债务关系抵销，有时间上的限制，目的在于保证权利的正确行使。

由于破产抵销权具有优先权的性质，如果不加限制，可能被滥用从而损害破产清算的秩序和多数债权人的正当权益。因此，我国《企业破产法》第40条规定了不适用破产抵销的情形：①债务人的债务人在破产申请受理后取得他人对债务人的债权的；②债权人已知债务人有不能清偿到期债务或者破产申请的事实，对债务人负担债务的，但是，债权人因为法律规定或者破产申请一年前所发生的原因而负担债务的除外；③债务人的债务人已知债务人有不能清偿到期债务或者破产申请的事实，对债务人取得债权的，但是，债务人的债务人因为法律规定或者破产申请一年前所发生的原因而取得债权的除外。

三、破产债权

（一）破产债权的概念与特征

破产债权，是指人民法院受理破产申请时对债务人享有的依法申报并获得确认的，债务人进入破产清算程序之后有权参与分配的债权。破产债权是破产宣告后对一般无担保债权的习惯称谓，是破产程序中最普遍也是最主要的债权。破产债权具有以下法律特征。

▶ 1. 破产债权须为基于破产程序开始前的原因成立

破产宣告之前成立的债权，包括未到期的债权、附条件的债权、担保之债权等，虽然这些债权成立的全部要件尚未完备，但均属破产债权。

▶ 2. 破产债权须为财产上的请求权

在债务人破产之后，诸多债务已不可能实际履行，只能以货币形式对债权人给予清偿。因此，破产债权必须是财产上的请求权，即可表现为货币形式的债权。非货币形式的债权，应以破产申请受理时的价格标准折为货币，或将因债不能履行造成的损害赔偿额作为破产债权。凡是不能折合为货币形式的债权，便不能作为破产债权。

▶ 3. 破产债权须是可以强制执行的债权

由于破产程序是一种强制执行程序，其内容是将破产财产强制分配给债权人，因而破产债权的性质必须具有可强制执行性。可以强制执行是指债权受司法机关诉讼保护，依法允许强制执行。依此，基于不法原因产生的债权、可撤销的债权、无效债权及已过消灭时效的债权，因不受司法保护，不得强制执行，自然也就不能作为破产债权。

▶ 4. 破产债权须为经依法申报并获确认、有权在破产财产中受偿的债权

债权人必须在破产程序开始后，依照法定期限向法院申报债权。债权人申报的债权，要经债权人会议审查，确认其债权的存在与数额。只有得到确认的债权才最终具备破产债权的资格。

（二）破产债权的构成范围

根据《企业破产法》的相关规定，以下债权属于破产债权的范围：

（1）无财产担保的债权、有财产担保但放弃优先权的债权以及数额超过担保标的物的价值而不能受清偿的那部分债权；

（2）附条件债权、附期限债权，但破产受理时条件尚未成熟或者尚未到期的债权；

（3）被保证人破产时，保证人享有的债权；

（4）保证人破产时，债权人享有的债权；

（5）保证人与被保证人同时破产时，保证人享有的债权；

（6）破产管理人或者债务人在破产受理后，解除未履行的双务合同以及收回投资给他人造成损害的，其损害赔偿额作为破产债权；

（7）票据（含汇票、本票、支票）的出票人破产时，付款人或者承兑人不知其事实而向持票人付款或者承兑所产生的债权；

（8）委托人破产时，受托人不知该事实，继续处理委托事务而产生的请求权。

四、破产费用和共益债务

（一）破产费用

破产费用，是指破产程序开始后，为破产程序的进行和全体债权人的共同利益而在破产财产的管理、变价和分配中产生的费用，以及为破产财产进行诉讼和办理其他事务而支付的费用。

依据《企业破产法》第41条的规定，破产费用包括：①破产案件的诉讼费用；②管理、变价和分配债务人财产的费用（具体包括因管理而支付的仓储费、运输费、保险费等，因变卖而支付的鉴定费、估价费、拍卖费等，因分配而支付的公告费、送达邮费等）；③破产管理人执行职务的费用、报酬和聘用工作人员的费用。

（二）共益债务

共益债务，是指在破产程序开始后，为了全体债权人的共同利益以及破产程序的顺利进行而负担的债务。

依据《企业破产法》第42条的规定，人民法院受理破产案件后发生的下列债务为共益债务：①因管理人或者债务人请求对方当事人履行双方均未履行完毕的合同所产生的债务；②债务人财产受无因管理所产生的债务；③因债务人不当得利所产生的债务；④为债务人继续营业而应支付的劳动报酬和社会保险费用以及由此产生的其他债务；⑤管理人或者相关人员执行职务致人损害所产生的债务；⑥债务人财产致人损害所产生的债务。

（三）破产费用和共益债务的拨付和清偿规则

破产费用和共益债务的拨付与清偿应遵循以下规则。

（1）破产费用和共益债务由债务人财产随时清偿。在破产程序中，破产费用和共益债务是随时发生的，为保证破产程序的顺利进行，这些破产费用和共益债务应当由债务人财产随时予以清偿。

（2）破产费用优先清偿。当债务人财产不足以共同清偿破产费用与共益债务的，先行清偿破产费用。

（3）按比例清偿。当债务人财产不足以清偿破产费用的，按照未清偿费用的数额比例予以清偿；而当债务人的财产足以清偿破产费用，而不足以清偿共益债务的，将清偿完破产费用后剩余的债务人财产再按照未清偿的共益债务的数额比例对共益债务进行清偿。

（4）债务人财产不足以清偿破产费用的，管理人应提请法院终止破产程序。人民法院应当自收到请求之日起15日内裁定终结破产程序，并予以公告。

第五节　重整与和解

一、破产重整制度

（一）破产重整制度的概念和特征

破产重整制度，是指经由利害关系人的申请，在法院的主持和利害关系人的参与下，对具有重整原因和重整能力的债务人进行生产经营上的整顿和债权债务关系上的清理，以使其摆脱财务困境，重获经营能力的破产预防制度。我国《企业破产法》设专章规定了重整制度。破产重整制度具有以下基本特征。

▶ 1. 重整的原因比较宽泛

与破产清算的原因相比，重整的原因要宽泛得多，并不限于不能清偿到期债务。对于因经营或财务困难将要无力偿债的企业法人也可适用重整程序。

▶ 2. 重整对象的特定化

基于重整的特殊性，多数国家或地区均将其对象限制在较小范围，如股份有限公司。

▶ 3. 目标的多元化与重整措施的多样化

重整制度不仅要清理债务人的对外债务，更重要的是从根本上恢复企业的生产经营能力，同时还注重企业劳动者利益的维护。这种目标的多元化要求重整措施的多样化，重整的措施不仅包括债权人和债务人的妥协让步，还包括企业部分或整体出让、合并与分立、追加投资、租赁经营等。

▶ 4. 重整主体的广泛化

重整程序的参加者不仅包括债权人和债务人，还包括股东（出资人）。

▶ 5. 重整程序的优先化

重整程序一旦启动，不仅正在进行的一般民事执行程序应当中止，而且正在进行的破产程序和和解程序也应当中止。当破产申请、和解申请和重整申请同时并存时，法院应当优先受理重整申请。

（二）重整程序的启动

▶ 1. 重整申请的提出

我国《企业破产法》第70条规定，有权提出重整申请的人包括债务人、债权人以及债务人的出资人。

（1）债务人申请重整：当债务人不能清偿到期债务并且资产不足以清偿全部债务或者明显缺乏清偿能力，或者有明显丧失清偿能力的，可以向人民法院申请进行重整；债权人申请对债务人进行破产清算的，在人民法院受理破产案件后、宣告债务人破产前，债务人为了避免破产倒闭，可以向人民法院申请进行重整。

（2）债权人申请重整：当债务人不能清偿对债权人的到期债务时，债权人即可直接向人民法院提出对债务人进行重整的申请。

（3）债务人的出资人申请重整：债权人申请对债务人进行破产清算，在人民法院受理破产申请后、宣告破产前，出资额占债务人注册资本1/10以上的出资人，可以向人民法院申请重整。

▶ 2. 重整申请的受理

人民法院审查认为重整申请符合法律规定的，应当裁定债务人重整，并予以公告。

自人民法院裁定债务人重整之日起至重整程序终止，为重整期间。重整期间在国外立法中也称为"冻结期间"，其目的在于防止债权人在重整期间对债务人及其财产采取诉讼或其他程序，以保护企业的正常运作和制订重整计划，同时也对债务人的股东、董事和高级管理人员加以限制，以增加重整成功的可能性。

3. 重整程序的效力

重整程序开始后，会产生一系列的法律效力，主要体现在以下五个方面。

（1）在重整期间，经债务人申请，人民法院批准，债务人可以在管理人的监督下自行管理财产和营业事务。依法已接管债务人财产和营业事务的管理人应当向债务人移交财产和营业事务，管理人的职权由债务人行使。管理人负责管理财产和营业事务的，可以聘任债务人的经营管理人员负责营业事务。

（2）重整期间，对债务人的特定财产享有的担保权暂停行使。但是，担保物有损坏或者价值明显减少的可能，足以危害担保权人权利的，担保权人可以向人民法院请求恢复行使担保权。债务人或者管理人为继续营业而借款的，可以为该借款设定担保。

（3）债务人合法占有的他人财产，该财产的权利人在重整期间要求取回的，应当符合事先约定的条件。

（4）重整期间，债务人的出资人不得请求投资收益分配。债务人的董事、监事和高级管理人员不得向第三人转让其持有的债务人的股权。但是，经人民法院同意的除外。

（5）重整申请受理后，应当中止一切有关债务人财产的其他民事执行程序和其他保全措施，已开始尚未审结的有关债务人财产或者权利的民事诉讼也应中止。

4. 重整程序的终止

我国《企业破产法》第78条、第79条第3款、第88条、第93条第1款规定，重整程序在以下情形下终止。

（1）在重整期间，有下列情形之一的，经管理人或者利害关系人请求，人民法院应当裁定终止重整程序，并宣告债务人破产：①债务人的经营状况和财产状况继续恶化，缺乏挽救的可能性；②债务人有欺诈、恶意减少债权人财产或者其他显著不利于债权人的行为；③由于债务人的行为致使管理人无法执行职务。

（2）债务人或者管理人未按期提出重整计划草案的，人民法院应当裁定终止重整程序，并宣告债务人破产。

（3）重整计划草案未获得通过，且未依照《企业破产法》第87条的规定获得人民法院批准，或者已通过的重整计划未获批准的，人民法院应当裁定终止重整程序，并宣告债务人破产。

（4）债务人不能执行或者不执行重整计划的，人民法院经管理人或者利害关系人请求，应当裁定终止重整计划的执行，并宣告债务人破产。

（三）重整计划

重整计划，是指由重整人制订的，旨在维持债务人的继续营业，谋求债务人的再生并清理债权债务关系为内容的协议。其类似于和解程序中的和解协议，是重整程序中最为重要的法定文件。

1. 重整计划草案的制订

债务人或者管理人应当自人民法院裁定债务人重整之日起6个月内，同时向人民法院和债权人会议提交重整计划草案。期限届满，经债务人或者管理人请求，有正当理由的，人民法院可以裁定延期3个月。

债务人自行管理财产和营业事务的，由债务人制作重整计划草案。管理人负责管理财产和营业事务的，由管理人制作重整计划草案。

重整计划草案应当包括下列内容：①债务人的经营方案；②债权分类；③债权调整方案；④债权受偿方案；⑤重整计划的执行期限；⑥重整计划执行的监督期限；⑦有利于债务人重整的其他方案。

▶ 2. 重整计划草案的通过

人民法院应当自收到重整计划草案之日起 30 日内召开债权人会议，对重整计划草案进行表决。债权人按不同的债权进行分组，各组分别对草案进行表决，出席会议的同一表决组的债权人过半数同意重整计划草案，并且其所代表的债权额占该组债权总额的 2/3 以上的，即为该组通过重整计划草案。

各表决组均通过重整计划草案时，重整计划为通过。部分表决组未通过重整计划草案的，债务人或者管理人可以同未通过重整计划草案的表决组协商。该表决组可以在协商后再表决一次。双方协商的结果不得损害其他表决组的利益。未通过重整计划草案的表决组拒绝再次表决或者再次表决仍未通过重整计划草案，在符合法律规定的条件下，债务人或者管理人可以申请人民法院批准重整计划草案。

▶ 3. 批准重整计划

自重整计划通过之日起 10 日内，债务人或者管理人应当向人民法院提出批准重整计划的申请。人民法院经审查认为符合《企业破产法》规定的，应当自收到申请之日起 30 日内裁定批准，终止重整程序，并予以公告。依据《企业破产法》第 87 条第 2 款的规定，法院还可以对重整计划进行强制批准。

▶ 4. 重整计划的效力

经人民法院裁定批准的重整计划，对债务人和全体债权人均有约束力。重整计划排除了未按法律规定申报债权的债权人在该计划执行期间主张权利的效力，在重整计划执行完毕后，此类债权人可以按照重整计划规定的同类债权的清偿条件行使权利。债权人对债务人的保证人和其他连带债务人所享有的权利，不受重整计划的影响。

▶ 5. 重整计划的执行

重整计划由债务人负责执行。在重整计划规定的监督管理期内，管理人监督重整计划的执行。重整计划执行完毕后，按照重整计划减免的债务，债务人不再承担清偿责任。

二、破产和解制度

（一）破产和解制度的概念和特征

破产和解制度，是指破产程序开始后，经由债务人与债权人会议达成协议，就债务人延期清偿债务、减少债务数额等事项达成协议，以中止破产程序，防止企业破产的法律制度。破产和解制度具有以下法律特征。

(1) 破产和解适用于已具备破产原因的债务人，并且是以避免破产清算为目的的。破产和解制度给予了债务人以复苏的机会，能够减少破产给社会带来的不利影响。

(2) 破产和解协议内容一般是债权人做出延期或分期偿还债务、减少债务或利息、放弃利息或者同意第三人承担债务等让步。通过债权人的让步，不仅使债务人获得了拯救的机会，而且往往能够使债权人获得比在破产清算时更多的清偿。

(3) 和解协议是债务人与债权人会议之间自愿达成的协议。和解协议草案应由债务人提出，经由债权人会议表决通过，达成和解协议。

(4) 破产和解具有强制性，即和解协议一经债权人会议表决通过，该和解协议即对全体债权人有约束力。

(二) 破产和解程序

▶ 1. 破产和解申请的提出

破产和解申请，是债务人向法院请求同债权人会议进行和解的意思表示。各国破产法规定，破产和解申请的主体为债务人。我国《企业破产法》第95条规定："债务人可以依照本法规定，直接向人民法院申请和解；也可以在人民法院受理破产申请后、宣告债务人破产前，向人民法院申请和解。""债务人申请和解，应当提出和解协议草案。"

▶ 2. 法院裁定和解

人民法院审查后认为和解申请符合法律规定的，应当裁定和解，予以公告，并召集债权人会议讨论和解协议草案。对债务人的特定财产享有担保权的权利人，自人民法院裁定和解之日起可以行使权利。

▶ 3. 通过和解协议

债权人会议通过和解协议的决议，由出席会议的有表决权的债权人过半数同意，并且其所代表的债权额占无财产担保债权总额的2/3以上。债权人会议通过和解协议的，由人民法院裁定认可，终止和解程序，并予以公告。

和解协议草案经债权人会议表决未获得通过，或者已经债权人会议通过的和解协议未获得人民法院认可的，人民法院应当裁定终止和解程序，并宣告债务人破产。新的《企业破产法》还规定了破产程序中的和解：人民法院受理破产后，债务人与全体债权人就债权债务的处理自行达成协议的，可以请求人民法院裁定认可，并终结破产程序。

(三) 和解协议的法律效力

和解协议法律效力的发生并不依赖于债权人会议的决议，而取决于法院的确认。根据《企业破产法》第98条～第106条的规定，和解协议在经法院审查认可之后，正式生效，并产生以下法律效力。

(1) 债权人会议通过和解协议的，由人民法院裁定认可，终止和解程序，并予以公告。管理人应当向债务人移交财产和营业事务，并向人民法院提交执行职务的报告。

(2) 和解协议草案经债权人会议表决未获得通过，或者已经债权人会议通过的和解协议未获得人民法院认可的，人民法院应当裁定终止和解程序，并宣告债务人破产。

(3) 经人民法院裁定认可的和解协议，对债务人和全体和解债权人均有约束力。和解债权人是指人民法院受理破产申请时对债务人享有无财产担保债权的人。和解债权人未依照《企业破产法》规定申报债权的，在和解协议执行期间不得行使权利；在和解协议执行完毕后，可以按照和解协议规定的清偿条件行使权利。和解债权人对债务人的保证人和其他连带债务人所享有的权利，不受和解协议的影响。债务人应当按照和解协议规定的条件清偿债务。

(4) 因债务人的欺诈或者其他违法行为而成立的和解协议，人民法院应当裁定无效，并宣告债务人破产。有该情形的，和解债权人因执行和解协议所受的清偿，在其他债权人所受清偿同等比例的范围内，不予返还。

(5) 债务人不能执行或者不执行和解协议的，人民法院经和解债权人请求，应当裁定终止和解协议的执行，并宣告债务人破产。但在此情形下，为和解协议的执行提供的担保继续有效。人民法院裁定终止和解协议执行的，和解债权人在和解协议中做出的债权调整的承诺失去效力。和解债权人因执行和解协议所受的清偿仍然有效，和解债权未受清偿的部分作为破产债权。因执行和解协议获得部分清偿的和解债权人，只有在其他债权人同自己所受的清偿达到同一比例时，才能继续接受分配。

(6) 人民法院受理破产申请后，债务人与全体债权人就债权债务的处理自行达成协议的，可以请求人民法院裁定认可，并终结破产程序。按照和解协议减免的债务，自和解协议执行完毕时起，债务人不再承担清偿责任。

第六节 破产清算

一、破产宣告

(一) 破产宣告的概念及情形

破产宣告，是指受理破产案件的法院审查并宣告债务人破产，并使债务人进入破产清算程序的司法裁判行为。破产宣告即意味着直接进入破产清算程序或间接进入破产清算程序，使债务人不可挽回地走向破产清算，破产企业还将因此而被注销。

除《企业破产法》第7条规定的破产清算原因外，因破产重整与破产和解程序的终止也将导致被人民法院宣告破产并进入破产清算程序。因此，根据《企业破产法》的相关规定，有下列情形之一的，由人民法院裁定宣告企业破产，进入破产清算程序。

(1) 债务人不能清偿到期债务，债务人未申请和解，或者债务人或债权人未申请重整的。

(2) 自人民法院裁定许可债务人重整之日起，债务人或者管理人未按期提出重整计划草案的，被人民法院裁定终止重整程序。

(3) 重整计划草案未获债权人会议表决通过的且未被批准，或者重整计划已通过但未被批准，被人民法院裁定终止重整程序。

(4) 在重整期间，有下列情形之一的，经管理人或者利害关系人请求，人民法院应当裁定终止重整程序，并宣告债务人破产：①债务人的经营状况和财产状况继续恶化，缺乏挽救的可能性；②债务人有欺诈、恶意减少债务人财产或者其他显著不利于债权人的行为；③由于债务人的行为致使管理人无法执行职务。

(5) 债务人不能执行或者不执行重整计划的，法院经利害关系人申请，应当裁定终止重整计划的执行，同时宣告债务人破产。

(6) 债务人申请和解，但和解协议草案经债权人会议表决未获通过的，或已获通过但未获得人民法院认可的，被人民法院裁定终止和解程序。

(7) 因债务人的欺诈或其他违法行为而成立的和解协议，被人民法院裁定无效。

(8) 债务人不能执行或者不执行和解协议规定的条件清偿债务的。

在破产程序后、破产宣告前，若债务人已恢复了债务清偿能力或已清偿了全部到期债务，将使其破产原因消失，从而应终结破产程序。这就是破产宣告障碍。对此，《企业破产法》第108条规定，破产宣告前，有下列情形之一的，人民法院应当裁定终结破产程序，并予以公告：①第三人为债务人提供足额担保或者为债务人清偿全部到期债务的；②债人已清偿全部到期债务的。

（二）破产宣告的法律效力

人民法院依法宣告债务人破产的，应当自裁定做出之日起5日内送达债务人和管理人，自裁定做出之日起10日内通知已知债权人，并予以公告。人民法院宣告债务人破产的裁定自宣告之日起发生法律效力。

▶ 1. 对债务人的效力

（1）债务人成为破产人。

（2）债务人的财产成为破产财产，破产财产在归属、用途和处置方法上都服从于实现财产清算的目的，即成为管理人占有、支配并用于破产分配的财产。

（3）债务人丧失对财产和事务的管理处分权。在破产清算期间，破产人只能从事清算范围内的活动，即结清未了事务的活动以及为清算所必需的一些经营活动，并且这些经营活动不是由破产人的原机关而是由管理人实施。

（4）债务人的法定代表人承担与清算有关的法定义务。如保管好财产、办理财产移交，随时回答询问，不得擅离职守，列席债权人会议，按照法院或清算组的要求进行工作等。

▶ 2. 对债权人的效力

（1）法院受理破产案件前成立的对债务人享有债权的债权人为破产债权人。

（2）对破产人的特定财产享有担保权的权利人，对该特定财产享有优先受偿的权利，该债权人行使优先受偿权利未能完全受偿的，其未受偿的债权作为普通债权，放弃优先受偿权利的，其债权作为普通债权。

（3）破产债权人拥有的未到期的债权视为已到期的债权，减去未到期利息。

（4）对破产人负有债务的债权人享有破产抵销权。

（5）无担保债权人依破产分配方案获得清偿。

▶ 3. 对第三人的效力

（1）破产人占有的他人财产，权利人有权通过管理人取回。

（2）破产人的债务人或者财产持有人，应向管理人清偿债务和交付财产。

（3）破产人的开户银行应当将破产人的银行账户提供给管理人使用。

（4）待履行合同在解除或继续履行时，相对人享有相应的权利。对于破产人在破产宣告前订立但是未履行或未履行完毕的合同，管理人依法有权决定解除或继续履行。合同相对人在破产宣告后有权督促管理人尽快做出决定。如果管理人决定继续履行合同，应当向合同对方当事人给予充分的对待给付或提供相应的财产担保；管理人如果决定解除合同，因此给合同对方当事人造成损失的，受损害人的损害赔偿额作为破产债权申报。

（5）破产无效行为的受益人应当返还其受领的利益。

二、破产财产的变价和分配

（一）破产财产的变价

破产财产的变价，是指破产管理人将非金钱破产财产通过合法方式加以出让，使之转化为金钱形态，以便进行破产财产分配的过程。由于各国破产法对破产财产分配均以金钱分配为原则，以实物分配为例外，所以，对破产财产的变价就成为破产财产分配的前提。

▶ 1. 破产财产的变价方案

管理人应当及时拟订破产财产变价方案，提交债权人会议讨论通过。债权人会议通过破产财产变价方案，应当由出席会议有表决权的债权人的过半数通过，并且其所代表的债权额应当占无财产担保的债权额的1/2以上。如果债权人会议未能通过破产财产变价方案，则由人民法院裁定。由债权人会议通过或者人民法院裁定的破产财产变价方案，由破产管理人来执行。

▶ 2. 破产财产的变价方式

破产管理人应当根据债权人会议通过或人民法院裁定的破产财产变价方案，适时变价出售破产财产。除非债权人会议另有决议，变价出售破产财产应当通过拍卖进行。破产企业可以全部或者部分变价出售。企业变价出售时，可以将其中的无形资产和其他财产单独变价出售。按照国家规定不能拍卖或者限制转让的财产，应当按照国家规定的方式处理。

(二) 破产财产的分配

破产财产的分配，是指破产管理人将变价后的破产财产依照法定顺序和程序，并经债权人会议通过的分配方案，对全体破产债权人进行平等清偿的程序。破产财产的分配，是破产清算的最后阶段，分配的结果也是破产程序终结的原因之一。

《企业破产法》规定，破产财产在优先清偿破产费用和共益债务后，依照下列顺序清偿：①破产人所欠职工的工资和医疗、伤残补助、抚恤费用，所欠的应当划入职工个人账户的基本养老保险、基本医疗保险费用，以及法律、行政法规规定应当支付给职工的补偿金；②破产人欠缴的除前项规定以外的社会保险费用和破产人所欠税款；③普通破产债权。破产财产不足以清偿同一顺序的清偿要求的，按照比例分配。破产企业的董事、监事和高级管理人员的工资按照该企业职工的平均工资计算。破产财产的分配应当以货币分配方式进行，但是债权人会议另有决议的除外。

管理人应当及时拟订破产财产分配方案，提交债权人会议讨论。破产财产分配方案应当载明下列事项：①参加破产财产分配的债权人名称或者姓名、名称；②参加破产财产分配的债权额；③可供分配的破产财产数额；④破产财产分配的顺序、比例及数额；⑤实施破产财产分配的方法。债权人会议通过破产财产分配方案后，由管理人将该方案提请人民法院裁定认可。破产财产分配方案经人民法院裁定认可后，由管理人执行。管理人按照破产财产分配方案实施多次分配的，应当公告本次分配的财产额和债权额。管理人实施最后分配的，应当在公告中指明，并载明其依法对附生效条件或解除条件的债权提存的分配额。

此外，根据《企业破产法》规定，自破产程序依法终结之日起两年内，有下列情形之一的，债权人可以请求人民法院按照破产财产分配方案进行追加分配：①发现有依照《企业破产法》规定可撤销或宣告无效行为，应当追回的财产的；②发现破产人有应当供分配的其他财产的。但是，如果追回的财产数量不足以支付分配费用的，则不再进行追加分配，由人民法院将其上缴国库。

三、破产程序的终结

破产程序的终结，是指在破产程序进行中，因法定事由的发生，由法院裁定结束破产程序。

破产程序的终结发生于以下几种情形。

▶ 1. 因财产不足以支付破产费用而终结

《企业破产法》第43条第4款规定,债务人财产不足以清偿破产费用的,破产管理人应当提请人民法院终结破产程序。人民法院应当自收到请求之日起15日内裁定终结破产程序,并予以公告。

▶ 2. 因全体债权人同意而终结

《企业破产法》第105条规定,人民法院受理破产申请后,债务人与全体债权人就债权债务的处理自行达成协议的,可以请求人民法院裁定认可,并终结破产程序。

▶ 3. 因出现破产宣告障碍而终结

《企业破产法》第108条规定,主要有两种情形:①第三人为债务人提供足额担保或者为债务人清偿全部到期债务的;②债务人已清偿全部到期债务的。

▶ 4. 因没有财产可供分配而终结

《企业破产法》第120条第1款规定,破产人无财产可供分配的,破产管理人应当请求人民法院裁定终结破产程序。

▶ 5. 因破产财产分配完毕而终结

《企业破产法》第120条第2款规定,破产管理人在最后分配完结后,应当及时向人民法院提交破产财产分配报告,并提请人民法院裁定终结破产程序。

破产程序的终结应当由人民法院做出裁定,并予以公告。管理人应当自破产程序终结之日起10日内,持人民法院终结破产程序的裁定,向破产人的原登记机关办理注销登记。管理人于办理注销登记完毕的次日终止执行职务。但是,存在诉讼或者仲裁未决情况的除外。破产人的保证人和其他连带债务人,在破产程序终结后,对债权人依照破产清算程序未受清偿的债权,依法继续承担清偿责任。

拓展案例

2015年5月6日,甲市某国有企业化工厂不能清偿到期债务,化工厂厂长决定向该企业所在区的人民法院申请宣告破产,法院在征得其上级主管部门同意并受理后决定由化工厂厂长召集并主持债权人会议,该企业的最大债权人是乙市的远达公司,法院指定有财产担保未放弃优先受偿权的债权人郭某担任债权人会议主席。并裁定化工厂所有的债务保证人均为债权人会议成员,并享有表决权。后经占无财产担保债权总额的1/5以上的债权人请求,法院召开了第二次债权人会议。此后经一段时间的审理,法院做出裁定宣告该国有企业化工厂破产。

思考:此案中有哪些做法是不符合法律规定的?

复习思考题

1. 如何理解《企业破产法》中规定的破产原因?
2. 简述企业破产财产的分配顺序。
3. 破产财产的范围有哪些?

第五章 合同法

学习目标
1. 了解合同的概念、特征和分类。
2. 明确合同的订立程序,合同的履行、变更、终止等有关法律规定。
3. 掌握合同的效力、违约责任等重点法律规定。
4. 能够独立分析合同的效力及其生效要件。
5. 能够识别合同的违约行为,并能运用合同法的基本知识维护自身合法权益。

案例导入

甲与乙为同一个公司的好友,某日两人相约到某酒店吃饭,半路上,甲突然连声对乙表示歉意,称其原已经约了女朋友一起过周末,无法陪同乙共进晚餐。乙心情大坏,周一竟到法院起诉甲违约,请求法院判决其精神损失费1 000元。

思考: 甲承认双方之间有共进晚餐的约定,但与乙之间并无合同关系,不应当承担违约责任,这样的主张是否成立?

第一节 合同法概述

一、合同的概念及特征

(一)合同的概念

在市场经济条件下,合同被广泛运用,形成各种合同关系,以致形成一个"合同的社会",因此,合同在现代法上居于优越地位。《中华人民共和国合同法》(以下简称《合同法》)第2条规定,合同是平等主体的自然人、法人、其他组织之间设立、变更、终止民事权利义务关系的协议。婚姻、收养、监护等有关身份关系的协议，适用其他法律的规定。因此，我国《合同法》所调整的合同是当事人之间设立、变更、终止财产性民事权利义务关系的协议。

(二) 合同的特征

合同主要具有以下法律特征。

▶ 1. 合同是一种民事法律行为

民事法律行为，是指以意思表示为要素，并依其意思表示的内容引起民事法律关系设立、变更、终止的行为。而合同是合同当事人意思表示的结果，是以设立、变更、终止财产性民事权利义务关系为目的，且合同的内容，即合同当事人之间的权利义务主要是由意思表示的内容来确定的。因而，合同是一种民事法律行为。

▶ 2. 合同是一种双方或多方当事人意思表示一致的民事法律行为

合同的成立必须有两方以上的当事人，他们在自愿的基础上相互或平行做出意思表示，而且意思表示必须达成一致。这是合同区别于单方法律行为的重要标志。单方民事法律行为如立遗嘱、放弃债权等，虽也有行为人的意思表示，但其仅依单方的意思表示而发生效力，非两人以上意思表示一致的行为，不是合同。

▶ 3. 合同是以在当事人之间设立、变更、终止财产性民事权利义务关系为目的的协议

无论当事人订立合同是为了设立财产性民事权利义务关系，还是为了变更或终止民事权利义务关系，只要当事人达成的协议依法成立并生效，就会对当事人产生法律约束力，当事人也必须依合同规定享有权利和履行义务。

(三) 合同与债

债的概念起源于罗马法。现代大陆法系中各国民法基本上继承了罗马法中的债的概念和分类，将债分为合同之债、侵权行为之债、无因管理之债与不当得利之债等；英美法系没有与债相当的概念。

我国现行立法中使用的债的概念，与大陆法系国家基本相同，如《民法通则》第84条规定："债是按照合同的约定或依照法律的规定，在当事人之间产生的特定权利和义务关系，享有权利的人是债权人，负有义务的人是债务人。"因此，我国现行立法将合同视为债发生的原因之一，合同也可称为合同之债或合同债。

二、合同的种类

合同的分类，是指基于一定的标准，将合同划分为不同的类型。对合同的类型化，便于人们认清各类合同的特征、对成立要件及生效要件的不同要求、应具有何种法律效力等，从而有助于合同立法的科学化及其妥当适用，也有助于当事人订立和履行合同，更有助于合同理论的完善。对合同大体可做如下分类。

(一) 双务合同与单务合同

根据双方当事人是否互负对待给付义务为标准，合同可分为双务合同与单务合同。

双务合同，是指当事人双方互负对待给付义务的合同。在双务合同中，一方享有的权利正是对方的承担的义务；反之，亦然。买卖、互易、租赁、承揽等合同均为双务合同。单务合同，是指只有一方当事人负给付义务的合同，如赠予合同、借用合同。

(二) 有偿合同与无偿合同

根据当事人取得权利是否支付对价为标准,合同可分为有偿合同与无偿合同。

有偿合同,是指当事人一方享有合同规定的权益,须向对方当事人偿付相应代价的合同。买卖、租赁、保险等合同是典型的有偿合同。无偿合同,是指当事人一方享有合同规定的权利,不必向对方当事人偿付相应代价的合同。赠予、借用等合同为典型的无偿合同。

(三) 诺成合同与实践合同

根据合同成立是否交付标的物为标准,合同可分为诺成合同与实践合同。

诺成合同,又称不要物合同,是指只要双方当事人意思表示一致,不需交付标的物即可成立的合同。依我国《合同法》,绝大多数合同均为诺成合同。实践合同,又称要物合同,是指除双方当事人意思表示一致外,还须交付标的物才能成立的合同,即以交付标的物为成立要件的合同。我国《担保法》规定,定金合同从实际交付定金之日起生效,是典型的实践合同。

(四) 要式合同与不要式合同

根据合同依法律规定或当事人约定是否采取特定形式为标准,合同可分为要式合同与不要式合同。

要式合同,是指法律规定或者当事人约定必须采取特定形式的合同。不要式合同,是指法律没有特别规定,当事人也没有特别约定采用特定形式的合同。现代合同以不要式为常态,以要式为例外。

(五) 有名合同与无名合同

根据法律是否设有规范并赋予一个特定名称为标准,合同可分为有名合同与无名合同。

有名合同,又称典型合同,是指法律设有规范并赋予一定名称的合同。我国《合同法》分则部分所规定的买卖合同、赠予合同、借款合同、租赁合同等15种合同即为有名合同。无名合同,又称非典型合同,是指法律尚未为其确定一定名称和特定规范的合同。

(六) 确定合同与射幸合同

根据合同的效果在缔约时是否确定为标准,合同可分为确定合同与射幸合同。

确定合同,又称实定合同,是指合同的法律效果在缔约时已经确定的合同。绝大多数合同都是确定合同。射幸合同,是指合同的法律效果在缔约时不能确定,而且在缔约后完全因偶然的事情而决定的合同。保险合同是典型的射幸合同。

(七) 主合同与从合同

根据合同相互间的主从关系为标准,合同可分为主合同与从合同。

主合同,是指不依赖其他合同而能够独立存在的合同。从合同,又称附属合同,是指以其他合同的存在为前提而存在的合同,如保证、抵押、质押等合同均为从合同。

三、合同法的概念及其基本原则

(一) 合同法的概念

合同法是调整平等主体之间交易关系的法律,它主要规范合同的订立、合同的效力及合同的履行、担保、解除、终止、违约责任等问题。

现行《合同法》于1999年10月1日生效,其颁布结束了之前《经济合同法》《涉外经济合同法》和《技术合同法》三法并存的局面,不仅解决了以上三法内容不能和谐统一的问题,还很好地吸收采纳了大陆法、英美法以及《联合国国际货物销售合同公约》的诸多先进理念和制度,在我国合同法发展历史上具有划时代的意义。

(二)合同法的基本原则

合同法的基本原则是指效力贯穿于整个合同法制度和规范之中的根本准则,是指导合同立法、合同司法和进行合同活动的带有普遍指导意义的基本行为准则。合同法规定了以下基本原则。

▶ 1. 平等原则

合同当事人法律地位一律平等,一般不得将自己的意志强加给另一方,各方应在权利义务对等的基础上订立合同。

▶ 2. 自愿原则

自愿原则是贯穿合同活动整个过程的基本原则,在不违反强制性法律规范和社会公共利益的基础上,当事人依法享有自愿订立合同权利,任何单位和个人不得非法干预。

▶ 3. 公平原则

当事人应当遵循公平原则,确定各方的权利和义务,任何当事人不得滥用权力,不得在合同中规定显失公平的内容,要根据公平原则确定风险与违约责任的承担。

▶ 4. 诚实信用原则

当事人行使权利、履行义务应当遵循诚实信用原则,当事人应当诚实守信,善意的行使权利、履行义务,不得有欺诈等恶意行为。在法律、合同未做规定或规定不清的情况下,要依据诚实信用原则解释法律和合同,平衡当事人之间的利益关系。

▶ 5. 合法和公序良俗原则

合法和公序良俗原则也就是守法,不损害社会公共利益原则,当事人订立履行合同应当遵守法律、行政法规,尊重社会公德,不得扰乱社会经济秩序,损害社会公共利益,《民法通则》第7条规定,民事活动应当尊重社会公德,不得损害社会公共利益。《合同法》则具体指明了,当事人订立履行合同应当遵守法律行政法规,尊重社会公德,不得扰乱社会经济秩序,损害社会公共利益。

第二节 合同的订立

一、合同订立的程序

合同必须经过法律规定的程序才能成立。合同订立的程序是指当事人相互做出意思表示并就合同条款达成一致协议的具体过程,当事人订立合同的一般程序包括要约、承诺两个阶段。

（一）要约

要约是希望和他人订立合同的意思表示。其中，发出要约的人为要约人，受领要约的人为受要约人。

▶ 1. 要约的构成要件

根据我国《合同法》第14条的规定，要约的构成要件如下。

（1）要约是特定人的意思表示。所谓特定的人，应当是为外界所能客观确定的人，可以是自然人或法人，也可以是本人或代理人。

（2）要约是以缔结合同为目的的意思表示。凡不是以订立合同为目的，尽管也是当事人的意思表示，但不是要约。例如，邀请参加婚礼、校庆的请柬等，都不是要约。

（3）要约是向受要约人所做的意思表示。受要约人既可以是特定之人，也可以是不特定之人。

（4）要约的内容应具备希望和他人订立合同的必要条款。我国《合同法》第14条规定，要约的意思表示必须"内容具体确定"，要约一般应包括合同的主要条款，如标的、数量、质量、价款或者报酬、履行期限、地点和方式等。

（5）要约须表明一经受要约人承诺，要约人即受该意思表示约束。

在实践中需注意区分要约与要约邀请。要约邀请，又称要约引诱，是指希望他人向自己发出要约的意思表示。要约与要约邀请的区别在于：要约一经承诺，合同即成立，要约人就必须受到约束；而对要约邀请而言，即使对方同意要约邀请人的意思表示，愿意按照该意思表示提出的条件订立合同，发出要约邀请的人也不受约束，除非他对此做出承诺，否则合同仍不成立。《合同法》第15条规定，下列行为属于典型的要约邀请：①寄送的价目表；②拍卖公告；③招标公告；④招股说明书；⑤商业广告。但是，商业广告中明确注明了是要约，或者具备了要约的构成要件，如商业广告中含有"保证现货供应""先来先买"或者含有确切的期限保证供货等词语，商业广告就应为要约。

▶ 2. 要约的生效时间

要约生效时间是指要约从何时开始对要约人和受要约人产生法律上的约束力。我国《合同法》第16条第1款规定，要约到达受要约人时生效。即不论是口头形式、书面形式或者其他形式的要约，必须在送达受要约人时才能生效。但此到达以进入受要约人能够控制的地方为准。根据要约采取的方式不同，要约生效的规定不同：①要约采取直接送达方式发出要约的，即在要约的文件交给受要约人时间到达；②采取普通邮寄送达的，以受要约人收到要约文件或者要约送达到受要约人信箱的时间为到达时间；③采用数据电文形式订立合同，收件人指定特定系统接收数据电文的，该数据电文进入该特定系统的时间，视为到达时间；未指定特定系统的，该数据电文进入收件人的任何系统的首次时间，视为到达时间。

▶ 3. 要约的撤回与撤销

要约的撤回，是指要约在发生法律效力之前，要约人欲使其不生法律效力而取消要约的意思表示。《合同法》第17条规定，要约可以撤回。撤回要约的通知应当在要约到达受要约人前或者与要约同时到达受要约人。

要约的撤销，是指要约在发生法律效力之后，要约人欲使其丧失法律效力的意思表示。为了平衡要约人与受要约人的利益，借鉴了《联合国国际货物销售合同公约》的做法，我国《合同法》在强调要约的法律效力的同时规定，要约可以撤销。撤销要约的通知应当在受要约人发出承诺通知之前到达受要约人。有下列两种情形的，要约不得撤销：①要约人确定了承诺期限或者以其他形式明示要约不可撤销；②受要约人有理由认为要约是不可撤销的，并已经为履行合同做了准备工作。

4. 要约的失效

要约的失效，又称要约的消灭，是指要约丧失其法律效力，要约人和受要约人均不再受其拘束。具体而言，要约人解除了其受要约约束的效力或义务，受要约人丧失了做出承诺的资格或权利。根据《合同法》第20条的规定，要约消灭的主要原因如下：

(1) 拒绝要约的通知到达要约人；

(2) 要约人依法撤销要约；

(3) 承诺期限届满，受要约人未做出承诺；

(4) 受要约人对要约的内容做出实质性变更。

(二) 承诺

承诺是指受要约人同意要约的意思表示。承诺的法律效力在于，要约一经承诺并送达要约人，合同即告成立。

1. 承诺的构成要件

一项有效的承诺应具备以下构成要件。

(1) 承诺必须由受要约人做出。由于要约原则上是向特定人发出的，因此只有接受要约的特定人即受要约人才有权做出承诺，第三人因不是受要约人，当然无资格向要约人做出承诺，否则视为发出要约。

(2) 承诺的内容须不能对要约的内容做出实质性变更。根据《合同法》第30条和第31条规定，承诺的内容应当与要约的内容一致。受要约人对要约的内容做出实质性变更的，为新要约。有关合同标的、数量、质量、价款或者报酬、履行地点和方式、违约责任和解决争议方法等的变更，是对要约内容的实质性变更。承诺对要约的内容做出实质性变更的，除要约人及时表示反对或者要约表明承诺不得对要约的内容做出任何变更的以外，该承诺有效，合同的内容以承诺的内容为准。

(3) 承诺应当在要约有效期间内做出。《合同法》第28条和第29条规定，受要约人超过承诺期限发出承诺的，除要约人及时通知受要约人该承诺有效的以外，为新要约。受要约人在承诺期限内发出承诺，按照通常情形能够及时到达要约人，但因其他原因承诺到达要约人时超过承诺期限的，除要约人及时通知受要约人因承诺超过期限不接受该承诺的以外，该承诺有效。

2. 承诺的方式

承诺的方式，是指受要约人应当采取何种方法做出其表达同意要约的意思表示。根据《合同法》第22条的规定，一般而言，承诺应采取通知的方式（明示的方式）；在例外情况下，即根据交易习惯或者要约表明可以通过行为做出承诺的，不采取通知的方式。从我国的立法与司法实践来看，不作为的默示只有在法律有规定或者双方当事人有约定的情况下，才可作为承诺的意思表示方式。

3. 承诺的生效时间

根据《合同法》的规定，承诺通知到达要约人时生效。承诺不需要通知的，根据交易习惯或者要约的要求做出承诺的行为时生效。采用数据电文形式订立合同，收件人指定特定系统接收数据电文的，该数据电文进入该特定系统的时间，视为承诺到达时间；未指定特定系统的，该数据电文进入收件人的任何系统的首次时间，视为承诺到达时间。

▶ 4. 承诺的撤回

承诺的撤回，是指受要约人在发出承诺通知以后阻止承诺发生法律效力的行为。承诺生效，合同即告成立，显然，承诺不能像要约一样撤销。亦即，撤回承诺的通知须在承诺生效之前到达要约人。《合同法》第 27 条规定，承诺可以撤回。撤回承诺的通知应当在承诺通知到达要约人之前或者与承诺通知同时到达要约人。

二、合同成立的时间与地点

▶ 1. 合同成立的时间

由于合同订立方式的不同，合同成立的时间也有不同：①承诺生效时合同成立，这是大部分合同成立的时间标准；②当事人采用合同书形式订立合同的，自双方当事人签字或者盖章时，合同成立；③当事人采用信件、数据电文等形式订立合同的，可以要求在合同成立之前签订确认书，签订确认书时合同成立。

如果当事人未采用法律要求或者当事人约定的书面形式、合同书形式订立合同，或者当事人没有在合同书上签字盖章的，只要一方当事人履行了主要义务，对方接受的，合同仍然成立。

▶ 2. 合同成立的地点

由于合同订立方式的不同，合同成立地点的确定标准也有不同：①承诺生效的地点为合同成立的地点，这是大部分合同成立的地点标准；②采用数据电文形式订立合同的，收件人的主营业地为合同成立的地点，没有主营业地的，其经常居住地为合同成立的地点，当事人另有约定的，按照其约定；③当事人采用合同书形式订立合同的，双方当事人签字或者盖章的地点，为合同成立的地点。

三、合同的形式

（一）合同的形式概念

合同的形式，是当事人合意的表现形式，是合同内容的外部表现，是合同内容的载体。

我国《合同法》采取了以不要式为原则、要式为例外的主张，其第 10 条规定，当事人订立合同，有书面形式、口头形式和其他形式。法律、行政法规规定采用书面形式的，应当采用书面形式。当事人约定采用书面形式的，应当采用书面形式。

（二）合同的具体形式

▶ 1. 书面形式

书面形式，是指以文字的方式表现当事人之间所订立合同内容的形式。我国《合同法》第 11 条规定："书面形式是指合同书、信件和数据电文（包括电报、电传、传真、电子数据交换和电子邮件）等可以有形地表现所载内容的形式。"书面形式的优点在于，发生纠纷时有据可查，易于举证。因此，对于较为复杂又非及时结清的合同或对当事人关系较为重大的合同，以书面形式为宜。

书面形式可分为一般书面形式和特殊书面形式。前者是指法律只一般地要求行为人用文字符号表达其意思的形式，如合同书形式。后者是指当事人除了用文字符号表达其意思外，还要经有关机关确认的形式，主要有公证、鉴证、审核登记等形式。

▶ 2. 口头形式

口头形式，是指合同双方当事人以语言表达的方式订立合同，而不以书面文字表达合意的合同形式。口头合同简便易行，因而生活中被大量使用，通常即时结清的合同采用口头形式。但缺点是，在发生纠纷时难以举证。

▶ 3. 其他形式

其他形式，是指采用除书面形式、口头形式以外的方式来表现合同内容的形式，包括推定和沉默两种。作为推定形式，是指当事人不直接采用书面或者口头进行意思表示，而是通过实施某种行为来进行意思表示。如街头自动售货机，顾客将规定的货币投入机器内，则买卖合同成立。沉默形式，是指当事人既无言语表示，又无作为表示的消极行为来进行意思表示。

四、合同的内容

（一）合同的一般条款

合同的条款，指合同当事人协商一致的合同内容，记载着合同当事人双方的权利与义务。合同的条款通常由当事人协商决定。依我国《合同法》第12条的规定，合同的内容由当事人约定，一般包括以下条款。

（1）当事人的名称或者姓名和住所。合同首先要明确当事人的名称（法人或者非法人组织）或者姓名（自然人），以确定合同的主体资格。

（2）标的。标的是合同当事人权利和义务共同指向的对象，又称合同法律关系的客体，它体现着当事人订立合同的目的与要求。订立合同标的条款时，应语言表达准确无误，对当事人之间履行的权利和义务内容尽量明确。

（3）数量。订立合同的数量条款，应尽可能使用法定计量单位和统一的计量方法。法律规定没有规定的，当事人可以约定。数量规定要明确，同时对合理的误差及自然增减等应做出规定。

（4）质量。质量是标的内在物理、生化等综合指标、标准和技术要求的一种表述，包括性能、效用、外观形态、等级等。质量的好坏直接决定了标的效用价值。标的质量一般以品种、型号、规格、等级等形式体现。

（5）价款或者报酬。价款一般是指对提供财产的当事人支付的货币，如买卖合同的货款、租赁合同的租金等。报酬是指接受服务或者工作成果的一方当事人向另一方当事人支付的货币，如保管合同中的保管费、运输合同中的运费等。

（6）履行期限、地点和方式。履行期限是衡量合同能否按时履行的标准。履行地点关系到履行合同的费用、风险由谁承担，是确定所有权是否转移、何时转移的依据，甚至涉及合同纠纷案件的地域管辖。履行方式主要是由合同的内容性质所决定的。当然，法律有特别规定的，要按照法律的规定办理。

(7) 违约责任。违约责任，是指合同当事人一方或者双方不履行合同义务或者履行合同义务不符合约定时，按照法律或合同规定应当承担的法律责任。当事人为了保证合同按约定履行，出现纠纷及时得到解决，可以在合同中明确规定违约责任条款，如约定定金或违约金、赔偿金及计算标准等。

(8) 解决争议的方法。解决争议的方法是指合同当事人对合同的履行发生争议时解决的途径和方式，主要有当事人协商解决、第三人调解、仲裁、诉讼。明确解决争议的办法对发生纠纷后保护当事人利益非常重要。

当事人可以参照各类合同的示范文本订立合同。

(二) 合同的格式条款

在现代商事交易活动中，往往由大公司事先印制好标准合同，将交易双方的权利义务等事项拟订下来，如另一方同意签字，合同就成立，很少有讨价还价的余地。这种附合合同在英国为标准合同的一种，在东欧被称为共同条件，在德国被称为一般交易条件，中国称为格式条款。

格式条款，是指当事人为了重复使用而预先拟订，并且在订立合同时不与对方协商的合同条款。

为维护合同关系的公平性，各国多对其做出某些限制，并采用"模糊条款解释规则"进行解释，即对其中意思含糊的条款，做不利于拟订人的解释。

我国《合同法》对格式条款也有原则性规定。

(1) 采用格式条款订立合同的，提供格式条款的一方应当遵循公平原则确定当事人之间的权利义务，并采取合理的方式提请对方注意免除或者限制其责任的条款，按照对方的要求，对该条款予以说明。

(2) 格式条款具有《合同法》所规定的无效情形的，或者提供格式条款一方免除其责任、加重对方责任、排除对方主要权利的，该条款无效。

(3) 格式条款和非格式条款不一致的，应当采用非格式条款。

(4) 对格式条款的理解发生争议的，应当按照通常理解予以解释。对格式条款有两种以上解释的，应当做出不利于提供格式条款一方的解释。这就是上述国际上通行的"模糊条款解释规则"。

五、缔约过失责任

(一) 缔约过失责任的概念

缔约过失责任，是指当事人在订立合同的过程中，因故意或者过失违反先合同义务而给对方造成信赖利益或固有利益的损失时，应依法承担的民事责任。所谓先合同义务是指缔约人双方为签订合同而相互磋商时依诚实信用原则逐渐产生的注意义务，而非合同有效成立后所产生的给付义务。先合同义务包括互相协助、互相照顾、互相保护、互相通知、互相忠诚等义务。

(二) 缔约过失责任的构成要件

(1) 缔约人违反了先合同义务。缔约人一方违反了先合同义务，是缔约过失责任产生的首要条件。此先合同义务作为一种法定义务，是以诚实信用原则为基础，随着债的关系的发展而逐渐产生的，因而在学说上又称附随义务。

(2) 未违反先合同义务一方受到损失。未违反先合同义务一方受有的损失，既可以是信赖利益的损失，也可以是固有利益的损失。只要缔约人或缔约辅助人因其过错违反先合同义务且造成对方当事人损失的，就应承担缔约过失责任，至于合同是否成立、合同是否有效与缔约过失责任是否产生之间并无直接的关系。

(3) 违反先合同义务与损失之间有因果关系。即损失是由违反先合同义务引起的。

(4) 违反先合同义务者有过错。由于缔约过失责任实行过失责任原则，那么，违反先合同义务的一方要承担缔约过失责任，必须其主观上有过错。

(三)《合同法》规定的缔约过失责任

根据我国《合同法》的规定，下列情形当事人应承担缔约过失责任。

(1) 恶意磋商而致对方损害。《合同法》第42条规定，假借订立合同，恶意进行磋商应承担损害赔偿责任的情形。

(2) 故意隐瞒与订立合同有关的重要事实或提供虚假情况而致相对人损害。如前所述，此即违背《合同法》第42条规定的情报提供（或说明）义务之损害赔偿问题。

(3) 泄露或不正当使用商业秘密而致相对人损害。这是对《合同法》第43条规定"当事人在订立合同过程中知悉的商业秘密，无论合同是否成立，不得泄露或者不正当地使用"义务的违反所承担的责任。当然，这里的损害赔偿责任似乎也可通过侵权法得到救济。

(4) 因无权代理发生的损害。《合同法》第48条规定，无权代理对被代理人不发生效力，由行为人承担责任。这里的责任除履行责任外，还可能包括赔偿责任，而赔偿责任就包括缔约过失责任。

(5) 因合同无效或被撤销而致对方损害。《合同法》第58条规定，在合同无效或被撤销后，除返还财产外，有过错的一方应赔偿对方因此而受到的损失，双方都有过错的，应各自承担相应的责任。这种赔偿责任实际上也是缔约过失责任。

(6) 其他违背诚实信用原则而致他方损害。这是《合同法》第42条规定的一个兜底条款，当然，此外所谓"其他违背诚实信用原则"行为范围的界定，宜结合具体情况进行解释。按照《最高人民法院关于适用〈中华人民共和国合同法〉若干问题的解释（二）》第8条规定，依照法律、行政法规的规定经批准或者登记才能生效的合同成立后，有义务办理申请批准或者申请登记等手续的一方当事人未按照法律规定或者合同约定办理申请批准或者未申请登记的，即属于"其他违背诚实信用原则"的行为。人民法院可以根据案件的具体情况和相对人的请求，判决相对人自己办理有关手续；对方当事人应对由此产生的费用和给相对人造成的实际损失，承担损害赔偿责任。

拓展案例

甲公司向乙公司发出订货传真，传真中列明了货物的种类、数量、质量、供货时间、交货方式，并要求乙公司在15日内报价，双方以书面形式订立买卖合同。乙公司接受传真中的条件，按期向甲公司报价，并要求其在15日内回复。甲公司按期复电乙公司同意其报价。乙公司在未签订书面买卖合同的情况下按甲公司提出的条件发货，甲公司收货后未提出异议，也未付货款。后因市场发生变化，该货物价格下降。甲公司遂向乙公司提出，由于双方未签订书面买卖合同，故乙公司应尽快取回货物。乙公司不同意甲公司的意见，要求其偿付货款。

思考：甲、乙两公司之间的买卖合同关系是否成立？为什么？

第三节 合同的效力

一、合同的效力概述

(一) 合同效力的概念

合同效力,又称合同的法律效力,是指法律赋予依法有效的合同对其当事人及其效力所涉的第三人的拘束力。

(二) 合同的生效

合同的生效是指依法成立的合同发生相应的法律效力,合同的成立与合同的生效是两个不同的概念,合同的成立是指合同订立过程的完结,当事人双方意思表示在时空上达到了吻合;合同成立解决的是合同是否存在的问题,合同生效是能否发生法律所认可的效力,一般情况下,合同自成立时起生效,但有时合同的成立与生效并不一致。《合同法》根据合同类型的不同,分别规定了不同的生效时间。

(1) 依法成立的合同,原则上自成立时生效。

(2) 法律、行政法规规定,应当办理批准、登记等手续生效的,在依照其规定办理批准、登记等手续后生效,法律、行政法规规定合同应当办理登记手续,但未规定登记后生效的,当事人未办理登记手续,不影响合同的效力,但合同标的所有权及其他物权不能转移。例如,《商品房买卖合同解释》规定,当事人以商品房预售合同未按照法律、行政法规规定办理登记备案手续为由,请求确认合同无效的,不予支持。

(3) 当事人对合同的效力可以附条件或者附期限。附生效条件的合同,自条件成就时生效。附条件合同,指当事人约定一定条件,将条件的成就与否作为该合同生效或者解除的依据,也就是说,合同生效或者解除取决于该条件是否成就。如甲乙双方约定,待甲的美术作品获奖后,乙即向甲赠送一套先进作画工具。在这里作品获奖是一个条件,在该条件实现时,赠送工具的合同即发生效力,所附条件可以是自然现象、事件、行为等。附解除条件的合同,自条件成就时失效,当事人为自己的利益不正当地阻止条件成就的,视为条件已成就;不正当地促成条件成就的,视为条件不成就。附生效期限的合同,自期限届至时生效。附终止期限的合同,自期限届满时失效。附期限合同,指当事人约定一定期限的届至作为效力发生或终止的根据的合同。期限必须是:①将来的事实;②将来确定会到来的事实;③合法的事实。

根据《合同法》的规定,从效力角度可以将合同划分为有效合同、无效合同、可撤销的合同和效力待定合同四大类。下面重点介绍无效合同、可撤销合同和效力待定合同。

二、无效合同和可撤销合同

(一) 无效合同

▶ 1. 无效合同的概念

无效合同,是指已成立,但因欠缺法定有效要件,在法律上确定的、当然的、自始不发生法律效力的合同。

▶ 2. 无效合同的原因

根据我国《合同法》第52条的规定，无效合同包括以下几种。

(1) 一方以欺诈、胁迫的手段订立合同，损害国家利益。欺诈，是指以使他人陷于错误并因而为意思表示为目的，故意陈述虚伪事实或隐瞒真实情况的行为。其构成需要有欺诈行为，欺诈人有欺诈故意，受欺诈人因欺诈而陷于错误，受欺诈人因错误而为意思表示以及欺诈违反法律、违反诚实信用原则。胁迫，是指向对方当事人表示施加危害，使其发生恐惧，并基于这种恐惧而为一定意思表示的行为。根据最高人民法院的司法解释，以给公民及其亲友的生命、荣誉、名誉、财产等造成损害或以给法人的荣誉、名誉、财产等造成损害为要挟，迫使对方做出违背真意的意思表示的，可以认定为胁迫行为。其构成需要存在胁迫行为，胁迫人有胁迫的故意，受胁迫人因胁迫而发生恐惧，受胁迫人因恐惧而为意思表示，胁迫人所表示施加危害系属违法或不当。

《民法通则》第58条第1款规定，因欺诈、胁迫而成立的合同无效，《合同法》则将之限定为，因欺诈、胁迫而成立的合同在损害国家利益时无效(第52条)，其余的可以撤销(第54条)。

(2) 恶意串通，损害国家、集体或第三人利益。这一无效的原因由主观和客观两个因素构成。主观因素为恶意串通，即当事人双方具有共同目的，希望通过订立合同损害国家、集体或第三人的利益。它可以表现为双方当事人事先达成协议，也可以是一方当事人做出意思表示，对方当事人明知其目的非法而用默示的方式接受。它可以是双方当事人相互配合，也可以是双方共同作为。客观因素为合同损害国家、集体或第三人的利益。

(3) 以合法形式掩盖非法目的。以合法形式掩盖非法目的，是指当事人订立的合同在形式上是合法的，但在缔约目的和内容上是非法的。例如，订立赠予合同，目的在于逃避法院的强制执行；订立联营合同，目的在于非法拆借资金。因被掩盖的目的非法，在后果上损害了国家、集体或第三人的利益，故该类合同应为无效。

(4) 损害社会公共利益。社会公共利益系我国法律的提法，与之相对应的是西方国家所普遍采用的公共政策或公序良俗的概念，要求当事人在享受缔约自由的同时不得违背社会公共利益或公共政策。公序良俗，在司法实务中并无直接的规范对象，而需要法官基于社会一般价值标准对其进行补充才能适用，据学者归纳，国外及我国台湾地区法院判例，违反公序良俗的合同主要有以下类型：①严重损害公民基本权利的行为；②违反婚姻、家庭伦理的行为；③违反国家经济秩序的行为；④暴利行为；⑤违反性关系道德的行为。

(5) 违反法律、行政法规的强制性规定。首先，这里所指是狭义的违法合同，因为从广义上来说，所有的无效合同都是违法的合同；而违反法律、行政法规强制性规定的合同，则当属狭义的无效合同。其次，此处所违反的法律规范的层次值得注意，即所违反者仅为法律和行政法规；倘若所违反的乃是地方性法规、行政规章或其他规范性法律文件，则合同并不因此而无效。法律、行政法规的强制性规定，包括强行性规范和禁止性规范，是任何人必须遵守的不得排除其适用的规范。这类规范本为维护社会公共利益、国家利益而设，是限制合同当事人的意思自由的，当事人订立合同时不得违反。如有违反，则合同无效。

为了对格式合同进行管理，避免显失公平的后果，我国《合同法》第39条规定："采用格式条款订立合同的，提供格式条款的一方应当遵循公平原则确定当事人之间的权利和义务，并采取合理的方式提请对方注意免除或者限制其责任的条款，按照对方的要求，对该条款予以说明。格式条款是当事人为了重复使用而预先拟订，并在订立合同时未与对方协商的条款。"值得注意的是，对格式合同中显失公平的条款，其法律后果并非如一般的显失公平合同一样为可撤销，而是直接归于无效。对于格式条款在哪些情况下无效，《合同法》进一步规定：①格式条款通过欺诈、胁迫等手段订立，或格式条款的目的违法，或格式条款有损社会公共利益的，该条款无效；②免除对人身伤害的责任的格式条款无效；③免除对故意或重大过失所致财产损失的责任的格式条款无效；④免除格式条款提供者的责任、加重对方责任、排除对方主要权利的格式条款无效。

(二) 可撤销合同

▶ 1. 可撤销合同的概念

可撤销合同，是指因为合同当事人意思表示的瑕疵，撤销权人可以请求人民法院或者仲裁机构予以撤销或者变更的合同。

▶ 2. 合同可撤销的原因

根据我国《合同法》第54条的规定，合同可撤销的原因如下。

(1) 因重大误解而订立的合同。我国《合同法》第54条规定，因重大误解订立的合同，当事人一方有权请求人民法院或者仲裁机构予以变更或撤销。至于何为重大误解，根据最高人民法院的司法解释，行为人因对行为的性质、对方当事人、标的物的品种、质量、规格和数量等的错误认识，使行为后果与自己的意思相悖，并造成较大损失的，可以认定为重大误解。对于合同中其他事项或条款的误解，一般不能被认定为重大误解。

(2) 在订立合同时显失公平的合同。我国《合同法》第54条规定，在订立合同时显失公平的，当事人一方有权请求人民法院或者仲裁机构变更或撤销。至于何为显失公平，根据最高人民法院的司法解释，一方当事人利用优势或对方没有经验，致使双方的权利与义务明显违反等价有偿原则的，可以认定为显失公平。

(3) 一方以欺诈、胁迫的手段或者乘人之危，使对方在违背真实意思的情况下订立的合同。对因欺诈、胁迫订立的合同应分为两类：一类为损害了国家利益的合同，应作为无效合同处理；另一类是该合同并没有损害国家利益，对此类合同应按可撤销合同处理。其根据就在于一方因受欺诈而订立合同，其意思表示是不真实的，其意志是不自由的，为了充分地维护其意志自由，同时对欺诈的一方实施制裁，法院赋予被欺诈人以撤销权，将有瑕疵意思表示的效力交由被欺诈人决定，使其能在充分考虑自己的利害得失以后，做出是否撤销合同的决定。也就是说，对此类合同，受害人如果认为合同继续有效对其有利，可要求变更合同，或在确认合同有效的情况下责令欺诈行为人承担违约责任。如果认为合同继续履行对其不利，可请求法院或仲裁机构撤销该合同。

乘人之危是我国法律特有的规定。根据最高人民法院的司法解释，乘人之危是指一方当事人乘对方处于危难之际，为牟取不正当权益，迫使对方做出不真实的意思表示而与之订立合同的行为。此类合同具有如下特征：①一方乘对方危难或紧迫之际逼迫对方；②受害人处于急迫情况而订立了合同；③合同的订立使受害人的利益受到损害，不法行为人所取得的利益超过了法律允许的范围。

3. 撤销权及其行使

撤销权，是指合同的一方当事人凭单方撤销的意思表示就可使合同溯及自始归于消失的权利。它在性质上属于形成权。

撤销权人，在因欺诈、胁迫而成立的合同中为受欺诈人、受胁迫人，在因重大误解而成立的合同中为受误解人，在显失公平场合为受到重大不利之人，在乘人之危场合为处于危难境地之人。

《合同法》第54条规定，当事人既可以向法院或仲裁机关主张撤销合同，也可主张对合同的变更，当事人请求变更的，法院或仲裁机关不得撤销该合同。《合同法》第55条规定，具有撤销权的当事人，自知道或应当知道撤销事由之日起，一年内没有行使撤销权，或具有撤销权的当事人知道撤销事由后，明确表示或以自己的行为放弃撤销权的，撤销权消灭。撤销权在性质上是一种形成权，即依据撤销权人单方面的意思表示，即可使得双方当事人之间的法律关系发生变动。为了确保当事人之间法律关系的稳定性，《合同法》特别规定撤销权因一定的事由或者期限而消灭：①具有撤销权的当事人，自知道或者应当知道撤销事由之日起，一年内没有行使撤销权，此一年期间的性质为除斥期间，不适用诉讼时效中止中断或者延长的规定；②具有撤销权的当事人知道撤销事由后，明确表示或者以自己的行为放弃撤销权。

（三）合同被确认无效或被撤销的法律后果

合同被确认无效，或者被撤销之后，将导致合同自始无效。我国《合同法》第56条规定："无效的合同或者被撤销的合同自始没有法律约束力。"这时所说的没有法律约束力，是指合同当事人所做的意思表示不为法律所承认，不能产生当事人预期的法律效果，但并不等于没有任何法律后果。根据《合同法》的相关规定，合同被确认无效或被撤销的主要法律后果如下。

1. 返还财产

返还财产，是指合同当事人在合同被确认无效和被撤销以后，对已交付给对方的财产享有返还请求权，而已经接受财产的当事人则有返还财产的义务。返还财产，旨在恢复到无效合同或可撤销合同订立之前的状态，借以消除无效或被撤销的合同所造成的不应有的后果。

返还财产可分为单方返还和双方返还。双方互有给付的，各自向对方负返还义务；仅一方给付的，他方负返还义务。但在违反国家利益和社会公共利益的情况下，如果只有一方是故意的，故意的一方应将从对方取得的财产返还对方，非故意的一方已经从对方取得或约定取得的财产，应收归国家所有。

返还财产的范围，以全部返还为原则。原则上返还义务人必须按原数或原价返还。如果不能返还或没有必要返还，则应作价补偿。

2. 赔偿损失

合同被确认无效或被撤销后，有过错的一方应当赔偿对方因此所受的损失，双方都有过错的，应当各自承担相应的责任。有过错的当事人所承担的责任是缔约过失责任，应适用《合同法》关于缔约过失责任的规定。

3. 收归国家或集体所有或返还第三人

双方恶意串通，损害国家、集体或者第三人利益的，应当追缴双方取得的财产，收归国家、集体所有或返还第三人。这里的所谓双方取得的财产包括双方已经取得和约定取得的财产。

▶ 4. 其他制裁

其他制裁主要包括民事制裁、行政责任和刑事责任。

此外，由于合同中有关解决争议方法的条款，具有相对独立性，其效力不因合同无效、被撤销或者终止而受影响。我国《合同法》第57条规定："合同无效、被撤销或者终止的，不影响合同中独立存在的有关解决争议方法的条款的效力。"

三、效力待定合同

（一）效力待定合同的概念

效力待定合同，又称效力未定合同，是指虽已成立，但因当事人缺乏缔约能力、代订合同的资格或处分能力，致使其效力能否发生尚未确定，须事后有权人表示追认才能有效的合同。

（二）无民事行为能力人、限制民事行为能力人订立的合同

《合同法》第47条第1款规定："限制行为能力人订立的合同，经法定代理人追认后，该合同有效，但纯获利益的合同或者与其年龄、智力、精神健康状况相适应而订立的合同，不必经法定代理人追认。"据此规定，限制民事行为能力人订立的合同，除使其纯获利益或与其年龄、智力、精神健康状况相适应的以外，均属于效力待定合同。无民事行为能力人订立的合同效力如何，《合同法》未做明确规定，但解释上应认为其效力等同于限制民事行为能力人订立的合同，即无民事行为能力人订立的合同，除使其纯获利益或者与其年龄、智力、精神健康状况相适应外，均为效力待定合同。

▶ 1. 有权人的追认权

追认权，是指有权人事后承认无民事行为能力人、限制民事行为能力人超出其缔约能力订立的合同效力的一种单方意思表示。追认权的主体为无民事行为能力人、限制民事行为能力人的法定代理人，限制行为能力人取得行为能力后，也有权追认合同。追认权为一种形成权，仅依追认权人单方意思表示即可成立。追认或拒绝追认的意思表示得向当事人的一方或另一方为之。该合同一经追认，溯及于成立之时发生效力；反之，拒绝追认的，溯及成立之日无效。

▶ 2. 相对人的催告权与撤销权

催告权，是指相对人告知并催促有权人决定是否追认的权利。行使催告权的意思通常应向其法定代理人为之，并且行使催告权应当有相当的期限，催告有权人于期间内做出是否追认的确答。我国《合同法》规定，相对人可以催告法定代理人在一个月内予以追认，法定代理人未做表示的，视为拒绝追认。

撤销权，又称撤回权，是指相对人撤回其意思表示的权利。行使撤销权应当具备以下条件：①应在有权人行使追认权之前；②相对人主观上应为善意，即在缔约合同的当时应不知对方缺乏缔约能力的事实；③撤销的意思表示，既可以向其法定代理人做出，也可向无民事行为能力人和限制民事行为能力人为之。但撤销的意思表示应当采取通知的方式。

（三）无代理权人订立的合同

▶ 1. 狭义的无权代理

这里所说的无权代理，又称为狭义的无权代理，是指表见代理以外的欠缺代理权的代

理。无权代理主要有以下三种情况。

（1）代理人根本无代理权，即代理人在未得到任何授权的情况下，便以本人的名义从事代理活动。还有一些无权代理人盗用或者伪造他人的介绍信、空白合同书、印章等以他人名义从事代理行为，这些无权代理人都具有明显的恶意。

（2）超越代理权的无权代理，即代理人虽享有一定的代理权，但其实施的代理行为超越了代理权的范围或对代理权的限制。

（3）代理权消灭以后的无权代理，代理权可能因本人撤销委托、代理期限届满等原因而终止。在代理权终止以后，代理人明知其无权代理而仍然以本人名义从事代理活动，或者因过失而不知道其代理权已消灭而继续进行代理活动，都会发生无权代理。

无代理权人以被代理人的名义缔结的合同，本不应对被代理人发生效力，因为只有代理人在代理权限范围内所进行的民事活动，其后果才归属于被代理人。但是，由于无权代理人以被代理人的名义缔结合同，其本身并不违反法律、行政法规的强制性规定和社会公共利益，且未必对被代理人或相对人不利，因而，为了维护交易的安全和保护善意相对人的利益，无代理权人以被代理人的名义订立的合同是一种效力待定的合同，一旦经被代理人追认，就能产生有权代理的法律效果。当然，为了及时解决悬而未决的权利义务，平等地保护被代理人和善意相对人的合法权益，相对人有催告权与撤销权。我国《合同法》第48条规定："行为人没有代理权、超越代理权或者代理权终止以后以被代理人的名义订立的合同，未经被代理人追认，对被代理人不发生效力，由行为人承担责任。""相对人可以催告被代理人在一个月内予以追认。被代理人未做表示的，视为拒绝追认。合同被追认之前，善意相对人有撤销的权利。撤销应当以通知的方式做出。"

▶ 2. 善意相对人利益的保护——表见代理

无代理权人以被代理人名义缔结的合同是效力待定的合同，其对被代理人是否发生法律效力，取决于被代理人是否追认。然而，对于无权代理的发生，往往被代理人有一定的过错，从维护交易的安全和保护善意相对人的利益出发，各国立法都确立了表见代理制度。所谓表见代理，又称表示代理，是指行为人虽无代理权，但善意相对人客观上有充分理由相信行为人具有代理权，而与其为民事法律行为，该民事法律行为的后果直接由被代理人承担。我国《合同法》第49条也规定了表见代理制度："行为人没有代理权、超越代理权或者代理权终止后以被代理人名义订立合同，相对人有理由相信行为人有代理权的，该代理行为有效。"

表见代理的构成要件有：①行为人没有代理权、超越代理权或代理权终止后以被代理人的名义订立合同；②相对人有理由相信行为人有代理权。首先，客观上存在使相对人相信无权代理人有代理权的事由，即存在该无权代理人被授予代理权的外表或假象。其次，相对人依据或信赖这些"外表"或"假象"与无权代理人签订合同，即这些"外表"或"假象"与合同订立之间有因果关系。最后，相对人主观为善意且无过失，即相对人不知无权代理人的代理行为欠缺代理权，而且相对人的这种不知情不能归咎于他的疏忽或懈怠。

表见代理的类型有：①由代理权限所生的表见代理，指因代理权有限制，而第三人非因过失不知，其受限制的代理行为；②由授权表示所生的表见代理，指本人表示以代理权授予他人，或者知道他人表示为其代理人而不为反对表示的情形；③因代理权的撤回或消灭所生的表见代理，指代理权撤回或消灭后，代理人为代理行为，第三人非因过失而不知道的情形。

表见代理的后果应归属本人承受，其内容是向善意且无过失的第三人履行代理行为所生的义务和享有代理行为所生的权利。如果被代理人因此而蒙受损失，则被代理人可根据无权代理人的大小请求其补救或追偿。

（四）法人或者其他组织的法定代表人、负责人超越权限订立的合同

法定代表人、负责人作为法人或其他组织的代表，在其授权的范围内代表法人或其他组织，其行为等同于法人或其他组织的行为。然而，如果法定代表人、负责人超越其权限代表法人或其他组织订立合同时，该合同的效力如何？《合同法》在总结我国司法实践经验的基础上，确立了表见代表制度，《合同法》第50条规定："法人或者其他组织的法定代表人、负责人超越权限订立的合同，除相对人知道或者应当知道其超越权限的以外，该代表行为有效。"

因此，从维护交易安全和善意第三人的利益出发，通常认为法人或者其他组织的法定代表人、负责人超越权限订立的合同为效力待定的合同，其效力是否发生取决于法人或者其他组织的权力机关是否追认。然而，这有时不利于保护善意相对人的利益和交易的安全，因而现代各国立法大多规定了表见代表制度，我国《合同法》第50条也如此。

所谓表见代表，是指法人或其他组织的法定代表人、负责人超越权限订立的合同，相对人有正当理由相信其没有超越权限时，其代表行为有效。构成表见代表的，即使法人或其他组织的权力机关不予追认，其法定代表人或负责人所实施的代表行为仍然有效，法人或其他组织不得以超越权限为由而主张抗辩。但从保护善意相对人的利益出发，即使构成表见代表，善意相对人仍有选择权，其可以催告法人或其他组织追认法定代表人或负责人的越权行为，使合同得以履行，也可以直接撤销合同。

（五）无处分权人处分他人财产的合同

无处分权人处分他人财产，实质上是对他人财产或财产权利的侵害，构成侵权行为。因此，无权处分的行为，不应该产生处分的效力，无处分权人处分他人财产的合同也应属于无效合同。然而，无权处分的行为，并不一定就违背了权利人的意愿和利益，因而从尊重权利人的意愿和利益及维护交易安全出发，大多数国家的立法规定，无处分权人处分他人财产的合同属于效力待定的合同，我国《合同法》也如此，该法第51条规定："无处分权的人处分他人财产，经权利人追认或者无处分权人在订立合同后取得处分权的，该合同有效。"因而，无处分权人处分他人财产的合同为效力待定合同，其是否发生法律效力，取决于权利人是否追认，或其订约之后是否取得该项财产的处分权。

拓展案例

A曾任甲公司采购部的经理，现已离职。乙公司是甲公司多年的合作伙伴，乙公司总经理B已知A离职的事实。某日，A持盖有甲公司合同专用章的空白合同书找到B，以甲公司名义与其洽谈购买50台推土机。B在明知A已离职的情况下，仍代表乙公司与其签订了50台推土机的买卖合同。

思考：此合同的效力如何，应该如何处理？

第四节 合同的履行

一、合同履行的原则

合同履行,是指合同当事人按照合同的约定或者法律的规定,全面适当地完成各自承担的合同义务,使债权人的权利得以实现的过程。合同的履行是合同效力的集中体现,也是合同消灭的最主要原因。

合同履行的原则,是法律规定的、所有种类合同的当事人在履行合同的整个过程中所必须遵循的一般准则,包括以下内容。

▶ 1. 实际履行原则

实际履行原则,是指合同当事人必须按照有效合同约定的标的履行合同义务,不能用其他标的等加以代替。

▶ 2. 全面履行原则

全面履行原则,又称正确履行原则或适当履行原则,是指除经债权人同意者外,债务人必须按照合同规定的标的以及其在数量、质量、履行期限、地点、方式等的要求,全面完成合同义务。我国《合同法》第60条第1款规定:"当事人应当按照约定全面履行自己的义务。"全面履行原则是对实际履行原则的补充和扩展。实际履行原则只要求当事人按合同约定的标的履行,至于这种履行是否符合合同的具体规定,则是全面履行原则所要解决的问题。因此,全面履行必定是实际履行,实际履行未必是全面履行。

▶ 3. 协作履行原则

协作履行原则,是指当事人不仅应各自严格履行自己义务,还须本着诚实信用原则协助对方当事人履行其义务的原则。《合同法》第60条第2款关于"当事人应当遵循诚实信用原则,根据合同的性质、目的和交易习惯履行通知、协助、保密等义务"的规定,体现了协作履行原则。一般认为协助履行原则包括以下内容:①债务人履行合同债务,债权人应适当受领;②债务人履行债务,债权人应创造必要的条件,提供方便;③债务人因故不能履行或不能完全履行时,债权人应积极采取措施避免或减少损失,否则须对扩大的损失负责;④对在履行合同的过程中了解到的对方的秘密,应当予以保密。

▶ 4. 经济合理原则

经济合理原则,是指在履行合同时,讲求经济效益,要从整体出发,要符合对方的利益和国家利益。

二、合同履行的规则

合同履行规则,是指法律规定的适用于某类合同或某种情形,当事人履行合同时必须共同遵守的具体准则。合同履行的规则是合同履行原则的具体体现,但规则是具体的规定,针对的是具体的个性问题,而原则是抽象的概括,具有普遍的指导意义。

(一)合同条款约定不明时的履行规则

合同条款约定不明时的履行规则,是指合同的非主要条款没有约定或者约定不明确时,用以确定这些条款的方法和原则。

根据我国《合同法》第61条和第62条的规定,合同生效后,如当事人未就质量、价款或报酬、履行地点等内容做出约定或约定不明确的,允许当事人对此予以协议补充;不能达成协议的,按照合同有关条款或交易习惯确定。如果仍然不能确定的,则直接适用法律的补充性规则予以补缺。

根据我国《合同法》第62条的规定,当事人就有关合同内容约定不明确又不能达成补充协议的,适用下列规定。

(1)质量要求不明确的,按照国家标准、行业标准履行;没有国家标准、行业标准的,按照通常标准或者符合合同目的的特定标准履行。

(2)价款或者报酬不明确的,按照订立合同时履行地的市场价格履行;依法应当执行政府定价或者政府指导价的,按照规定履行。

(3)履行地点不明确,给付货币的,在接受货币一方所在地履行;交付不动产的,在不动产所在地履行;其他标的,在履行义务一方所在地履行。

(4)履行期限不明确的,债务人可以随时履行,债权人也可以随时要求履行,但应当给对方必要的准备时间。

(5)履行方式不明确的,按照有利于实现合同目的的方式履行。

(6)履行费用的负担不明确的,由履行义务一方负担。

(二)涉及第三人的履行规则

由于合同关系是一种信用关系,因而合同的履行应当贯彻亲自履行规则,即由债务人本人向债权人本人履行,但是这并不排除在一定条件下债务人应向第三人履行债务,或第三人代为履行债务。对于这两类特殊合同的履行,我国《合同法》第64条和第65条做出了明确规定:当事人约定由债务人向第三人履行债务,而债务人未向第三人履行债务或者履行债务不符合约定的,应当向债权人承担违约责任;当事人约定由第三人向债权人履行债务,而第三人不履行债务或者履行债务不符合约定的,债务人应当向债权人承担违约责任。

三、双务合同履行中的抗辩权

双务合同履行中的抗辩权,是指在符合法定条件时,当事人一方对抗对方当事人的履行请求权,暂时拒绝履行其债务的权利。就其性质或功能而言,属于延缓的抗辩权。双务合同履行中的抗辩权存在的基础在于双务合同的牵连性,即在双务合同中,一方的权利与另一方的义务之间具有相互依存、互为因果的关系。根据我国《合同法》的规定,双务合同履行中的抗辩权主要有同时履行抗辩权、先履行抗辩权和不安抗辩权。

(一)同时履行抗辩权

同时履行抗辩权,又称不履行抗辩权,是指在双务合同中,没有先后履行顺序的,当事人应当同时履行,一方在对方履行之前有权拒绝其履行要求,一方在对方履行债务不符合约定时有权拒绝其相应的履行请求。

根据我国《合同法》第66条的规定,同时履行抗辩权的适用条件如下。

(1)须由同一双务合同所产生的两项债务,且互为对价给付。同时履行抗辩权只存在于双务合同之中，非双务合同所生债务间不得有同时履行抗辩权，并且双方当事人之间的债务是根据一个合同产生的，且双方所负的债务之间具有对价或牵连关系。

（2）双方当事人互负的债务必须是有效且存在的。同时履行抗辩权设置的目的在于保证双方所负债务的履行，因而，这就要求以当事人互负的债务有效且存在为前提。

（3）须双方互负的债务均已届清偿期，但当事人对履行顺序约定不明确，根据交易习惯又不能确定。如果当事人对履行顺序做了明确规定，或者即使当事人对履行顺序约定不明确但根据交易习惯是可以确定的，负有先履行义务的一方履行义务时不得要求同时履行。

（4）须对方未履行债务或者履行债务不符合约定。

（5）须对方的对待履行是可能履行的。同时履行是以能够履行为前提的，如果一方已经履行，而另一方因过错而不能履行其所负的债务，则同时履行的目的已不可能实现，故此时只能适用不履行的规定请求补救，而不发生同时履行抗辩的问题。

同时履行抗辩权为延期抗辩权，当事人行使此项权利只能产生阻碍他方请求权的效力，并不产生消灭对方请求权的法律效力。同时，只有合同中的主给付义务方能构成对待给付，当事人可以对其主张同时履行抗辩权；随附义务则不构成对待给付，当事人对此不得主张该项权利。

（二）先履行抗辩权

先履行抗辩权，是指在双务合同中，当事人互负债务，有先后履行顺序的，先履行一方未履行，后履行一方有权拒绝其履行请求；先履行一方履行债务不符合约定的，后履行一方有权拒绝其相应的履行请求。

根据我国《合同法》第 67 条的规定，先履行抗辩权的适用条件如下。

（1）须由同一双务合同所产生的两项债务，且互为对价给付。此要件与同时履行抗辩权的要件相同。

（2）双方当事人互负的债务必须是有效且存在的。此要件也与同时履行抗辩权要件相同。

（3）须双方互负的债务均已届清偿期，但当事人履行债务有先后顺序。这种顺序一般由当事人在合同中约定，也有根据交易习惯来确定的。

（4）须应先履行的一方未履行债务或者履行债务不符合约定。未履行债务或者履行债务不符合约定的具体情形与同时履行抗辩权的要件相同。

（5）应该先履行的债务有可能履行。

与同时履行抗辩权一样，先履行抗辩权属延期履行权，并不产生消灭对方请求权的法律效力，只是暂时阻止先履行方请求权的行使。如果先履行方完全履行了合同义务，则先履行抗辩权归于消灭，后履行方应当恢复履行。后履行方因行使该项权利而导致合同履行迟延的，无须承担迟延履行的责任。

（三）不安抗辩权

不安抗辩权，又称拒绝权，是指在双务合同中应当先履行债务的当事人在有确切的证据，证明后序履行债务的当事人在缔约后出现足以影响其对待给付的情形下，可以中止履行合同并可有条件地解除合同的权利。

依据《合同法》第 68 条的规定，不安抗辩权的适用条件如下。

（1）须由同一双务合同所产生的两项债务，且互为对价给付。此要件与同时履行抗辩权相同。

(2) 须双方当事人互负的债务有效且存在。此要件也与同时履行抗辩权相同。

(3) 须当事人债务的履行有先后顺序。此要件与先履行抗辩权相同。

(4) 先序履行方履行期限届至,但后序履行债务方债务尚未届履行期限。

(5) 后序履行债务的一方当事人有丧失或可能丧失履行债务能力的情形。

(6) 先序履行债务的当事人有确切证据证明对方有丧失或丧失履行债务能力的情形。

大陆法系一般认为,关于后履行债务的一方当事人有丧失或可能丧失履行债务能力的情形,是指须于缔约后其财产状况恶化,有难为对待给付之虞。至于其财产状况恶化应达到何种程度,法国等国民法以支付不能及准支付不能为限;德国民法典以对待给付请求权因相对人的财产状况根本的恶化濒于危殆为限。我国《合同法》第68条所规定的情形较大陆法系广泛利多,具体包括:①经营状况严重恶化;②转移财产、抽逃资金;③丧失商业信誉;④有丧失或可能丧失履行债务能力的其他情形。

先履行方行使不安抗辩权的,应及时通知后履行方,该通知的内容包括中止履行的意思表示以及指出后履行方提供适当担保的合理期限。行使不安抗辩权的先履行方还负有举证后履行方的履行能力明显降低,有难为对待给付之虞的义务。先履行方中止履行后,后履行方如期提供适当担保或在合理期限内恢复履行能力的,先履行方应当恢复履行;后履行方在合理期限内未恢复履行能力且未提供适当担保的,先履行方可解除合同,该解除应以通知方式做出,后履行方的行为构成违约时,可产生违约责任。

四、合同履行的保全

合同履行的保全,又称合同的保全或合同债的保全,是指法律为了防止债务人的财产不当减少而给债权人债权的实现带来危险,允许债权人代债务人之位向第三人行使债务人的权利,或者请求法院撤销债务人与第三人的法律行为的法律制度。其中前者为代位权制度,后者为撤销权制度。合同保全是合同对外效力的体现,目的在于防止债务人实施各种不正当的行为逃避债务,确保债权人的债权得以实现。代位权是为保持债务人的财产而设;撤销权是为恢复债务人的财产而设。我国《合同法》第73条~第75条确立了合同保全制度,对代位权与撤销权分别做出了规定。

(一) 代位权

▶ 1. 代位权的概念及成立要件

债权人的代位权,是指当债务人怠于行使其对第三人享有的权利而危及于债权人的债权时,债权人为保全自己的债权,以自己的名义行使属于债务人的权利的权利。

我国《合同法》第73条规定:"因债务人怠于行使其到期债权,对债权人造成损害的,债权人可以向法院请求以自己的名义代为行使债务人债权,但该债权专属于债务人自身的除外。""代位权的行使范围以债权人的债权为限。债权人行使代位权的必要费用,由债务人负担。"因此,当事人行使代位权须符合以下条件。

(1) 债务人须对第三人享有权利。由于代位权是涉及第三人的权利,倘若债务人不对第三人享有债权,则代位权即没有了行使目标或标的。但值得注意的是,并非债务人的所有权利均可成为代位权的行使对象。债权人的代位行使债务人的权利,应为非专属于债务人自身的权利。所谓专属于债务人自身的权利,依最高人民法院1999年12月颁布的《关于适用〈中华人民共和国合同法〉若干问题的解释(一)》[以下简称《合同法解释(一)》]第12

条的规定,是指基于扶养关系、抚养关系、赡养关系、继承关系产生的给付请求权和劳动报酬、退休金、养老金、抚恤金、安置费、人寿保险、人身伤害赔偿请求权等权利。此外,我国《合伙企业法》第42条规定:"合伙人个人负有债务,其债权人不得代位行使该合伙人在合伙企业中的权利。"能成为代位权行使对象的通常只能是纯粹的财产性权利,且是债务人的现实权利。

(2)债务人怠于行使其权利。怠于行使其权利,是指债务人应当行使且能够行使而不行使其权利,包括两个方面的内容:其一,债务人若不及时行使该权利,该权利即有可能消灭或减值;其二,客观上债务人并不存在行使该权利的障碍。《合同法解释(一)》第13条规定,《合同法》第73条规定的债务人怠于行使其到期债权,对债权人造成损害的,是指债务人不履行其对债权人的到期债务,又不以诉讼方式或者仲裁方式向其债务人主张其享有的具有金钱给付内容的到期债权,致使债权人的到期债权未能实现。

(3)债务人已陷于迟延。若债务人的债务履行期限尚未届至,债权人的债权能否顺利实现还难以预料,若在这种情况下允许债权人行使代位权,则对于债务人的干预实属过分。反之,若债务人已陷于迟延,怠于行使其权利,且又无资力清偿其债务,则债权人的债权已经有不能实现的现实危险,此时已发生保全债权的必要。故债权人代位权应以债务人陷于迟延为成立要件。

(4)债务人怠于行使其权利损害了债权人的债权。判断是否对债权造成损害的标准在于债务人的现有财产是否足以满足债权。如果债务人的现有财产足以满足债权,则并无代为行使权利的必要;如果债务人的财产并不足以满足债权,若不向次债务人行使权利则不能满足债权的,债务人的怠于行使即造成了对债权的损害。

▶ 2. 代位权的行使

代位权必须通过诉讼程序行使。只有通过裁判方式才能防止债权人滥用代位权,避免债权人、债务人、次债务人之间因代位权行使而发生纠纷。债权人行使代位权必须以自己的名义进行,且仅以其自身的债权为限。如果代位权行使的结果已足以清偿债权人的债权,债权人就不得再行使债务人的其他权利。债权人行使代位权的法律效力是使债务人、次债务人的相应债务得到清偿,从而使债权人与债务人、次债务人之间的债权债务关系归于消灭。根据最高人民法院的有关司法解释,债权人向次债务人提起的代位权诉讼经人民法院审理后认定代位权成立的,由次债务人向债权人履行清偿义务,债权人与债务人、债务人与次债务人之间相应的债权债务关系即归于消灭。

(二)撤销权

▶ 1. 撤销权的概念及成立要件

撤销权,是指债权人对于债务人所为的危害债权的行为,可请求人民法院予以撤销的权利。撤销权源于罗马法上的"废罢诉权",因该权系由罗马五大法学家之一的保罗所创,故又称为"保罗诉权",是指债务人故意实施旨在减少其现有财产的行为而有害于债权人的债权时,债权人有权请求撤销债务人的财产处分行为。现代各国法律均规定了债权人的撤销权。

我国《合同法》第74条规定:"因债务人放弃其到期债权或者无偿转让财产,对债权人造成损害的,债权人可以请求法院撤销债务人的行为。债务人以明显不合理的低价转让财产,对债权人造成损害,并且受让人知道该情形的,债权人也可以请求人民法院撤销债务人的行为。"因此,债权人撤销权的成立,因债务人所为的行为系无偿行为或有偿行为而有所不同。在无偿行为(无偿转让、放弃到期债权等)场合,只需具备下述客观要件;而在有偿行为的情况下,则必须同时具备客观要件与主观要件。

(1) 客观要件。

① 须有债务人的相应行为。依最高人民法院解释,债务人有下列情形之一的,债权人可以向人民法院提起撤销权诉讼:债务人放弃或者延展其到期债权,以致不能清偿其债务,对债权人造成损害的;债务人无偿转让财产,对债权人造成损害的;债务人放弃其未到期债权,又无其他财产清偿到期债务,可能影响债权人实现其债权的;债务人以自己的财产设定担保,对债权人造成损害的;债务人以明显不合理的低价转让财产或者以明显不合理的高价收购他人财产,且受让人或者出让人明知或者应知该行为已经或可能损害债权人利益的。此处债务人的相应行为就包括前述司法解释中的诸行为。此外,债务人的行为须以财产为标的。非以财产为标的的债务人的行为,如收养、继承等,不得予以撤销。

② 债务人的行为须于债权发生后有效成立且继续存在。债务人的行为须有效成立,如未成立,自不待论。其自始无效或嗣后失去其效力时,债权人则无行使撤销权的余地。

③ 债务人的行为有害债权。所谓有害债权,是指债务人减少其清偿资力,不能使债权人的债权得到满足。债务人清偿资力的减少包括两种情形:一为减少积极财产;二为增加消极财产。有害于债权的行为,虽然通常表现为放弃到期债权、无偿转让财产等,但这些行为尽管会减少其财产,但其尚存的财产仍足以清偿其债务的,就不存在对债权人债权的损害,自不得行使撤销权。

(2) 主观要件。大陆法系继受了罗马法的观念,将债务人的行为分为有偿行为与无偿行为,有偿行为的撤销,以债务人的恶意为成立要件,以受益人的恶意为行使要件;无偿行为的撤销,不要求主观要件。我国《合同法》基本上采取了大陆法系的做法,规定因债务人放弃到期债权或者无偿转让财产(无偿行为)而损害债权时,债权人撤销权的构成不以债务人主观要素为构成要件;当债务人以明显不合理的低价转让财产(有偿行为)而有害于债权时,必须要求受让人有恶意,债权人可行使撤销权。

① 债务人的恶意。恶意有意思主义与观念主义之分。意思主义要求债务人在行为时须有诈害的意思。观念主义则仅要求债务人行为时明知其行为有害于债权人的权利而仍为之。我国《合同法》以债务人是否以"明显不合理的低价"转让为依据,当属观念主义。

② 受益人恶意。受益人,又称取得人,是指基于债务人的行为而取得利益的人。通常为债务人行为的相对人,但不以此为了。受益人恶意,是指其在取得一定财产或取得一定财产利益时,已经知道债务人所为行为有害于债权人的债权,也即已经认识到该行为对债权损害的事实,至于受益人是否具有故意损害债权人的意图,或是否曾与债务人恶意串通,则不在考虑之列。

▶ 2. 撤销权的行使

撤销权的行使主体是因债务人的行为而使债权受到损害的债权人,且须是债权人以自己的名义,通过诉讼的方式在债权人债权的范围内进行。根据《合同法解释(一)》第24条的规定,债权人提起撤销权诉讼时只以债务人为被告,未将受益人或者受让人列为第三人的,人民法院可以追加该受益人或受让人为第三人。

撤销权可因一定除斥期间届满而消灭。法律一方面赋予债权人一定的撤销权,以保护其债权不受侵害;另一方面又对其行使权利进行时间上的限制,即规定除斥期间,目的是维护交易的安全，维护各方当事人利益的平衡。《合同法》第75条规定："撤销权自债权人知道或者应当知道撤销事由之日起一年内行使。自债务人的行为发生之日起5年内没有行使撤销权的，该撤销权消灭。"因此，撤销权行使的除斥期间有两种：一是时间为1年的除斥期间，适用于债权人知道或者应当知道撤销事由的情况，其起算点为债权人知道或者应当知道之日。二是时间为5年的除斥期间，适用于债权人不知道撤销事由的情况，其起算点为债务人的行为发生之日。

撤销权行使的效力具体体现在以下方面。

（1）对债务人的效力。被撤销的债务人的行为自始无效。债权人行使撤销权的必要费用由债务人承担，但第三人有过错的，应当适当分担。

（2）对受益人的效力。已受领债务人财产的，负有返还不当得利的义务，不能返还的财产应折价赔偿；已支付的对价可要求债务人返还。

（3）对行使撤销权人的效力。行使撤销权的债权人有权请求受益人向自己返还所受利益，并义务将所得财产列入债务人的责任财产中，作为一般债权人的共同担保，而无优先受偿的权利；行使撤销权的所支出的费用可向债务人求偿，第三人有过错的，应适当分担。

（4）对其他债权人的效力。撤销权撤销债务人的行为而取回的原财产或替代原财产的损害赔偿，归属于全体一般债权人的共同担保，须按债权额比例分别受偿。

拓展案例

甲公司欠乙公司货款600万元已有1年，现其资产不足以偿债。乙公司在追债过程中发现，甲公司在1年前作为保证人向某银行清偿了丙公司的贷款后一直没有向其追偿。另外，甲公司在欠乙公司货款600万元至5个月时，还将自己对丁公司享有的60%的股权无偿转让给了戊公司。

思考：乙公司如何实现自己的债权？

第五节 合同的担保

一、合同担保概述

合同的担保，实质上是合同债的担保，是指促使债务人履行其债务，保障债权人的债权得以实现的法律措施。

合同的担保有一般担保和特别担保之分。合同的一般担保，指以债务人的一般财产对一般债权的担保，是债务人必须以其全部财产作为其履行债务的总担保。它不是特别针对某一项合同债的，而是面向债务人成立的全部合同债，是合同债的法律效力的自然结果，也是合同债的法律效力的表现之一。通常认为，债权人享有的代位权和撤销权为合同的一般担保。合同的特别担保，是指以特定人的一般财产或者一般人的特定财产所设立的确保债权实现和债务履行为目的的担保。我国《担保法》所规定的担保，即指特别担保而言。

《担保法》所规定的担保方式有保证、抵押、质押、留置和定金，其中抵押、质押、留置等属于物的担保。保证是人的担保，定金是金钱担保。

二、保证

（一）保证的概念

保证，是指第三人和债权人约定，当债务人不履行其债务时，该第三人按照约定履行债务或者承担责任的担保方式。这里的第三人叫作保证人，这里的债权人即是主合同等主债的债权人，又是保证合同中的债权人，这里的"按照约定履行债务或者承担责任"称作保证债务或保证责任。

（二）保证方式

根据《担保法》的规定，保证方式分为一般保证和连带责任保证。所谓一般保证，是指当事人在保证合同中约定，债务人不能履行债务时，保证人承担保证责任的保证。所谓连带责任保证，是指当事人在保证合同中约定，保证人与债务人对债务承担连带责任的保证。这两种保证之间最大的区别在于保证人是否享有先诉抗辩权。在一般保证的情况下，保证人享有先诉抗辩权，即一般保证的保证人在主合同纠纷未经审判或者仲裁，并就债务人财产依法强制执行仍不能履行债务前，对债权人可以拒绝承担保证责任。而在连带责任保证的情况下，保证人不享有先诉抗辩权，即连带责任保证的债务人在主合同规定的债务履行期届满没有履行债务的，债权人可以要求债务人履行债务，也可以要求保证人在其保证范围内承担保证责任。

需要指出的是，一般保证须由当事人在保证合同中明确约定，若保证合同未明确约定的，根据《担保法》第19条的规定："按照连带责任保证承担保证责任，此时保证人将不能享有先诉抗辩权。"

（三）保证人资格

《担保法》第7条规定："具有代为清偿债务能力的法人、其他组织或者公民，可以作保证人。"保证人向债权人提供保证的目的是保障债权的实现，因而保证人具有清偿能力是保证人应具备的基本条件。本规定应理解为提示性规定而不是强制性规定，因而不能据此认定，如果保证人不具有清偿能力时，保证合同不具有法律效力。《担保法司法解释》第14条对此规定："不具有完全清偿能力的法人、其他组织或者自然人，以保证人身份订立保证合同后，又以自己没有清偿能力要求免除保证责任的，人民法院不予支持。"

根据《担保法》规定，国家机关不得为保证人，但经国务院批准为使用外国政府或者国际经济组织贷款进行转贷的除外；学校、幼儿园、医院等以公益为目的的事业单位、社会团体不得为保证人；企业法人的职能部门不得为保证人，企业法人的分支机构可以在法人书面授权的范围内提供保证。

（四）保证合同的形式与内容

保证合同，是指保证人与债权人订立的在主债务人不履行其债务时，由保证人承担保证债务的协议。根据《担保法》第13条、《担保法司法解释》第22条的规定，保证合同应采取书面形式，既可在主债权合同之外单独订立保证合同，也可以保证条款的形式在主债权合同中一并订立，还可以保证人身份在主合同上签章承保或者单独出具保证承诺书等。

保证合同的内容包括：①被保证的主债权种类、数额；②债务人履行债务的期限；③保证的方式；④保证担保的范围；⑤保证的期间；⑥双方认为需要约定的其他事项。

(五）保证的范围

保证的范围，是指保证债务的范围。《担保法》第 21 条规定，保证担保的范围包括主债权及利息、违约金、损害赔偿金和实现债权的费用。保证合同另有约定的，按照约定。当事人对保证担保的范围没有约定或约定不明确的，保证人应当对全部债务承担责任。

(六）保证期间与保证责任

保证期间，是指债权人对保证人行使保证债权的期间。担保法允许当事人约定保证期间。保证人与债权人未约定保证期间的，保证期间为主债务履行期届满之日起 6 个月。保证合同约定的保证期间早于或者等于主债务履行期限的，视为没有约定，保证期间为主债务履行期届满之日起 6 个月。保证合同约定保证人承担保证责任直到主债务本息还清时为止等类似内容的，视为约定不明，保证期间为主债务履行期届满之日起 2 年。主合同对主债务履行期限没有约定或者约定不明确的，保证期间自债权人要求债务人履行义务的宽限届满之日起计算。

对于一般保证而言，如果在保证期间内，债权人未对债务人提起诉讼或申请仲裁，则保证人免除保证责任；对于连带保证而言，如果债权人在保证期间内未要求保证人承担保证责任的，则保证人免除保证责任。

在保证期间，除非当事人另有约定，债权的转让不影响保证人承担保证责任；债务转让应得到保证人书面同意，保证人对未经其书面同意的债务不再承担保证责任。债权人与债务人协议变更合同的，应经保证人书面同意，否则，保证人不再承担责任，但依《担保法司法解释》第 30 条的规定："保证期间，债权人与债务人对主合同数量、价款、币种、利率等内容做了变动，未经保证人同意的，如果减轻债务人的债务的，保证人仍应对变更后的合同承担保证责任；如果加重债务人的债务的，保证人对加重的部分不承担保证责任。债权人与债务人对主合同履行期限做了变动，未经保证人书面同意的，保证期间为原合同约定的或者法律规定的期间。债权人与债务人协议变动主合同内容，但并未实际履行的保证人仍应承担保证责任。"

在同一债权既有保证又有物的担保的情况下，《物权法》第 176 条规定："被担保的债权既有物的担保又有人的担保的，债务人不履行到期债务或者发生当事人约定的实现担保物权的情形，债权人应当按照约定实现债权；没有约定或者约定不明确，债务人自己提供物的担保的，债权人应当先就该物的担保实现债权；第三人提供物的担保的，债权人可以就物的担保实现债权，也可以要求保证人承担保证责任。提供担保的第三人承担担保责任后，有权向债务人追偿。"

三、抵押

(一）抵押的概念与特征

依据我国法律，抵押是指债务人或者第三人不转移用于担保的财产的占有，将该财产作为债务的担保，在债务人不履行债务时或者发生当事人约定的实现抵押权的情形时，债权人有权依法以抵押物折价或以拍卖、变卖抵押物的价款优先使被担保债权获得受偿的一种债权担保方法。其中，以其财产抵押的债务人或第三人为抵押人，债权人为抵押权人，用来抵押的财产为抵押物，抵押权人对抵押物所享有的优先清偿其债权的权利为抵押权。抵押主要具有以下特征。

（1）抵押是一种债权担保方式。设定抵押的目的在于担保债权人债权的实现。

(2) 抵押为一种物的担保。抵押是以债务人或第三人的特定财产的价值担保债权的实现。在债务人不履行到期债务或者发生当事人约定的实现抵押权的情形时，债权人须对担保物进行折价，以替代债务的履行，或对担保物进行变价，而以变价的价款优先满足自己的债权。

(3) 抵押为担保物的权利和占有不发生转移的担保。在抵押担保中，担保物的所有权和占有均不发生转移，而仅赋予债权人在不履行债务时可以以抵押物折价清偿或对担保物进行变价而优先清偿被担保债权的权利。

(二) 抵押合同

▶ 1. 抵押合同的内容

抵押权依抵押行为而设立。抵押行为具体表现为抵押合同。抵押合同应采取书面形式，并包括以下内容：①被担保的主债权的种类和数额；②债务人履行债务的期限；③抵押物的名称、数量、质量、状况、所在地、所有权权属或使用权权属；④抵押担保的范围。抵押权人在债务履行期届满前，不得与抵押人约定债务人不履行到期债务时抵押财产归债权人所有。

▶ 2. 抵押合同的标的物——抵押财产

根据我国《物权法》第180条第1款的规定，债务人或者第三人有权处分的下列财产可以抵押：①建筑物和其他土地附着物；②建设用地使用权；③以招标、拍卖、公开协商等方式取得的荒地等土地承包经营权；④生产设备、原材料、半成品、产品；⑤正在建造的建筑物、船舶、航空器；⑥交通运输工具；⑦法律、行政法规未禁止抵押的其他财产。

为了保护社会公共利益，我国《物权法》第184条规定以下财产不得抵押：①土地所有权；②耕地、宅基地、自留地、自留山等集体所有的土地使用权，但法律有特别规定的除外；③学校、幼儿园、医院等以公益为目的的事业单位和社会团体的教育设施、医疗卫生设施和其他社会公益设施；④所有权、使用权不明或有争议的财产；⑤依法被查封、扣押、监管的财产；⑥依法不能抵押的其他财产。

(三) 抵押登记

抵押登记，是指由主管机关依法在登记簿上就抵押物上的抵押权状态予以记载。根据我国《物权法》第187条～第189条的规定，抵押登记的效力如下。

(1) 对于以建筑物和其他土地附着物、建设用地使用权、正在建造的建筑物以及以招标、拍卖、公开协商等方式取得的荒地等土地承包经营权抵押的，采取登记成立（生效）主义，抵押权自登记时设立。

(2) 对于以交通运输工具、正在建造的船舶或航空器以及生产设备、原材料、半成品、成品抵押的，采取登记对抗主义，抵押权自抵押合同生效时设立，未经登记，不得对抗善意第三人。

(3) 企业、个体工商户、农业生产经营者以现有的及将有的生产设备、原材料、半成品、产品抵押的，采取登记对抗主义，抵押权自抵押合同生效时设立，未经登记的，不得对抗善意第三人。当然，即使登记，也不得对抗正常经营活动中已支付合理价款并取得抵押财产的买受人。

(四) 抵押权的内容

▶ 1. 抵押人的权利

(1) 收取孳息的权利。但债务履行期届满，债务人不履行债务致使抵押物被人民法院扣押的，自扣押之日起，抵押权人有权收取由抵押物分离的自然孳息以及抵押人就抵押物可以收取的法定孳息。

（2）在抵押物上再为他人设定抵押权。同一抵押物有数个抵押权的，如果抵押合同已登记生效的，则按抵押物登记的先后顺序清偿；顺序相同的，按照债权比例清偿。

（3）经抵押权人同意转让抵押物。《物权法》第191条确立的抵押人转让抵押财产的规则是：①在转让程序上，抵押人应当经抵押权人同意，未经同意的，不得转让抵押财产，但受让人代为清偿债务消灭抵押权的除外；②在转让的法律后果上，抵押人转让抵押财产所得的价款，应当向抵押人提前清偿所担保的债权或者向与抵押权人约定的第三人提存。超过债权数额的部分，归抵押人所有，不足的部分由债务人清偿。

（4）出租抵押物。抵押人将已出租的财产抵押的，抵押权实现后，租赁合同在有效期内对抵押物的受让人继续有效。抵押人将已抵押的财产出租的，抵押权实现后，租赁合同对抵押物的受让人不具有约束力。

▶ 2. 抵押权人的权利

（1）抵押物的保全。《物权法》第193条规定，抵押人的行为足以使抵押物的价值减少时，抵押权人有权要求抵押人停止其行为。抵押财产价值减少的，抵押权人有权要求恢复抵押财产的价值，或者提供与减少的价值相当的担保。抵押人不恢复抵押财产的价值也不提供担保的，抵押权人有权要求债务人提前清偿债务。另据《物权法》第174条的规定，抵押期间，抵押财产毁损、灭失或者被征收时，抵押权人可以就获得的保险金、赔偿金或者补偿金等优先受偿。被担保债权的履行期未届满的，也可以提存该保险金、赔偿金或者补偿金等。

（2）抵押权的处分。抵押权人可以让与其抵押权，或就其抵押权为他人提供担保。由于抵押权的从属性，抵押权不得与债权分离而单独转让或作为其他债权的担保。

（3）优先受偿权。在债务人履行债务时，抵押权人可以与抵押人协议以抵押物折价、拍卖或者变卖后的价款优先受偿；协议不成的，抵押权人可以向人民法院提起诉讼。

（五）抵押权的实现

抵押权的实现是在债权已届清偿期而没有清偿时，抵押权人就抵押物受偿的行为。抵押权的作用就在于担保债权受偿，因此，抵押权的实现是发挥抵押权作用的方式和途径。

（1）抵押权实现的要件有两个：一是须抵押权有效存在；二是债务人不履行到期债务或发生当事人约定的实现抵押权的情形。

（2）抵押权实现的方法有拍卖、折价及变卖三种。

（3）《物权法》第202条规定，抵押权人应当在主债权诉讼时效期间行使抵押权，未行使的，人民法院不予保护。

（六）抵押权的终止

出现下列情形之一的，抵押权即终止其效力。

（1）主债权消灭。抵押权为担保债权而存在，如果主债权因清偿、抵销、免除等原因消灭时，抵押权也随之消灭。

（2）抵押物灭失。抵押权因抵押物灭失而消灭，但抵押物灭失所得的赔偿金，应当作为抵押财产。

（3）抵押权行使。抵押权人对于抵押物已经行使其抵押权，无论其债权是否得到全部清偿，抵押权都归于消灭。

四、质押

(一) 质押的概念

所谓质押,指债务人或者第三人将其动产或权力移交债权人所有,将该财产作为债的担保,当债务人不履行债务时,债权人有权依法以该财产变价所得优先受偿。质押分为动产质押与权利质押。

(二) 动产质押

动产质押是指债务人或第三人将动产移交债权人占有,将该动产作为债权的担保。设定动产质押,出质人和质押人应当以书面形式订立质押合同。

▶ 1. 质押合同

质押合同,是指质押人与出质人订立的关于设定质押的协议。质押合同的当事人是质押人和出质人。质押人即质押所担保债权的债权人;出质人,即提供质物的人,一般是债务人自己,但第三人也可以用自己的财产为他人设定质押。

我国《物权法》第 210 条和《担保法》第 64 条第 1 款规定,设立质押,出质人和质押人应当以书面形式订立质押合同。依此规定,质押合同为要式合同,应采用书面形式。此书面形式为质押合同的成立要件。

动产质押虽是由质押合同设定的,但是质押合同的生效并不等于质押的成立。由于动产质押由债权人占有质物,因此,只有出质人将质物交付给债权人占有时,动产质押才能成立,我国《物权法》第 212 条规定:"质押自出质人交付质押财产时设立。"即动产质押的成立以出质人交付质物给债权人占有为要件。

《物权法》第 211 条规定:"质押人在债务履行期届满前,不得与出质人约定债务人不履行到期债务时质押财产归债权人所有"。此为流质契约的禁止,但是流质契约无效,并非指设定质押的质押合同无效,而只是指约定持物所有权移转的预先约定条款无效。

▶ 2. 动产质押当事人的权利和义务

(1) 质押人的权利如下。

第一,占有质物。对质物的占有,既是质押的成立要件,也是质押的存续要件,质押人有权在债权受清偿前占有质物,并以质物的全部行使其权利。质押人将质物返还给出质人后,即不可以其质押对抗第三人。但是,因不可以归责于质押人的事由而丧失对质物的占有的,质押人可以向不当占有人请求停止侵害、恢复原状、返还质物。

第二,收取孳息。质押人有权收取质物的孳息,但质押合同另有约定的除外。质押人收取的孳息应当首先充抵收取孳息的费用,其次用于主债权的利息、主债权的清偿。

第三,质押的保全。质物有损坏或价值明显减少的可能,从而足以危害质押人权利的,质押人可以要求出质人提供相应的担保。

第四,优先受偿。债务履行期届满,质押人未受清偿的,可以与出质人协议以质物折价,也可以依法拍卖、变卖质物,以所得价款优先受偿。

第五,进行转质的权利。转质,是指质押人在质押存续时,为了担保自己或他人的债务,将质物移转占有于第三人,于质物上设定新质押的行为。转质押的效力优于原质押。对于转质,《物权法》的立场是不提倡转质也不禁止转质。为了保护出质人的权利,《物权法》第 217 条规定:"质押人在质押存续期间,未经出质人同意转质,造成质押财产毁损、灭失的，应当向出质人承担赔偿责任。"

(2) 出质人的权利如下。

第一，出质人在质押人因保管不善致使质物毁损灭失时，有权要求质押人承担民事责任。

第二，债务履行期届满，债务人履行债务的，或者出质人提前清偿所担保债权的，出质人有权要求质押人返还质物。

第三，出质人如果是债务人以外的第三人，该第三人代为清偿债权或因质押实现丧失质物的所有权时，有权向债务人追偿。

第四，债务履行期届满，出质人请求质押人及时行使权利，而质押人怠于行使权利致使质物价格下跌的，由此造成的损失，出质人有权要求质押人予以赔偿。

▶ 3. 动产质押的实现

动产质押的实现，又称动产质押的实行，是指质押人于其债权清偿期届满而未受偿时，处分质物，以质物的变价优先受偿其担保的债权。我国《物权法》第219条第2款和第3款规定："债务人不履行到期债务或者发生当事人约定的实现质押的情形，质押人可以与出质人协议以质押财产折价，也可以就拍卖、变卖质押财产所得的价款优先受偿。质押财产折价或者变卖的，应当参照市场价格。"因此，动产质押实现的方法有质物折价、依法拍卖质物和依法变卖质物三种。

(三) 权利质押

权利质押是为了担保债权清偿，就债务人或第三人所享有的所有权以外的可转让的财产权设定的质押。

权利质押的标的须为所有权以外的可转让的财产权，根据我国《物权法》第223条的规定，债务人或者第三人有权处分的下列权利可以出质：①汇票、支票、本票；②债券、存款单；③仓单、提单；④可以转让的基金份额、股权；⑤可以转让的注册商标专用权、专利权、著作权等知识产权中的财产权；⑥应收账款；⑦法律、行政法规规定可以出质的其他财产权利。

五、留置

留置是指债权人按照合同约定占有债务人的动产，债务人不按照合同约定的期限履行债务的，债权人有权扣留该动产，以该动产折价或者以拍卖、变卖该动产的价款优先受偿的一种债权担保方式。

留置权作为担保物权的一种，是依法律的直接规定而发生，因此是一种法定担保物权。留置权的客体限于债权人已合法占有的债务人的动产，且其成立和存续须以占有标的物为要件。

留置权成立须具备如下条件：①须债权人合法地占有债务人的动产；②须债权已届清偿期而债务人未按规定的期限履行其债务；③须债权的发生与该动产具有牵连关系。所谓的牵连关系，根据《担保法》及《物权法》的相关规定，是指除企业之间留置外，债权人占有动产是基于与其债权发生的同一法律关系发生，或者说留置权发生的基础法律关系在债权与留置物之间存在牵连。但在成立留置权时，对动产的占有不是因侵权行为而取得，并且不能违反社会公共利益或善良风俗，也不得与债权人的义务相抵触。

留置权人负有妥善保管留置物的义务。因保管不善致使留置物灭失或毁损的，留置权人应承担相应的民事责任。此外，债权人与债务人应在合同中约定，债权人留置财产后债务人应当在不少于2个月的期限内履行债务。债权人与债务人在合同中未约定的，债权人留置债务人财产后，应当确定2个月以上的期限，通知债务人在该期限内履行债务。债务人逾期仍不履行的，债权人可以与债务人协议以留置物折价，也可以依法拍卖、变卖留置物。留置物折价拍卖、变卖后，其价款超过债权数额的部分归债务人所有，不足部分由债务人清偿。

六、定金

定金，是指合同当事人为了确保合同的履行，依照法律规定或者当事人的约定，由一方当事人在合同履行之前，按照合同标的额的一定比例，预先付给对方当事人的金钱。定金的目的是确保债权的实现，且在履行前由一方当事人按法定或约定给付，因而其为一种担保形式，并且因为定金只能以金钱充之，因此为金钱担保。

定金合同，是指主合同的双方当事人就交付一定的定金而成立的协议。根据我国法律规定，定金合同为要式合同、实践合同。定金应当以书面形式约定，包括定金合同和定金条款。定金合同从实际交付定金之日起生效；约定的定金数额与实际交付的定金数额不一致的，以实际交付的数额为准。此外，定金数额不得高于主合同标的额的20%，超过部分无效。

给付定金的一方不履行合同义务的，无权要求返还定金；收受定金的一方不履行合同义务的，双倍返还定金。给付定金的一方履行合同义务后，定金应当返还或抵作价款。

在当事人既约定违约金，又给付定金的情况下，一方违约时，损害赔偿金、违约金与定金这"三金"的适用关系应如何予以协调，成为实践中常见的问题。我国《合同法》第116条规定，在违约金与定金并存的情况下，两者只能择其一而适用。根据《合同法》第112条规定，损害赔偿与违约金之间也为选择性关系。至于损害赔偿金与定金能否同时选择，理论上尚存在争议。

拓展案例

甲对乙享有60万元债权，自然人丙与某公司的分支机构丁分别与甲签订了保证合同。其中，丙与甲约定，在乙不能履行债务时，由丙承担保证责任。丁未与甲约定保证责任的范围和方式。同时，乙还以其价值30万元的房屋向甲设定了抵押。后来，甲同意将乙的债务延长3个月，此事并未告知丙、丁。债权到期后，甲放弃了对乙的房屋的担保物权，而直接要求丙、丁承担担保责任，偿还其60万元债务及相关费用。

思考：分析此案例。

第六节 合同的变更和转让

合同的变更有广义和狭义之分。狭义的合同变更仅指内容的变更，即指合同成立后，尚未履行或尚未完全履行前,不改变合同当事人,仅对合同的内容所做的变更。广义的合同变更包括合同主体的变更和内容的变更。我国《合同法》所称的合同变更是狭义的合同变更,至于合同主体的变更则称为合同转让。

一、合同的变更

（一）合同变更的概念与特征

在不改变合同主体的前提下,当事人就原合同的内容进行修改或者补充而形成新的权利义务关系,称为合同的变更。

合同变更主要具有以下特征。

(1) 合同变更通常为双方当事人协商一致的结果,任何一方不得擅自变更合同。此外,合同也可基于法律的直接规定而变更,如情势变更。因此,合同变更通常分为协议变更和法定变更两种。

(2) 合同变更只是合同的内容发生了变化,而合同的主体则保持不变。

(3) 合同变更只是对原合同关系的内容做某些修改和补充,而不是对合同内容的全部变更。如果合同内容全部发生变化,则实际上导致原合同关系的消灭,一个新的合同产生。同时,对原合同关系做出修改或补充的内容仅限于非要素(即非实质性或非根本性)内容,如标的数量的少量增减、履行地点的改变、履行期限的顺延等；如果变化的是合同的要素,合同关系则失去了连续性,不再属于合同的变更,而为合同的更新。

(4) 合同变更只能发生在合同有效成立之后尚未完全履行之前。合同未成立,当事人之间不存在合同关系,当然谈不上合同变更；合同已履行,当事人之间的合同关系已消灭,也不可能变更。

(5) 合同变更只是使合同增加新的内容或改变合同的某些内容。合同变更是仅在变更的范围内使合同原有内容消灭,而变更之外的合同内容继续有效。合同的变更一般不涉及已履行的部分,只是对未履行的部分发生效力。

（二）合同变更的要件

合同变更必须遵循一定的条件,只有在具备一定的条件之后,才能变更合同。根据《合同法》第54条和第77条等的规定,合同变更应具备以下要件。

(1) 原已存在有效的合同关系。在合同被撤销、无效、终止等情形下均无合同变更的可能。

(2) 合同的变更须依当事人的协议或法律的规定。当事人协商一致变更合同是契约自由原则的体现,因此当事人的合意是引起合同关系变更的重要法律事实。《合同法》第77条第1款规定:"当事人协商一致,可以变更合同。"但是,当事人变更合同的协议须符合合同的有效要件。如果变更合同的协议不能成立或不能生效,则当事人仍然得按原合同的内容履行。如果当事人对合同变更的内容约定不明确的,推定为未变更。此外,合同变更还可能是依法律规定,如因法定情况出现而由法院或仲裁机构裁决的合同变更,主要包括因意思表示不真实、不自由或合同内容显失公平而可撤销的合同以及可适用情势变更原则的合同两大类。

(3) 须有合同内容的变化。合同变更为合同内容的变化,因而合同内容发生变化是合同变更不可或缺的条件,但应仅限于合同的非要素(非实质性要素)的变化。

(4) 须遵守法定的形式。《合同法》第 77 条第 2 款规定："法律、行政法规规定变更合同应当办理批准、登记等手续的，依照其规定。"即依照法律、行政法规规定变更合同应当办理批准、登记等手续的，应当办理批准、登记等手续，否则合同变更不生效。在法律、法规没有规定的情况下，当事人变更合同的形式可以协商决定，一般要与原合同的形式相一致。

（三）合同变更的效力

合同变更，在变更后的合同内容不违反法律、行政法规的强制性规定，不损害社会公共利益，不有违社会公德的情况下，发生合同变更的法律效果。

合同的变更，主要是在保持原合同关系的基础上，使合同的某项或某部分内容发生变化，合同变更的实质是以变更后的合同代替了原合同。因此，在合同发生变更以后，当事人应当按照变更后的合同内容为履行，任何一方违反变更后的合同内容都将构成违约。

合同变更原则上仅向将来发生效力，对已经按原合同所为的给付无溯及力，已经履行的债务不因合同变更而失去法律根据，任何一方不能因合同的变更而要求对方返还已为的给付，当事人另有约定的除外。

合同变更仅对已经变更的部分发生效力，未变更部分的权利义务继续有效。

合同的变更虽主要是当事人双方协商一致的结果，但其并非意味着当事人绝对放弃了损害赔偿的权利，我国《民法通则》第 115 条明确规定："合同的变更或者解除，不影响当事人要求赔偿损失的权利。"在合同变更以前，由于一方的过错而给另一方造成的损失，如果双方当事人没有对此另有约定，在合同变更以后，受损失的一方仍然有权请求过错方进行损害赔偿，如果当事人对此另有约定的，则从其约定。

二、合同的转让

（一）合同转让的概念与法律特征

合同转让，也即合同主体的变更，是指当事人一方将合同权利、合同义务或合同的权利和义务全部或部分转让给第三人的行为。因此，合同转让包括合同权利的转让，合同义务的转让以及合同权利、义务的一并转让（也称概括转让）三种情形。合同转让主要具有以下法律特征。

(1) 合同转让是合同主体的改变。合同的转让通常将导致第三人代替原合同当事人一方而成为合同当事人，或者由第三人加入合同关系之中成为合同当事人。合同主体的变化导致原合同关系的消灭，新合同关系的产生。

(2) 合同转让不是合同内容的变更。合同转让是对有效的合同权利或义务的转让，转让并不引起原合同内容的变更，转让后的合同内容与转让前的合同内容具有同一性。

(3) 合同转让通常涉及两种不同的法律关系，即原合同当事人双方之间的关系、转让人与受让人之间的关系。合同转让主要是在转让人和受让人之间完成，但因为合同转让涉及原合同当事人的利益，所以法律通常要求合同义务的转让须征得原合同债权人的同意，合同权利的转让须通知原合同的债务人。

（二）债权让与

▶ 1. 债权让与的概念与分类

债权让与，即合同权利的转让，是指不改变合同内容，合同债权人通过协议将其债权全部或者部分转让给第三人的行为。

债权让与可分为两种情形：一是合同权利的全部转让，原债权人将享有的债权全部转让给第三人，原债权人脱离债的关系，第三人成为债的关系的一方当事人；二是合同权利的部分转让，此时受让人作为第三人加入原合同关系中，与原债权人共同享有债权，合同权利人一方已由一人变为数人，原合同之债变为多数人之债。根据债权让与合同，原债权人与受让一部分债权的第三人或按约定的份额分享债权，或共同享有连带债权。如对此没有约定，则视其为享有连带债权。

▶ 2. 债权让与的有效要件

合同权利转让须符合一些条件，才有可能发生转让的效力。根据《合同法》的规定，债权让与的有效要件如下。

(1) 须有有效存在的债权，且债权让与不改变债权的内容。债权的有效存在，是债权让与的基本前提。以不存在或无效债权让与他人，或者以已经消灭的债权让与他人，即为标的不能，其让与行为无效。如果受让人因此受有损失，让与人应负责予以赔偿。

(2) 债权的让与人与受让人须就债权让与达成合意。债权让与是让与人与受让人意思表示一致的结果，是一种双方的民事法律行为，因而其有效必须具备民事法律行为的有效要件。转让人须有完全的民事行为能力，限制民事行为能力人转让合同权利，须由其法定代理人代理或者同意。

(3) 让与的债权须具有可让与性。根据我国《合同法》第79条的规定，下列债权不得让与：①根据合同性质不得转让的债权。如雇用合同、委托合同中的受雇人、受托人享有的债权。②按照当事人约定不得转让的债权。当事人的这种约定须在债权让与之前订立，否则让与无效。这种约定只要是当事人真实意思的表示，同时不违反法律禁止性规定和社会公共道德，那么对当事人就有法律的效力。但是，当事人之间的这种约定不得对抗善意第三人，即如果一方当事人违反禁止转让的约定而将债权转让给善意第三人，该让与行为仍然有效。③依照法律规定不得转让的债权。如《保险法》第34条第23款规定："按照以死亡为给付保险金条件的合同所签发的保险单，未经被保险人书面同意，不得转让或者质押。"

(4) 债权的让与须通知债务人。债权让与是合同债权人与第三人之间的合同，但又与债务人有密切关系，债权转让后，由债务人向第三人履行合同义务。所以，合同转让涉及三方当事人，如何协调三方当事人的利益是立法的关键。对此，世界各国的法律规定存在着差异，并主要形成三种立法例：① 债权让与自由主义，即债权让与既不需要债务人同意，也不需通知债务人，仅需债权让与人与受让人之间达成合意即可；② 债务人同意主义，即以债务人的同意作为债权转让的生效要件之一；③ 通知生效主义。这一立法例要求债权人应将合同权利转让的事实告知债务人，但不必征得其同意。我国《民法通则》采取同意主义，而《合同法》改变了《民法通则》的做法，《合同法》第80条第1款规定："债权人转让权利的，应当通知债务人。未经通知，该转让对债务人不发生效力。"即采取通知生效主义。

(5) 须遵守法律规定的形式。我国《合同法》第87条规定："法律、行政法规规定转让权利应当办理批准、登记等手续的，应当办理批准、登记等手续。否则，债权让与行为无效。"

3. 债权让与的效力

债权让与的内部效力,是指债权让与在让与人与受让人之间产生的法律效力。这种效力主要表现在:①债权由让与人移转给受让人。如果是全部让与,则受让人将取代让与人成为合同关系的债权人,让与人脱离原合同关系;如果是部分转让,则受让人加入合同关系,成为共同债权人。②让与人向受让人移转债权时,依附于主债权的从权利,如抵押权、留置权、定金债权、保证债权、利息债权、违约金债权及损害赔偿请求权也一并转移。③让与人对让与的债权负瑕疵担保责任。让与人应当担保其让与的合同权利不存在瑕疵,如果让与的权利存在瑕疵并因此给受让人造成损失的,让与人应向受让人承担损害赔偿责任。④债权人转让权利的通知不得撤销,但经受让人同意的除外。

债权让与的外部效力,是指债权让与在让与人、受让人与债务人之间产生的法律效力。此种效力主要表现在:①让与人将债权全面让与时已脱离原合同关系,让与人不得再向债务人请求给付,债务人也无须再向债权人履行债务。否则,前者构成不当得利,后者不构成合同的履行;部分让与债权的,让与人与受让人约定按份享有债权时,他们只能依其份额请求债务人给付,债务人也只能依其份额履行债务。构成连带债权时,应按连带之债处理。②债权让与的受让人成为新债权人或共同债权人,须请求债务人向自己履行债务。③债权让与时债务人须对让与人主张的抗辩,可对受让人主张,法律另有规定的除外。《合同法解释(一)》第 27 条规定:"债权人转让合同权利后,债务人与受让人之间因履行合同发生纠纷诉至人民法院,债务人对债权人的权利提出抗辩的,可以将债权人列为第三人。"④债务人在收到债权让与通知时,对让与人享有债权的,如果该债权的清偿期先于或与被转让债权同时届至,债务人可对受让人主张抵销。

(三)债务承担

债务承担,即合同义务的转让,是指不改变债的内容,债务人将其合同义务全部或部分地转移给第三人。债务承担可分为免责的债务承担与并存的债务承担。

1. 免责的债务承担

免责的债务承担,是指债权人或者债务人与第三人之间达成移转债务的协议,由第三人取代原债务人承担全部债务。债务承担的方法,有承担人与债权人订立协议和债务人与承担人订立协议两种。

债权人与承担人订立债务承担协议,该协议一旦成立便生效。承担人将取代原债务人,原债务人将免除其债务。债权人与承担人订立的债务承担协议是否要经债务人同意才能生效,理论上认识不一。通常认为,为了保护债务人的利益,尽管此种协议虽可不经债务人同意就可生效,但须及时通知原债务人,而且如果原债务人表示反对的,该债务承担协议无效。

债务人与承担人之间的协议,须具备以下要件才具有法律效力:①须有有效的债务存在。②所移转的债务具有可移转性。性质上不可移转的债务不得作为债务承担的标的,但若债务人经债权人同意,则可作为债务承担标的;债权人与债务人特约不得移转的债务,原则上不得作为债务承担的标的,但此种特约可因债权人同意债务移转而归于解除;法律规定不得移转的债务只能由他人代为履行,而不得由当事人协议由第三人承担。③须有以债务承担为内容的协议,且须符合合同的有效要件。④须经债权人同意,明示或默示均可。⑤依法定形式。依法律、行政法规规定应当办理批准、登记等手续的，应当办理批准、登记等手续。

免责的债务承担成立后，具有以下法律效力：债务人脱离债务关系，而由承担人直接向债权人承担债务。债务人基于合同关系所取得的对债权人的抗辩权移归承担人。从属于主债务的从债务，移归承担人负担，但专属于原债务人自身的除外。并且根据《担保法》第23条规定，第三人为担保债务人履行债务所提供的担保，在保证人未明确表示同意债务移转时，保证人的保证责任因债务移转而消灭。承担人不得以属于原债务人的债权，对债权人主张抵销。但承担人可以自身对债权人已届清偿期的债权为抵销的主张。免责债务承担是无因的法律行为，是对债权的处分，因而承担人不得以承担的原因事由对抗债权人。

▶ 2. 并存的债务承担

并存的债务承担，是指原债务人并不脱离债务关系，而第三人又加入债务关系中，与原债务人共同承担债务。此时，债务人与第三人之间成立连带关系，他们共为连带债务人。并存的债务承担，以原已存在有效的债务为前提。但因原债务人并不消灭其债务，债务人与第三人成立连带关系，这就决定了并存的债务承担对债权人并无不利，反而扩大了承担债务的责任财产，因而原则上并存的债务承担还须经债权人同意，债务人或第三人向债权人发出通知即可生效。此外，第三人所承担的债务应与承担时的债务具有同一内容或范围，不得超过原债务的限度。

并存的债务承担成立后，债务因原债务或者第三人的全部清偿而消灭。债务的消灭系因第三人的清偿或其他方式引起时，在第三人与债务人之间可能发生求偿关系。

（四）合同承受

合同承受，即债权债务的概括转移，是指原合同当事人一方将其债权债务一并移转给第三人，由第三人概括地继受这些债权债务。根据其发生根据的不同，可分为约定承受与法定承受两种。

合同约定承受，是指合同的一方当事人经他方当事人同意，通过与第三人订立合同，将其合同当事人地位移转给第三人。我国《合同法》第88条规定："当事人一方经对方同意，可以将自己在合同中的权利与义务一并转让给第三人。"合同约定承受的效力主要有：承受人取得转让方所享有的一切权利和负担的一切义务，转让方脱离合同关系。承受人须对抗原合同出让方的事由，不得对抗对方当事人。

合同的法定承受，是指基于法律规定，因某一法律事实的出现，原合同当事人一方的权利义务概括地移转于第三人。我国《合同法》第90条规定："当事人订立合同后合并的，由合并后的法人或者其他组织行使合同权利，履行合同义务。当事人订立合同后分立的，除债权人和债务人另有约定的以外，由分立的法人或者其他组织对合同的权利和义务享有连带债权，承担连带债务。"

拓展案例

甲公司对乙公司享有10万元到期债权，乙公司对丙公司也享有10万元到期债权，甲、乙、丙三公司签订合同，约定由丙公司直接向甲公司清偿。

思考： 此合同为何种性质的合同？具有何效力？

第七节 合同权利义务的终止

合同权利义务的终止,又称合同的消灭,是指由于一定的法律事实的发生,使合同所设定的债权债务关系在客观上已不再存在。根据我国《合同法》第91条规定,合同权利义务终止的主要原因如下。

一、清偿

清偿是指债务人向债权人履行债的内容的行为,也即债权人依据合同的约定实现债权目的的行为。各国法律一致认为,清偿系债消灭的主要原因。

合同债务在法律规定或合同有约定时,可由第三人代为清偿,即可由第三人代为给付,或执行第三人提供的担保物而清偿。第三人代为清偿后,债权人与债务人的合同关系归于消灭,第三人则因此取得代位求偿权,在其代为清偿的范围内,向债务人要求偿付。

在清偿中,可能会产生代物清偿与清偿抵充的情形。所谓代物清偿,是指债权人受领债务人他种给付以替代原来给付,并使合同关系归于消灭的清偿方式。在代物清偿中,以他物替代原物进行给付必须征得债权人的同意。原定给付与他种给付在价值上有时并不相同,当事人可对差额部分的处理予以约定;如无约定,则无论原定给付和他种给付的价值有无差别,自代物清偿成立之时起,合同关系即归于消灭。

所谓清偿抵充,是指债务人对同一债权人负有数宗同类债务,而债务人的履行不足以清偿全部债务时,确定该履行抵充哪些债务的情形。清偿抵充的确定方法有以下三种。

(1) 约定抵充。即由当事人就债务人的履行用来抵充何宗债务进行约定。

(2) 指定抵充。当事人未做抵充约定时,允许清偿人单方面指定其履行所欲清偿的债务,指定一经做出即不得撤回。

(3) 法定抵充。当事人对抵充既未做约定又未指定,则实行法定抵充:有已届清偿期的债务,应优先抵充;均已届清偿期或未届清偿期的,应尽先抵充无担保或担保最少的债务;担保相同的,应尽先抵充债务人因清偿而获益最多的债务;获益相等的,应尽先抵充先到期的债务;获益相等且清偿期相同的,应按比例分别抵充其一部分。

对清偿费用未做约定,法律又未规定的,通常由债务人负担;但因可归责于债权人的原因所导致的履行费用的增加,由债权人承担。对于清偿地点,有约定的从约定,无约定的从法定。

二、合同解除

(一) 合同解除的概念及特点

合同解除,是指合同有效成立后,当解除的条件具备时,因当事人一方或双方的意思表示,使合同关系自始或向未来消灭的行为。根据我国民法规定,合同解除是导致合同关系终止的原因之一。合同解除具有以下特点。

1. 合同解除以有效成立的合同为标的

由于合同解除的目的是解决合法有效的合同提前消灭的问题,因而合同解除的对象是合法有效的合同,无效合同、可撤销合同以及效力待定的合同都不发生合同解除问题。

2. 合同解除必须具备解除的条件

合同一经有效成立,就具有法律效力,当事人双方都必须严格遵守,全面、适当地履行,不得擅自解除。只有在法定的或约定的解除条件地,才允许解除。否则,便是违约。

3. 合同解除原则上必须有解除行为

解除的条件不过为合同解除的前提,由于我国法律并未采取当然解除主义,当解除的条件具备时,合同并不必然解除,欲使它解除,一般还需要解除行为。解除行为有两种类型:一是当事人双方协商同意;二是解除权人一方发出解除的意思表示。

4. 解除的效果是使合同关系消灭

但合同关系的消灭是溯及既往,还是仅向将来发生,则根据履行情况和合同性质来决定。

(二) 合同解除的种类

合同的解除分为协议解除、约定解除和法定解除。

协议解除,是指当事人双方通过协商同意将合同解除的行为。它不以解除权的存在为必要,解除行为也不是解除权的行使。协议解除在大陆法系称为合意解除、解除契约或反对契约,是无解除权的当事人双方的合意,以第二契约解除第一契约,使第一契约的效力溯及消灭。我国现行《合同法》将其规定为合同解除的形式之一,《合同法》第93条第1款规定,当事人协商一致,可以解除合同。

1. 约定解除

约定解除,是指当事人以合同形式,约定为一方或双方保留解除权的解除。《合同法》第93条第2款规定:"当事人可以约定一方解除合同的条件。解除合同的条件成就时,解除权人可以解除合同。"其中,保留解除权的合意,称为解约条款。解除权可以保留给当事人一方,也可以保留给当事人双方。保留解除权,可以在当事人订立合同时约定,也可以在以后另订保留解除权的合同。当解除合同的条件出现时,享有解除权的当事人可以行使解除权解除合同,而不必再与对方当事人协商。

2. 法定解除

法定解除,则是合同成立后履行完毕之前,合同一方当事人行使法定解除权,而使合同效力归于消灭的行为。《合同法》第94条规定,有下列情形之一的,当事人可以解除合同:①因不可抗力致使不能实现合同目的;②在履行期限届满之前,当事人一方明确表示或者以自己的行为表明不履行主要债务;③当事人一方迟延履行主要债务,经催告后在合理期限内仍未履行;④当事人一方迟延履行债务或者在其他违约行为致使不能实现合同目的;⑤法律规定的其他情形。

从上述可见,协议解除、约定解除与法定解除之间的异同:双方合意使合同归于消灭是协议解除和约定解除的共同点。但约定解除不同于协议解除之处在于,前者是在合同解除事由出现前双方即约定了解除权,且往往由解除权人行使解除权使合同解除;协议解除则是在出现当事人不欲使合同继续存在的情形时,基于双方的合意使合同消灭。当事人行使解除权使合同消灭是约定解除与法定解除的共同点，两者的差异表现在解除权的基础不同，法定解除是基于法律的规定，约定解除则是基于当事人的约定。

（三）合同解除的后果

根据《合同法》第 97 条规定，合同解除后，尚未履行的，终止履行；已经履行的，根据履行情况和合同性质，当事人可以要求恢复原状、采取其他补救措施，并有权要求赔偿损失。此外，最高人民法院法释〔2012〕7 号第 26 条前半句规定："买卖合同因违约而解除后，守约方主张继续适用违约金条款的，人民法院应予支持"。即买卖合同因违约而解除的，其违约金条款仍有约束力。

三、抵销

抵销，是指当事人双方互负债务时，各以其债权充当债务之履行，而使其债务与对方债务在等额范围内归于消灭的行为。其中，为抵销的债权，即债务人的债权，称为主动债权，被抵销的债权，即债权人的债权，称为受动债权。

抵销依其产生的依据不同，可分为法定抵销和约定抵销两种。

（一）法定抵销

所谓法定抵销，是指具备法律所规定要件时，依当事人一方意思表示所为的抵销。依当事人一方的意思表示即可发生抵销效力的权利，称为抵销权，属于形成权。

《合同法》第 99 条规定："当事人互负到期债务，该债务的标的物种类、品质相同的，任何一方可以将自己的债务与对方的债务抵销，但依照法律规定或者按照合同性质不得抵销的除外。"因此，法定抵销具备的要件如下。

（1）必须是双方当事人互负债务、互享债权。当事人之间的债权债务关系必须合法有效，且受动债权的债务人须为主动债权的债权人。

（2）双方互负的债务，必须与其给付种类相同。当事人互负债务，标的物种类、品质不相同的，经双方协商一致，也可以抵销，但是此为合意抵销，不是法定抵销。

（3）必须是主动债权已届清偿期。债权人通常仅在清偿期届满时，才可以请求债务人清偿，如果在清偿期届满之前允许抵销的话，就等于在清偿期前强制债务人清偿，牺牲其期限利益，不合理。所以主动债权已届清偿期才允许抵销。如果当事人抛弃期限利益在履行期限届满之前清偿的，即使受动债权未届清偿期，也应当允许抵销。

（4）必须是非依债的性质不能抵销。依照法律规定，不能抵销的债务有：因侵权行为所负的债务，债务人不得以其债权为抵销；法律禁止扣押的债权，如劳动报酬、抚恤金等，债务人不得主张抵销；约定应向第三人为给付的债务，第三人请求债务人履行时，债务人不得以自己对于他方当事人享有债权而主张抵销。他方当事人请求债务人向第三人履行时，债务人不得以第三人对自己负有债务而主张抵销。

（二）约定抵销

约定抵销，是指当事人双方协商一致，使自己的债务与对方的债务在对等额内消灭。

法定抵销与约定抵销有不同之处，主要表现在以下方面。

▶ 1. 抵销的根据不同

法定抵销是基于法律规定，只要具备法定条件，任何一方可将自己的债务与对方的债务抵销；合意抵销，双方必须协商一致，不能由单方决定抵销。

▶ 2. 对抵销债务的要求不同

法定抵销要求标的物的种类、品质相同；而合意抵销标的物的种类、品质可以不同。

▶ 3. 对抵销债务的期限要求不同

法定抵销当事人双方互负的债务必须均已到期；合意抵销，双方互负的债务即使没有到期，只要双方当事人协商一致，愿意在履行期限到来前将互负的债务抵销，也可以抵销。

▶ 4. 程序要求不同

法定抵销，当事人主张抵销的，应当通知对方，通知未到达对方，抵销行为不生效；合意抵销，双方达成抵销协议时，发生抵销的法律效力，不必履行通知义务。

（三）抵销的方法

抵销的意思表示应向对方当事人为之。抵销为单方行为，故此种意思表示一经抵销权人做出即发生法律效力，不须对方当事人同意，也不以诉讼上的裁判为必要。根据我国《合同法》第99条第2款规定，当事人主张抵销的，应当通知对方，通知自到达对方时生效。但是，抵销不得附有条件或期限，附条件或期限的，该抵销的意思表示无效。抵销的意思表示发生后，不得撤回。

（四）抵销的效力

抵销使债的关系依抵销数额消灭。双方债权额相同时，其互享的债权或互负的债务全部归于消灭；双方债权额不同时，就其相等额而消灭。当抵销生效时，双方债权的消灭效力溯及抵销权发生之时。

四、提存

（一）提存的概念

提存，是指由于债权人的原因而无法向其交付合同标的物时，债务人将标的物交付给提存部门，从而消灭合同关系的一项制度。将标的物交付提存的债务人称为提存人；债权人为提存受领人；由国家设立并保管提存物的机关为提存机关；交付的保管物为提存物。

提存制度设立的目的在于保护债务人的利益，使得债务人不致因债权人的原因而沉陷于债务约束之中。

（二）提存的要件

根据我国《合同法》第101条规定，提存的原因要件如下。

（1）须有合法的提存人。提存人是对提存受领人负有清偿义务的人，包括债务人及其代理人，作为债务清偿的第三人。

（2）须有合法的提存原因。合法的提存原因主要包括：①债权人无正当理由拒绝受领，即受领迟延。债权人受领迟延，经债务人催告仍不受领的，债务人可将标的物提存。②债权人下落不明，即债权人地址不详等情形。③债权人死亡或丧失民事行为能力，尚未确定继承人或监护人。④法律规定的其他情形。

（3）提存的标的物与合同的标的物相符且适合提存。提存的标的，应为债务人依合同的规定应当给付的。而且，提存的标的物，以适合提存者为限。对于标的物不适合提存或者提存费用过高的，债务人依法可以拍卖或者变卖标的物，提存所得的价款。

（三）提存的效力

标的物提存后，债务人应及时通知债权人或债权人的继承人、监护人，但债权人下落不明的除外。标的物提存后，根据《合同法》第103条和第104条的规定，提存的效力主要表现在以下方面。

▶ 1. 提存在提存人与债权人之间的效力

提存在提存人与债权人之间的效力主要表现在：自提存有效成立之时起，提存人与债权人之间的合同关系消灭，其从合同也随之消灭。提存期间，标的物的收益归债权人所有，其毁损、灭失的风险由债权人承担。提存物的保管及拍卖、出卖费用，由债权人负担。债务人支付利息及收取孳息的义务因提存而免除。

▶ 2. 提存在提存人与提存机关之间的效力

提存在提存人与提存机关之间的效力主要表现在：提存机关依照法律规定，负有保管提存物的义务。提存人向提存机关提存后，除能证明系出于错误或提存原因已消灭之外，不得取回提存物。提存人依法取回提存物的，应负担提存机关保管提存物的费用。

▶ 3. 提存在提存机关与债权人之间的效力

提存在提存机关与债权人之间的效力主要表现在：合同的标的物提存后，债权人可随时受领提存物，同时应承担提存机关保管、变卖或拍卖提存物的费用。如果提存人的清偿须债权人同时履行，并将其注明于提存书时，在债权人未为给付或提供担保前，提存机关应拒绝其受领提存物。债权人领取提存物的权利，自提存之日起5年内不行使而消灭，提存物扣除提存费用后归国家所有。

五、免除

免除，是指由债权人免除债务人的债务，从而全部或部分终止合同权利义务关系的行为。关于免除的性质，大多数大陆法系国家均将其视为合同行为。如德国法和法国法均认为，债务的免除是双方的法律行为，不仅须有债权人免除债务人债务的意思表示，还须经债务人同意方能产生效力。日本和中国台湾地区民法则将免除规定为债权人的单方行为。从我国《合同法》第105条规定的"债权人免除债务人部分或者全部债务的，合同的权利义务部分或者全部终止"看来，可以认为采纳后一种做法，债务的免除是债权人抛弃债权的单方行为，由债权人表示免除，毋须债务人同意即可生效。

根据我国法律，自债权人向债务人或其代理人做出免除的意思表示后，即产生免除的效力，债权人不得撤回该意思表示。免除发生债务绝对消灭的效力。全部免除债务的，合同关系全部终止；部分免除债务的，合同关系仅在该免除的部分终止。主债务免除的，从债务也归于消灭，但从债务免除的效力并不能及于主债务。

六、混同

混同，是指债权和债务同归于一人，致使合同关系消灭的事实。混同是一种法律事实而非法律行为，故而只要债权和债务同归于一人的事实发生，无须当事人做出任何意思表示，合同关系以及其他债的关系即归于消灭。

混同成立的原因有以下两个。

（1）债权债务的概括承受。例如在企业合并的情形下，合并各方的债权债务同归于合并后的企业。

（2）特定承受，即债权人承受债务人对自己的债务，或债务人受让债权人对自己的债权。

混同的效力在于使合同关系以及其他债的关系归于消灭，但若合同当事人的债权涉及第三方利益，如以债权为第三人设立质权的，为维护第三人的正当权益，各国法律均规定此时债权仍应有效，第三人可以依约就此债权主张权利。

拓展案例

A公司欲收购B公司，双方在商谈过程中，B公司在甲银行的贷款100万元到期，办理延期手续后，由A公司担保。后来A公司与B公司就收购事宜未谈成，A公司欲撤资离开B公司所在地。B公司遂发函给甲银行，称由于收购未成功，则100万元贷款到期后无能力偿还。

思考：在这种情况下，甲银行应该如何保护自己的权益？

第八节 违约责任

一、违约责任概述

（一）违约责任的概念和特征

违约责任，即"违反合同的民事责任"，是指当事人一方不履行合同债务或者其履行不符合合同约定或法律规定时，对另一方当事人所应承担的赔偿损失、支付违约金、强制实际履行等民事责任。

违约责任作为民事责任的一种，当然具有民事责任的一般特征，如是违反民事义务的民事法律后果，具有补偿性等。然而，违约责任作为民事责任的一种重要责任形式，又具有以下区别于其他民事责任的法律特征。

（1）违约责任是当事人一方不履行合同债务或者履行不符合合同约定或法律规定时所产生的民事责任。因此违约责任的产生以合同当事人不履行合同义务为前提，没有违反合同义务的行为，便没有违约责任。

（2）违约责任具有相对性。由于合同关系的相对性，决定了违约责任的相对性，即违约责任只能在特定的当事人之间即合同关系的当事人之间发生。合同关系以外的人，不负违约责任，合同当事人也不对其承担违约责任。

（3）违约责任是财产责任。违约责任具有补偿性，旨在弥补或补偿因违约行为所造成的损害后果。因此，违约责任主要适用于补偿合同债权人所受的财产损失、支付违约金等财产性民事责任的形式，而不适用于赔礼道歉等非财产性民事责任形式。

（二）违约责任的归责原则

违约责任的归责原则，是指基于一定的归责事由而确定违约方是否承担违约责任的准则。我国对违约责任的归责原则的法律规定有一个发展的过程。

原《经济合同法》中，对违约责任的追究除须有违约事实外，还强调违约方应有过错，即贯彻了民事归责原则中的过错责任原则。《经济合同法》第29条规定，由于当事人一方的过错，造成经济合同不能履行或者不能完全履行，由过错一方承担违约责任。

《民法通则》第106条规定："公民、法人违反合同或者不履行其他义务的，应当承担民事责任。"第111条规定："当事人一方不履行合同义务或者履行合同义务不符合约定条件的，另一方有权要求履行或者采取补救措施，并有权要求赔偿损失。"虽其对违约责任的规定没有"过错"的字样出现，但《民法通则》中许多条文体现了过错责任的内容，如不可抗力作为免责事由的规定、双方违约应各自承担责任的规定、受害人未减轻损害的后果的规定等，因此主流观点认为其仍属过错责任。

《合同法》第107条规定："当事人一方不履行合同义务或者履行合同义务不符合约定的，应当承担继续履行、采取补救措施或者赔偿损失等违约责任"，由于该条中没有出现"过错"或"但当事人能够证明自己没有过错的除外"，可以认为我国合同法采取了无过错责任原则，但该法也规定了相当的过错责任，如在有关供电合同（第181条和第182条）、赠与合同（第191条第2款）、租赁合同（第222条）、承揽合同（第265条）、运输合同（第303条和第320条）、保管合同（第374条）、委托合同（第406条）等都规定了过错责任。因此，我国《合同法》关于违约责任的归责原则，实际上采取的是二元结构，即采无过错责任原则与过错责任原则相结合的二元体系。

（三）违约形态

违约形态，是违约行为形态的简称，是指根据违约行为违反义务的性质和特点而对违约行为所做的分类。

根据《合同法》第94条、第107条和第108条等规定，违约形态可分为预期违约与实际违约两种。

预期违约，又称期前违约、先期违约或毁约，是指当事人一方在合同规定的履行期限到来之前，明示或默示其将不履行合同，又分为明示的预期违约和默示的预期违约。

实际违约包括不履行和不完全履行。

不履行，又称完全不履行，是指债务人因某种事由而致履行不能，或者履行期限到来之后届满之前，债务人无正当理由拒绝履行债务的行为。前者称履行不能，后者称拒绝履行。

不完全履行包括迟延履行、不适当履行和其他不完全履行。

（1）迟延履行包括给付迟延和受领迟延，前者是指债务人在履行期限届满时，能够履行而没有近期履行债务；后者是指债权人对债务人已提供的给付未为及时接受。

（2）不适当履行，是指债务人履行了债务，但其履行有瑕疵或给债权人造成损害的情形，又可分为瑕疵给付与加害给付两种。瑕疵给付，是指债务人虽然履行了债务，但因履行有瑕疵，以致减少或丧失该履行本身的价值或效用，其所侵害的是债权人对于正确履行所能取得的利益，即履行利益，如债务人交付有传染病的家畜，使该家禽的价值减少等。加害给付，是指因债务人的不当履行造成债权人履行利益以外的其他损失，如债务人交付有传染病的家畜，致使债权人的其他家畜感染死亡等。

（3）其他不完全履行行为，是指除迟延履行、不适当履行以外的不完全履行行为。主要包括：①部分履行；②履行方法不当；③履行地点不当；④其他违反合同义务的行为。

二、违约责任的承担形式

（一）实际履行

实际履行，又称强制实际履行，我国现行合同立法称为继续履行，是指违约方不履行合同时，另一方有权请求法院强制违约方按合同规定的标的履行义务，而不得以支付违约金或赔偿金的方式代替履行。我国《合同法》第107条规定，当事人一方不履行合同义务或者履行合同义务不符合约定的，应当承担继续履行等违约责任。

《合同法》第109条和第110条针对金钱债务和非金钱债务两种情况中的实际履行问题分别做出了规定，根据其规定，构成实际履行应具备以下条件：①必须有违约行为，即《合同法》第109条规定的"当事人一方未支付价款或者报酬的"和第110条规定的"当事人一方不履行非金钱债务或履行非金钱债务不符合约定的"情况；②非违约方必须在合理期限内提出继续履行的请求，如果债权人在合理期限内未要求履行的，则不得强制实际履行；③必须是违约方能够继续履行合同。如法律上或者事实上不能履行，或者债务的标的不适于强制履行或者履行费用过高的，则不能适用强制实际履行。

（二）损害赔偿

损害赔偿，是指违约方因不履行或不完全履行合同义务而给对方造成损失，依法或根据合同规定应承担赔偿对方当事人所受损失的责任。在我国，依现行法律规定，违约损害赔偿责任的形式为金钱赔偿。

《民法通则》第112条规定："当事人一方违反合同的赔偿责任，应当相当于另一方因此所受到的损失。"《合同法》第113条规定："当事人一方不履行合同义务或者履行合同义务不符合约定，给对方造成损失的，损失赔偿额应当相当于因违约所造成的损失，包括合同履行后可以获得的利益，……"即违约损失赔偿采用完全赔偿原则，违约方不仅应赔偿受害人遭受的全部实际损失，还应赔偿可得利益的损失。所谓可得利益，是指合同在适当履行以后可以实现和取得的财产利益。为了公平地保护合同双方当事人的利益，法律对完全赔偿原则做出了适当的限制，主要包括以下规则。

▶ 1. 可预见性规则

《合同法》第113条规定，当事人一方不履行合同义务或者履行合同义务不符合约定，应当赔偿对方所造成的损失，但不得超过违反合同一方订立合同时预见到或者应当预见到的因违反合同可能造成的损失。

▶ 2. 过错相抵规则

过错相抵规则，又称与有过失规则或混合过错规则，是指在受害人对损失的发生或扩大也有过失的，可以减轻或免除赔偿责任的规则。我国《合同法》第120条规定："当事人双方都违反合同的，应当各自承担相应的责任。"即是关于过错相抵规则的具体规定。

▶ 3. 减轻损失规则

减轻损失规则，是指受害人不得就其本可采取合理措施予以避免的损失获得赔偿。我国现行立法对此做了明确规定，《合同法》第119条规定："当事人一方违约后，对方应当采取适当措施防止损失的扩大；没有采取适当措施致使损失扩大的，不得就扩大的损失要求赔偿。当事人因防止损失扩大而支出的合理费用，由违约方承担。"

(三) 违约金

违约金，是依当事人的约定或法律的规定，在一方当事人不履行合同义务时向他方给付的金钱。违约金有法定违约金和约定违约金。由法律直接规定数额和条件的是法定违约金；由当事人约定数额和支付条件的是约定违约金。有法定违约金的应执行法定违约金。法律在规定法定违约金时，又允许当事人约定违约金的，当事人的约定优先。

违约金还可分为惩罚性违约金和赔偿性违约金，前者是指受害人除请求支付违约金以外，更得请求强制实际履行或损害赔偿；后者是指受害人只能选择请求强制实际履行或支付违约金，不能双重请求，违约金只是当事人双方预先估计的损害赔偿总额。

我国《合同法》采取以赔偿性违约金为主，惩罚性违约金为辅的原则，其第114条规定："当事人可以约定一方违约时应当根据违约情况向对方支付一定数额的违约金，也可以约定因违约产生的损失赔偿额的计算方法。约定的违约金低于造成的损失的，当事人可以请求人民法院或者仲裁机构予以增加；约定的违约金过分高于造成的损失的，当事人可以请求人民法院或者仲裁机构予以适当减少。当事人就迟延履行约定违约金的，违约方支付违约金后，还应当履行债务。"根据《最高人民法院关于适用〈中华人民共和国合同法〉若干问题的规定（二）》的规定，当事人约定的违约金超过造成损失的30％的，一般可以认定为"过分高于造成的损失"。因此，除法律另有规定外，违约金视为预定的违约赔偿金。债权人请求债务人支付违约金的，不得同时请求其继续履行合同或者赔偿损失。只有在违约金是专门为迟延履行约定的情况下，其才具有惩罚性，它可以与继续履行并用。

(四) 定金

参见合同担保的相关内容。

(五) 采取补救措施

标的物有瑕疵的，债权人有权选择由债务人给予修理、更换、重作，并可以请求损害赔偿。我国《合同法》第111条规定："质量不符合约定的，应当按照当事人的约定承担违约责任。对违约责任没有约定或者约定不明确，依照本法第61条的规定仍不能确定的，受损害方根据标的的性质以及损失的大小，可以合理选择要求对方承担修理、更换、重作、退货、减少价款或者报酬等违约责任。"

三、免责事由

《合同法》虽然采取了无过错责任原则，但并不意味着违约方在任何情况下均须对其违约行为负责。在法律规定有免责事由的情况下，当事人不承担违约责任；在当事人以约定排除或限制其未来责任的情况下，也可能不承担违约责任或只承担一部分违约责任。

所谓免责事由，是指法定的或合同约定的当事人对其不履行合同债务不承担违约责任的条件。免责事由既可以是法律规定的，也可以是合同约定的。免责事由是合同不履行的免责事由，仅适用于合同责任。我国《合同法》规定的一般免责事由为不可抗力，当事人约定的免责事由包括免责条款和当事人约定的不可抗力条款。

(一) 不可抗力

不可抗力是指当事人在缔结合同时不能预见、不能避免且不能克服的客观情况，具体包括自然灾害、政府行为及社会异常事件。但对于当事人外部原因的第三人行为不属于不可抗力的范畴,而应归于通常事变。此外,不可抗力的范围当事人可通过合同加以约定。

现代各国普遍将不可抗力作为违约责任的免责事由,我国也不例外。我国《合同法》第117条和第118条对此做出明确规定:因不可抗力不能履行合同的,根据不可抗力的影响,部分或者全部免除责任,但法律另有规定的除外。当事人迟延履行后发生不可抗力的,不能免除责任。当事人一方因不可抗力不能履行合同的,应当及时通知对方,以减轻可能给对方造成的损失,并应在合理期限内提供证明。

(二)情势变更

情势变更亦称情势变迁,是指合同成立后,作为合同关系基础的情势,由于不可归责于当事人的原因,发生了非缔约当初所能预料的变化,如果坚持原来合同的效力,将会产生显失公平的结果,因而应将合同变更以至解除的制度。这一规则的实质在于,维护诚实信用原则的公正性,消除合同因情势变更所产生的不公平后果。其效果在于,使合同一方当事人取得单方变更或解除合同的权利。

情势变更原则作为大陆法系的一项重要制度,在我国《合同法》中并没有明确规定,但为我国司法实践所采纳。《合同法解释(二)》确立了这一制度,第26条规定:"合同成立以后客观情况发生了当事人在订立合同时无法预见的、由非不可抗力造成的、不属于商业风险的重大变化,继续履行合同对于一方当事人明显不公平或者不能实现合同目的,当事人请求人民法院变更或者解除合同的,人民法院应当根据公平原则,并结合案件的实际情况确定是否变更或者解除。"

(三)免责条款

免责条款,是当事人双方在合同中事先约定的、旨在限制或免除其未来责任的条款。免责条款是一种合同条款,它是合同的组成部分,但这并不意味着所有的免责条款均有效。《合同法》及相关法律中规定了一些免责条款无效的情形,如《合同法》第40条规定:"格式条款具有本法第52条和第53条规定情形的,或者提供格式条款一方免除其责任、加重对方责任、排除对方主要权利的,该条款无效。"第53条规定:"合同中的下列免责条款无效:①造成对方人身伤害的;②因故意或者重大过失造成对方财产损失的。"另外,《消费者权益保护法》第24条规定:"经营者不得以格式合同、通知、声明、店堂告示等方式做出对消费者不公平、不合理的规定,或者减轻、免除其损害消费者合法权益应当承担的民事责任。""格式合同、通知、声明、店堂告示等含有前款所列内容的,其内容无效。"因此,免责条款无效的原因实质上是违背公序良俗的原则。

拓展案例

甲与乙签订了服装加工合同,合同约定甲于9月1日交货,如甲未能如期交货,则应支付违约金5 000元。为完成该合同任务,甲向丙公司租用缝纫机一台,丙公司保证缝纫机一切运作正常,但如果出现故障,甲不能随意拆修。缝纫机在使用过程中出现故障,致使甲未能按期向乙厂交货,为此支付了5 000元违约金。甲私自拆卸缝纫机进行修理,致使缝纫机内部零件损坏而报废,该缝纫机价值1 000元。甲诉至法院要求丙公司赔偿其经济损失5 000元,而丙公司要求甲赔偿缝纫机价款1 000元。

思考:此案应如何处理?

拓展案例

甲公司与乙公司于2017年7月3日签订一份空调购销合同，约定甲公司从乙公司购进100台空调，每台空调单价2 000元，货到付款。乙公司于7月18日通过铁路发出该100台空调。甲公司由于发生资金周围困难，于7月19日传真告知乙公司自己将不能履行合同。乙公司收到传真后，努力寻找新的买家，于7月22日与丙公司签订了该100台空调的购销合同。合同约定：丙公司买下100台托运中的空调，每台单价1 900元，丙公司于订立合同时向乙公司支付10 000元定金，在收到货物后15天内付清全部货款；在丙公司付清全部货款前，乙公司保留对空调的所有权；如有违约，违约方应承担合同总价款20%的违约金。乙公司同时于当日传真通知甲公司解除与甲公司签订的合同。铁路运输公司在运输过程中于7月23日遇上泥石流，30台托运中的空调毁损。丙公司于7月26日收到70台完好无损的空调后，又与丁公司签订合同准备将这70台空调全部卖与丁公司。同时，丙公司以其未能如约收到100台空调为由拒绝向乙公司付款。

思考：

1. 乙公司在与甲公司的合同履行期届满前解除合同的理由是什么？
2. 遭遇泥石流而毁损的空调的损失应由谁承担？为什么？
3. 乙公司认为丙公司拒绝付款构成违约，决定不返还定金，还要求支付违约金，其主张能否得到支持？为什么？
4. 丙公司与丁公司所签合同的性质如何？为什么？
5. 乙公司将与甲公司的合同解除后，还能否要求甲公司进行损害赔偿？如果能，请问可以要求赔偿多少？如果不能，请问依据是什么？

复习思考题

1. 合同法的基本原则有哪些？
2. 合同订立的主要条款有哪些？
3. 缔约过失责任与违约责任有什么区别？
4. 无效合同有哪些表现形式？无效合同的处理结果如何？
5. 承担违约责任的形式有哪些？
6. 合同的法定解除条件有哪些？

第六章 知识产权法

学习目标

1. 全面了解知识产权法的保护范围。
2. 掌握商标注册的条件和程序、专利授予的条件和程序等。
3. 熟悉商标侵权和专利侵权行为的认定标准。
4. 理解著作权法保护的作品条件、保护的种类。
5. 能够运用所学知识,识别常见的商标侵权、专利侵权、著作权侵权行为,掌握维权的技巧。

案例导入

2010年9月,北漂歌手王旭和吉他手刘刚组成"旭日阳刚"组合,他俩赤裸上身,在一个简陋出租房内,用一把吉他伴奏,翻唱了歌手汪峰的《春天里》,并将视频放到互联网上迅速爆红。这段农民工版的《春天里》歌曲中宣泄出底层生活的困厄、迷茫与对生活执拗的热望,引起亿万中国网民的共鸣。

2011年央视兔年春节晚会上,"旭日阳刚"以草根明星的身份登上舞台,再度翻唱了这首《春天里》。之后"旭日阳刚"受各地邀请演唱《春天里》,出场费提高到3万~5万元。2011年春节晚会后,《春天里》作者汪峰正式向旭日阳刚"通牒",要求他们停止翻唱这首歌曲。

思考:运用已有的知识评价"旭日阳刚"禁唱事件。

第一节 知识产权法概述

一、知识产权的概念和特征

▶ 1. 知识产权的概念

知识产权是指智力成果的创造人对所创造的智力成果和工商活动的行为人对所拥有的标记依法所享有的权利的总称。传统的知识产权可分为工业产权和著作权（版权）两类。在我国，工业产权主要指专利权和商标权。随着科学技术的迅速发展，知识产权保护的范围不断扩大，不断涌现出新型的智力成果，如计算机软件、生物工程技术、遗传基因技术、植物新品种等，也是当今世界各国公认的知识产权的保护对象。

▶ 2. 知识产权的特征

知识产权作为一种无形财产权，与有形财产权相比较，具有以下特征。

（1）专有性。专有性即排他性。知识产权的专有性主要体现在两个方面：一是知识产权为权利人所独有，权利人垄断这种专有权并受到严格保护，没有法律规定或未经权利人许可，任何人不得使用权利人的知识产品；二是对同一项知识产品，不允许有两个或两个以上的主体同时对同一属性的知识产品享有权利。

（2）地域性。知识产权作为专有权在空间上的效力并不是无限的，而要受到地域的限制，仅限于本国境内。按照一国法律获得承认和保护的知识产权，只能在该国发生法律效力。

（3）时间性。知识产权作为一种民事权利，有时间上的限制。知识产权只在法律规定的期限内受到保护，一旦超过法律规定的有效期限，这一权利就自行消灭，而其客体就会成为整个社会的共同财富，为全人类所共同使用。

二、知识产权的范围

关于知识产权的范围，学术界和立法实践历来有不同的理解。根据我国《民法通则》的规定，知识产权包括著作权、专利权、商标权、发现权、发明权和其他科技成果权。而根据1967年签订的《建立世界知识产权组织公约》的有关规定，知识产权的范围如下。

（1）关于文学、艺术和科学作品的权利（即著作权）。

（2）关于表演艺术家的演出、录音制品和广播节目的权利（即邻接权）。

（3）关于人类在一切领域的发明的权利（即发明专利权及科技奖励意义上的发明权）。

（4）关于科学发现的权利（即发现权）。

（5）关于工业品外观设计的权利（即外观设计专利权或外观设计权）。

（6）关于商标、服务标志、厂商名称和标志的权利（即商标权、商号权）。

（7）关于制止不正当竞争的权利（即反不正当竞争权），以及一切在工业、科学、文学或艺术领域由于智力活动产生的其他权利。

此外，作为世界贸易组织规则重要组成部分的《与贸易有关的知识产权协议》对知识产权范围也做了明确的规定，其界定为：著作权及其相关权利（即邻接权）、商标权、地理标志权、工业品外观设计权、专利权、集成电路布图设计权、未公开信息的保护权（即商业秘密权）。

由于我国已经于1980年6月加入世界知识产权组织，因此，理论上普遍认为，我国认可该组织确定的知识产权范围。同时，我国也已经于2001年加入世界贸易组织，这表明，我国也认可世界贸易组织规则对知识产权范围的界定。但是，对知识产权的保护实际上取决于各国对知识产权的立法和执法水平。

三、知识产权法律体系

知识产权法是调整智力创造性劳动成果和商业识别性标记的法律过程中，即知识产权的取得、实施、转让、许可实施及法律保护过程中所产生的多种社会关系的法律规范的总称。在保护知识产权方面，全国人民代表大会常务委员会先后制定了《中华人民共和国商标法》（简称《商标法》）、《中华人民共和国专利法》（简称《专利法》）、《中华人民共和国著作权法》（简称《著作权法》），以及《中华人民共和国反不正当竞争法》（简称《反不正当竞争法》）等法律，国务院制定了《计算机软件保护条例》《植物新品种保护条例》《集成电路布图设计保护条例》和《知识产权海关保护条例》等16部行政法规，国家工商总局、国家版权局、国家知识产权局等国务院有关主管部门还制定了一系列部门规章。

第二节 商 标 法

一、商标法的相关概念

（一）商标

▶ 1. 商标的概念

商标是指由文字、图形、字母、三维标志和颜色组合，以及上述要素的组合，使用于一定的商品或者服务项目，用以区别商标使用者与同类商品的生产经营者或者同类服务业经营者的显著标记。

▶ 2. 商标的分类

商标依据不同的标准可以进行不同的分类。

（1）根据商标的结构，可将商标分为文字商标、图形商标、数字商标、三维商标以及组合商标。文字商标是以文字为主组成的商标，如"白玉"牙膏等。图形商标是指用图形构成的商标，如上海老城隍庙工艺品商店就是以城隍庙的图形作为商标。数字商标是以阿拉伯数字组成的商标，如"555"等。三维商标即立体商标，如某酒瓶的包装等。组合商标是以文字、图形、数字等组合起来的商标，它可以是上述要素的组合，也可以是其中两个或几个要素的组合。

（2）根据商标的用途，可将商标分为商品商标和服务商标。商品商标是用于生产销售的商品上的标记。服务商标是用于服务行业，以便与其他服务行业相区别的标记。

（3）根据商标的作用和功能，可将商标分为证明商标、集体商标、防御商标和联合商标。证明商标是指由对某种商品或者服务具有监督能力的组织所控制，而由该组织以外的单位或者个人使用于其商品或者服务，用以证明该商品或者服务的原产地、原料、制造方法、质量或者其他特定品质的标志。集体商标是指以团体、协会或者其他组织名义注册，供该组织成员在商事活动中使用，以表明使用者在该组织中的成员资格的标志。防御商标是将同一商标注册于不同的商品或服务上，构成一个防御体系，以防止他人在不同商品或服务上使用该商标给消费者造成混淆。联合商标是指在相同或类似商品或服务上注册的与已注册商标相近似的商标。

（4）根据商标在相关市场上的知名度，可将商标分为驰名商标、著名商标和知名商标。驰名商标是指由商标局认定的在市场上享有较高声誉并为相关公众所熟知的商标；著名商标是指由省级工商行政管理部门认可的，在该行政区划范围内具有较高声誉和市场知名度的商标；知名商标是指由市一级工商行政管理部门认可的，在该行政区划范围内具有较高声誉和市场知名度的商标。

（二）商标权

商标权是商标专用权的简称，是指商标主管机关依法授予商标所有人对其注册商标受国家法律保护的专有权。商标注册人拥有依法支配其注册商标并禁止他人侵害的权利，包括商标注册人对其注册商标的排他使用权、收益权、处分权、续展权和禁止他人侵害的权利。

（三）商标法

商标法是指调整商标的组成、注册、使用、管理和商标专用权的保护等的法律规范的总称。它的主要作用是加强商标管理，保护商标专业权，促进生产者和经营者保证商品质量和维护商标信誉，以保障消费者的利益，促进社会主义市场经济的发展。1983年3月1日实施并于1993年、2001年、2013年分别修订的《中华人民共和国商标法》（以下简称《商标法》），2002年9月15日实施并于2014年修订的《中华人民共和国商标法实施细则》（以下简称《实施细则》），以及《关于惩治假冒注册商标犯罪的补充规定》，是目前我国商标注册、管理与保护的基本法律。

二、商标权的法律关系

（一）商标权的主体

商标权的主体是指可以申请商标注册并享有商标专用权的单位和个人。根据《商标法》的规定，商标权的主体范围包括自然人、法人或者其他组织。国内自然人、法人或者其他组织对其生产、制造、加工、拣选或者经销的商品或提供的服务项目，需要取得商标专用权的，均可作为商品商标、服务商标的注册申请人。工商业团体、协会或者其他集体组织才有资格申请集体商标。根据《商标法》《集体商标、证明商标注册和管理办法》的规定，国内申请证明商标的注册申请人必须是对商品和服务的特定品质具有检测和监督能力的组织。外国人或外国企业在我国取得商标权的，按其所属国与我国签订的协议或共同参加的国际条约或对等原则办理。

（二）商标权的客体

商标权的客体是指经商标局核准注册的商标，即注册商标。未注册商标，其使用人不享有专用权，因而不能成为商标权的客体。注册商标包括商品商标、服务商标、集体商标和证明商标等。

▶ 1. 申请注册的商标应当具备的条件

（1）商标应当具备显著性。《商标法》规定，申请注册的商标，应当有显著特征，便于识别，并不得与他人在先取得的合法权利相冲突。商标具备的这种显著性，可以通过两种方式产生，一是商标本身具有显著性；二是通过长期的使用获得商标的显著性。

（2）商标应当符合可视性要求。《商标法》规定，任何能够将自然人、法人或者其他组织的商品与他人的商品区别开的可视性标志，包括文字、图形、字母、数字、三维标志和颜色组合，以及上述要素的组合，均可以作为商标申请注册。由此可见，气味标志、音响标志不能成为注册商标。

▶ 2. 商标的禁用条款

（1）同中华人民共和国的国家名称、国旗、国徽、军旗、勋章相同或者近似的，以及同中央国家机关所在地特定地点的名称或者标志性建筑物的名称、图形相同的。

（2）同外国的国家名称、国旗、国徽、军旗相同或者近似的，但该国政府同意的除外。

（3）同政府间国际组织的名称、旗帜、徽记相同或者近似的，但经该组织同意或者不易误导公众的除外。

（4）与表明实施控制、予以保证的官方标志、检验印记相同或者近似的，但经授权的除外。

（5）同"红十字""红新月"的名称、标志相同或者近似的。

（6）带有民族歧视性的。

（7）夸大宣传并带有欺骗性的。

（8）有害于社会主义道德风尚或者有其他不良影响的。

（9）县级以上行政区划的地名或者公众知晓的外国地名。但是，地名具有其他含义或者作为集体商标、证明商标组成部分的除外。已经注册的使用地名的商标继续有效。

（三）商标权的内容

商标权的内容是指商标权人对其注册商标依法享有的各种权利和应承担的义务。

▶ 1. 商标权人的权利

（1）专有使用权。商标权人可在核定的商品上独占性地使用核准的商标，并通过使用获得其他合法权益。专有使用权具有相对性，只能在法律规定的范围内使用。

（2）禁止权。禁止权是指注册商标所有人有权禁止他人未经其许可，在同一种或者类似商品或服务项目上使用与其注册商标相同或近似的商标。

根据我国《商标法》的规定，注册人的专有使用权以核准的注册商标和核定使用的商品为限。

（3）许可使用权。许可权是指注册商标所有人通过签订许可使用合同，许可他人使用其注册商标的权利。

（4）转让权。转让权是指注册商标所有人按照一定的条件，依法将其商标权转让给他人所有的行为。转让经商标局核准公告后方为有效。

▶ 2. 商标权人的义务

（1）应当标明注册标记。凡使用注册商标的，应当标明"注册商标"字样，或者标明"®"标记。

（2）依法使用注册商标的义务。我国《商标法》规定，商标经核准注册后，连续 3 年停止使用的，商标局可以撤销该注册商标。

（3）保证使用注册商标的商品或服务的质量。商标权人有义务保证其生产经营的商品或服务的质量。许可他人使用其注册商标时，应当监督被许可人使用其注册商标的商品或者服务的质量。

（4）缴纳费用的义务。商标权人有义务按时缴纳使用注册商标所规定的各项费用。

三、商标的注册

商标注册，是指商标所有人为了取得商标专用权，将其使用的商标，依照国家规定的注册条件、原则和程序，向商标局提出注册申请，商标局经过审核，准予注册的法律事实。经商标局审核注册的商标，便是注册商标，享有商标专用权。商标注册制度有着重要的意义，它是保护商标专用权的一种基本法律制度，同时商标标志着商品质量，也是消费者认购商品的依据。

（一）商标注册的原则

▶ 1. 自愿注册原则

自愿注册原则是指使用在某种商品上的商标是否申请注册完全由商标使用人自行决定。要取得商标专用权，就应注册，否则可以不注册。但自愿注册原则在我国《商标法》中有例外，对人用药品和烟草制品，我国实行强制注册。

▶ 2. 申请在先的原则

两个或两个以上的申请人，在同一种商品或类似商品上，以相同或相近的商标申请注册的，初步审定并公告申请在先的商标。同一天申请的，由国家商标局通知申请人在 30 日内提交该商标实际使用日期的有效证明，初步审定并公告使用在先的商标，驳回其他人的申请。若申请商标系同日使用或均未使用的，商标局通知申请人自行协商。若达不成协议的，由申请人抽签决定，或者由商标局裁定。

▶ 3. 优先权原则

商标注册申请的优先权是指符合法定条件的商标注册申请人享有的将实际特定日期的申请日提前到某一特定日期的权利。根据《商标法》的规定，有两种情形：①商标注册申请人自其商标在外国第一次提出商标注册申请之日起 6 个月内，又在中国就相同商品以同一商标提出商标注册申请的，依照该外国同中国签订的协议或者共同参加的国际条约，或者按照互承认优先权的原则，可以享有优先权。②商标在中国政府主办的或者承认的国际展览会上展出的商品上首次使用的，自该商品展出之日起 6 个月内，该商标的注册申请人可以享有优先申请权。

▶ 4. 一份商标一份申请的原则

申请商标注册的，应当按规定的商品分类填报使用商标的商品类别和使用名称。商标注册申请人在不同类别的商品上申请注册同一商标的，应当按商品分类表提出注册申请。注册商标需要在同一类的其他商品上使用的，应当另行提出申请。注册商标需要改变其标志的，应当重新提出注册申请。注册商标需要变更注册人的名义、地址或者其他注册事项的，应当提出变更申请。总之，商标注册申请采用"一类商品，一种商标，一份申请"的方式。

（二）商标注册的审查与核准

▶ 1. 商标注册的审查

商标注册的初步审查包括形式审查和实质审查。形式审查主要是对商标注册申请的书面文件、手续是否符合法律规定的审查。实质审查是对申请注册商标的构成要素、要素的含义以及要素的客观效果等进行的审查。实质审查的主要内容包括：①申请注册的商标是否具有显著特征，便于识别；②申请注册的商标是否与已注册在相同或类似商品或服务上的商标相同或近似；③申请注册的商标是否违背《商标法》的禁止规定，是否与申请在先的商标及已撤销、失效并不满1年的注册商标相混同。

商标进行实体内容审查之后，有两种结果：一是初步审定，予以公告；二是驳回申请和复审。初步审定指商标局对符合形式审查和实体内容审查的申请注册商标做出可以核准注册的结论，但此时该商标还未取得商标权，而是应当公告，由全社会对商标局初步审定的结果进行监督，增加商标审查工作的透明度。另外，也是为商标注册人和在先申请人提供维护自身权益，避免商标局核准注册与自己的商标相同或者相近的商标，减少商标注册后可能发生的争议。申请注册的商标，凡不符合《商标法》规定的，由商标局驳回申请，不予公告。

▶ 2. 商标的异议和核准

对初步审定的商标，自公告之日起3个月内，任何人均可以提出异议。对初步审定予以公告的商标提出异议的，商标局应当听取异议人和被异议人陈述事实和理由，经调查核实后，做出裁定。当事人不服的，可以自收到通知之日起15日内向商标评审委员会申请复审，由商标评审委员会做出裁定，并书面通知异议人和被异议人，当事人对商标评审委员会的裁定不服的，可以自收到通知之日起30日内向人民法院起诉。人民法院应当通知商标复审程序的对方当事人作为第三人参加诉讼。当事人在法定期限内对商标局做出的裁定不申请复审或者对商标评审委员会做出的裁定不向人民法院起诉的，裁定生效。

经裁定异议不能成立的，予以核准注册，发给商标注册证，并予以公告；经裁定异议成立的，不予核准注册。经裁定异议不能成立而核准注册的，商标注册申请人取得商标专用权的时间自初审公告3个月期满之日起计算。

商标的注册核准是指商标经商标局初步审定公告期满，没有人提出异议，或经裁定异议不能成立的，商标局对申请注册的商标予以注册。申请注册的商标一经商标局核准，就标志着申请人取得了注册商标专用权。

四、注册商标的转让和使用许可

▶ 1. 注册商标的转让

注册商标的转让是指注册商标所有人依法将因注册商标产生的商标权转让给他人的行为。根据《商标法》的规定，转让注册商标的，转让人和受让人应当签订转让协议，并共同向商标局提出申请。转让注册商标经商标局核准后，发给受让人相应证明，并予以公告。受让人自公告之日起享有商标专用权。

商标权的转让有其特殊性，因为商标是表明商品和服务来源的标志，与商品、服务的质量相关，并涉及企业的声誉和信誉。我国《商标法》也明确规定了受让人应当履行保证使用该注册商标的商品质量的义务,且在转让过程中,遵循法律的限制性规定:①类似商品使用同一注册商标的不得分割转让,其专用权应全部转让;②已经许可他人使用的商标不得随意转让,只有在征求被许可人同意的情况下转让;③由于集体商标关系到该商标特殊集体的利益,属于特殊商标,一般不允许转让;④联合商标不得分开转让,联合商标是指商标所有人在同一种或同类商品上注册的若干近似商标,这些商标中首先注册或主要使用的商标为正商标,其余为正商标的联合商标;⑤共同所有的商标,任何一个共有人或部分共有人不得私自转让。

▶ **2. 注册商标的使用许可**

注册商标的使用许可是指注册商标所有人或其授权人将注册商标部分或全部使用权许可给他人使用的法律行为。

注册商标的使用许可应当符合下列条件:①许可人是被许可的注册商标的所有人或有充分处置权的人;②被许可人有生产使用许可的商品的资格;③使用许可的商标在法律保护的期限内,凡使用许可期限不得超过该注册商标的有效期限;④使用许可的商品在该注册商标核定使用的商品范围内;⑤使用许可的商标与注册商标一致。

根据《商标法》的规定,商标注册人可以通过签订商标使用许可合同,许可他人使用其注册商标。许可人应当监督被许可人使用其注册商标的商品质量。被许可人应当保证使用该注册商标的商品质量。经许可使用他人注册商标的,必须在使用该注册商标的商品上标明被许可人的名称和商品产地。商标使用许可合同应当报商标局备案。

▶ **3. 商标权的保护**

我国《商标法》规定,注册商标的有效期限为10年,自核准注册之日起计算。注册商标有效期满,需要继续使用的,应当在期满前6个月内申请续展注册;在此期间未能提出申请的,可以给予6个月的宽限期。

▶ **4. 商标侵权行为**

商标侵权行为是指违反商标法规定,侵犯他人注册商标专用权的行为。商标侵权行为的种类和认定如下。

(1) 未经商标注册人的许可,在同一种商品或者类似商品上使用与其注册商标相同或者近似的商标的。这里所称类似商品,是指在功能、用途、生产部门、销售渠道、消费对象等方面相同,或者相关公众一般认为其存在特定联系、容易造成混淆的商品。

(2) 销售侵犯注册商标专用权的商品的。

(3) 伪造、擅自制造他人注册商标标识或者销售伪造、擅自制造的注册商标标识的。商标标识是指构成商标图样的文字、图形或者其结合的物质实体,如商标纸、商标文牌。

(4) 未经商标注册人同意,更换其注册商标并将该更换商标的商品又投入市场的。

(5) 给他人的注册商标专用权造成其他损害的。

▶ **5. 侵犯注册商标专用权的法律责任**

(1) 民事责任。民事责任主要包括停止侵害、消除影响、赔偿损失等。其中,根据《商标法》的规定,侵犯商标专用权的赔偿数额,为侵权人在侵权期间因侵权所获得的利益,或者被侵权人在被侵权期间因被侵权所受到的损失,包括被侵权人为制止侵权行为所支付的合理开支,如权利人或者委托代理人对侵权行为进行调查、取证的费用等。上述所称侵权人因侵权所得利益,或者被侵权人因被侵权所受损失难以确定的,由人民法院根据侵权行为的情节判决给予50万元以下的赔偿。销售不知道是侵犯注册商标专用权的商品，能证明该商品是自己合法取得的并说明提供者的，不承担赔偿责任。

（2）行政责任。行政责任主要包括：①责令立即停止侵权行为；②没收、销毁侵权商品和专门用于制造侵权商品、伪造注册商标标识的工具；③罚款。根据规定，工商行政管理部门可以根据情节处以非法经营额20%以下或者非法获利2倍以下的罚款；对侵犯注册商标专用权单位的直接责任人员，可根据情节处以1万元以下的罚款。

（3）刑事责任。人民法院对假冒他人注册商标，伪造、擅自制造他人注册商标标识或者销售伪造、擅自制造的注册商标，以及销售明知是假冒注册商标的商品等情节严重构成犯罪行为的直接责任人员，依法追究刑事责任。

拓展案例

据2009年2月21日报道，中国全聚德股份有限公司将秀水市场六楼的全聚德烤鸭店告上朝阳法院，称后者是冒牌经营，并索赔50万余元。全聚德公司起诉说，北京富兰克餐饮公司在报纸上刊登广告称，"北京全聚德餐饮公司秀水店开业在即"，2008年10月，他们再次发现，秀水全聚德店已在秀水市场六楼正式营业，经营内容与全聚德几乎相同。而秀水街的外墙平面广告、餐馆门口及店内装潢、菜单、餐具、员工工牌等位置，均含有全聚德文字或标识。其销售经理的名片上，更是标有"北京全聚德秀水店"的字样。全聚德公司将富兰克公司、秀水市场、市场产权人三方告上法院称，未经许可，富兰克公司使用"全聚德"字样发布招聘广告，误导公众，构成了不正当竞争，据此，全聚德公司要求富兰克公司等三方返还炉具、停止使用全聚德商标，并赔偿50万余元。

思考：
1. 简述注册商标的使用范围。
2. 全聚德公司是否有禁止他人使用其注册商标的权利？为什么？
3. 富兰克公司是否可以将"全聚德"商标用在烤鹅上？为什么？

第三节　专　利　法

一、专利法的相关概念

▶ 1. 专利

"专利"一词作为法律术语系外来词，原指由国家授予某项可公开的发明的垄断权。在我国专利法与日常生活中，"专利"一词通常有三种含义：一是专利权的简称，也是专利最基本的含义，即国家专利机关依法授予专利申请人对其发明创造在一定期限内享有独占权；二是被授予专利的发明创造，一般包括发明、实用新型和外观设计；三是指专利技术的专利文献。

▶ 2. 专利权

专利权，是指专利权人在法定期限内对其发明创造成果享有的专有权利。它是国家专利行政部门授予发明人或申请人生产经营其发明创造并禁止他人生产经营其发明创造的某种特权，是对发明创造的独占的排他权。

▶ 3. 专利法

专利法是指调整因发明创造的开发、实施及其保护等发生的各种社会关系的法律规范的总称。专利法有狭义和广义之分。狭义的专利法仅指全国人民代表大会常务委员会通过的《专利法》。目前，我国的专利法律体系主要包括：1985年4月1日实施，并分别于1992年、2000年和2008年修订的《中华人民共和国专利法》；2001年7月1日实施，并于2002年和2010年修订的《中华人民共和国专利法实施细则》；其他涉及专利技术使用、管理和保护的法律、法规。

二、专利权的法律关系

（一）专利权的主体

专利权的主体是指具体参加特定的专利权法律关系并享有专利权的人。根据《专利法》的规定，发明人或者设计人、职务发明创造的单位、合法受让人、外国人等都可以成为专利权的主体。

▶ 1. 发明人或设计人

发明人或者设计人，是指对发明创造的实质性特点做出创造性贡献的人。在完成发明创造的过程中，只负责组织工作的人、为物质技术条件的利用提供方便的人或者从事其他辅助工作的人，不是发明人或者设计人。发明人或者设计人一定是自然人。

我国《专利法》第6条规定，对于非职务发明创造，申请专利的权利属于发明人或设计人；申请被批准后，专利权归发明人或设计人所有。非职务发明创造，通常是指不在任何单位工作的独立的发明人或设计人完成的发明创造，或者单位工作人员离、退休或离职1年后完成的发明创造，或者虽然是单位的工作人员，但不是执行本单位任务，也不是主要利用本单位物质条件所完成的发明创造。

▶ 2. 发明人或设计人所属单位

职务发明创造是指发明人或者设计人执行本单位的任务，或者主要是利用本单位的物质技术条件所完成的发明创造。

职务发明创造分为两类。

（1）第一类为执行本单位的任务完成的发明创造。包括：①在本职工作中做出的发明创造；②履行本单位交付的本职工作之外的任务所做出的发明创造；这里所称本单位，包括临时工作单位；③退休、调离原单位后或者劳动、人事关系终止后1年内做出的，与其在原单位承担的本职工作或者原单位分配的任务有关的发明创造。

（2）第二类为主要利用本单位的物质技术条件完成的发明创造。这里所称本单位的物质技术条件，是指本单位的资金、设备、零部件、原材料或者不对外公开的技术资料等。

另外，我国《专利法》还规定，两个以上单位或者个人合作完成的发明创造、一个单位或者个人接受其他单位或者个人委托所完成的发明创造，除另有协议的以外，申请专利的权利属于完成或者共同完成的单位或者个人；申请被批准后，申请的单位或者个人为专利权人。

3. 合法受让人

我国《专利法》明确规定：专利申请权和专利权可以转让。因此，一项发明创造的专利申请人、专利权人可以依法转让其专利申请权和专利权。依法转让后，申请专利的权利属于合法受让人；申请被批准后，合法受让人为专利权人。

4. 外国人

外国人是指不具有中华人民共和国国籍的人，包括外国的自然人和法人。主要有两种情况：在中国有经常居所或者营业所的外国人、外国企业或者外国其他组织在中国申请专利的，享有与我国国民同等的待遇。

在中国没有经常居所或者营业所的外国人、外国企业或者外国其他组织在中国申请专利的，依照其所属国同中国签订的协议或者共同参加的国际条约，或者依照互惠原则，根据《专利法》的规定处理。

（二）专利权的客体

专利权的客体，也称专利法保护的对象，是指可以获得专利法保护的发明创造，包括发明、实用新型和外观设计。

1. 发明

我国专利法所称的发明是指对产品、方法或者对该产品、方法进行改进所提出的新的技术方案。

发明具有以下特征：①发明是利用自然规律而进行的创造。需要指出的是，发明与发现不同，发现是对自然规律本身的新的认识，并不是利用，因此发现不能称为发明。②发明是具体的技术方案。发明应能够解决特定的技术难题，必须产生一定的技术效果，具有一定的实用性。

发明包括产品发明、方法发明和改进发明。

2. 实用新型

实用新型是指对产品的形状、构造或者其结合所提出的适于实用的新的技术方案。

实用新型具有以下特征：①实用新型是一种新的技术方案。实用新型必须具有一定的创新性，与现有技术方案相比，它必须具有创造性。②实用新型必须具有实用价值，能够实施，可以用工业方法再现。③实用新型要求产品必须是具有同样的形状、构造的产品。气态、液态、凝胶状或颗粒粉末状的物质或者材料，不属于实用新型的产品范围。

与发明相比，由于实用新型的创造水平较低，故又称"小发明"。

3. 外观设计

外观设计是指对产品的形状、图案或者其结合，以及色彩与形状、图案的结合所做出的富有美感并适于工业应用的新设计。

外观设计具有以下特征：①外观设计必须以产品为载体。②外观设计以产品的形状、图案、色彩或者其结合为要素。③外观设计富有美感，外观设计包含的是美术思想，即解决产品的视觉效果问题，而不是技术思想，这一点与实用新型相区别。④外观设计必须能在产业上应用。外观设计必须能够用于生产经营目的的制造或生产。如果设计不能用工业的方法复制出来，或者达不到批量生产的要求，就不是专利法意义上的外观设计。

（三）专利权的内容

专利权的内容是指专利权人依法享有的各种权利和应承担的义务。

1. 专利权人的权利

(1) 独占权。发明或实用新型专利权被授予后,任何单位或者个人未经专利权人许可,都不得实施其专利,即不得为生产经营目的制造、使用、许诺销售、进口其专利产品,或者使用专利方法以及使用、许诺销售、进口依照该专利方法直接获得的产品。

外观设计专利权被授予后,任何单位和个人未经专利权人许可,都不得实施其专利,即不得为生产经营目的制造、销售和进口其外观设计专利产品。

(2) 许可实施权。专利权人有权许可他人实施其专利技术并获得专利使用费。《专利法》规定,任何个人和单位实施他人专利时,除法律另有规定外,都必须与专利权人订立书面实施许可合同,向专利权人支付专利费用。被许可人不得允许合同规定以外的任何单位和个人实施该专利。

(3) 转让权。转让权是指专利权人将其专利转移给他人所有。专利权转让的方式有出卖、赠予和投资入股等。转让专利权的,当事人应当订立书面合同,并向国务院专利行政部门登记,由国务院专利行政部门予以公告。专利权的转让自登记之日起生效。

(4) 标记权。专利权人有权在其专利产品或者该产品的包装上标明专利标记和专利号。

(5) 放弃权。专利权人有权通过向专利局提交书面申请或以不缴纳年费的方式放弃其专利权。

(6) 请求保护权。当专利权没有得到专利权人的许可,擅自利用专利技术而构成的侵权行为,专利权人有权要求侵犯人停止侵权行为并赔偿经济损失。

2. 专利权人的义务

(1) 缴纳专利年费的义务,专利权人应当自被授予专利权的当年开始缴纳年费,不履行该义务,其专利权将终止。

(2) 实施发明创造专利的义务。专利权人有自己在中国制造其专利产品,使用其专利方法的义务。

(3) 依法给予奖励和报酬的义务。被授予专利权的单位应当对职务发明创造的发明人或者设计人给予奖励;发明创造专利实施后,根据其推广应用的范围和取得的经济效益对发明人或者设计人给予合理的报酬。

三、专利权的取得

(一) 专利权的申请原则

1. 单一性原则

单一性原则是指一份专利申请文件只能就一项发明创造提出专利申请,即"一申请一发明"原则。属于一个总发明构思的两项以上的发明或者实用新型;同一产品两项以上的相似外观设计,或者用于同一类别并且成套出售或者使用的产品的两项以上外观设计,可以作为一件申请提出。

2. 先申请原则

先申请原则是指在两个以上的申请人分别就同样的发明创造申请专利的情况下,对先提出申请的申请人授予专利权。如果两个以上申请人在同一日分别就同样的发明创造申请专利的,由申请人自行协商确定,申请人不能达成协定的,由中国专利主管机关做出决定。

3. 优先权原则

优先权原则是指专利申请人首次提出申请后,又就相同主题或专利在一定时间内提出申请时享有的依首次申请日进行审查的一种权利。我国专利申请的优先权包括外国优先权和本国优先权。

外国优先权,是指申请人自发明或者实用新型在外国第一次提出专利申请之日起12个月内,或者自外观设计在外国第一次提出专利申请之日起6个月内,又在中国就相同主题提出专利申请的,依照该外国同中国签订的协议或者共同参加的国际条约,或者依照相互承认优先权的原则,可以享有优先权。

本国优先权,是指申请人自发明或者实用新型在中国第一次提出专利申请之日起12个月内,又向国务院专利行政部门就相同主题提出专利申请的,可以享有优先权。

(二)专利权的取得条件

1. 发明和实用新型专利权取得的条件

授予专利权的发明和实用新型,应当具备新颖性、创造性和实用性。

(1)新颖性,是指在申请人以前没有同样的发明创造在国内外出版物上公开发表过、在国内公开使用过、或者以其他方式为公众所知、没有同样的发明创造由他人向专利局提出过专利申请,并且记载在申请日以后公布的专利申请文件中。

(2)创造性,是指同申请日以前的已有技术相比,该发明有突出的实质性特点和显著进步,该实用新型有实质性特点和进步。

(3)实用性,是指该发明或者实用新型能够制造或者使用,并且能够产生积极效果。实用性作为授予专利权的必备条件之一,是专利制度旨在推动技术进步和经济发展的必然要求。

2. 外观设计专利权取得的条件

授予专利权的外观设计,应当同申请日以前在国内外出版物上公开发表过或国内公开使用过的外观设计不相同或不相近。可见,对外观设计新颖性的要求,出版物方式的书面公开以世界地域为标准,使用公开则以本国地域为标准。此外,授予专利权的外观设计,还应当具有美感并适于工业上应用。

根据《专利法》的规定,不能授予专利权的项目包括:①违反国家法律、社会公德或者妨碍公共利益的发明创造;②科学发现;智力活动的规则和方法;③疾病的诊断和治疗方法;④动物和植物品种,但其生产方法可依法授予专利权;⑤用原子核变换方法获得的物质。

(三)专利权取得程序

1. 专利申请

专利权不能自动取得,申请人必须履行《专利法》规定的专利申请手续,向国务院专利行政部门提交必要的申请文件。

(1)确定申请日。国务院专利行政部门收到专利申请文件之日为申请日。如果申请文件是邮寄的,以寄出的邮戳日为申请日。

(2)提交申请专利文件。根据《专利法》的规定,申请发明或者实用新型专利的,应当提交请求书、说明书及其摘要和权利要求书等文件；申请外观设计专利的，应当提交请求书、该外观设计的图片或者照片等文件，并且应当写明使用该外观设计的产品及其所属的类别。如有必要，国务院专利行政部门可以要求申请人提交使用该外观设计的样品或者模型。

《专利法》允许申请人可以在被授予专利权之前随时撤回其专利申请。

▶ 2. 专利申请的审查批准

（1）发明专利申请的审查批准程序如下。

① 初步审查。初步审查也叫形式审查，主要包括以下内容：专利申请是否具备《专利法》规定的申请文件和其他必要的文件，以及这些文件是否符合规定的格式；发明专利申请是否明显属于违反国家法律、社会公德或者妨害公共利益的发明创造；发明专利申请是否明显属于不授予专利权的项目；专利申请人是否符合申请人主体资格；专利申请是否明显不符合申请主题单一性原则；专利申请文件的修改是否符合要求；申请发明专利是否合适；专利申请文件尤其是说明书和权利要求书的撰写是否符合《专利法》规定的格式和内容，等等。

② 申请公开。国务院专利行政部门对发明专利申请经初步审查认为符合《专利法》规定要求的，自申请日起满18个月，即行公布。国务院专利行政部门还可以根据申请人的请求早日公布其申请。

③ 实质审查。实质审查是国务院专利行政部门根据申请人的请求，对发明的新颖性、创造性、实用性等实质性条件进行的审查。

发明专利申请自申请日起3年内，国务院专利行政部门可以根据申请人随时提出的请求，对其申请进行实质审查；申请人无正当理由逾期不请求实质审查的，该申请即被视为撤回。国务院专利行政部门认为必要时，可以自行对发明专利申请进行实质审查。

④ 授权决定或驳回申请。发明专利申请经实质审查没有发现驳回理由的，由国务院专利行政部门做出授予发明专利权的决定，发给发明专利证书，同时予以登记和公告。发明专利权自公告之日起生效。

国务院专利行政部门对发明专利申请进行实质审查后，认为不符合《专利法》规定的，应当通知申请人，要求其在指定的期限内陈述意见，或者对其申请进行修改；无正当理由逾期不答复的，该申请即被视为撤回。发明专利申请经申请人陈述意见或者进行修改后，国务院专利行政部门仍然认为不符合《专利法》规定的，应当予以驳回。

（2）实用新型和外观设计专利申请的审查批准程序如下。

国务院专利行政部门受理实用新型和外观设计专利申请后，只进行初步审查，不进行申请公开和实质审查程序。

实用新型和外观设计专利申请经初步审查没有发现驳回理由的，由国务院专利行政部门做出授予实用新型专利权或者外观设计专利权的决定，发给相应的专利证书，同时予以登记和公告。实用新型专利权和外观设计专利权自公告之日起生效。

▶ 3. 专利的复审

复审是指专利申请人对国务院专利行政部门驳回其专利申请不服的，请求专利复审委员会对其专利申请进行再审。

专利申请人对国务院专利行政部门驳回申请的决定不服的，可以自收到通知之日起3

个月内，向专利复审委员会请求复审。专利复审委员会复审后，做出复审决定，并通知专利申请人。专利申请人对专利复审委员会的复审决定不服的，可以自收到通知之日起3个月内向人民法院起诉。

▶ 4. 专利权的无效

专利权无效是指已经取得的专利权因不符合《专利法》的规定，根据有关单位或个人的请求，经专利复审委员会审核后被宣告无效。

请求宣告专利权无效的单位或个人，应当向专利复审委员会提出请求书，并说明理由。专利复审委员会收到请求宣告专利权无效的请求书后，应当及时审查和做出决定，并通知请求人和专利权人。宣告专利权无效的决定，由国务院专利行政部门登记和公告。对专利复审委员会宣告专利权无效或者维持专利权的决定不服的，可以自收到通知之日起3个月内向人民法院起诉。人民法院应当通知无效宣告请求程序的对方当事人作为第三人参加诉讼。

宣告无效的专利权视为自始即不存在。宣告专利权无效的决定，对在宣告专利权无效前人民法院做出并已执行的专利侵权的判决、调解书，已经履行或者强制执行的专利侵权纠纷处理决定，以及已经履行的专利实施许可合同和专利权转让合同，不具有追溯力。但是因专利权人的恶意给他人造成的损失，应当给予赔偿。

四、专利的实施

专利的实施是指专利权人或者他人在中国境内为了生产经营的目的制造、使用和销售专利产品或者专利使用方法。

▶ 1. 专利权人自己实施

专利权人取得专利之后，自己可以制造产品，使用其方法，取得经济效益。专利权人自己实施可分为两种情况：一是专利权人自己单独实施；二是专利权人将专利作为投资，与他人合资经营进行合作实施。

▶ 2. 许可他人实施

专利权人可以通过订立许可合同的方式，许可他人实施其专利，获得使用费。

▶ 3. 依国家需要指定实施

专利的指定实施是指国家主管机关基于国家利益和公共利益的需要，对重要的发明创造专利指令推广应用的特殊实施。

▶ 4. 专利实施的强制许可

强制许可也称非自愿许可，是指国务院专利行政部门依照法定条件和程序颁布的实施专利的一种强制性许可方式。申请人获得这种许可后，不必经专利权人的同意，就可以实施发明或者实用新型专利。

实施强制许可的法定情形有三种。

（1）具备实施条件的单位以合理的条件请求发明或者实用新型专利权人许可实施其专利，而未能在合理长的时间内获得许可，国务院专利行政部门可以给予实施发明专利或者实用新型专利的强制许可。

（2）在国家出现紧急状态或者非常情况时，或者为了公共利益的目的，国务院专利行政部门可以给予实施发明专利或者实用新型专利的强制许可。

（3）一项取得专利权的发明或者实用新型比前一项已经取得专利权的发明或者实用新型具有显著经济意义的重大技术进步，其实施又有赖于前一项发明或者实用新型的实施的，国务院专利行政部门根据后一专利权人的申请，可以给予实施前一项发明或者实用新型的强制许可。

五、专利权的保护

▶ 1. 专利权的保护期限

发明专利权的期限为20年，实用新型专利权和外观设计专利权的期限为10年，均自申请日起计算。

▶ 2. 专利权的保护范围

根据《专利法》的规定，发明或者实用新型专利权的保护范围以其权利要求的内容为准，说明书及附图可以用于解释权利要求的内容。外观设计专利权的保护范围以表示在图片或者照片中该产品的外观设计为准，简要说明可以用于解释图片或者照片所表示的该产品的外观设计。

▶ 3. 专利侵权行为

专利侵权行为是指除法律规定以外，任何单位或个人未经专利权人同意，以生产经营为目的的实施他人专利的行为。具体包括：①制造、使用、销售或进口他人的发明或实用新型专利产品；②使用他人的专利方法；③使用、销售或进口依照他人专利方法直接获得的产品；④制造、销售或他人的外观设计专利产品。

根据《专利法》的规定，有下列情形之一的，不视为侵犯专利权。

（1）专利权用尽。专利产品或者依照专利方法直接获得的产品，由专利权人或者经其许可的单位或个人售出后，使用、许诺销售、销售、进口该产品的。

（2）先用权人的实施。在专利申请日前已经制造相同产品、使用相同方法或者已经做好制造、使用的必要准备，并且仅在原有范围内继续制造、使用的。

（3）临时过境。临时通过中国领陆、领水、领空的外国运输工具，依照其所属国同中国签订的协议或者共同参加的国际条约，或者依照互惠原则，为运输工具自身需要而在其装置和设备中使用有关专利的。

（4）专为科学研究和实验而使用有关专利的。为提供行政审批所需要的信息，制造、使用、进口专利药品或者专利医疗器械的，以及专门为其制造、进口专利药品或者专利医疗器械的。

▶ 4. 侵害专利权的法律责任

侵害专利权行为的法律责任包括民事责任、行政责任和刑事责任。

（1）民事责任。民事责任主要表现为停止侵害，赔偿损失。根据《专利法》的规定，侵犯专利权的赔偿数额按照权利人因被侵权所受到的实际损失确定；实际损失难以确定的，可以按照侵权人因侵权所获得的利益确定。权利人的损失或者侵权人获得的利益难以确定的，参照该专利许可使用费的倍数合理确定。

（2）行政责任。行政责任主要有责令停止侵权行为，没收非法收入或者侵权产品，罚款及给予有关责任人员行政处分等形式。

（3）刑事责任。《专利法》规定了三种违法行为构成犯罪：①假冒他人专利，构成犯罪的,依法追究刑事责任;②违反专利法规定向外国申请专利,泄露国家秘密,构成犯罪的,依法追究刑事责任;③从事专利管理工作的国家机关工作人员、其他有关国家机关工作人员玩忽职守、滥用权利、徇私舞弊,构成犯罪的,依法追究刑事责任。

拓展案例

甲厂委托乙研究所研制一种水稻收获机,研究经费由甲厂负担,双方未就技术成果权的归属做出约定。乙按期完成研制任务,并交付甲厂使用,同时,以自己的名义就该技术申请并取得专利。甲厂为满足市场需要,许可丙厂使用该技术生产水稻收获机。吴某从丙厂处购进该专利产品,并转手销售。乙发现后,向甲、吴某提出交涉,甲认为该技术属于自己所有,并认为乙将自己出资委托其开发的技术申请专利侵犯了自己的权利。吴某认为是从丙厂处购进的产品,自己没有侵权。从而引起诉讼。

思考:
1. 该水稻收获机的专利权属于甲还是乙?为什么?
2. 乙是否侵权?甲是否有权许可丙厂使用技术生产?
3. 丙厂使用该技术生产是否侵权?吴某销售该专利产品是否侵权?为什么?
4. 侵权者应承担哪些法律责任?

第四节 著作权法

一、著作权法概述

▶ 1. 著作权

著作权是指作者及其他著作权人依法对作品享有的权利,包括人身权和财产权。著作人身权的内涵包括公开发表权、署名权等;著作财产权是无体财产权,是基于人类智慧所产生的权利,故属于智慧财产权,是知识产权的一种,如复制权、出租权等。

著作权不同于商标权和专利权,著作权自作者的作品创作完成之后,即依法自动产生,而不需要经过任何主管机关的审查批准。我国公民、法人或其他组织的作品不论是否发表,都依法享有著作权。外国人、无国籍人的作品首先在中国境内出版的,也依法享有著作权。外国人、无国籍人的作品根据其作者所属国或者经常居住地国同中国签订的协议或共同参加的国际条约享有的著作权,受我国《著作权法》保护。

▶ 2. 著作权法

著作权法是调整著作权及相关权利的产生、行使和法律保护过程中所产生的社会关系的法律规范的总称。我国的著作权法不仅指《中华人民共和国著作权法》(1991年6月1日实施,2001年、2010年修改)及《中华人民共和国著作权法实施条例》(2002年9月15日施行,2011年、2013年修改),还包括有关著作权的取得、行使和保护的其他法律、法规,尤其是我国参加的国际条约等。

二、著作权的取得

关于著作权的取得，国际上主要采取自动取得和注册取得两种形式，我国采取自动取得的方式，即在作品完成后，直接根据法律规定或合同约定，在不存在其他基础性权利的前提下对作品享有著作权。根据《著作权法》第 2 条规定，中国公民、法人或者其他组织的作品，不论是否发表，依法享有著作权。

著作权的自动取得有原始取得和继受取得两种形式。

▶ 1. 原始取得

原始取得，是指直接根据法律规定或自己的创作行为取得作品著作权。主要形式有：自然人因创作行为取得著作权；法人等组织因主持体现其意志的创作活动依据法律规定取得著作权；自然人或法人等组织因法律推定取得著作权。

▶ 2. 继受取得

继受取得，是通过合同或继承等方式从作者本人处获得著作权。主要形式有：因约定取得；因继承取得；因法律规定取得。

三、著作权的法律关系

（一）著作权的主体

著作权的主体，是指依法享有著作权的人，也称著作权人，包括作者、其他依法享有著作权的自然人、法人、非法人单位、国家等。

▶ 1. 作者

作者也称著作人，是指直接从事文学、艺术和科学作品创作活动的人，是最基本、最直接的著作权主体。我国《著作权法》第 11 条第 2 款规定，创作作品的公民是作者。

此外，我国《著作权法》第 11 条第 3 款还进一步规定，由法人或者其他组织主持，代表法人或者其他组织意志创作，并由法人或者其他组织承担责任的作品，法人或者其他组织视为作者。

▶ 2. 其他著作权人

作者以外的其他公民、法人或非法人单位依据法律规定或基于继承、委托合同、版权转让合同、赠予合同也可以成为著作权的主体。

在特定条件下，国家可以成为著作人。例如，国家接受著作权人的捐赠、遗赠，就可以成为捐赠、遗赠作品的著作权人。

▶ 3. 特殊著作权的主体

（1）职务作品的权利主体。公民为完成法人或者其他组织工作任务所创作的作品是职务作品，可以分为一般职务作品权利主体和特殊职务作品权利主体。

一般职务作品的著作权归作者享有，但法人或者其他组织有权在其业务范围内优先使用。作品完成两年内，未经单位同意，作者不得许可第三人以与单位使用的相同方式使用该作品。如果在作品完成后的两年内，单位在其业务范围内不使用，那么作者可以要求单位同意由第三人以与单位使用的相同方式使用，单位无正当理由不得拒绝。

特殊职务作品，作者只是享有署名权，著作权的其他权利由法人或者其他组织享有。

特殊职务作品主要有：① 主要是利用法人或者其他组织的物质技术条件创作，并由法人或者其他组织承担责任的工程设计图、产品设计图、计算机软件、地图等职务作品；②法律、行政法规规定或者合同约定著作权由法人或者其他组织享有的职务作品。

（2）合作作品的权利主体。合作作品，是指两个或两个以上的人共同创作的作品。对可分割使用的作品，作者对各自创作的部分可以单独享有著作权，但不得侵犯合作作品整体的著作权。对于不可分割使用的作品，由合作作者通过协商一致行使；协商不成的，无正当理由的，任何一方不得阻止他方行使除转让以外的权利，但所得收益应合理分配给所有合作作者。

（3）汇编作品的权利主体。汇编作品，是指汇编若干作品、作品的片段或者不构成作品的数据或者其他材料，对其内容的选择或者编排体现独创性的作品。汇编作品的著作权由汇编人享有，但是汇编人在行使著作权时，不得侵犯原作品的著作权。

（4）电影作品和以类似摄制电影的方法创作的作品的权利主体。电影作品和以类似摄制电影的方法创作的作品，其著作权由制片人享有，但编剧、导演、摄影、作词、作曲等作者享有署名权。

（5）美术作品的权利主体。绘画、书法、雕塑等美术作品的原件所有权转移，不视为作品著作权的转移，但美术作品原件的展览权由原件所有人享有。作品原件购买人可以对美术作品欣赏、展览或者再出售，但不得从事修改、复制等侵犯作品版权的行为。

（二）著作权的客体

▶ 1. 著作权的客体的构成要件

（1）必须具有独创性。作品独创性是作品取得版权的重要条件，是指作者独立创作完成的创造性劳动成果，这里的创造性并不要求作品所表达的思想内容以及作品的文学、艺术形式是前所未有的，只要求作品是作者自己独立完成的，而不是抄袭、剽窃他人之作。

（2）必须以法律允许的客观形式表现出来或固定下来，以便他人能够直接或通过仪器设备间接看到、听到或接触到，仅仅是头脑中的构思不能享有著作权。

（3）作品的思想内容不得违反国家法律、社会公共利益。依法禁止出版、传播的作品不受保护。

▶ 2. 受保护的作品的范围

根据《著作权法》第3条的规定，受保护的作品包括以下形式创作的文学、艺术和自然科学、社会科学、工程技术等作品：①文字作品；②口述作品；③音乐、戏剧、曲艺、舞蹈作品；④美术、摄影作品；⑤电影、电视、录像作品；⑥工程设计、产品设计图纸及其说明；⑦地图、示意图等图形作品；⑧法律、行政法规规定的其他作品。例如，民间文学艺术作品的保护办法，由国务院另行规定。

▶ 3. 不受著作权法保护的作品

不受著作权法保护的作品包括：①依法禁止出版、传播的作品，如淫秽作品；②不适宜用著作权法保护的作品，主要有法律、法规，时事新闻，历法、通用数表、通用表格和公式。

（三）著作权的内容

▶ 1. 著作人身权

著作人身权，是指作者对其创作的作品依法享有的以人身利益为内容的权利，包括发表权、署名权、修改权和保护作品完整权。

(1) 发表权,即决定作品是否公之于众的权利,包括发表作品和不发表作品的权利。对于生前未发表的作品,除非作者明示不发表,其作品的继承人或受赠人可以行使发表权将作品发表。

(2) 署名权,即表明作者身份,在作品上署名的权利,可以署真名、假名,还可以不署名。任何人以出版、广播、表演、翻译、改编等形式进行传播和使用作者作品时,必须注明原作品作者的姓名。著作权的继承者只承担保护署名权的权利义务,而不得署自己的名字或名称。

(3) 修改权,即修改或者授权他人修改作品的权利,未经授权而擅自修改,即构成对作者修改权的侵犯。但是,报社、杂志社可对投稿作品进行文字性修改、删节,无须征得作者同意;美术作品原件出售后,须征得美术作品原件所有人的同意,著作权人才可以修改作品。

(4) 保护作品完整权,即保护作品不受歪曲、篡改的权利,是修改权的延续。歪曲是指故意改变事物的真相或内容;篡改是指利用作伪的方式手段对作品进行改动或曲解。

▶ 2. 著作财产权

著作财产权,又称经济权利,是著作人身权的对称,指作者及传播者通过某种形式使用作品,从而依法获得经济报酬的权利。

(1) 复制权,即以印刷、复印、拓印、录音、翻录、翻拍等方式把作品复制一份或者多份的权利。复制权是著作权人享有的最重要、最基本的财产权之一,著作权人既可以自己行使,也可以允许他人行使。

(2) 发行权,即为了满足公众的合理需求,通过出售、出租等方式向公众提供一定数量的作品复制件的权利。

(3) 出租权,即有偿许可他人临时使用电影作品和以类似摄制电影的方法创作的作品、计算机软件的权利,但计算机软件不是出租的主要标的的除外。

(4) 展览权,也称公开展出权,即公开陈列美术作品、摄影作品的原件或者复制件的权利。

(5) 表演权,即公开表演作品,以及用各种手段公开播送作品的表演的权利。著作权人可以自己表演或者授权他人表演其作品。此外,表演权可以分为活表演和机械表演。

(6) 放映权,即通过放映机、幻灯机等技术设备公开再现美术、摄影、影视作品等的权利。

(7) 广播权,即以无线或有线方式公开广播传播作品,以及通过扩音器或其他传送符号、声音、图像的工具向公众广播或传播作品的权利。

(8) 信息网络传播权,即以有线或无线方式向公众提供作品,使公众可以在其个人选定的时间和地点获得作品的权利。

(9) 摄制权,即以摄制电影或者类似摄制电影的方式将作品固定在一定的载体上的权利。

(10) 改编权,即在原有作品基础上,通过改变作品的表现形式或者用途,创作出具有独创性的新作品的权利。

(11) 翻译权,即将作品从一种语言文字翻译成另外一种语言文字的权利。

(12) 汇编权，即将作品或者作品的片段通过选择或编排，汇集成一部新作品的权利。

(13) 应当由著作权人享有的其他权利。

四、著作权的限制

社会利益是错综复杂的，为了平衡著作权人和其他方的利益，我国的《著作权法》对著作权做了必要的限制，以利于作品的交流和使用。对著作权的限制，主要是对其部分财产权的限制，而对其人身权没有限制。这种限制主要采取合理使用和法定许可两种方式。

（一）合理使用

合理使用，又称正当使用或者自由使用，指以一定方式使用作品可以不经著作权人的同意，也不向其支付报酬，但应当指明作者姓名、作品名称。

《著作权法》第22条规定了合理使用的范围。

(1) 为个人学习、研究或者欣赏，使用他人已经发表的作品。

(2) 为介绍、评论某一作品或者说明某一问题，在作品中适当引用他人已经发表的作品。

(3) 为报道时事新闻，在报纸、期刊、广播电台、电视台等媒体中不可避免地再现或者引用已经发表的作品。

(4) 报纸、期刊、广播电台、电视台等媒体刊登或者播放其他报纸、期刊、广播电台、电视台等媒体已经发表的关于政治、经济、宗教问题的时事性文章，但作者声明不许刊登、播放的除外。

(5) 报纸、期刊、广播电台、电视台等媒体刊登或者播放在公众集会上发表的讲话，但作者声明不许刊登、播放的除外。

(6) 为学校课堂教学或者科学研究，翻译或者少量复制已经发表的作品，供教学或者科研人员使用，但不得出版发行。

(7) 国家机关为执行公务在合理范围内使用已经发表的作品。

(8) 图书馆、档案馆、纪念馆、博物馆、美术馆等为陈列或者保存版本的需要，复制本馆收藏的作品。

(9) 免费表演已经发表的作品，该表演未向公众收取费用，也未向表演者支付报酬。

(10) 对设置或者陈列在室外公共场所的艺术作品进行临摹、绘画、摄影、录像。

(11) 将中国公民、法人或者其他组织已经发表的以汉语言文字创作的作品翻译成少数民族语言文字作品在国内出版发行。

(12) 将已经发表的作品改成盲文出版。

（二）法定许可

法定许可，是指基于著作权法的规定，使用人可以不经著作权人的许可而以某种方式使用其已经发表的作品，但应当向著作权人支付报酬，并应注明作者姓名、作品名称和出处。

根据《著作权法》规定，法定许可有以下几种情况。

(1) 为实施九年义务教育和国家教育规划而编写出版教科书，除作者事先声明不许使用外，可以不经著作权人许可，在教科书中汇编已经发表的作品片段或者短小的文学作品、音乐作品或者单幅美术作品、摄影作品，但应当按照规定支付报酬，指明作者姓名、作品名称,并且不得侵犯著作权人依照《著作权法》享有的其他权利。

(2) 作品在报刊上刊登后,除著作权人声明不得转载、摘编的外,其他报刊可以转载或者作为文摘、资料刊登,但应当按照规定向著作权人支付报酬。

(3) 录音制作者使用他人已经合法录制为录音制品的音乐作品制作录音制品,可以不经著作权人许可,但应当按照规定支付报酬;著作权人声明不许使用的不得使用。

(4) 广播电台、电视台播放他人已发表的作品或已经出版的录音制品,可以不经著作权人许可,但应当支付报酬。当事人另有约定的除外。

五、著作权的保护

▶ 1. 保护期限

(1) 作者的署名权、修改权、保护作品完整权的保护期不受限制。

(2) 发表权和著作权的保护期限为 50 年,具体规定为:①公民的作品,其发表权、使用权和获得报酬权的保护期为作者终生及其死亡后 50 年,截止于作者死亡后第 50 年的 12 月 31 日。例如,甲在 1960 年 5 月 6 日创作了一件作品,但没有发表,甲在 1980 年 7 月 2 日死亡,那么其发表权和著作财产权的保护期限从 1960 年 5 月 6 日开始计算,并截止于 2030 年 12 月 31 日。如果是合作作品,截止于最后死亡的作者死亡后第 50 年的 12 月 31 日。②法人或者其他组织的作品、著作权(署名权除外)由法人或者其他组织享有的职务作品,其发表权、使用权和获得报酬权的保护期为 50 年,截止于作品首次发表后第 50 年的 12 月 31 日,但作品自创作完成后 50 年内未发表的,本法不再保护。③电影作品和以类似摄制电影的方法创作的作品、摄影作品,其发表权、使用权和获得报酬权的保护期为 50 年,截止于作品首次发表后第 50 年的 12 月 31 日,但作品自创作完成后 50 年内未发表的,本法不再保护。

(3) 著作权的保护期届满,著作权即告终止,作品成为社会公有财产,人人都可以无偿使用。

▶ 2. 侵权行为

著作权的侵权行为是指违反法律规定或未经著作权人许可,擅自使用他人的作品,侵犯了著作权人人身权或财产权的行为。

侵犯著作权的行为应当具备以下三个条件:①要有侵权事实;②行为具有非法性;③行为人主观有过错。

▶ 3. 侵权行为的法律责任

我国《著作权法》规定,禁止任何单位或个人侵犯他人的著作权。对侵权行为,可依法追究其民事责任,行政责任或刑事责任。

(1) 民事责任。我国《著作权法》对侵犯著作权的行为规定了停止侵害、消除影响、赔礼道歉、赔偿损失等民事责任。

(2) 行政责任。行政责任指国家行政机关,具体而言指著作权行政管理部门依法对侵犯著作权或与著作权有关的权利行为予以行政制裁,具体包括警告、责令停止制作和发行侵权复制品、没收非法所得、罚款、没收侵权复制品及制作设备。

(3) 刑事责任。对于构成犯罪的,依照我国《刑法》第 217 条和第 218 条的规定处理。

拓展案例

孔雀廊公司于2005年通过受让方式取得了歌曲《月亮之上》(词曲)的著作权,并于同年录制了CD专辑《凤凰传奇——月亮之上》。在该专辑封套上,孔雀廊公司做出声明:本专辑内的原创歌曲之全部著作权及其相关权利都归佛山市顺德区孔雀廊影音电器有限公司独家永久专有,孔雀廊影音电器有限公司是歌曲《月亮之上》的著作权人及录音制作权人。未经本公司书面同意授权,任何单位或个人都不得以任何方式使用或翻唱。该CD专辑收录的曲目中有歌曲《月亮之上》。2007年3月,该公司在某商场购买了两部某品牌手机,在使用过程中发现,两部手机中都预装有未经其授权许可的歌曲《月亮之上》,遂将手机生产商及手机销售商告上法庭。

思考:
1. 《月亮之上》的著作权人及录音制作者权人有哪些权利?
2. 手机生产商是否侵权?手机销售商是否侵权?本案如何处理?

复习思考题

1. 商标注册应遵循哪些原则?
2. 商标权人依法享有哪些权利?
3. 专利授予的条件有哪些?
4. 专利侵权行为有哪些表现形式?
5. 著作权保护的对象有哪些?

第七章 反不正当竞争法

学习目标

1. 了解我国反不正当竞争法的立法概况和反不正当竞争法的主要内容。
2. 掌握不正当行为的具体表现形式及其应当承担的法律责任。
3. 能够识别经济生活中的不正当竞争行为。

案例导入

2008年10月,某食品机械公司成立,在其运营期间,发生了以下行为:

1. 2012年4月,以返点、会务费、促销费、赞助费等名义给予相关人员财产共计25 000多元。

2. 2012年1月,生产了一批与另一个公司相似外形、包装的豆浆机,消费者误认为是另一个公司的产品,销售火爆。

3. 为扩大销路,2013年在其广告宣传中谎称其产品是与北京大学合作研发的,是国家知名品牌。

4. 2014年12月,为回笼资金,以低于成本的价格销售豆浆机500台。

思考:

1. 该公司的经营行为是否正当?
2. 该公司的经营行为的性质是什么?
3. 该公司的经营行为应该如何看待和处理?

第一节 反不正当竞争法概述

一、不正当竞争行为的概念及特征

不正当竞争行为，是指经营者违背自愿、平等、公平、诚实信用的原则和公认的商业道德，损害其他经营者的合法权益，扰乱社会经济秩序的行为。

不正当竞争行为具有以下特征。

▶ 1. 主体的特定性

不正当竞争行为是经营者在竞争活动中的违法行为。只有参与市场竞争的经营者才可能实施不正当竞争行为。这里所称经营者是指从事商品经营或者营利性服务的法人、其他经济组织和个人。

▶ 2. 行为的反道德性

不正当竞争行为违背了自愿、平等、公平、诚实信用等公认的交易原则和商业道德。不正当竞争行为通常表现为违法者采取欺诈、强迫或其他违背商业道德的方式进行，这是不正当竞争行为最本质的特征。

▶ 3. 后果的危害性

不正当竞争行为的危害性后果主要表现在侵犯竞争者和消费者合法权益，损害市场机制和市场秩序。此外，商业贿赂等不正当竞争行为还败坏了社会风气。

二、不正当竞争行为与相关行为的比较

（一）不正当竞争行为与正当竞争行为

不正当竞争行为与正当竞争行为的区别如下。

▶ 1. 两者的动机和出发点不同

正当竞争行为是在遵守国家法律、政策的前提下，以最低的成本去获取最大的利润。不正当竞争行为是通过规避法律或直接违反法律为前提，以谋取非法利益为目的。

▶ 2. 两者参与竞争的手段不同

正当竞争主要采取提高质量、改进技术、降低成本等合法商业手段取得竞争优势效果。不正当竞争往往通过假冒商标、商业贿赂、虚假广告等违法手段，骗取竞争优势。

▶ 3. 两者的法律后果不同

正当竞争可以有效地保护国家和消费者的利益。不正当竞争则损害了其他经营者和消费者的合法利益，扰乱了社会主义市场经济秩序，是法律必须禁止的。

（二）不正当竞争与不平等竞争

不平等竞争是指竞争主体在非因主观原因所造成的不平等竞争条件下参与竞争，以致造成不合理、不公平结果的竞争行为。不平等竞争与不正当竞争的区别如下。

（1）不平等竞争主要是因经营者的某些外部竞争条件不同所造成的，而不正当竞争主

要是竞争主体不依法办事所造成。

(2) 不平等竞争一般不是违法行为,而不正当竞争则必然是违法行为。

(3) 两者的后果不同。不平等竞争不利于竞争主体发挥积极性,但并不直接损害消费者的利益。不正当竞争行为的后果则直接损害消费者的利益,并严重扰乱社会主义市场经济秩序。

(三) 不正当竞争行为与垄断行为

不正当竞争行为与垄断行为的区别如下。

▶ 1. 主体不同

不正当竞争行为的主体是一般经营者,而垄断行为的主体却不是一般的经营者,而是垄断企业。能实施不正当竞争行为的主体很多,而能实施垄断行为的主体却很少。

▶ 2. 行为方式不同

不正当竞争行为采用的是欺骗、胁迫、利诱及其他违反诚实信用原则的方式,而垄断行为所采用的是卡特尔、托拉斯、辛迪加、康采恩等方式。

▶ 3. 目的不同

不正当竞争无论采取哪种方式,最终目的还是竞争以获取不当利益;而垄断行为本质上就是独占,是限制竞争,为了获取垄断利益。

三、反不正当竞争法

反不正当竞争法是指调整在国家规制不正当竞争行为过程中发生的社会关系的法律规范的总称。

在我国,反不正当竞争法有狭义和广义之分。狭义的反不正当竞争法是指1992年9月2日第八届全国人大常委会通过的《中华人民共和国反不正当竞争法》(以下简称《反不正当竞争法》),该法于1993年12月1日起实施。广义的反不正当竞争法除《反不正当竞争法》外,还包括商标法、专利法、著作权法、广告法、价格法等关于反不正当竞争方面的规定。

第二节 不正当竞争行为

我国的《反不正当竞争法》主要规定了十一类不正当竞争行为。

一、假冒仿冒行为

假冒仿冒行为是指行为人通过使用与他人商品相同或相似的标识或表征,使人将其商品或服务误认为他人商品或服务的行为。属于这类不正当竞争行为的有:

(1) 假冒他人注册商标;

(2) 擅自使用知名商品特有的名称、包装和装潢,或者使用与知名商品近似的名称、包装和装潢,造成和他人的知名商品相混淆,使购买者误认为是该知名商品;

(3) 擅自使用他人的企业名称或者姓名,引人误认为是他人的商品;

(4) 在商品上伪造或者冒用认证标志、名优标志等质量标志，伪造产地，对商品质量做引人误解的虚假表示。

这类不正当竞争行为的共同特点是要引起消费者的误认误导。经营者采用上述欺诈行为，"窃取"他人商标信誉、商品信誉和商誉为自己使用，企图以次充好、以假乱真，借他人声誉谋取非法利益，扰乱了正常的经济秩序。

二、商业贿赂行为

商业贿赂是指经营者为了销售或购买商品而采用财物或者其他手段贿赂对方单位或者个人的行为。商业贿赂行为有如下特征：

(1) 商业贿赂的主体是从事市场交易的经营者，包括买房和卖方；
(2) 商业贿赂在主观上只能是故意，这是构成商业贿赂行为的重要条件；
(3) 商业贿赂行为的手段是秘密给付财物或者其他报酬，具有很大的隐蔽性。

回扣是商业贿赂的主要表现形式，是指经营者为了不正当地获得利益或优惠条件而直接向缔约对方或者有关方面及其工作人员暗中提供的金钱或有价证券。回扣的特点是在正常交易之外暗中进行的。《反不正当竞争法》第8条规定，经营者销售或者购买商品，可以以明示方式给对方折扣，也可以给中间人佣金。经营者给对方折扣、给中间人佣金的，必须如实入账。可见，回扣与正当的折扣、佣金的根本区别在于：折扣和佣金必须如实入账，而回扣是账外暗中进行的。

三、虚假宣传行为

虚假宣传行为是指经营者利用广告或者其他方法，对商品的质量、制作方法、性能、用途、生产者、有效期限、产地等进行与实际情况不符的公开宣传，导致或足以导致购买者对商品或服务产生错误认识的不正当竞争行为。

《反不正当竞争法》对于虚假广告宣传行为的规定，实际上是针对两种主体分别做出的，一是对商品的经营者；二是对广告的制作者与经营者。这两种主体都可能实施虚假的广告宣传行为，都可能成为实施不正当竞争行为的主体。

四、侵犯商业秘密行为

所谓商业秘密，是指不为公众所知悉，能为权利人带来经济利益、具有实用性并经权利人采取保密措施的技术信息和经营信息。作为商业秘密的技术信息和经营信息，必须具备以下三项基本条件：

(1) 该信息不为公众所知悉，不能从公开渠道直接获取；
(2) 该信息具有经济实用性，能给权利人带来现实或潜在的经济利益；
(3) 该信息被权利人采取了适当的保密措施，包括订立保密协议、建立保密制度等。权利人是否采取保密措施，是技术信息和教育信息能否成为商业秘密的重要因素。

侵犯商业秘密行为表现在以下方面。

(1) 以盗窃、利诱、胁迫或者其他不正当手段获取权利人的商业秘密。例如，用高薪聘请的方法"挖人才"，从而获得商业秘密，或者是用重金收买企业技术人员，诱使其泄露商业秘密。

(2) 披露、使用或者允许他人使用以前手段获取的权利人的商业秘密。

(3) 违反规定或者违反权利人有关保守商业秘密的要求，披露、使用或者允许他人使用其所掌握的商业秘密。

(4) 第三人明知或者应知上述违法行为，仍获取、使用或者披露他人的商业秘密，视为侵犯商业秘密。

五、低价倾销排挤竞争对手行为

低价倾销排挤竞争对手行为是指经营者以排挤竞争对手为目的，以低于成本的价格销售商品或提供服务的不正当竞争行为。表面上看，低价倾销可以使消费者买到物美价廉的商品，但是，在不正当竞争者占领大部分市场份额后，没有了其他竞争者，真正受害的还是消费者，因此为法律所禁止。

这种不正当竞争行为的构成要件是：①经营者实施的行为在主观上是故意的，即"以排挤竞争对手为目的"；②以低于成本的价格销售商品。这里的成本是指企业在生产产品、销售产品或者提供劳务中发生的费用的总和。

当然，并非所有的降价销售行为都构成不正当竞争。《反不正当竞争法》第11条规定，有下列行为之一的，不属于不正当竞争行为：

(1) 销售鲜活商品；

(2) 处理有效期限即将到期的商品或者其他积压的商品；

(3) 季节性降价；

(4) 因清偿债务、转产、歇业降价销售商品。

六、不正当有奖销售行为

有奖销售是指经营者为了竞争的目的，在销售商品或者提供服务时，附带性地让购买者提供物品、金钱或者其他经济上的利益的行为。有奖销售包括附赠式有奖销售和抽奖式有奖销售。无论哪一种有奖销售，都不得有碍公平自由的竞争，损害消费者利益，否则就构成不正当竞争。

《反不正当竞争法》禁止经营者从事以下不正当有奖销售行为：

(1) 采用谎称有奖或者故意让内部人员中奖的欺骗方式进行有奖销售；

(2) 利用有奖销售的手段推销质次价高的商品；

(3) 抽奖式的有奖销售，最高奖的金额超过5 000元。

七、搭售或附加不合理条件而销售商品的行为

搭售是指经营者利用其在经济、技术等方面的优势地位，在销售某种产品或者提供某种服务时强迫相对交易人购买其不愿意或不需要的商品。附加不合理条件的行为是指附加商品以外的其他不合理交易条件的行为。

搭售或附加不合理条件而销售商品的行为违反了平等、自愿、公平的竞争原则，不仅侵害了交易相对人的合法权益，同时也损害了竞争对手的合法权益。

八、诋毁商业信誉行为

诋毁商业信誉行为是指经营者捏造、散布虚假事实，损害竞争对手的商业信誉、商品

声誉的行为。商业信誉是社会对经营者商业道德、商业品质、价格、服务等方面的积极评价；商品声誉则是社会对特定商品品质、性能的赞誉，两者都能给经营者带来巨大的经济效益以及市场竞争优势。

诋毁商业信誉行为具有以下特征。

（1）行为人有诋毁竞争对手的故意。违法经营者捏造、散布虚假事实，对竞争对手商誉进行诋毁的行为并非出于言行不慎，而是故意为之，目的在于削弱对手的竞争能力。

（2）诋毁行为的客体是竞争者商业信誉和商品声誉。经营者只对竞争对手个人名誉进行攻击，不涉及商誉的，则属一般的侵害人身权行为。诋毁与自己毫无竞争关系的非同业竞争者的商誉，也不构成此项不正当竞争行为。

（3）行为人采取了捏造、散布虚假事实的手段。

如果经营者散布的对竞争对手不利的事实客观存在，则不构成此项不正当竞争行为。

九、串通招标投标行为

串通招标投标行为是指招标者与投标者之间或者投标者之间采用不正当手段，对招标投标事项串通，以排挤竞争对手或者损害招标者利益的行为。它有两种表现形式：①投标者之间相互串通，其目的在于采取联合行动以限制竞争。在投标者之间协议或共谋的基础上，无论是抬高标价或压低标价，都会损害招标者的利益。②投标者与招标者相互勾结，其目的是排挤作为竞争对手的其他投标者。因为投标者与招标者勾结在一起，会使其他招标者在投标竞争中处于不利地位，所以该行为具有明显的反竞争性质。

十、限购排挤行为

限购排挤行为是关于公用企业限制竞争行为的规定。实施此类不正当竞争行为的主体有两类：

（1）公用企业，包括供水、供电、供热、供气、电信、公共交通等行业的经营者；

（2）其他具有独占地位的经营者，具体是指在特定市场上，处于无人与之进行竞争地位的经营者，如专营专卖行业，为国民经济运行提供金融、保险等基础经济条件的行业以及其他由国家进行特殊管制的行业。

十一、滥用行政权力行为

所谓滥用行政权力行为，是指政府及其所属部门滥用行政权力，限制竞争的行为。主要有：①限定他人购买其指定的经营者的商品；②限制其他经营者正当的经营活动；③限制外地商品进入本地市场；④限制本地商品流向外地市场。

第三节 不正当竞争行为的法律责任

不正当竞争行为的法律责任包括民事责任、行政责任和刑事责任。

一、民事责任

经营者违反《反不正当竞争法》的规定,给被侵害的经营者造成损害的,应当承担损害赔偿责任,被侵害的经营者的损失难以计算的,赔偿额为侵权期间因侵权所获得的利润;并应当承担被侵害的经营者因调查该经营者侵害其合法权益的不正当竞争行为所支付的合理费用。被侵害的经营者的合法权益受到不正当竞争行为损害的,可以向人民法院提起诉讼。

二、行政责任

▶ 1. 假冒仿冒行为的行政责任

经营者假冒他人的注册商标,擅自使用他人的企业名称或者姓名,伪造或者冒用认证标志、名优标志等质量标志,伪造产地,对商品质量做引人误解的虚假表示的,依照《商标法》《产品质量法》的规定处罚。

经营者擅自使用知名商品特有的名称、包装、装潢,或者使用与知名商品近似的名称、包装、装潢,造成和他人的知名商品相混淆,使购买者误认为是该知名商品的,监督检查部门应当责令停止违法行为,没收违法所得,可以根据情节处以违法所得1倍以上3倍以下的罚款;情节严重的,可以吊销营业执照。

▶ 2. 商业贿赂行为的行政责任

经营者采用财物或者其他手段进行贿赂,以销售或者购买商品,监督检查部门根据情节处以1万元以上20万元以下的罚款,有违法所得的,予以没收。

▶ 3. 限购排挤行为的行政责任

《反不正当竞争法》对此行为规定由省级或设市的监督检查部门应当责令停止违法行为,可以根据情节处以5万元以上20万元以下的罚款。被指定的经营者借此销售质次价高商品或者滥收费用的,监督检查部门应当没收违法所得,可以根据情节处以违法所得1倍以上3倍以下的罚款。

▶ 4. 虚假宣传行为的行政责任

经营者利用广告或者其他方法,对商品做引人误解的虚假宣传的,监督检查部门应当责令停止违法行为,消除影响,可以根据情节处以1万元以上20万元以下的罚款。广告的经营者,在明知或者应知的情况下,代理、设计、制作和发布虚假广告的,监督检查部门应当责令停止违法行为,没收违法所得,并依法处以罚款。

▶ 5. 侵犯商业秘密行为的行政责任

侵犯商业秘密的,监督检查部门应当责令停止违法行为,可以根据情节处以1万元以上20万元以下的罚款。

▶ 6. 不正当有奖销售行为的行政责任

经营者进行不正当有奖销售的,监督检查部门应当责令停止违法行为,可以根据情节处以1万元以上20万元以下的罚款。

▶ 7. 串通招标投标行为的行政责任

串通招标投标的,监督检查部门可以根据情节处以1万元以上20万元以下的罚款。

经营者有违反被责令暂停销售，不得转移、隐匿和销毁与不正当竞争行为有关的财物行为的，监督检查部门可以根据情节处以被销售、转移、隐匿和销毁财物的价款的1倍以上3倍以下的罚款。

三、刑事责任

经营者违法实施商标侵权的不正当竞争行为、贿赂销售的不正当竞争行为，以及监督检查不正当竞争行为的国家机关工作人员滥用职权、玩忽职守，构成犯罪的，依法追究刑事责任。监督检查不正当竞争行为的国家机关工作人员徇私舞弊，对明知有违反本法规定构成犯罪的经营者故意包庇不使之受追诉的，依法追究刑事责任。

拓展案例

2011年11月3日下午，腾讯公司向用户宣布：在360公司停止对QQ软件进行外挂侵犯和恶意诋毁之前，决定将在装有360软件的电脑上停止运行QQ软件。与此同时，腾讯公司还宣布，QQ空间不支持360浏览器访问，造成同时使用360软件和QQ软件的用户必须卸载360，否则无法使用QQ软件。而对于大量的用户而言，其在使用QQ的同时，也在使用360。据统计，全球有6亿用户使用QQ软件，QQ软件在同类软件行业处于绝对优势地位。

思考：腾讯公司的做法有无不妥之处？该行为的性质是什么？

复习思考题

1. 简述不正当竞争行为的特征。
2. 不正当竞争行为的表现形式有哪些？
3. 什么叫商业秘密？侵犯商业秘密行为的表现形式有哪些？

第八章 产品质量法

学习目标

1. 了解产品质量法的调整对象以及产品质量的监督管理。
2. 明确产品质量的含义以及生产者、销售者的产品质量责任。
3. 掌握违反产品质量法应当承担的法律责任。
4. 能够运用产品质量法理论对现实生活中的产品质量进行监督。
5. 能够运用产品质量法维权。

案例导入

2017年2月,李某从本市某商场购买了某品牌电冰箱一台,使用了3个月后,冰箱起火,李某损失7 000多元。事发后,李某找到商场,商场同意赔偿3 000元,李某认为商场至少赔5 000元。双方遂起纠纷,李某诉到法院。法院审理后认为,认定产品质量问题,应由技术监督部门出具鉴定书。但技术监督部门提出,该冰箱已烧毁,又无库存,无法鉴定。法院开庭,认为不能排除消费者使用不当造成冰箱起火的可能性,虽然冰箱没有合格证,但产品质量问题证据不足,驳回起诉。

思考:
1. 冰箱产品质量是否合格?为什么?
2. 法院判案是否正确?为什么?
3. 本案应如何处理?

第一节 产品质量法概述

一、产品与产品质量

1. 产品

产品，泛指一切经过人类劳动，能满足人民生产和生活需要并具有使用价值的物品。我国《产品质量法》第2条第2款规定："本法所指的产品是经过加工、制作，用于销售的产品。"根据这一规定，《产品质量法》调整的产品包括以下几个方面。

（1）以销售为目的，通过工业加工、手工制作等生产方式获得的具有特定使用性能的物品。所谓加工、制作，是指改变原材料、毛坯或半成品的形状、性质或表面状态，使之达到规定要求的各种工作的统称。

（2）初级农产品（指种植业、畜牧业、渔业产品等，如小麦、鱼等）及未经加工的天然形成的产品（如石油、原煤、天然气等）不适用该法的规定。但不包括经过加工的这类产品。

（3）虽然经过加工、制作，但不用于销售的产品，纯为科学研究或为自己使用而加工、制作的产品，不属于该法调整的范围。

（4）建设工程不适用该法规定。但建设工程使用的建筑材料、建筑构配件和设备，适用该法的规定。

（5）军工产品不适用该法的规定。

2. 产品质量

产品质量是指产品符合人们需要的内在素质与外观形态的各种特征的综合状态。具体来说，包括产品的功能性、安全性、可靠性、经济性、可维修性等多方面的内容。产品质量问题，大体上说也可分为两类：产品不适用和产品不安全。前者多由于产品瑕疵而形成；后者则由于产品缺陷而发生。

二、产品质量法

产品质量法是调整因产品质量而产生的社会关系的法律规范的总称。

我国的产品质量法主要调整两大类社会关系：①产品的生产者、销售者与产品的用户和消费者之间因产品缺陷而产生的产品质量责任关系；②国家对企业的产品质量进行监督管理的过程中产生的产品质量管理关系。

在我国，产品质量法主要是以1993年颁布实施并经2000年、2009年修改通过的《产品质量法》为主，包括其他涉及产品质量的法律，如《计量法》《标准化法》《食品卫生法》《药品管理法》《工业产品质量责任条例》《产品质量认证管理条例》等，以及其他法中的相关规定，如《民法通则》《合同法》《消费者权益保护法》中的相关规定。

第二节 产品质量的管理和监督

一、产品质量的监督管理机关

产品质量监督管理是指各级人民政府质量监督部门依据法定权限对产品质量进行监督管理的活动。

我国产品质量监督管理机构及其职能主要有：国务院产品质量监督管理部门，负责全国产品质量监督管理工作；国务院有关部门在各自的职责范围内，负责产品质量监督管理工作；县级以上地方人民政府管理产品质量工作的部门，负责本行政区域内的产品质量监督工作；县级以上人民政府有关部门在各自职责范围内负责产品质量监督工作。

二、产品质量管理制度

▶ 1. 企业质量体系认证制度

企业质量体系认证是指国务院质量监督部门或由他授权的部门认可的认证机构，依据国际通用的质量管理和质量保证系列标准，对企业的质量体系和质量保证能力进行审核，经认证合格，颁发企业质量体系认证书，以兹证明的制度。

国际通用的质量管理和质量保证系列标准，指的是国际标准化组织（ISO）于1987年3月正式发布的ISO9000系列标准。它已为世界上大多数国家所接受，具有世界公认的通向国际市场的"通行证"的性质。经过ISO的认证，可以提高企业信誉，增强市场竞争力。

▶ 2. 产品质量认证制度

产品质量认证是指依据具有国际水平的产品标准和技术要求，经过认证机构确认并通过颁发认证证书和产品质量认证标志的形式，证明产品符合相应标准和技术要求的活动。企业根据自愿原则可以向国务院产品质量监督部门认可的，或者国务院产品质量监督部门授权的部门认可的认证机构申请产品质量认证。经认证合格的，由认证机构颁发产品质量认证证书，准许企业在产品或者其包装上使用产品质量认证标志。

产品质量认证分为安全认证和合格认证。实行合格认证的产品，必须符合《标准化法》规定的国家或行业标准的要求，并经检验合格。实行安全认证的产品，必须符合《标准化法》中有关强制性标准的要求。可能危及人身健康和人身、财产安全的产品，必须符合保障人体健康和人身、财产安全的国家标准、行业标准。

▶ 3. 标准化管理制度

标准是指对重复性事物和概念所做的统一规定。标准化是指对工业产品或零件、部件的类型、性能、尺寸，所用材料工艺装备、技术文件的符号与代号等加以统一规定，并予以实施的一项技术措施。对产品质量实行标准化管理，是我国对产品质量进行管理的一项重要制度。

根据《标准化法》的规定，我国现行的标准分为国家标准、行业标准、地方标准和企业标准。国家标准是国家对全国经济、技术发展有重大意义的工业产品的主要性能和特性所做的统一规定,为从事产品设计、生产、检验、包装等提供依据。行业标准是没有国家标准而又需要在全国某个行业范围内统一的技术要求。它由国务院有关行政主管部门或行业标准化组织制定并批准发布,报国务院标准化行政主管部门备案。地方标准由省、自治区、直辖市标准化行政主管部门制定,并报国务院标准化行政主管部门备案。企业标准是对企业范围内需要协调、统一的技术要求、管理要求和工作要求所制定的标准。企业生产的产品没有国家标准和行业标准的,应当制定企业标准。为适应国际贸易发展的需要,我国鼓励企业积极采用国际标准和国外先进标准。

▶ 4. 产品质量检验制度

产品质量检验制度是指按照特定的标准、方法和程序,对产品质量进行检验,以判明产品是否符合国家产品质量标准的法律制度。我国的《产品质量法》明文规定:产品质量应当检验合格,不得以不合格产品冒充合格产品。

产品质量检验的主体是企业;检验的标准有国家标准、行业标准、地方标准和企业标准;检验的形式有企业自己检验和委托他人检验两种。

三、产品质量监督检查

产品质量监督,从广义上讲,是指国家、社会、用户、消费者以及企业自身等,对产品质量和产品质量认证体系所做的检验、检查、评价、措施等一系列活动的总称。

▶ 1. 国家监督

国家监督包括中央监督检查和地方监督检查。国家对产品质量以抽查为主要方式的监督检查制度,对可能危及人体健康和人身、财产安全的产品,影响国计民生的重要工业产品,用户、消费者和有关组织反映的有质量问题的产品三类产品进行抽查。抽查样品应当在市场上或者成品仓库内的待销产品中随机抽取。监督检查工作由国务院产品质量监督部门规划和组织。县级以上地方产品质量监督部门在本行政区内组织监督检查。法律对产品质量监督检查另有规定的,依照有关法律的规定执行。

国家监督抽查的产品,地方不得另行重复抽查;上级抽查的产品,下级不得另行重复抽查。对依法进行的产品质量监督检查,生产者、销售者不得拒绝。

对抽查产品质量不合格的企业,应当进行整改和复查。逾期不改正的,由省级以上人民政府产品质量监督部门予以公告;公告后经复查仍不合格的,责令停业,限期整顿;整顿期满后经复查产品质量仍不合格的,吊销营业执照。

▶ 2. 社会监督

社会监督包括社会舆论监督和社会团体监督。社会舆论监督是指报刊、广播、电视等大众传播媒介,有权按照国家的有关规定,运用新闻媒介,对产品质量进行舆论监督。社会团体监督主要指消费者协会和其他消费者组织依法对产品质量所进行的社会监督。

▶ 3. 用户、消费者监督

用户、消费者监督是对产品质量最直接的监督方式。由于此类监督主体地位相对较弱,因此需要法律做出切实有效的规定。我国的产品质量法和消费者权益保护法,赋予了用户和消费者对产品质量监督的权利,确保了这一监督渠道的畅通。

第三节 生产者、销售者的产品质量责任和义务

生产者、销售者的产品质量责任和义务，是指根据《产品质量法》规定，在产品生产过程中应当履行的保证产品质量的法定责任和义务。产品质量法对生产者、销售者的产品质量责任和义务规定主要有两类：积极责任和消极责任，或者称作为义务和不作为义务，前者是指当事人必须做出一定行为的义务；而后者是指当事人不得做出一定行为的义务。

一、生产者的产品质量责任和义务

▶ 1. 生产者的内在产品质量义务

（1）不存在危及人身、财产安全的不合理的危险，有保障人体健康，人身、财产安全的国家标准、行业标准的，应当符合该标准。

（2）具备产品应当具备的使用性能，但是，对产品存在使用性能的瑕疵做出说明的除外。

（3）符合在产品或其包装上注明采用的产品标准，符合以产品说明、实物样品等方式表明的质量状况。

▶ 2. 生产者外在标识义务

产品标识是指用于识别产品或其特征、特性所做的各种表示的统称。产品标识可以用文字、符号、标记、数字、图案等表示。根据不同产品的特点和使用要求，产品标识可以标注在产品上，也可以标注在产品包装上。

产品质量法对产品或其包装上的标识的规定。

（1）应有产品质量检验合格证明。

（2）应有中文标明的产品名称、生产厂家和厂址。

（3）根据产品的特点和使用要求，需要标明产品规格、等级、所含主要成分的名称和含量的，应用中文相应予以标明。需要事先让消费者知晓的，应当在外包装上标明，或者预先向消费者提供有关资料。

（4）限期使用的产品，应当在显著位置清晰地标明生产日期和安全使用期或失效日期。

（5）使用不当，容易造成产品本身损坏或者可能危及人身、财产安全的产品，应有警示标志或者中文警示说明。

（6）裸装的食品和其他根据产品的特点难以附加标识的裸装产品，可以不附加产品标识。

有关标识的具体标注方法，应当按照《产品标识标注规定》执行。

▶ 3. 生产者对某些特殊产品的包装应当履行的义务

产品包装是指为在产品运输、储存、销售过程中保护产品，方便运输，促进销售，按一定技术方法而采用的容器、材料及辅助物并在包装上附加有关标识的总称。

对易碎、易燃、易爆、有毒、有腐蚀性、有放射性等危险物品以及储运中不能倒置和其他有特殊要求的产品，其包装质量必须符合相应要求，依照国家有关规定做出警示标识

或中文警示说明，标明储运注意事项。

▶ 4. 产品生产的禁止性规定

（1）生产者不得生产国家明令淘汰的产品。国家明令淘汰的产品是指国务院有关行政部门依据其行政职能，对消耗能源、污染环境、疗效不确、毒副作用大、技术明显落后的产品，按照一定的程序，采用行政措施，通过发布行政文件的形式，向社会公布自某日起禁止生产、销售的产品。

（2）生产者不得伪造产地、不得伪造或者冒用他人的厂名、厂址。

（3）生产者不得伪造或冒用认证标志等质量标志。

（4）生产者生产产品，不得掺杂、掺假，不得以假充真，以次充好，不得以不合格产品冒充合格产品。

二、销售者的产品质量责任和义务

（1）销售者应当建立并执行进货检查验收制度，验明产品合格证明和其他标识。如果在验收中发现产品的质量、品种、规格、产品标识不符合规定，销售者应当提出书面异议，要求供货方予以解决；如果需方不提出异议的，责任由其自负。

（2）销售者应当采取措施，保持销售产品的质量。销售者应当根据产品的特点，采取必要的防雨、防晒、防霉变措施，对某些特殊产品采取控制温度、湿度等措施，确保其销售的产品不失效、不变质。

（3）销售者不得销售国家明令淘汰并停止销售的产品和失效、变质的产品。

（4）销售者销售产品的标识应当符合法律对生产产品或其包装上的标识的规定。

（5）销售者不得伪造产地，不得伪造或冒用他人的厂名、厂址。

（6）销售者不得伪造或冒用认证标志等质量标志。

（7）销售者销售产品不得掺杂、掺假，不得以假充真，以次充好，不得以不合格产品冒充合格产品。

第四节 违反产品质量法的责任

产品质量的责任是指生产者、销售者以及依法对产品质量负有责任的单位，因产品质量造成消费者或者其他利害关系人，人身或者财产的损害而依法承担的法律后果。产品质量的法律责任包括产品质量的民事责任、行政责任和刑事责任。

一、民事责任

产品质量的民事责任是指生产者和销售者因违反产品质量法的规定或合同当事人约定的产品质量民事义务，应当承担的民事法律后果。根据《产品质量法》的规定，产品质量民事责任主要有两种：产品瑕疵责任和产品缺陷责任。

（一）产品瑕疵责任

产品瑕疵是指产品不具备应有的使用性能，不符合明示采用的产品质量标准，或不符合产品说明、实物样品等方式表明的质量状况。

瑕疵产品属于一般质量不合格产品,其本身不存在危险性。因此,瑕疵责任的承担方式主要是对售后的产品进行修理、更换、退货;给购买产品的用户,消费者造成很大损失的,销售者应当赔偿损失,即赔偿用户、消费者在要求销售者进行修理、更换、退货过程中所提出的运输费、交通费、误工费等经济损失。

(二)产品缺陷责任

▶ 1. 产品缺陷的构成要件

(1)产品存在缺陷。产品缺陷是指产品存在危及人身、财产安全的不合理危险及不符合保障人体健康和人身、财产安全的国家标准、行业标准,具体包括设计上的缺陷、原材料的缺陷、制造上的缺陷、指示上的缺陷。

(2)存在人身伤害、财产损害的事实,即"无损害,无责任"。

(3)产品缺陷与损害事实之间有因果关系。

▶ 2. 产品缺陷责任

产品缺陷责任即产品责任,是指产品存在缺陷给受害人造成人身伤害或产品以外的财产损失所产生的法律后果。

(1)生产者的责任。《产品质量法》规定,因产品存在缺陷,造成人身、缺陷产品以外的其他财产损害的,生产者应承担赔偿责任。当然,消费者依法请求赔偿也负有举证义务,即消费者要证明:①消费者是该产品的用户、消费者或出现在现场的当事人;②是在正确使用该产品的情况下,损害后果发生了;③人身或财产损害的后果情况等。

生产者能够证明有下列情形之一的,不承担赔偿责任:①未将产品投入流通的;②产品投入流通时,引起损害的缺陷尚不存在;③生产者将产品投入流通时的科学技术水平尚不能发现缺陷存在的。

(2)销售者的责任。《产品质量法》规定,由于销售者的过错使产品存在缺陷,造成人身、财产损害的,销售者应当承担赔偿责任。销售者不能指明缺陷产品的生产者也不能指明缺陷产品的供货者的,销售者应当承担赔偿责任。

(三)产品责任处理

▶ 1. 产品责任追究程序

《产品质量法》规定,因产品存在缺陷造成人身、财产损害的,受害人可以向产品的生产者要求赔偿,也可以向产品的销售者要求赔偿;因产品缺陷造成人身、财产损害先行赔偿,若责任属于产品的生产者的,销售者赔偿后有权向产品的生产者追偿;若责任属于产品的销售者的,生产者赔偿后有权向产品的销售者追偿。

▶ 2. 产品责任赔偿范围

我国《产品质量法》规定了因产品存在缺陷而赔偿的范围:①人身伤害赔偿。医疗费、治疗期间的护理费、因误工减少的收入等费用;造成残疾的还应当支付残疾者生活自助具费、生活补助费、残疾赔偿金以及由其扶养的人所必需的生活费等费用;造成受害人死亡的,并应当支付丧葬费、死亡赔偿金以及由死者生前扶养的人所必需的生活费等费用。②财产损害赔偿。恢复原状或折价赔偿;受害人遭受其他重大损失的,侵害人应当赔偿损失。

(四) 产品责任时效和争议的解决方式

▶ 1. 时效

(1) 诉讼时效。因产品存在缺陷造成损害要求赔偿的诉讼时效期限为 2 年,自当事人知道或者应当知道其权益受到侵害时起计算。

(2) 赔偿请求权时效。因产品存在缺陷造成损害要求赔偿的请求权,自造成损害的缺陷产品交付最初消费者满 10 年丧失。但是,尚未超过明示的安全使用期的除外。

▶ 2. 争议的解决方式

因产品质量发生民事争议时,当事人双方可以通过协商解决;也可以通过消费者协会居中调解解决;当事人不愿通过协商、调解解决或者协商、调解不成的,可以根据当事人的协议向仲裁机构申请仲裁;当事人没有仲裁协议或者仲裁协议无效的,可以直接向法院起诉。

二、行政责任

产品质量的行政责任由技术监督部门、工商行政管理部门追究和制裁。产品质量行政责任主要包括以下几类。

(1) 生产、销售不符合保障人体健康和人身、财产安全的国家标准、行业标准产品的,责令停止生产、销售,没收违法生产、销售的产品,并处违法生产、销售产品(包括已售或未售的产品)货值金额等值以上 3 倍以下的罚款;有违法所得的,并处没收违法所得;情节严重的,吊销营业执照。

(2) 生产销售掺杂、掺假,以次充好或者以不合格产品冒充合格产品的,责令停止生产、销售,没收违法生产、销售的产品,并处违法生产、销售产品(包括已售或未售的产品)货值金额 50% 以上 3 倍以下的罚款;有违法所得的,并处没收违法所得;情节严重的,吊销营业执照。

(3) 生产国家明令淘汰的产品的或者销售国家明令淘汰并停止销售的产品的,责令停止生产、销售,没收违法生产、销售的产品,并处违法生产、销售产品(包括已售或未售的产品)货值金额等值以下的罚款;有违法所得的,并处没收违法所得;情节严重的,吊销营业执照。

(4) 销售失效、变质产品的,责令停止生产、销售,没收违法生产、销售的产品,并处违法生产、销售产品(包括已售或未售的产品)货值金额等值 2 倍以下的罚款;有违法所得的,并处没收违法所得;情节严重的,吊销营业执照。

(5) 生产者、销售者伪造产品的产地的,伪造或者冒用他人厂名、厂址的,伪造或者冒用认证标志等质量标志的,责令改正,没收违法生产、销售的产品,并处以违法生产、销售产品货值金额等值以下的罚款;有违法所得的,并处没收违法所得;情节严重的,吊销营业执照。

(6) 产品标识不符合对产品或其包装上的标识的要求的,应依法责令改正;有包装的产品标识,不符合有关警示标志或者中文警示说明规定的,情节严重的,责令停止生产、销售,并处以违法生产、销售产品货值金额 30% 以下的罚款;有违法所得的,并处没收违法所得。

(7) 隐匿、转移、变卖、损毁被产品质量监督部门或者工商行政管理部门查封、扣押的物品的,处被隐匿、转移、变卖、损毁物品货值金额等值以上3倍以下的罚款;有违法所得的,并处没收违法所得。

三、刑事责任

产品质量的刑事责任主要包括以下几类。

(1) 生产、销售不符合保障人体健康和人身、财产安全的国家标准、行业标准产品,构成犯罪的,依法追究刑事责任。

(2) 生产销售掺杂、掺假,以次充好或者以不合格产品冒充合格产品,构成犯罪的,依法追究刑事责任。

(3) 销售失效、变质产品,构成犯罪的,依法追究刑事责任。

(4) 以暴力、威胁方法阻碍产品质量监督部门或者工商行政管理部门的工作人员依法执行职务构成犯罪的,依法追究刑事责任。

拓展案例

一户赵姓人家在家中使用高压锅时,高压锅突然爆炸,家人被锅盖击中头部,抢救无效死亡。据负责高压锅质量检测的专家鉴定,高压锅爆炸的直接原因是高压锅的设计有问题,导致锅盖上的排气孔堵塞。由于高压锅的生产厂家距离遥远,赵家要求出售此高压锅的商场承担损害民事赔偿责任。但商场声称缺陷不是由自己造成的,而且商场在出售这种高压锅(尚处于试销期)的时候已与买方签订有一份合同,约定如果产品存在质量问题,商场负责退货,并双倍返还货款,因而商场只承担双倍返还货款的违约责任。

思考:
1. 赵家可否向该商场请求承担责任?为什么?
2. 赵家可以请求违约责任还是侵权赔偿责任?

复习思考题

1. 产品质量监督管理部门监督抽查的产品范围包括哪几项?
2. 生产者的产品质量义务有哪些?
3. 因产品存在缺陷造成人身、缺陷产品以外的其他财产损害的,生产者应当承担赔偿责任,有哪些例外情况?

第九章 消费者权益保护法

学习目标

1. 熟悉消费者依法享有的权利和经营者应当承担的义务。
2. 掌握发生消费争议后解决纠纷的途径和方法。
3. 全面了解我国保护消费者权益的相关法律规定。
4. 能够运用消费者权益保护法的规定，识别经营者各种侵害消费者权益的行为，明确其应承担的法律责任，合理维权。

案例导入

张某于展览会上向一公司花费 2 100 元购得一件皮衣，并看到"当面检验，概不退货"八个字。回来后发现皮衣开裂，质量不合格。张某要求退货，被拒绝。张某于是向电视台公布，并对皮衣公司进行曝光，使得皮衣公司的销售量大减。皮衣公司告张某侵犯其名誉权，要求赔礼道歉，并赔偿经济损失。

思考： 张某可以用哪些法律来保护自己？

第一节 消费者权益保护法概述

一、消费者权益保护法及相关概念

消费者权益保护法是维护全体公民消费权益的法律规范的总称，是为了保护消费者的合法权益，维护社会经济秩序稳定，促进市场经济健康发展而制定的一部法律。

在现代市场经济条件下，经营者与消费者之间的关系已经发生变化，在经济实力和技术储备等方面，两者在交易中都不具有对等的实力，经营者明显处于优势地位，使得经营者与消费者的关系在实质上已经成为一种支配与被支配的不平等关系。

保护消费者的利益，维护社会经济秩序，正是出于这一原因，各国立法都强化对消费者个人权益的特殊保护。单位组织在社会经济中，有时也是消费一方，那么是否需要对单位特殊保护呢？由于单位并不是消费关系中的弱者，当单位与个体经营者或实力更弱的单位发生经济关系时，其甚至处于强者地位。因此，对单位给予特殊保护就失去理论依据。

（一）消费者的含义

国际标准化组织认为，消费者是以个人消费为目的而购买或使用商品和服务的个体社会成员。在我国，为加强对社会弱势群体的保护，依据《消费者权益保护法》第2条和第62条的规定，消费者的范围包括两个方面。

《消费者权益保护法》第2条规定，消费者为生活消费需要购买、使用商品或接受服务，其权益受本法保护，本法未做规定的，受其他有关法律、法规保护。所谓消费者，是指为个人生活消费需要购买、使用商品和接受服务的自然人，这与国际标准化组织的规定是一致的。对消费者的范围之所以这样界定，是因为分散的、单个的自然人，在市场中处于弱者地位，需要法律的特殊保护。所以，从事消费活动的社会组织、企事业单位不属于消费者保护法意义上的"消费者"。

《消费者权益保护法》第62条规定，农民购买、使用直接用于农业生产的生产资料，参照本法执行。消费者权益保护法主要是保护以生活消费为目的而购买商品或接受服务的人，农民购买直接用于农业生产的生产资料，不是个人生活消费，为什么还要对其进行特殊保护呢？主要原因是消费者保护法的出现是出于保护社会弱势群体，农民在购买用于农业生产的产品时，其弱者地位不言而喻。所以，消费者保护法将农民购买、使用直接用于农业生产的生产资料行为纳入该法的保护范围，这在消费者权益保护法中属于特殊规定。

（二）消费者权益

消费者权益是指在社会生产发展的一定阶段，在某种商品经济关系和社会制度下，消费者在进行具体消费行为和完成具体消费过程时所享受的权利和利益的总和。同时，随着社会经济的发展和人们收入水平的提高，消费需求日益增长，法制观念深入人心，消费者权益保护工作也越来越受到世界各国的重视。

▶ 1. 消费者权益保护组织不断发展

消费者权益保护最早可追溯于消费者运动，它是消费者权益保护组织的先驱，产生于发达资本主义垄断阶段，而后波及世界各国成为全球性运动。1891年，世界上第一个旨在保护消费者利益的消费者组织——纽约消费者协会成立；1898年，美国成立了世界上第一个全球性消费者联盟。1960年，国际消费者组织联盟（IOCU）成立，它是由世界各国、各地区消费者组织参加的国际消费者问题议事中心，是一个独立的非营利性非政治性组织。其宗旨为在全世界范围内做好消费者权益的一系列保护工作，包括收集和传播消费者权益保护的情报资料，开展消费者教育，促进国际合作交流，组织有关消费者权益问题的国际研讨，援助不发达地区消费者组织开展工作，在国际机构代表消费者说话。

我国消费者权益保护运动起步较晚。1983年，国际消费者组织联盟将每年的3月15日确定为"国际消费者权益日"。1984年9月，广州市消费者委员会作为中国第一个消费者组织率先成立。1984年12月，中国消费者协会由国务院批准成立。之后，各省市县等各级消费者协会相继成立。中国消费者协会于1987年9月被国际消费者组织联盟接纳为正式会员。中国加入世界贸易组织之后，消费者权益的保护在我国有更长足的发展，随着消费者权益保护组织的发展和"3·15"宣传活动的深入，消费者权益保护意识和能力日益增强。

▶ 2. 对消费者权益保护的相关法律法规不断完善，消费者权益合法化、规范化、扩展化

现代消费者保护立法最早是在资本主义社会进入垄断阶段以后开始的，它的兴起是与世界性的消费者保护运动紧密联系在一起的，消费者权益保护立法的状况如何，已经成为衡量一个国家社会文明发展的程度和法制建设完善程度的一个重要标志。当然消费者权益保护法不仅包括专门的消费者权益保护法律、法规，如《消费者权益保护法》《反不正当竞争法》《产品质量法》《食品卫生法》《药品管理法》《标准化法》《计量法》等，而且还包括分散在民事、经济、行政、刑事等法律、法规中相关的规定或条款，它是一种广义上的概念。狭义上的概念，主要是指在我国1994年1月1日实施的《中华人民共和国消费者权益保护法》，在该法中规定了消费者的九项权利，具体包括安全权、知情权、选择权、公平交易权、求偿权、结社权、获知权、受尊重和监督权。

二、消费者权益保护法在我国的历史发展

1993年10月31日颁布、1994年1月1日起施行的《中华人民共和国消费者权益保护法》（以下简称《消费者权益保护法》）的颁布实施，是我国第一次以立法的形式全面确认消费者的权利。此举对保护消费者的权益，规范经营者的行为，维护社会经济秩序，促进社会主义市场经济健康发展具有十分重要的意义。

随着我国市场经济的发展，2009年8月27日第十一届全国人民代表大会常务委员会第十次会议《关于修改部分法律的规定》进行第一次修正。2013年10月25日第十二届全国人大常委会第五次会议《关于修改的决定》第2次修正。2014年3月15日，由全国人大修订的新版《消费者权益保护法》（以下简称新《消费者权益保护法》）正式实施。

第二节 消费者的权利与经营者的义务

一、消费者的权利

消费者的权利，是指在消费活动中，消费者依法享有的各项权利的总和。消费者保护法为消费者设立了相互独立又相互关联的九项权利。

（一）安全保障权

《消费者权益保护法》第7条规定，消费者在购买、使用商品和接受服务时享有人身、财产安全不受损害的权利。消费者有权要求经营者提供的商品和服务，符合保障人身、财产安全的要求。

（二）知悉真情权

《消费者权益保护法》第8条规定，消费者享有知悉其购买、使用的商品或者接受的服务的真实情况的权利。

消费者有权根据商品或者服务的不同情况，要求经营者提供商品的价格、产地、生产者、用途、性能、规格、等级、主要成分、生产日期、有效期限、检验合格证明、使用方法说明书、售后服务，或者服务的内容、规格、费用等有关情况。

（三）自主选择权

《消费者权益保护法》第9条规定，消费者享有自主选择商品或者服务的权利。

消费者有权自主选择提供商品或者服务的经营者，自主选择商品品种或者服务方式，自主决定购买或者不购买任何一种商品、接受或者不接受任何一项服务。消费者在自主选择商品或者服务时，有权进行比较、鉴别和挑选。

（四）公平交易权

《消费者权益保护法》第10条规定，消费者享有公平交易的权利。消费者在购买商品或者接受服务时，有权获得质量保障、价格合理、计量正确等公平交易条件，有权拒绝经营者的强制交易行为。

公平交易是指经营者与消费者之间的交易应在平等的基础上达到公正的结果。公平交易权体现在两个方面：第一，交易条件公平，即消费者在购买商品或接受服务时，有权获得质量保证、价格合理、计量正确等公平交易条件；第二，不得强制交易，即消费者有权按照真实意愿从事交易活动，对经营者的强制交易行为有权拒绝。

（五）获取赔偿权

《消费者权益保护法》第11条规定，消费者因购买、使用商品或者接受服务受到人身、财产损害的，享有依法获得赔偿的权利。

获取赔偿权也称作消费者的求偿权，享有求偿权的主体包括：①商品的购买者、使用者；②服务的接受者；③第三人，指消费者之外的因某种原因在事故发生现场而受到损害的人。求偿的内容包括：①人身损害的赔偿，无论是生命健康还是精神方面的损害均可要求赔偿；②财产损害的赔偿，依照《消费者权益保护法》及《合同法》等相关法律的规定，包括直接损失及可得利益的损失。

（六）结社权

《消费者权益保护法》第12条规定，消费者享有依法成立维护自身合法权益的社会组织的权利。

由于消费者在市场中的弱势地位，允许和鼓励消费者团结起来保护其自身合法权益是世界通行做法。目前，中国消费者依法成立维护自身合法权益的社会组织是消费者协会及地方各级消费者协会。实践证明，消费者组织的工作对推动我国消费者运动的健康发展，沟通政府与消费者的联系，解决经营者与消费者的矛盾，更加充分地保护消费者权益，起到了积极的作用。

（七）获得相关知识权

《消费者权益保护法》第13条规定，消费者享有获得有关消费和消费者权益保护方面的知识的权利。

消费知识主要指有关商品和服务的知识，消费者权益保护方面的知识主要指有关消费者权益保护方面及权益受到损害时如何有效解决方面的法律知识。保障这一权利的目的：第一是使消费者更好地掌握所需商品或者服务的知识和使用技能，以使其正确使用商品；

第二是使消费者了解维权途径和方法，提高自我保护意识。

（八）受尊重权

《消费者权益保护法》第14条规定，消费者在购买、使用商品和接受服务时，享有人格尊严、民族风俗习惯得到尊重的权利，享有个人信息依法得到保护的权利。

受尊重权包括以下三个方面。

▶ 1. 消费者在购买、使用和接受服务时，享有人格尊严受到尊重的权利

尊重他人的人格尊严，是一个国家和社会文明进步的重要标志，也是法律对人权保障的基本要求。

▶ 2. 消费者在购买、使用和接受服务时，民族风俗习惯得到尊重的权利

我国是一个多民族国家，尊重各个民族尤其是少数民族的风俗习惯，关系到全国的安定团结，关系到各民族的长久和睦。《消费者权益保护法》将尊重民族风俗习惯专条加以规定，是对消费者精神权利的有力保障，也是党和国家民族政策在法律上的体现。

▶ 3. 消费者在购买、使用和接受服务时，消费者享有个人信息依法得到保护的权利

这一规定是2014年3月15日正式实施的新《消费者权益保护法》的新增规定，主要是针对消费者在消费过程中，向经营者透露了一些个人信息，如性别、手机号码、职业、家庭住址等，一些商家为了利益非法倒卖消费者信息，使得部分消费者苦受垃圾短信的骚扰，有的甚至带来人身和财产的安全隐患。

在2014年3月15日正式实施的新《消费者权益保护法》的新增规定中，关于消费者的个人信息，法律对经营者的义务也进行了进一步的规定。

《消费者权益保护法》第28条规定，采用网络、电视、电话、邮购等方式提供商品或者服务的经营者，以及提供证券、保险、银行等金融服务的经营者，应当向消费者提供经营地址、联系方式、商品或者服务的数量和质量、价款或者费用、履行期限和方式、安全注意事项和风险警示、售后服务、民事责任等信息。

《消费者权益保护法》第29条规定，经营者收集、使用消费者个人信息，应当遵循合法、正当、必要的原则，明示收集、使用信息的目的、方式和范围，并经消费者同意。经营者收集、使用消费者个人信息，应当公开其收集、使用规则，不得违反法律、法规的规定和双方的约定收集、使用信息。经营者及其工作人员对收集的消费者个人信息必须严格保密，不得泄露、出售或者非法向他人提供。经营者应当采取技术措施和其他必要措施，确保信息安全，防止消费者个人信息泄露、丢失。在发生或者可能发生信息泄露、丢失的情况时，应当立即采取补救措施。经营者未经消费者同意或者请求，或者消费者明确表示拒绝的，不得向其发送商业性信息。

（九）监督权

《消费者权益保护法》第15条规定，消费者享有对商品和服务以及保护消费者权益工作进行监督的权利。

监督权是上述各项权利的必然延伸，对消费者权利的切实实现至关重要，消费者监督权包括以下五个方面：

（1）对经营者提供的商品或服务质量监督的权利；

（2）对经营者提供的商品或服务的价格进行监督的权利；

（3）对经营者提供的商品或服务的数量进行监督的权利；

(4) 对经营者的经营态度、服务作风进行监督的权利;
(5) 对消费者权益保护工作进行监督的权利。

二、经营者的义务

在消费经济法律关系中,经营者是与消费者直接进行交易的另一方,是为消费者提供其生产产品或者提供服务的市场主体,为了有效地保护消费者的权益,约束经营者的经营行为,消费者权益保护法不仅专章规定了消费者的权利,还专章规定了经营者的义务。

(一) 履行法定义务及约定义务

《消费者权益保护法》第 16 条规定,经营者向消费者提供商品或者服务,应当依照本法和其他有关法律、法规的规定履行义务。经营者和消费者有约定的,应当按照约定履行义务,但双方的约定不得违背法律、法规的规定。经营者向消费者提供商品或者服务,应当恪守社会公德,诚信经营,保障消费者的合法权益;不得设定不公平、不合理的交易条件,不得强制交易。

履行法定义务及约定义务包括以下四个方面。

(1) 经营者向消费者提供商品或者服务,应当依照本法和其他有关法律、法规的规定履行义务,其他有关的法律、法规包括《中华人民共和国产品质量法》《民法通则》等。

(2) 经营者和消费者有约定的,应当按照约定履行义务,但双方的约定不得违背法律、法规的规定。对约定违背法律法规的,将被视为约定无效,按相关法律法规的规定去处理。

(3) 经营者向消费者提供商品或者服务,应当恪守社会公德,诚信经营,保障消费者的合法权益,例如,在我国出现的一些商场的促销活动,表面看打折力度很大,让利于消费者,但还是被细心的消费者发现,部分商品的价格打折力度虽然加大了,但打折后的价格却没有下降甚至上升了,原因就在于商家在打折前提高了商品的单价。

(4) 经营者不得设定不公平、不合理的交易条件,不得强制交易。例如,我国 2014 年对进口车如路虎、奥迪、奔驰车进行反垄断调查,调查开始后不久,很多汽车 4S 店汽车商品的价格便出现了下滑,原因在于经营者利用其产品的垄断强势地位,设定不公平、不合理的交易条件,使得消费者权益遭受损失。为保护消费者的合法权益,规范市场秩序,我国针对汽车的反垄断调查结果出炉。2014 年 8 月 20 日,12 家日本汽车零部件和轴承企业被罚款总计 12.354 亿元人民币;2014 年 9 月 11 日,一汽-大众销售有限公司被罚款 2.485 8 亿元人民币。

(二) 接受监督的义务

经营者应当听取消费者对其提供的商品或服务的意见,接受消费者的监督。经营者的此项义务与《消费者权益保护法》赋予消费者的监督权相对应。

(三) 保证商品和服务安全的义务

《消费者权益保护法》第 18 条规定,经营者应当保证其提供的商品或者服务符合保障人身、财产安全的要求。对可能危及人身、财产安全的商品和服务,应当向消费者做出真实的说明和明确的警示,并说明和标明正确使用商品或者接受服务的方法以及防止危害发生的方法。宾馆、商场、餐馆、银行、机场、车站、港口、影剧院等经营场所的经营者,应当对消费者尽到安全保障义务。

保证商品和服务安全的义务包括以下四个方面。

(1) 安全权是消费者最重要的权利，经营者在向消费者提供商品或服务时，必须做到保障消费者身体各器官及其机能的完整，保障消费者的生命健康和财产不受损害。经营者所提供的可能危及消费者人体健康、财产安全的商品或服务，必须符合保障人体健康、财产安全的国家标准、行业标准；对于没有标准的，应保证符合人体健康、财产安全方面的要求，并使商品或服务在指定的用途或者通常可预见的用途方面安全可靠。

(2) 对可能危及人身、财产安全的商品和服务，应当向消费者做出真实的说明和明确的警示，例如，在销售的商品上标明产地、正确的使用方法、生产日期、有效期等。

(3) 宾馆、商场、餐馆、银行、机场、车站、港口、影剧院等经营场所的经营者，应当对消费者尽到安全保障义务，如消防保障、安全逃生通道的预留等。

(4)《消费者权益保护法》第19条规定，经营者发现其提供的商品或者服务存在缺陷，有危及人身、财产安全危险的，应当立即向有关行政部门报告和告知消费者，并采取停止销售、警示、召回、无害化处理、销毁、停止生产或者服务等措施。采取召回措施的，经营者应当承担消费者因商品被召回支出的必要费用。第19条的规定是2014年3月15日正式实施的新《消费者权益保护法》的新增规定，主要是针对有缺陷的商品或服务。

缺陷产品是指因设计、生产、指示等原因导致产品存在危及人身、财产安全的不合理的危险产品。缺陷产品召回，是指缺陷产品的生产商、销售商、进口商在得知其生产、销售或进口的产品存在危及人身、他人财产安全的不合理危险时，依法向职能部门报告，及时通知消费者，设法从市场上、消费者手中收回缺陷产品，并采取措施有效预防、控制、消除缺陷产品可能导致损害的活动。召回是以消除缺陷、避免伤害为目的，具体召回活动由生产者组织完成并承担相应费用。2013年1月1日起《缺陷汽车产品召回管理条例》开始实施，明确规定在汽车领域实行召回制度。此外，我国还有11种产品的管理制度中含有召回的用语表述，如食品、乳制品、儿童玩具等。但这些产品在召回的条件、企业责任、政府职责、处理措施等方面不尽一致。

《消费者权益保护法》规定，经营者发现其提供的商品或者服务存在严重缺陷，即使正确使用仍然可能对人身、财产安全造成危害的，应向行政部门报告和告知消费者，并采取防止危害发生的措施。新《消费者权益保护法》删除了"严重"这一限制词，明确规定只要经营者发现其提供的商品或者服务存在缺陷，有危及人身、财产安全危险的，一是要立即报告有关行政部门和告知消费者；二是要采取停止销售、警示、召回、无害化处理、销毁、停止生产或者服务等措施；三是消费者因商品被召回支出的必要费用由经营者承担。同时，新《消费者权益保护法》规定了经营者明知商品或者服务存在缺陷仍然向消费者提供、造成消费者或者其他受害人死亡或者健康严重损害所应当承担的民事责任；拒绝或者拖延有关行政部门责令其采取消除危险措施所应当承担的行政责任；以及违法提供商品或者服务侵害消费者权益所应当承担的刑事责任，为保护消费者权益提供了坚强后盾。

(四) 提供真实信息的义务

提供真实信息的义务是与消费者的知悉真情权相对应的经营者的义务。《消费者权益保护法》第20条规定，经营者向消费者提供有关商品或者服务的质量、性能、用途、有效期限等信息，应当真实、全面，不得做虚假或者引人误解的宣传。经营者对消费者就其提供的商品或者服务的质量和使用方法等问题提出的询问，应当做出真实、明确的答复。经营者提供商品或者服务应当明码标价。

（五）标明真实名称和标记的义务

《消费者权益保护法》第21条规定，经营者应当标明其真实名称和标记。租赁他人柜台或者场地的经营者，应当标明其真实名称和标记。

经营者的名称和标记，其主要功能是区别商品和服务的来源。如果名称和标记不实，就会使消费者误认，无法正确选择喜欢或信任的经营者。在发生纠纷时，则无法准确地确定求偿主体。对租赁柜台或场地的行为，该条强调承租方有义务标明自己的真实名称和标记，目的在于区分承租方和出租方，一旦发生责任问题，便于确定责任承担者。

（六）出具凭证或单据的义务

《消费者权益保护法》第22条规定，经营者提供商品或者服务，应当按照国家有关规定或者商业惯例向消费者出具发票等购货凭证或者服务单据；消费者索要发票等购货凭证或者服务单据的，经营者必须出具。

（七）保证质量的义务

《消费者权益保护法》第23条规定，经营者应当保证在正常使用商品或者接受服务的情况下，其提供的商品或者服务应当具有的质量、性能、用途和有效期限。但消费者在购买该商品或者接受该服务前已经知道其存在瑕疵，且存在该瑕疵不违反法律强制性规定的除外。

经营者以广告、产品说明、实物样品或者其他方式表明商品或者服务的质量状况的，应当保证其提供的商品或者服务的实际质量与表明的质量状况相符。

经营者提供的机动车、计算机、电视机、电冰箱、空调器、洗衣机等耐用商品或者装饰装修等服务，消费者自接受商品或者服务之日起6个月内发现瑕疵，发生争议的，由经营者承担有关瑕疵的举证责任。

其中，"经营者提供的机动车、计算机、电视机、电冰箱、空调器、洗衣机等耐用商品或者装饰装修等服务，消费者自接受商品或者服务之日起6个月内发现瑕疵，发生争议的，由经营者承担有关瑕疵的举证责任。"这项规定是2014年3月15日正式实施的新《消费者权益保护法》的新增规定，目的主要是解决消费者在维权过程中存在举证难、鉴定费高、关键证据收集不齐等主要问题。新《消费者权益保护法》明确了经营者的举证责任，规定在购买机动车、家电等商品和装修等服务中遇到问题，实行举证责任倒置，消费者主张进行投诉后，就要由经营者举证来"自证清白"，否则就得对消费者承担责任。"举证责任倒置"突破了"谁主张谁举证"的一般举证规则，成为破解消费者维权难、维权成本高的利器，对于实践中消费争议处理将起到积极作用。需要注意的是，该规则仅适用于机动车等耐用品和装饰装修等服务，且仅限于购买或者接受服务之日起6个月内，超过6个月后，不再适用。

（八）退货、更换、修理等义务

《消费者权益保护法》第24条规定，经营者提供的商品或者服务不符合质量要求的，消费者可以依照国家规定、当事人约定退货，或者要求经营者履行更换、修理等义务。没有国家规定和当事人约定的，消费者可以自收到商品之日起7日内退货；7日后符合法定解除合同条件的，消费者可以及时退货，不符合法定解除合同条件的，可以要求经营者履行更换、修理等义务。依照前款规定进行退货、更换、修理的，经营者应当承担运输等必要费用。

第 24 条的规定是新《消费者权益保护法》的新增规定，比以前的法律规定更倾向于保护消费者利益，具体体现在退货、更换、修理方面。如"三包制度"，"三包"指的是产品的修理、更换、退货，是实现产品质量担保的一种方式。自 1985 年《部分商品修理、更换、退货责任规定》出台以来，有关行政部门按照产品不同属性分别制定了一些"三包"规定，如移动电话、固定电话、微型计算机等，在解决消费者与经营者消费纠纷中发挥了积极作用。但随着社会发展，"三包"制度也存在覆盖范围过窄、退货时限过短、限制条件过多、折旧费收取过高等问题。新《消费者权益保护法》的上述规定，一是明确了消费者的优先退货权。商品或者服务不符合质量要求的，消费者可以依照国家规定和当事人约定退货、更换、修理。二是扩大了"三包"规定的适用范围，原"三包"规定涉及电视、洗衣机、空调、固定电话机、移动电话机等 20 余种商品。新《消费者权益保护法》规定："没有国家规定和当事人约定的，消费者可以自收到商品之日起 7 日内退货"，等于把"三包"的覆盖面扩大到所有商品。

《消费者权益保护法》第 25 条规定，经营者采用网络、电视、电话、邮购等方式销售商品，消费者有权自收到商品之日起 7 日内退货，且无须说明理由，但下列商品除外：消费者定做的，鲜活易腐的，在线下载或者消费者拆封的音像制品、计算机软件等数字化商品，交付的报纸、期刊。除前款所列商品外，其他根据商品性质并经消费者在购买时确认不宜退货的商品，不适用无理由退货。消费者退货的商品应当完好。经营者应当自收到退回商品之日起 7 日内返还消费者支付的商品价款。退回商品的运费由消费者承担；经营者和消费者另有约定的，按照约定。

第 25 条的规定是新《消费者权益保护法》的新增规定，目的主要是针对网络等远程购物方式赋予了消费者 7 天的"后悔权"。无理由退货的期限是 7 天，这是"自然日"的 7 天，包括了节假日、周末，不是"工作日"。这就会有一个问题，如果遇到国庆、春节 7 天长假怎么办？民法的规则是不管起始日是哪天，计算到 7 天的时候，如果终止日为法定节假日，就向后延长一天退货时间。比如 9 月 30 日在网上买的商品，从 10 月 1 日开始算到 7 日都在休息，消费者如果不想要买到的商品就可以在 10 月 8 日行使"后悔权"进行无理由退货。需要注意的是，有几类商品不适用无理由退货：消费者定做的；鲜活易腐的；在线下载或者消费者拆封的音像制品、计算机软件等数字化商品；交付的报纸、期刊；其他根据商品性质不宜退货的。

（九）不得单方做出对消费者不利规定的义务

《消费者权益保护法》第 26 条规定："经营者在经营活动中使用格式条款的，应当以显著方式提请消费者注意商品或者服务的数量和质量、价款或者费用、履行期限和方式、安全注意事项和风险警示、售后服务、民事责任等与消费者有重大利害关系的内容，并按照消费者的要求予以说明。经营者不得以格式条款、通知、声明、店堂告示等方式，做出排除或者限制消费者权利、减轻或者免除经营者责任、加重消费者责任等对消费者不公平、不合理的规定，不得利用格式条款并借助技术手段强制交易。格式条款、通知、声明、店堂告示等含有前款所列内容的，其内容无效。"

格式条款是当事人为了重复使用而预先拟定，并在订立合同时未与对方协商的条款，具有便利交易、降低成本等优点。但由于格式条款是经营者按照自己单方意愿拟定的，一些经营者利用其优势地位，在制定格式条款时只强调权利，有意识地逃避法定义务，甚至将不公平条款强加给消费者。目前，不公平格式条款主要存在五方面的问题：①经营者减免自己责任、逃避应尽义务；②权利义务不对等、任意加重消费者责任；③排除、剥夺消费者的权利，如事先拟订消费者放弃权利的条款，一旦发生问题，以此为自己免责；④违反法律规定，任意扩大经营者权利；⑤利用模糊条款掌控最终解释权。

新《消费者权益保护法》对于经营者以不公平格式条款损害消费者权益的行为做了进一步规定。一是保障消费者的知情权。经营者使用格式条款的，应当以显著方式提请消费者注意与自身有重大利益关系的内容，如安全注意事项、风险警示、售后服务、民事责任等；二是细化了利用格式条款损害消费者权益的相应情形，规定经营者不得以格式条款、通知、声明、店堂告示等方式做出对消费者不公平、不合理的规定；三是针对网络交易等新型购物方式中可能出现的"经营者利用技术手段要求消费者必须同意格式条款否则无法交易"的情形，规定经营者不得利用格式条款并借助技术手段强制交易。

（十）不得侵犯消费者人格权的义务

消费者的人格尊严和人身自由理应依法获得保障。经营者不得对消费者进行侮辱、诽谤，不得搜查消费者的身体及其携带的物品，不得侵犯消费者的人身自由。

第三节 对消费者权益的保护

一、国家对消费者权益的保护

在市场经济中，消费者是弱势群体，从公平、公正的角度出发，国家应当保护消费者的合法权益，保障消费者依法行使权利。依据我国《消费者权益保护法》的规定，国家对消费者的保护主要体现在以下三个方面。

（一）立法方面的保护

国家应当完善消费者权益保护方面的立法，让经营者没有法律漏洞可以利用。例如，新《消费者权益保护法》针对我国市场中新发生的问题，加强了立法以增强对消费者权益的保护。

《消费者权益保护法》第30条规定，国家制定有关消费者权益的法律、法规、规章和强制性标准，应当听取消费者和消费者协会等组织的意见。

（二）在行政管理方面的保护

《消费者权益保护法》第31条规定，各级人民政府应当加强领导，组织、协调、督促有关行政部门做好保护消费者合法权益的工作，落实保护消费者合法权益的职责。各级人民政府应当加强监督，预防危害消费者人身、财产安全行为的发生，及时制止危害消费者人身、财产安全的行为。

《消费者权益保护法》第32条规定，各级人民政府工商行政管理部门和其他有关行政部门应当依照法律、法规的规定，在各自的职责范围内，采取措施，保护消费者的合法权益。有关行政部门应当听取消费者和消费者协会等组织对经营者交易行为、商品和服务质量问题的意见，及时调查处理。

《消费者权益保护法》第33条规定，有关行政部门在各自的职责范围内，应当定期或者不定期对经营者提供的商品和服务进行抽查检验，并及时向社会公布抽查检验结果。有关行政部门发现并认定经营者提供的商品或者服务存在缺陷，有危及人身、财产安全危险的，应当立即责令经营者采取停止销售、警示、召回、无害化处理、销毁、停止生产或者服务等措施。

与《消费者权益保护法》相比，新《消费者权益保护法》进一步明确行政部门的监管职责，主要体现在三个方面。

(1) 赋予了行政部门对商品和服务进行监督检查的权力。新《消费者权益保护法》第33条第1款规定，有关行政部门在各自的职责范围内，应当定期或者不定期对经营者提供的商品和服务进行抽查检验，并及时向社会公布抽查检验结果。

(2) 赋予了行政部门对缺陷商品和服务的强制措施。新《消费者权益保护法》第33条第2款规定，有关行政部门发现并认定经营者提供的商品或者服务存在缺陷，有危及人身、财产安全危险的，应当立即责令经营者采取停止销售、警示、召回、无害化处理、销毁、停止生产或者服务等措施。

(3) 明确了消费者投诉的7天答复时限。新《消费者权益保护法》第46条规定，消费者向有关行政部门投诉的，该部门应当自收到投诉之日起7个工作日内，予以处理并告知消费者。

新《消费者权益保护法》的有关规定，进一步明确了行政部门对商品和服务经营活动的监管职责，为工商行政管理等行政监管部门履职尽责、更好地保护消费者合法权益提供了法律保障。关于有关行政部门对消费者的投诉7个工作日内予以处理是指有关行政部门在7个工作日内依法启动处理程序而非7个工作日内做出处理结果。

（三）在惩处违法犯罪行为方面的保护

有关国家机关应当依照法律、法规的规定，惩处经营者在提供商品和服务中侵害消费者合法权益的违法犯罪行为。

人民法院应当采取措施，方便消费者提起诉讼。对符合《中华人民共和国民事诉讼法》起诉条件的消费者权益争议，必须受理，及时审理。

二、社会对消费者合法权益的保护

保护消费者的合法权益，是全社会的共同责任，国家鼓励、支持一切组织和个人对损害消费者合法权益的行为进行社会监督。

在社会监督中，最主要的形式是消费者协会和其他消费者组织，它们是依法成立的对商品和服务进行社会监督的保护消费者合法权益的社会组织。

《消费者权益保护法》第37条规定，消费者协会履行下列公益性职责：

(1) 向消费者提供消费信息和咨询服务，提高消费者维护自身合法权益的能力，引导文明、健康、节约资源和保护环境的消费方式；

(2) 参与制定有关消费者权益的法律、法规、规章和强制性标准；

(3) 参与有关行政部门对商品和服务的监督、检查；

（4）就有关消费者合法权益的问题，向有关部门反映、查询，提出建议；

（5）受理消费者的投诉，并对投诉事项进行调查、调解；

（6）投诉事项涉及商品和服务质量问题的，可以委托具备资格的鉴定人鉴定，鉴定人应当告知鉴定意见；

（7）就损害消费者合法权益的行为，支持受损害的消费者提起诉讼或者依照本法提起诉讼；

（8）对损害消费者合法权益的行为，通过大众传播媒介予以揭露、批评。

各级人民政府对消费者协会履行职责应当予以必要的经费等支持。

消费者协会应当认真履行保护消费者合法权益的职责，听取消费者的意见和建议，接受社会监督。依法成立的其他消费者组织依照法律、法规及其章程的规定，开展保护消费者合法权益的活动。同时，为充分保护消费者的合法权益，消费者组织不得从事商品经营和营利性服务，不得以收取费用或者其他牟取利益的方式向消费者推荐商品和服务。

第四节 消费争议的解决和法律责任

一、争议的解决

（一）争议解决的途径

消费者和经营者发生消费者权益争议的，可以通过下列途径解决。

▶ 1. 与经营者协商和解

当消费者和经营者因商品或服务发生争议时，协商和解应作为首选方式，特别是因误解产生的争议，通过解释、谦让及其他补救措施，便可化解矛盾，平息争议。协商和解必须在自愿平等的基础上进行，重大纠纷，双方立场对立严重，要求相距甚远的，可寻求其他解决方式。

▶ 2. 请求消费者协会调解

消费者协会是依法成立的对商品和服务进行社会监督的保护消费者合法权益的社会团体。消费者权益保护法明确消费者协会具有七项职能，其中之一是对消费者的投诉事项进行调查、调解。消费者协会作为保护消费者权益的社会团体，调解经营者和消费者之间的争议，应依照法律、行政法规及公认的商业道德从事调解活动，并由双方自愿接受和执行调解协议。

▶ 3. 向有关行政部门申诉

政府有关行政部门依法具有规范经营者的经营行为，维护消费者合法权益和市场经济秩序的职能。消费者权益争议涉及的领域很广，当权益受到侵害时，消费者可根据具体情况，向不同的行政职能部门，如物价部门、工商行政管理部门、技术质量监督部门等提出申诉，求得行政救济。

▶ 4. 提请仲裁

由仲裁机构解决争端，在国际国内商贸活动中被广泛采用。消费者权益争议也可通过仲裁途径予以解决。不过，仲裁必须具备的前提条件是双方订有书面仲裁协议（或书面仲裁条款）。在我国，一般的消费活动中，大多数情况下没有必要也没有条件签订仲裁协议。因此，在消费领域，很少有以仲裁方式解决争议的。

▶ 5. 向人民法院提起诉讼

《消费者权益保护法》及相关法律都规定，消费者权益受到损害时，可直接向人民法院提起诉讼，也可因不服行政处罚决定而向人民法院起诉。司法审判具有权威性、强制性，是解决各种争议的最后手段。消费者为求公正解决争议，可依法行使诉讼的权利。

（二）损害赔偿责任主体的确定

▶ 1. 销售者

《消费者权益保护法》第40条规定，消费者在购买、使用商品时，其合法权益受到损害的，可以向销售者要求赔偿。销售者赔偿后，属于生产者的责任或者属于向销售者提供商品的其他销售者的责任的，销售者有权向生产者或者其他销售者追偿。在法律中，销售者的这种责任称为销售者的先行赔付义务，法律之所以这样规定，其目的是方便消费者的索赔，因为在现实中，消费者找销售者索赔通常比找生产者要容易得多。

▶ 2. 生产者与销售者

消费者或者其他受害人因商品缺陷造成人身、财产损害的，可以向销售者要求赔偿，也可以向生产者要求赔偿。属于生产者责任的，销售者赔偿后，有权向生产者追偿。属于销售者责任的，生产者赔偿后，有权向销售者追偿。此时，销售者与生产者被看作一个整体，对消费者承担连带责任。

▶ 3. 消费者

消费者在接受服务时，其合法权益受到损害时，可以向服务者要求赔偿。

▶ 4. 变更后的企业仍应承担赔偿责任

企业的变更是市场经济活动中常见的现象，为防止经营者利用企业变更之机逃避对消费者应承担的损害赔偿责任，《消费者权益保护法》第41条规定，消费者在购买、使用商品或者接受服务时，其合法权益受到损害，因原企业分立、合并的，可以向变更后承受其权利义务的企业要求赔偿。

▶ 5. 营业执照持有人与租借人的赔偿责任

出租、出借营业执照或租用、借用他人营业执照是违反工商行政管理法规的行为。《消费者权益保护法》第42条规定，使用他人营业执照的违法经营者提供商品或者服务，损害消费者合法权益的，消费者可向其要求赔偿，也可以向营业执照的持有人要求赔偿。

▶ 6. 展销会举办者、柜台出租者的特殊责任

通过展销会、出租柜台销售商品或者提供服务，不同于一般的店铺营销方式。为了在展销会结束后或出租柜台期满后，使消费者能够获得赔偿，《消费者权益保护法》第43条规定，消费者在展销会、租赁柜台购买商品或者接受服务，其合法权益受到损害的，可以向销售者或服务者要求赔偿。展销会结束或者柜台租赁期满后，也可以向展销会的举办者、柜台的出租者要求赔偿。展销会的举办者、柜台的出租者赔偿后，有权向销售者或者服务者追偿。

▶ 7. 网络交易平台的责任

《消费者权益保护法》第44条规定，消费者通过网络交易平台购买商品或者接受服务，

其合法权益受到损害的,可以向销售者或者服务者要求赔偿。网络交易平台提供者不能提供销售者或者服务者的真实名称、地址和有效联系方式的,消费者也可以向网络交易平台提供者要求赔偿;网络交易平台提供者做出更有利于消费者的承诺的,应当履行承诺。网络交易平台提供者赔偿后,有权向销售者或者服务者追偿。

网络交易平台提供者明知或者应知销售者或者服务者利用其平台侵害消费者合法权益,未采取必要措施的,依法与该销售者或者服务者承担连带责任。第44条的规定是新《消费者权益保护法》的新增规定,目的主要是针对现在流行的网上购物。网上购物同普通购物不同,对于商家是否具经营资质、信誉等情况,买家无从查证,需要网络平台加强审查。新《消费者权益保护法》对网购平台的责任进行了清晰定位,即网购平台不能提供销售者或者服务者的真实名称、地址和有效联系方式的情况下,承担先行赔偿责任;对于销售者或服务者利用其平台侵害消费者合法权益的行为具有主观过错,未采取必要措施的,依法与销售者或服务者承担连带责任。该规定有助于督促网络交易平台履行审核义务,对于解决实践中网购异地消费纠纷、维护网购消费者的合法权益具有重要作用。

▶ 8. *虚假广告的广告主与广告经营者的责任*

《消费者权益保护法》第45条规定,消费者因经营者利用虚假广告或者其他虚假宣传方式提供商品或者服务,其合法权益受到损害的,可以向经营者要求赔偿。广告经营者、发布者发布虚假广告的,消费者可以请求行政主管部门予以惩处。广告经营者、发布者不能提供经营者的真实名称、地址和有效联系方式的,应当承担赔偿责任。

广告经营者、发布者设计、制作、发布关系消费者生命健康商品或者服务的虚假广告,造成消费者损害的,应当与提供该商品或者服务的经营者承担连带责任。

社会团体或者其他组织、个人在关系消费者生命健康商品或者服务的虚假广告或者其他虚假宣传中向消费者推荐商品或者服务,造成消费者损害的,应当与提供该商品或者服务的经营者承担连带责任。

广告是消费者获得信息的重要途径,对其消费意向有着重要影响。广告必须真实、合法,不得含有虚假内容,不得欺骗、误导消费者,但在现实生活中,虚假广告问题仍比较突出,主要有:①随意夸大功效,虚假承诺;②使用绝对化的语言,欺骗消费者;③利用患者、专家、医疗机构名义、形象作证等。新《消费者权益保护法》在现行《消费者权益保护法》的基础上,突出关系消费者生命健康的商品和服务,不仅加重了广告经营者、发布者的责任,而且将社会团体、其他组织和个人(广告代言人)纳入责任主体范围,有效填补了广告法监管上的一个真空地带。

二、违反消费者权益保护法的法律责任

消费者权益保护法以其独特的价值尺度,规定消费者的权利与经营者的义务,使原本强弱悬殊的利益群体之间趋于平衡。当消费者的权益因经营者的原因无法行使或受到损害时,消费者可以依据《消费者权益保护法》对经营者提起索赔,行政机关依法可以对经营者给予行政处罚,经营者有涉及刑事违法行为的,依法由司法机关追究其刑事责任。

(一)侵犯消费者合法权益的民事责任

▶ 1. *一般规定*

《消费者权益保护法》第48条规定,经营者提供商品或者服务有下列情形之一的,除本

法另有规定外,应当依照其他有关法律、法规的规定,承担民事责任:

(1) 商品或者服务存在缺陷的;

(2) 不具备商品应当具备的使用性能而出售时未做说明的;

(3) 不符合在商品或者其包装上注明采用的商品标准的;

(4) 不符合商品说明、实物样品等方式表明的质量状况的;

(5) 生产国家明令淘汰的商品或者销售失效、变质的商品的;

(6) 销售的商品数量不足的;

(7) 服务的内容和费用违反约定的;

(8) 对消费者提出的修理、重做、更换、退货、补足商品数量、退还货款和服务费用或者赔偿损失的要求,故意拖延或者无理拒绝的;

(9) 法律、法规规定的其他损害消费者权益的情形。

当侵犯消费者权益的行为同时符合《消费者权益保护法》和《民法通则》《合同法》等普通民事法律的民事责任要件时,消费者有权选择适用消费者权益保护法请求保护。

▶ 2. 特殊规定

(1) 预收款方式提供商品或服务的责任。在某些情况下,经营者先预收部分款项,提供商品或服务后再与消费者进行结算。《消费者权益保护法》第53条规定,经营者以预收款方式提供商品或者服务的,应当按照约定提供。未按照约定提供的,应当按照消费者的要求履行约定或者退回预付款;并应当承担预付款的利息、消费者必须支付的合理费用。

(2)《消费者权益保护法》第54条规定,依法经有关行政部门认定为不合格的商品,消费者要求退货的,经营者应当负责退货。根据这一规定,对不合格商品,只要消费者要求退货,经营者即应负责办理,不得以修理、更换或者其他借口延迟或者拒绝消费者退货要求。

▶ 3. 因提供商品或服务造成人身伤害、人格受损、财产损失的民事责任及赔偿范围

(1) 人身伤害的民事责任。《消费者权益保护法》第49条规定,经营者提供商品或者服务,造成消费者或者其他受害人人身伤害的,应当赔偿医疗费、护理费、交通费等为治疗和康复支出的合理费用,以及因误工减少的收入。造成残疾的,还应当赔偿残疾生活辅助具费和残疾赔偿金。造成死亡的,还应当赔偿丧葬费和死亡赔偿金。

(2) 侵犯消费者人格尊严、人身自由的民事责任。《消费者权益保护法》第50条规定,经营者侵害消费者的人格尊严、侵犯消费者人身自由或者侵害消费者个人信息依法得到保护的权利的,应当停止侵害、恢复名誉、消除影响、赔礼道歉,并赔偿损失。《消费者权益保护法》第51条规定,经营者有侮辱诽谤、搜查身体、侵犯人身自由等侵害消费者或者其他受害人人身权益的行为,造成严重精神损害的,受害人可以要求精神损害赔偿。

(3) 财产损害的民事责任。《消费者权益保护法》第52条规定,经营者提供商品或者服务,造成消费者财产损害的,应当依照法律规定或者当事人约定承担修理、重做、更换、退货、补足商品数量、退还货款和服务费用或者赔偿损失等民事责任。

同时,《消费者权益保护法》承认并尊重消费者与经营者的自由订约权,当双方对财产损害的补偿有约定的,可按照约定履行,但约定不得与法律法规相冲突。

▶ 4. 对欺诈行为的惩罚性规定

《消费者权益保护法》第55条规定,经营者提供商品或者服务有欺诈行为的,应当按照消费者的要求增加赔偿其受到的损失,增加赔偿的金额为消费者购买商品的价款或者接受服

务的费用的 3 倍；增加赔偿的金额不足 500 元的，为 500 元。法律另有规定的，依照其规定。

经营者明知商品或者服务存在缺陷，仍然向消费者提供，造成消费者或者其他受害人死亡或者健康严重损害的，受害人有权要求经营者依照本法第 49 条、第 51 条等法律规定赔偿损失，并有权要求所受损失 2 倍以下的惩罚性赔偿。

新《消费者权益保护法》第 55 条的规定与原规定变化很大，原规定为"对经营者的欺诈行为，消费者不仅可以获得补偿性的赔付，还可要求增加赔偿额。增加赔偿的金额为消费者购买商品的价款或者接受服务的费用的 1 倍"。现规定为，消费者可以要求经营者按照消费者的要求增加赔偿其受到的损失，增加赔偿的金额为消费者购买商品的价款或者接受服务的费用的 3 倍；增加赔偿的金额不足 500 元的，为 500 元。同时还规定了造成消费者或者其他受害人死亡或者健康严重损害的，受害人有权要求所受损失 2 倍以下的惩罚性赔偿，进一步依法保护了消费者生命健康权。

《消费者权益保护法》第 55 条规定的惩罚性赔偿，属于特别法上的责任规则。设定这一规则的目的，一是惩罚性地制止损害消费者的欺诈行为人，特别是制造、销售假货的经营者；二是鼓励消费者同欺诈行为和假货做斗争。

（1）欺诈消费者行为的概念及判断标准。这里所说的欺诈行为，是指经营者故意在提供的商品或服务中，以虚假陈述或者其他不正当手段欺骗、误导消费者，致使消费者权益受到损害的行为。实践中，对"欺诈行为"应当以客观的方法检验和认定，即根据经营者在出售商品或提供服务时所采用的手段来加以判断。所以，只要证明下列事实存在，即可认定经营者构成欺诈行为：第一，经营者对其商品或服务的说明行为是虚假的，足以使一般消费者受到欺骗或误导。第二，消费者因受误导而接受了经营者的商品或服务，即经营者的虚假说明与消费者的消费行为之间存在因果关系。

国家工商行政管理局 1996 年 3 月发布的《欺诈消费者行为处罚办法》第 3 条和第 4 条列举了一些典型的欺诈行为，例如，销售掺杂、掺假，以假充真，以次充好的商品；以虚假的"清仓价""甩卖价""最低价""优惠价"或者其他欺骗性价格表示销售商品；以虚假的商品说明、商品标准、实物样品等方式销售商品；不以自己的真实名称和标记销售商品；采取雇用他人等方式进行欺骗性的销售诱导；利用广播、电视、电影、报刊等大众传播媒介对商品做虚假宣传；销售假冒商品和失效、变质商品，等等。在实践中，所有这些行为都可以根据客观的事实（或者经营行为的外观）加以确定。

（2）赔偿数额。由于增加的这部分赔偿金额是超出消费者的实际损失的，因此带有惩罚性质。

（二）侵犯消费者合法权益的行政责任

▶ 1. 应承担行政责任的情形

《消费者权益保护法》第 56 条规定，经营者有下列情形之一，除承担相应的民事责任外，其他有关法律、法规对处罚机关和处罚方式有规定的，依照法律、法规的规定执行；法律、法规未做规定的，由工商行政管理部门或者其他有关行政部门责令改正，可以根据情节单处或者并处警告、没收违法所得、处以违法所得 1 倍以上 10 倍以下的罚款，没有违法所得的，处以 50 万元以下的罚款；情节严重的，责令停业整顿、吊销营业执照：

（1）提供的商品或者服务不符合保障人身、财产安全要求的；

（2）在商品中掺杂、掺假，以假充真，以次充好，或者以不合格商品冒充合格商品的；

(3) 生产国家明令淘汰的商品或者销售失效、变质的商品的；

(4) 伪造商品的产地，伪造或者冒用他人的厂名、厂址，篡改生产日期，伪造或者冒用认证标志等质量标志的；

(5) 销售的商品应当检验、检疫而未检验、检疫或者伪造检验、检疫结果的；

(6) 对商品或者服务做虚假或者引人误解的宣传的；

(7) 拒绝或者拖延有关行政部门责令对缺陷商品或者服务采取停止销售、警示、召回、无害化处理、销毁、停止生产或者服务等措施的；

(8) 对消费者提出的修理、重做、更换、退货、补足商品数量、退还货款和服务费用或者赔偿损失的要求，故意拖延或者无理拒绝的；

(9) 侵害消费者人格尊严、侵犯消费者人身自由或者侵害消费者个人信息依法得到保护的权利的；

(10) 法律、法规规定的对损害消费者权益应当予以处罚的其他情形。

经营者有前款规定情形的，除依照法律、法规规定予以处罚外，处罚机关应当记入信用档案，向社会公布。

新《消费者权益保护法》第56条的规定与原规定相比，加大了对损害消费者权益行为的行政处罚力度。一是增加了违法行为的种类。新增加了"篡改生产日期""虚假宣传""拒绝或者拖延执行有关行政部门责令其对缺陷商品或者服务采取停止销售、警示、召回等处理措施"以及"侵害个人信息保护权利"等违法行为。二是加大了惩处力度。将处罚幅度从"处以违法所得1倍以上5倍以下的罚款"提高到"处以违法所得1倍以上10倍以下的罚款，没有违法所得的，处以50万元以下的罚款"。情节严重的，责令停业整顿、吊销营业执照。过去，在消费领域的行政处罚额度过低，难以对违法经营者产生应有的震慑作用。为此，新《消费者权益保护法》做出了相应调整，第56条规定的行政措施，有财产处罚，还有资格处罚，特别是对违法所得的加倍处罚，能够有效增加违法成本，起到行政处罚应有的震慑作用。

▶ 2. 行政处罚机关和处罚方式

(1) 处罚依据。对《消费者权益保护法》第56条列举的上述九种情形，若相关法律、法规(如产品质量法、食品卫生法、广告法、价格法等)对处罚机关和处罚方式有规定的，应依照其规定执行；若法律、法规没有规定的，由工商行政管理部门进行处罚。

(2) 处罚方式。对上述九种违法情形的处罚方式有：①责令改正，警告，没收违法所得，罚款；②可对情节严重者责令停业整顿，吊销营业执照。

(3) 行政复议。现实中，为防止行政机关滥用行政权力做出对经营者不公的处罚，规定了经营者的申请行政复议权，即经营者对行政处罚不服的，可自收到处罚决定之日起15日内向做出处罚的上一级行政机关申请复议，对复议决定仍不服的，可以向人民法院提起诉讼，也可以不经行政复议，直接向人民法院提起诉讼。

(三) 消费者权益保护法中的刑事责任

《消费者权益保护法》第60条规定，以暴力、威胁等方法阻碍有关行政部门工作人员依法执行职务的，依法追究刑事责任；拒绝、阻碍有关行政部门工作人员依法执行职务，未使用暴力、威胁方法的，由公安机关依照《中华人民共和国治安管理处罚法》的规定处罚。

《消费者权益保护法》第 61 条规定，国家机关工作人员玩忽职守或者包庇经营者侵害消费者合法权益的行为的，由其所在单位或者上级机关给予行政处分；情节严重，构成犯罪的，依法追究刑事责任。

拓展案例

2016 年 5 月，来自保定的陈某在北京某商场购买了一双由天津某皮鞋厂生产的皮鞋，价值人民币 400 元。购鞋的同时，陈某还领取了此商场发的"包修、包换、包退"的"三包"质量卡。陈某回保定后，穿上了这双新购得的皮鞋。仅穿 10 天，此鞋鞋底即告断裂。陈某为此专程前往北京，找到店家要求退货。该商场承认皮鞋确实存在质量问题，同意调换，但同时还表示，目前商场无现货可换，商场将与生产厂家进行联系，请陈某暂回保定等候该商场与生产厂家联系的结果。此后，陈某三次打电话查询此事，商场方面总以生产厂家没有回音为由要求陈某继续等待。2017 年 3 月，陈某再次赴北京找商场要求解决问题，商场仍给陈某以同样的答复。陈某遂向人民法院提出诉讼，要求该商场退回购鞋款 400 元，并要求赔偿交通、误工费等人民币 500 元。

思考：法院应怎样判决？请说明理由。

复习思考题

1. 消费者有哪些权利？
2. 经营者有哪些义务？

第十章 票据法

学习目标

1. 掌握票据的种类及其特征,理解票据的作用。
2. 掌握票据行为的有效要件,掌握票据行为中关于出票、背书、承兑以及保证的法律规定。
3. 掌握票据权利的取得、消灭以及补救。
4. 能够运用所学票据法知识分析、解决经济活动中的相关票据纠纷。

案例导入

2017年3月7日,甲商店同乙公司签订一份彩电购销合同。该合同规定:由乙公司在10日内向甲商店提供彩电100台,共计货款25万元。双方约定以本票进行支付。3月15日,乙公司将100台彩电交付甲商店,甲遂向其开户银行A申请签发银行本票。3月20日,A银行遂发出了出票人、付款人为A银行,收款人为乙公司,票面金额25万元,付款期限为6个月的本票。但由于疏忽,银行工作人员未记载出票日期。甲商店将该本票交付乙公司。后来,乙公司又将该本票背书转让给丙公司。2017年9月4日,丙公司持该本票向A银行提示见票,要求付款。A银行以甲商店存款不足支付为由拒绝付款。丙公司遂以其在约定的提示见票期限内提示见票,从而保证了以见期追索权为由,向乙公司进行追索。

思考:
1. 该本票是否为有效票据?
2. 甲本票上关于提示见票期限的约定是否有效?
3. 丙公司能否对乙公司进行追索?

第一节 票据和票据法

一、票据

（一）票据的概念

票据是指出票人签发的、约定由自己或委托他人在见票时或者确定的日期向收款人或者持票人无条件支付一定金额的有价证券，包括汇票、本票和支票。

（二）票据的法律特征

▶ 1. 票据是一种无因证券

票据的法律关系是一种单纯的金钱支付关系，持票人只要持有有效票据即可享有票据权利，而不问票据设立的原因是什么。即使原因关系无效或有瑕疵，也不影响票据的效力。所以，票据权利人在行使票据权利时，无须证明给付原因，票据债务人也不得以原因关系对抗善意第三人。票据债务人除能证明持票人恶意取得或因重大过失取得外，应无条件按票据内容支付款项，无权要求持票人说明取得票据的原因。因为票据持有人难以了解也无须了解票据行为如何产生、前手持有票据的原因，否则，票据无法流通。

▶ 2. 票据是一种要式证券

票据作为债务支付凭证、债权实现凭证，应当具备必要的形式和内容，并能以准确的文字明确表述。如载明票据种类、付款人姓名、付款日期、付款地点、收款人或其指定人的姓名、出票日期及出票地、出票人签名等。《票据法》规定了汇票、本票和支票必须记载的事项，并规定缺少任何一项必须记载的事项将导致汇票、本票和支票无效。此外，票据的流通和转让必须按照《票据法》规定的程序和方式，否则，无法律效力。

▶ 3. 票据是一种设权证券

在票据做成之前，票据权利是不存在的。票据上的权利依票据形式而存在，没有票据就没有票据权利。票据权利是随着票据的做成同时发生的。它与用来证明已经存在的权利的股票不同，后者属于证权证券。

▶ 4. 票据是一种可流通证券

票据的一个基本功能就是流通，除了不得转让的票据（如出票人记明"不得转让"字样的票据）外，票据可以流通转让。票据流通通过背书或其他转让方式把票据权利转让给他人，不必事先通知债务人就能对债务人发生法律效力。谁持有合法票据，谁就拥有权利，而无论票据流通了多少次。

▶ 5. 票据是一种文义证券

票据的权利和义务完全根据票据上所记载的文字意义所决定，不得以票据记载以外的任何理由改变票据的效力。票据的这个特点主要是为了保护善意持票人，以维持交易安全。

二、票据法

票据法是指调整汇票、本票、支票等票据的签发、转让和当事人之间权利和义务关系的法律规范的总称。票据法的调整对象包括票据的种类、形式和内容，票据的签发、转让和流通，票据当事人之间的权利和义务关系，以及救济措施等。票据法有狭义和广义之分。狭义的票据法仅指对票据的专门立法，主要指1995年5月10日第8届全国人民代表大会常务委员会第13次会议通过，2004年8月28日修正的《中华人民共和国票据法》（以下简称《票据法》）。广义的票据法是指各种法律中有关票据规定的总称，除了以票据法名称颁布的法律外，还包括其他法律法规中有关票据的规定，如《刑法》中有关票据欺诈罪的规定，《民事诉讼法》中有关公示、催告等的规定。《票据法》颁布后，中国人民银行于1997年8月21日发布了《票据管理实施办法》，于1997年9月19日又发布了《支付结算办法》，对进一步进行规范票据，促进企业结算业务的开展，起到重要作用。目前票据主要限于我国银行结算领域。

第二节 票据法律关系与票据行为

一、票据法律关系

票据法律关系是指票据当事人在票据的签发和流通转让等过程中，根据相应的票据法律规范所形成的权利、义务关系。当事人依法实施票据行为时，在各当事人之间就形成票据法律关系。票据法律关系包括票据关系和票据法上的非票据关系。

（一）票据关系

票据关系指的是票据当事人之间基于票据行为所发生的权利义务关系。票据法律关系由主体、客体和内容构成。

▶ 1. 票据法律关系的主体

票据法律关系的主体，也称票据当事人，包括出票人、持票人、承兑人、付款人、收款人、背书人、被背书人、保证人等。

出票人指签发票据人，也称发票人，是将签发票据交付他人的票据制作人。

持票人指通过出票、背书转让、直接交付转让或者法定继受等方式取得票据权利的人。

承兑人指承诺在汇票到期日无条件支付汇票金额的人。

付款人指依据出票人在票据上的记载，支付收款人或持票人汇票金额的人。

收款人指出票人在票据上明确记载的权利人，是最初的票据持有人，其有权要求出票人、承兑人或付款人付款。

背书人指在票据背面或粘单上记载一定事项，从而将票据转让给他人或者将票据权利授予他人行使的人。

被背书人指通过背书人的背书行为而取得票据权利的人。

保证人指在票据上记载一定事项，在票据义务人不能履行义务时，负责承担票据义务的人。

▶ 2. 票据法律关系的客体

票据法律关系的客体是指参加票据法律关系的主体享受权利、承担义务所共同指向的对象。票据法律关系的客体的内容主要表现为一定数额的货币。当事人签发票据的主要目的是完成结算，是一方把一定数额的货币在一定期限内依法交付给另一方。因此，票据的背后代表的是一定数额的货币。

▶ 3. 票据法律关系的内容

票据法律关系的内容，是指票据当事人依法所享有的票据权利和应承担的票据义务。票据权利是权利主体所享有的、请求义务主体支付票据金额的权利，包括付款请求权和追索权。票据义务是义务主体必须履行的满足权利主体依票据而享有的权利要求的责任，票据义务表现为一种票据债务，如付款义务、承兑义务、担保付款义务等。

(二) 票据法上的非票据关系

票据法上的非票据关系，是指与票据行为有联系，但不是基于票据行为而是基于票据法的规定而产生的法律关系。票据法上的非票据关系种类主要有：①因时效期限届满或手续欠缺而丧失票据权利的持票人对于出票人或承兑人行使利益偿还请求权而发生的关系；②真正权利人对于因恶意或重大过失而取得票据持票人的请求返还票据权的关系；③付款人付款后请求交出票据的权利的关系。

二、票据行为

票据行为是指能够引起票据债权、债务关系发生、变更或者消灭的法律行为。票据的出票、背书、承兑、保证等行为都是票据行为。

(一) 出票

出票是指出票人签发票据并将它交付收款人的票据行为。该行为包括两个方面：①做成票据并在票据上签字；②将票据交付给收款人。两者缺一不可。出票人做成票据后未交付给收款人的，不算出票，只有把票据交给收款人，出票行为才算完成。出票行为是单方法律行为，出票人做成票据并在票据上签字而交付即发生法律效力，不需得到他人的同意。《票据法》规定，汇票的出票人必须与付款人具有真实的委托付款关系，并且具有支付汇票金额的可靠资金来源。汇票的出票人不得签发无对价的汇票，用以骗取银行或其他票据当事人的资金。出票人依照《票据法》规定的方式完成出票行为，票据即发生法律效力。票据权利因票据所载文义发生，出票人则应承担与票据文义相应的义务。

(二) 背书

背书是指收款人在票据背面或者粘单上记载有关事项并签章的票据行为。背书的内容主要是记载背书人、被背书人和背书时间。被背书人是票据权利的受让者，背书人是票据权利的转让者。以背书转让或以背书将汇票权利授予他人行使时，必须记载被背书人的名称，个人须记本名，单位须记注册全称。

票据凭证不能满足背书人记载事项的需要，可以加附粘单，黏附于票据凭证上。粘单上的第一记载人，应当在汇票和粘单的粘接处签章，粘单上的记载事项与汇票上的记载事项具有相同的法律效力，如果粘单上第一记载人没有在粘接处签章的，粘单上记载的事项无效。背书应当由背书人签章并记载背书日期。如果未记载背书日期，视为在汇票到期日前背书。背书也必须记载被背书人名称。

背书转让无须经票据债务人同意。在票据背书转让时，行为人无须向票据债务人发出通知或经其承诺。只要持票人完成背书行为，就构成有效的票据权利转让。背书转让后，转让人并不退出票据关系，而是由先前的票据权利人转变为票据义务人，并承担担保承兑和担保付款的责任。

《票据法》对背书转让有以下限制性规定：①背书人在汇票上记载"不得转让"字样，其后手再背书转让的，原背书人对后手的被背书人不承担保证责任。②汇票须完整转让。将汇票金额的一部分转让的背书，或将汇票金额分别转让给2人以上的背书无效。③背书不得附有条件。背书时附有条件的，所附条件不具有汇票上的效力。④背书记载"委托收款"字样的，被背书人有权代背书人行使被委托的汇票权利。⑤汇票被拒绝承兑、被拒绝付款或超过付款提示期限的，不得背书转让；背书转让的，背书人应当承担汇票责任。《票据法》规定，汇票可以设定质押，质押时应当以背书记载"质押"字样。被背书人依法实现其质权时，可以行使汇票权利。

（三）承兑

承兑是汇票所特有的一种票据行为。承兑是指汇票付款人承诺在汇票到期日支付汇票金额的票据行为。付款人承兑汇票后，就应当承担到期付款的责任；收款人取得到期向承兑人请求付款的确定权利。除见票即付的汇票无须提示承兑外，见票后定期付款的汇票，持票人应当自出票日起1个月内向付款人提示承兑。汇票未按照规定期限提示承兑的，持票人丧失对其前手的追索权。付款人承兑汇票，不得附有条件；承兑附有条件的，视为拒绝承兑。汇票承兑后产生一定的效力。汇票付款人承兑后，应负到期付款的责任。但如果汇票承兑人到期拒不付款，持票人有权向出票人或背书人等行使追索权。即出票人、背书人及承兑人对汇票付款负有连带责任，出票人、背书人不得以汇票已经承兑而拒绝付款。

（四）保证

保证是票据债务人以外的第三人担保特定的票据债务人能够履行票据债务的票据行为。当被担保的票据债务人不能履行票据义务时，保证人承担向票据权利人支付款项的义务。票据保证是一种担保法律关系，属于保证担保方式，但是它和《担保法》的保证担保不同，仅适用《票据法》的规定，不适用《担保法》的规定。《票据法》上保证制度的设立，更能促进票据的流通，保证票据持有人票据权利的实现。

《票据法》规定，保证不得附有条件，附有条件的，不影响对汇票的保证责任。保证人对合法取得汇票的持票人所享有的汇票权利，承担保证责任。但是，被保证人的债务因汇票记载事项欠缺而无效的除外。被保证的汇票，保证人应当与被保证人对持票人承担连带责任。汇票到期后得不到付款的，持票人有权向保证人请求付款，保证人应当足额付款。保证人为2人以上的，保证人之间承担连带责任。保证人清偿汇票债务后，可以行使持票人对被保证人及其前手的追索权。

第三节 票据的种类

我国《票据法》将票据分为汇票、本票和支票三种。

一、汇票

汇票是由出票人签发的,委托付款人在见票时或者在指定日期无条件支付确定的金额给收款人或者持票人的票据。

汇票有三方当事人,即出票人、付款人和收款人。汇票的出票人对付款人来说是债权人,而对收款人来说则是债务人。汇票一经付款承兑,付款人就成为主债务人,出票人是从债务人。

《票据法》按签发汇票的主体的不同,将汇票分为银行汇票和商业汇票。根据《银行结算办法》,汇票在使用中必须符合其规定。

(一)银行汇票

银行汇票的出票银行为银行汇票的付款人。单位和个人各种款项结算,均可使用银行汇票。

一般银行汇票有区域性,即汇票的使用范围仅限于规定的区域内。跨区域的银行汇票的出票和付款,限于中国人民银行和各商业银行参加"全国联行往来"的银行机构。跨系统银行签发的转账银行汇票的付款,应通过同城票据交换的方式,即将银行汇票和解讫通知提交给同城的有关银行审核办理。

银行汇票必须记载下列事项:①表明"银行汇票"的字样;②无条件支付的承诺;③出票金额;④付款人名称;⑤收款人名称;⑥出票日期;⑦出票人签章。出票提示付款期限自出票日起1个月。持票人超过付款期限提示付款的,代理付款人不予受理;持票人须在票据权利时效内向出票银行做出说明,并提供本人身份证件或单位证明,持银行汇票和解讫通知向出票银行请求付款。

银行汇票可以背书转让。银行汇票的背书转让以不超过出票金额的实际结算金额为准。未填写实际结算金额或者实际结算金额超过出票金额的银行汇票,不得背书转让。

(二)商业汇票

商业汇票分为商业承兑汇票和银行承兑汇票。商业承兑汇票由银行以外的付款人承兑;银行承兑汇票由银行承兑。商业汇票的付款人为承兑人。

商业汇票必须记载下列事项:①表明"商业承兑汇票"或"银行承兑汇票"的字样;②无条件支付的委托;③确定的金额;④付款人名称;⑤收款人名称;⑥出票日期;⑦出票人签章。欠缺记载上列事项之一的,商业汇票无效。

此外,商业汇票记载付款日期、付款地、出票地等事项应当清楚明白。如未记付款时期,则视为见票即付;如未记付款地,则视为付款人营业场所;如未记出票地,则视为出票人营业场所,或常住住所。以上记载项未记载,不影响商业汇票的效力。

《中国人民银行结算办法》规定,商业汇票的付款期限最长不得超过6个月。定日付款的汇票付款期限自出票日起计算,并在汇票上记载具体的到期日。出票后定期付款的汇票付款期限自出票日起按月计算,并在汇票上记载。见票后定期付款的汇票付款期限自承兑或拒绝承兑日起按月计算,并在汇票上记载。

二、本票

本票是由出票人签发的,承诺自己在见票时无条件支付确定的金额给收款人或持票人的票据。本票的当事人有两个，即出票人和收款人。由于本票的出票人就是付款人，所以本票无须承兑。我国《票据法》的本票仅指银行本票。

银行本票的使用限于单位和个人在同一票据交换区域需要支付各种款项的情况。

银行本票分为定额和不定额两种。定额银行本票的面额为 1 000 元、5 000 元、10 000 元和 50 000 元四种。银行本票的提示付款期限自出票日起最长不得超过 2 个月。持票人超过付款期限提示付款的，代理付款人不予受理。

银行本票一律为记名式，可以背书转让。

三、支票

支票是出票人签发的，委托办理支票存款业务的银行在见票时无条件支付确定的金额给收款人或持票人的票据。支票的当事人有三个：出票人、收款人和付款人。支票有两个特点：①以银行或者其他金融机构为付款人；②见票即付。我国现在所用支票分为现金支票、转账支票和普通支票。

银行支票的出票人，是经中国人民银行当地分支行批准可以使用支票的存款账户。存款账户可以是单位，也可以是个人。单位或个人在同一票据交换区域的各种款项的结算，均可以使用支票。现金支票上印有"现金"字样，只能用于支取现金；转账支票上印有"转账"字样，只能用于转账。支票上没有"现金"或者"转账"字样的，为普通支票。普通支票既可以用于支付现金，也可以用于转账。在普通支票左上角有两条平行线的，为划线支票，划线支票只能用于转账。

支票的出票人必须在银行账户余额内向收款人签发支票。对签发空头支票或签章不符的支票、使用支付密码而支付密码错误的支票，银行除退票外，并按照票面金额处以 5%，但不低于 1 000 元的罚款。持票人有权要求出票人赔偿支票金额 2% 的赔偿金。对屡次签发的，银行可停止其签发支票。

第四节 票据权利

一、票据的取得及其权利

（一）票据的取得方式

当事人取得票据主要有以下几种情况：

（1）从出票人处取得，即由出票人做成票据，并将其交付于收款人的取得方式；

（2）从持有票据的人处受让票据，即指由于背书转让而从背书人取得票据的方式；

（3）依税收、公司合并、继承、赠予、强制执行等取得票据。

《票据法》规定，票据的取得，必须给付对价，即应当给付票据双方当事人认可的相对应的代价。因税收、继承、赠予可以依法无偿取得票据的，不受给付对价之限制。

（二）票据权利

票据权利是指持票人向票据债务人请求支付票据金额的权利，包括付款请求权和追索权。

▶ 1. 付款请求权

付款请求权是指持票人对主债务人所享有的请求支付票据所载金额的权利。付款请求权是第一次请求权，具有主票据权利的性质，持票人必须首先向主债务人行使第一次请求权，而不能越过它直接行使追索权。

付款是持票人经承兑后凭汇票从付款人处取走汇票金额的行为。《票据法》规定，持票人应当按照下列期限提示付款：①见票即付的汇票，自出票日起1个月内向付款人提示付款；②定日付款、出票后定期付款或者见票后定期付款的汇票，自到期日起10日内向承兑人提示付款。持票人未按规定期限提示付款的，在做出说明后，承兑人或者付款人仍应当继续对持票人承担付款责任。通过委托收款银行或者通过票据交换系统向付款人提示付款的，视同持票人提示付款。

持票人依照规定提示付款的，付款人必须在当日足额付款。持票人获得付款的，应当在汇票上签收，并将汇票交给付款人。持票人委托银行收款的，受委托的银行将代收的汇票金额转入持票人账户，视同签收。持票人委托的收款银行的责任，限于按照汇票上记载事项将汇票金额转入持票人账户。付款人委托的付款银行的责任，限于按照汇票上记载事项从付款人账户支付汇票金额。

付款人及其代理付款人付款时，应当审查汇票背书的连续，并审查提示付款人的合法身份证明或者有效证件。付款人及其代理付款人以恶意或者有重大过失付款的，应当自行承担责任。对定日付款、出票后定期付款或者见票后定期付款的汇票，付款人在到期日前付款的，由付款人自行承担所产生的责任。

付款人依法足额付款后，全体汇票债务人的责任解除。

▶ 2. 追索权

追索权，是指付款请求权未能实现时，持票人所享有的向债务人请求偿还票据所载金额及其他有关金额的权利。追索权的行使以持票人第一次请求权未能实现为前提，相对于付款请求权来说，是副次性权利。

《票据法》规定，汇票到期日前，有下列情形之一的，持票人可以行使追索权：①汇票被拒绝承兑的；②承兑人或者付款人死亡、逃匿；③承兑人或者付款人被依法宣告破产的或者因违法被责令终止业务活动的。

无论是持票人行使追索权，还是持票人提示承兑或者提示付款被拒绝的，都应当提供有关证明。持票人不能出示拒绝证明、退票理由书或者未按照规定期限提供其他合法证明的，丧失对其前手的追索权。但是，承兑人或者付款人仍应当对持票人承担责任。持票人应当自收到被拒绝承兑或者被拒绝付款的有关证明之日起3日内，将被拒绝事由书面通知其前手；其前手应当自收到通知之日起3日内书面通知其再前手。持票人也可以同时向各汇票债务人发出书面通知。

汇票的出票人、背书人、承兑人和保证人对持票人承担连带责任。持票人可以不按照汇票债务人的先后顺序，对其中任何一人、数人或者全体行使追索权。持票人对汇票债务人中的一人或者数人已经进行追索的，对其他汇票债务人仍可以行使追索权。被追索人清偿债务后，与持票人享有同一权利。持票人为出票人的，对其前手无追索权。持票人为背书人的，对其后手无追索权。

持票人行使追索权，可以请求被追索人支付下列金额和费用：①被拒绝付款的汇票金额；②汇票金额自到期日或者提示付款日起至清偿日止，按照中国人民银行规定的利率计算的利息；③取得有关拒绝证明和发出通知书的费用。

被追索人清偿债务时，持票人应当交出汇票和有关拒绝证明，并出具所收到利息和费用的收据。如果某被追索人依照规定清偿后，可以向其他汇票债务人行使再追索权，请求其他汇票债务人支付下列金额和费用：①已清偿的全部金额；②前项金额自清偿日起至再追索清偿日止，按照中国人民银行规定的利率计算的利息；③发出通知书的费用。行使再追索权的被追索人获得清偿时，应当交出汇票和有关拒绝证明，并出具所收到利息和费用的收据。被追索人依照规定清偿债务后，其责任解除。

二、票据权利的消灭

票据权利的消灭是指因发生一定的法律事实而使票据权利失去法律意义，也就是票据法律关系的消灭。票据权利可以因付款、抵销、更改、免除、提存等事由而消灭。

《票据法》规定，票据上的记载事项必须符合《票据法》的规定。票据金额、日期、收款人名称不得更改，更改的票据无效。对票据上的其他记载事项，原记载人可以更改，更改时应当由原记载人签章证明。

《票据法》更为主要的是从时效方面规定了票据权利在法定期限内不行使而消灭的情形。《票据法》规定，票据权利在下列期限内不行使而消灭：①持票人对票据的出票人和承兑人的权利，自票据到期日起2年，见票即付的汇票、本票，自出票日起2年；②持票人对支票出票人的权利，自出票日起6个月；③持票人对前手的追索权，自被拒绝承兑或者被拒绝付款之日起6个月；④持票人对前手的再追索权，自清偿日或者被提起诉讼之日起3个月。票据的出票日、到期日由票据当事人依法确定。此外，票据被焚烧、撕毁等已不复存在时，或由于持票人在票据上记载"收讫"字样，并将票据交给债务的履行人以后，付款请求权消灭。

由于票据权利产生的基础原因不同，当票据权利消灭后，当事人基于其他法律关系如合同关系等享有的权利可以继续存在，但与票据无关。《票据法》规定，持票人因超过票据权利时效或者因票据记载事项欠缺而丧失票据权利的，仍享有民事权利，可以请求出票人或者承兑人返还其与未支付的票据金额相当的利益。

三、票据权利的补救

《票据法》规定，票据丧失，失票人可以及时通知票据的付款人挂失止付，但是，未记载付款人或者无法确定付款人及其代理付款人的票据除外。失票人应当在通知挂失止付后3日内，也可以在票据丧失后，依法向人民法院申请公示催告，或者向人民法院提起诉讼。

四、票据权利的瑕疵

票据权利的瑕疵是指票据权利被当事人施以手段企图影响票据效力的行为，包括票据的伪造、变造和更改。

（一）票据的伪造

票据的伪造是指假冒他人或者虚构他人名义在票据上签章的违法行为。《票据法》规定，票据上有伪造、变造的签章的，不影响票据上其他真实签章的效力。

（二）票据的变造

票据的变造是指无变更权人对票据以外的有关记载事项进行更改的行为。《票据法》规定，票据上其他记载事项被变造的，在变造之前的签章人，对原记载事项负责；在变造之后签章的人，对变造之后的记载事项负责；不能辨别是在票据被变造之前或者之后签章的，视同在变造之前签章。

（三）票据的更改

票据的更改是指将票据上的签章或者其他记载事项加以涂抹或者消除的更改行为。《票据法》规定，票据金额、日期、收款人名称不得更改，更改的票据无效。对票据上的其他记载事项，原记载人可以更改，更改时应当由原记载人签章证明。

五、票据抗辩

票据抗辩是指票据的债务人依照《票据法》的规定，对票据债权人拒绝履行票据义务的行为。票据抗辩是法律赋予票据债务人的一项权利，是为了保护票据债务人的法定权益。当出现损害票据债务人法定权益的事由时，票据作为文义证券，如果一味要求票据债务人履行票据义务，将有失公平。票据抗辩的原因和效力不同，可分为对物的抗辩和对人的抗辩两大类。

（一）对物的抗辩

对物的抗辩是指基于票据本身的内容发生的事由所提出的抗辩。这种抗辩事由基于票据本身，因此票据债务人对任何持票人都可以提出。其抗辩事由主要包括：①因票据行为不成立提出的抗辩，如无权代理或超越代理权进行的票据行为，票据欠缺绝对应记载的事项等。②因票据记载提出的抗辩，如票据没有到期等。③票据权利已丧失而提出的抗辩，如票据债权因付款而消灭等。④因票据系伪造或变造而提出的抗辩等。

（二）对人的抗辩

对人的抗辩是指票据债务人对特定票据权利人的抗辩。《票据法》规定，票据债务人可以对不履行约定义务的与自己有直接债权债务关系的持票人进行抗辩。这条规定不适用于不履行约定义务的持票人已将票据转让给善意第三人的情形，在此情况下，则票据债务人不能对抗善意第三人。

此外，为了保障票据的流通性与安全性，防止票据债务人任意以票据记载内容以外的事项作为抗辩的理由，阻碍票据流通，《票据法》对票据抗辩做了一定的限制。《票据法》规定，票据债务人不得以自己与出票人或持票人的前手之间的抗辩事由，对抗持票人。但是，持票人明知存在抗辩事由而取得票据的除外。

第五节 违反票据法的法律责任

违反《票据法》，根据情节，依法追究行政责任、民事责任和刑事责任。相对于其他法律，违反《票据法》主要追究的是刑事责任。

有下列票据欺诈行为之一的，依法追究刑事责任：①伪造、变造票据的；②故意使用伪造、变造的票据的；③签发空头支票或者故意签发与其预留的本名签名式样或者印鉴不符的支票，骗取财物的；④签发无可靠资金来源的汇票、本票，骗取资金的；⑤汇票、本票的出票人在出票时做虚假记载，骗取财物的；⑥冒用他人的票据，或者故意使用过期或者作废的票据，骗取财物的；⑦付款人同出票人、持票人恶意串通，实施前六项所列行为之一的。

金融机构工作人员在票据业务中玩忽职守，对违反《票据法》规定的票据予以承兑、付款或者保证的，给予处分；造成重大损失，构成犯罪的，依法追究刑事责任。由于金融机构工作人员因上述行为给当事人造成损失的，由该金融机构和直接责任人员依法承担赔偿责任。

票据的付款人对见票即付或者到期的票据，故意压票，拖延支付的，由金融行政管理部门处以罚款，对直接责任人员给予处分。票据的付款人故意压票，拖延支付，给持票人造成损失的，依法承担赔偿责任。

依照《票据法》规定承担赔偿责任以外的其他违反《票据法》规定的行为，给他人造成损失的，应当依法承担民事责任。

拓展案例

夏宝公司与兴盛公司签订了购买新型壁挂式暖气的合同，合同金额为20万元。双方约定，夏宝公司先付15%的定金，收到货物后，付余下的款项。兴盛公司如约发货，随后收到夏宝公司2017年9月10日开出的17万元商业承兑汇票。夏宝公司在汇票上签章承诺，本汇票已经本公司承兑，到期日无条件付款。同年9月18日，夏宝公司传真电函，说兴盛公司的壁挂暖气不合格，经加压试验，未达到国家标准，因此要求退货。检测证明由当地质量技术监督局开具。兴盛公司立即回函要求将不合格的暖气的数量以及测试指标回复己方。如果确系质量问题，表示愿意更换有问题的产品或部分退款。此时，兴盛公司持夏宝公司汇票如期到委托银行收款，被付款人以无款支付，无此账号而拒付。兴盛公司以夏宝公司违反《票据法》为由，诉至人民法院。人民法院审理中，夏宝公司并称，兴盛公司壁挂式暖气不合格，这是对持票人不履行义务的行为进行的抗辩。

思考：夏宝公司是否违反《票据法》关于汇票无因性的规定？其抗辩是否合法？

复习思考题

1. 票据的种类和基本当事人是如何规定的？
2. 行使追索权的原因和程序是什么？

第十一章 证券法

学习目标

1. 掌握证券的概念,理解股票与债券的异同,了解股票、债券和投资基金的种类。
2. 掌握证券发行的条件,熟悉证券发行的程序和方式。
3. 掌握证券交易的一般规则,股票、债券和基金上市交易的条件,理解证券交易的禁止行为。
4. 掌握持续信息公开制度的要求、内容,熟悉有关信息公开的文件及其内容。
5. 了解证券机构的性质和作用。
6. 理解证券法相关理论知识在实践中的实际功能和作用。
7. 了解和掌握证券发行、交易的基本程序要求。

案例导入

刘某为甲公司的董事。甲公司与乙公司签订一份购销合同,甲公司在预先支付了数额巨大的货款后得知,乙公司已经严重亏损,资不抵债,没有任何履约能力,且甲公司的预付款已被当地银行划走抵充银行欠款。刘某得知这一消息,认为此次公司损失巨大,必定会影响本公司股票的价格。他首先将自己手中的本公司股票抛售,还建议好友王某等人也抛出该股票。半月后,甲乙公司购销合同事宜通过媒体向社会公布,消息一出,甲公司股价跌落50%。

思考:

1. 刘某的行为是什么违法行为?
2. 我国法律规定的该违法行为的主体包括哪些人?
3. 依据《证券法》,应对刘某如何处理?

第一节 证券和证券法

一、证券的概念及种类

（一）证券的概念及法律特征

证券是指资金需求者为了长期筹措资金，面向社会公众出售的、记载并表示购买者一定权利的投资凭证，专指依法规范的证券，即资本证券。

证券具有下列法律特征。

▶ 1. 证券是一种投资凭证

就证券的持有人而言，无论其购买证券还是在证券市场上转让证券，几乎都是以追求投资回报最大化为目的。所以，证券是投资者权利的载体，投资者的权利是通过证券记载，并凭借证券获取相应收益的。

▶ 2. 证券是一种收益凭证

证券体现一定的财产权利，证券的持有人在持有过程中基于投资行为可获得相应的收益。需要注意的是：证券是一种有待证实的资本，证券虽然可以在兑现前为持券人带来不特定的或约定的收益，但是证券本金的投资回报还须视股票市场行情状况或义务人的经济状况而定。

▶ 3. 证券是一种可流通的权利凭证

可流通指证券具有可转让性和变现性，其持有者可以随时将证券转让出售，以实现自身权利。

（二）我国证券法上的证券种类

我国证券法上的证券种类包括股票、公司债券、证券投资基金券和其他依法认定的证券。

▶ 1. 股票

股票是股份有限公司签发的证明股东权利义务的要式有价证券，股票是股份的表现形式。股票具有风险较高、非返还性、流通性强等特征。按照不同的划分标准，股票有以下几种分类方式。

（1）按股东权益和风险大小分为普通股和优先股。普通股是指在公司的经营管理和盈利及财产的分配上享有普通权利的股份。它是股票的基本表现形式。目前在证券交易所上市交易的股票都是普通股。优先股是在公司筹集资金时，给予投资者某些享有优先权的股票。公司在分配股息时，持有优先股的股东先于普通股股东领取股息；当公司破产清算时，优先股股东先于普通股股东取得公司剩余财产。但优先股股东一般不参与公司决策和红利分配。

（2）按投资主体不同分为国有股、法人股和社会公众股。国有股是指有关代表国家投资的部门或机构以国有资产向公司投资形成的股份。法人股是由企业法人或其他具有法人资格的事业单位或社会团体,以其资产向公司非上市流通股权部分投资所形成的股份。社会公众股是指个人或机构以其合法财产购买并可依法流通的股份。

(3) 按认购股票投资者身份和上市地点的不同分为内资股和外资股。内资股是由境内机构、组织或个人(港、澳、台投资者除外)以人民币认购和交易的普通股股票,也称为境内上市内资股(称为 A 股)。外资股分为境内上市外资股(称为 B 股)和境外上市外资股,后者以境外上市地的英文名称中的第一个字母命名,如 H 股、N 股、S 股。外资股以人民币标明面值,以外币认购。

▶ 2. 公司债券

公司债券是指公司依照法定程序发行的、约定在一定期限还本付息的有价证券。同股票相比,公司债券具有风险小、收益稳定、优先受偿、有偿还期限等特征。

按照不同的标准,可以划分为:①记名公司债券和无记名公司债券。前者在转让时必须背书并到债券发行公司登记;后者在转让时仅交付债券即可。②可转换公司债券和非转换公司债券。

▶ 3. 证券投资基金券

证券投资基金券又称基金,是证券投资基金发起人向社会公开发行的,表明持有人对基金享有收益分配权和其他相关权利的有价证券。投资者按其所持有的基金券在基金中的比例来分享基金盈利,同时分担基金亏损。证券投资基金券具有集中投资、专家经营、分散风险的特点。投资基金按照受益凭证是否可以赎回,分为开放式基金和封闭式基金。

▶ 4. 经国务院依法认定的其他证券

经国务院依法认定的其他证券是指立法上尚未规定,但具有证券性质和特点,须将其纳入证券范围调整的证券品种。这是一条灵活性的规定,以便适应不断发展的证券市场的需要。

二、证券法的概念及适用范围

(一) 证券法的概念

证券法是调整证券活动关系的法律规范的总称。证券活动关系包括在证券发行、交易活动中形成的各种社会关系。证券法有狭义和广义之分。在我国,狭义的证券法仅指1998年12月29日第九届全国人民代表大会常务委员会第六次会议通过的《中华人民共和国证券法》(以下简称《证券法》),2005年10月27日第十届全国人民代表大会常务委员会第十八次会议第二次修正,2013年6月29日第十二届全国人民代表大会常务委员会第三次会议第三次修订。广义的证券法除了《证券法》以外,还包括调整证券活动的其他法律、行政法规、部门规章、地方性法规和政府规章,如《公司法》《企业债券管理条例》《关于股份有限公司境内上市外资股的规定》等。

(二) 适用范围

证券法的适用范围,按《证券法》第2条的规定,在中华人民共和国境内,股票、公司债券和国务院依法认定的其他证券的发行和交易,适用《证券法》;《证券法》未规定的,适用《公司法》和其他法律、行政法规的规定。政府债券、证券投资基金份额的上市交易,适用《证券法》。其他法律、行政法规另有规定的,适用其规定。证券衍生品种发行、交易的管理办法,由国务院依照《证券法》的原则规定。

第二节 证券发行

一、证券发行的概念

证券发行就是证券发行人将自己所发行的证券出售给投资者的行为。公开发行证券，必须符合法律、行政法规规定的条件，并依法报经国务院证券监督管理机构或者国务院授权的部门核准；未经依法核准，任何单位和个人不得公开发行证券。

《证券法》第10条规定，有下列情形之一的为公开发行：①向不特定对象发行证券的；②向特定对象发行证券累计超过200人的；③法律、行政法规规定的其他发行行为。

非公开发行证券，不得采用广告、公开劝诱和变相公开方式。

二、证券发行的基本条件

（一）股票发行的基本条件

▶ 1. 设立发行及条件

设立发行是指新设立的股份有限公司公开发行股票。《证券法》规定，设立发行应当符合《公司法》规定的条件和经国务院批准的国务院证券监督管理机构规定的其他条件，向国务院证券监督管理机构报送募股申请和规定的文件，批准后，可设立发行。

▶ 2. 新股发行及条件

新股发行也叫二次发行，是指股份有限公司此前曾经获准公开发行股票，为筹集资金再次申请并获准公开发行股票。

《证券法》第13条规定，股份有限公司公开发行新股，应当符合下列条件：①具备健全且运行良好的组织机构；②具有持续盈利能力，财务状况良好；③最近3年财务会计文件无虚假记载，无其他重大违法行为；④经国务院批准的国务院证券监督管理机构规定的其他条件。

上市公司非公开发行新股，应当符合经国务院批准的国务院证券监督管理机构规定的条件，并报国务院证券监督管理机构核准。

发行新股应提交的文件，按照《证券法》第14条规定，公司公开发行新股，应当向国务院证券监督管理机构报送募股申请和下列文件：①公司营业执照；②公司章程；③股东大会决议；④招股说明书；⑤财务会计报告；⑥代收股款银行的名称及地址；⑦承销机构名称及有关的协议。

（二）债券发行的条件

《证券法》对债券发行做出了如下规定。

▶ 1. 首次发行

公开发行公司债券，应当符合下列条件：①股份有限公司的净资产不低于人民币3 000万元，有限责任公司的净资产不低于人民币6 000万元；②累计债券余额不超过公司净资产的40%；③最近3年平均可分配利润足以支付公司债券1年的利息；④筹集的资金投向符合国家产业政策；⑤债券的利率不超过国务院限定的利率水平；⑥国务院规定的其他条件。

上市公司发行可转换为股票的公司债券，除应当符合上述规定的条件外，还应当符合《证券法》关于公开发行股票的条件，并报国务院证券监督管理机构核准。

▶ 2. 发行债券应提交的文件

申请公开发行公司债券，应当向国务院授权的部门或者国务院证券监督管理机构报送下列文件：①公司营业执照；②公司章程；③公司债券募集办法；④资产评估报告和验资报告；⑤国务院授权的部门或者国务院证券监督管理机构规定的其他文件。

▶ 3. 再次发行

有下列情形之一的，不得再次公开发行公司债券：①前一次公开发行的公司债券尚未募足；②对已公开发行的公司债券或者其他债务有违约或者延迟支付本息的事实，仍处于继续状态；③违反《证券法》规定，改变公开发行公司债券所募资金的用途。

三、发行风险

发行风险是指股票或债券的发行人依法发行后，可能产生的承担损失的法律后果。《证券法》规定，股票依法发行后，发行人经营与收益的变化，由发行人自行负责；由此变化引致的投资风险，由投资者自行负责。

股票发行采用代销方式，代销期限届满，向投资者出售的股票数量未达到拟公开发行股票数量70%的，为发行失败。发行人应当按照发行价并加算银行同期存款利息返还股票认购人。

四、证券的价格和用途

（一）股票溢价发行

溢价发行指所发行的股票的价格高于股票的原始价格。《证券法》规定，凡股票发行采取溢价发行的，其发行价格由发行人与承销的证券公司协商确定。

（二）股票和债券的用途

《证券法》规定，公司对公开发行股票所募集的资金，必须按照招股说明书所列资金用途使用。改变招股说明书所列资金用途，必须经股东大会做出决议。擅自改变用途而未做纠正的，或者未经股东大会认可的，不得公开发行新股。

公开发行公司债券筹集的资金，必须用于核准的用途，不得用于弥补亏损和非生产性支出。

五、保荐制度

保荐制度是指由保荐人负责发行人的上市推荐和辅导，核实公司发行文件与上市文件中资料是否真实、准确、完整，协助发行人建立严格的信息披露制度，承担风险防范责任的重要制度。保荐制度将使证券商承担连带担保责任。

《证券法》规定，发行人申请公开发行股票、可转换为股票的公司债券，依法采取承销方式的，或者公开发行法律、行政法规规定实行保荐制度的其他证券的，应当聘请具有保荐资格的机构担任保荐人。保荐人的资格及其管理办法由国务院证券监督管理机构规定。凡向国务院证券监督管理机构申请发行股票或债券聘请保荐人的,应当报送保荐人出具的发行保荐书。

六、证券发行的核准

《证券法》规定,公开发行证券,必须符合法律、行政法规规定的条件,并依法报经国务院证券监督管理机构或国务院授权的部门核准。未经依法核准,任何单位和个人不得公开发行证券。

股票发行申请的核准由国务院证券管理监督机构设立的发行审核委员会负责;债券发行申请的核准由国务院授权的部门负责。

(一)审核

发行审核委员会,依法审核股票发行申请。该委员会由国务院证券监督管理机构的专业人员和所聘请的该机构外的有关专家组成,以投票方式对股票发行申请进行表决,提出审核意见。国务院授权的部门对公司债券发行申请的审核,参照上述规定执行。

(二)决定

国务院证券监督管理机构或者国务院授权的部门应当自受理证券发行申请文件之日起3个月做出决定;不予核准的,应当说明理由。

(三)事后监督

国务院证券监督管理机构或者国务院授权的部门对已做出的核准证券发行的决定,如发现不符合法定条件或者法定程序,尚未发行证券的,应当予以撤销,停止发行。已经发行尚未上市的,撤销发行核准决定,发行人应当按照发行价并加算银行同期存款利息返还证券持有人;保荐人应当与发行人承担连带责任,但是能够证明自己没有过错的除外;发行人的控股股东、实际控制人有过错的,应当与发行人承担连带责任。

七、证券承销

(一)证券承销的概念

证券承销是指证券公司与证券的发行人订立协议,由证券公司依照协议向社会公开发行发行人的证券,由发行人向证券公司支付费用的一种法律行为。

(二)证券承销的方式

《证券法》规定,发行人向不特定对象发行的证券,法律、行政法规规定应当由证券公司承销的,发行人应当同证券公司签订承销协议。向不特定对象发行的证券票面总值超过人民币5000万元的,应当由承销团承销。承销团应当由主承销和参与承销的证券公司组成。证券承销业务采取代销或者包销方式。

证券代销是指证券公司代发行人发售证券,在承销期结束时,将未售出的证券全部退还给发行人的承销方式。《证券法》规定,股票发行采用代销方式,代销期限届满,向投资者出售的股票数量未达到拟公开发行股票数量70%的,为发行失败。发行人应当按照发行价并加算银行同期存款利息返还股票认购人。

证券包销是指证券公司将发行人的证券按照协议全部购入或者在承销期结束时将售后

剩余证券全部自行购入的承销方式。《证券法》规定,证券的代销、包销期限最长不得超过90日。证券公司在代销、包销期内,对所代销、包销的证券应当保证先行出售给认购人,证券公司不得为本公司预留所代销的证券和预先购入并留存所包销的证券。

第三节 证券交易

一、证券交易的概念

证券交易是指证券发行人公开发行的证券在证券交易所挂牌进行集中交易的法律行为。证券交易形成的市场为证券的交易市场,或称为证券的二级市场。

《证券法》规定,申请证券上市交易,应当向证券交易所提出申请,由证券交易所依法审核同意,并由双方签订上市协议。证券交易所根据国务院授权的部门的决定安排政府债券上市交易。申请股票、可转换为股票的公司债券或者法律、行政法规规定实行保荐制度的其他证券上市交易,应当聘请具有保荐资格的机构担任保荐人。

二、证券交易的条件及方式

（一）证券交易的条件

《证券法》规定,证券交易当事人依法买卖的证券,必须是依法发行并交付的证券。非依法发行的证券,不得买卖。依法发行的股票、公司债券及其他证券,法律对其转让期限有限制性规定的,在限定的期限内不得买卖。

依法公开发行的股票、公司债券及其他证券,应当在依法设立的证券交易所上市交易或者在国务院批准的其他证券交易场所转让。

（二）证券交易的方式

《证券法》规定,证券在证券交易所上市交易,应当采用公开的集中交易方式或者国务院证券监督管理机构批准的其他方式。证券交易当事人买卖的证券可以采用纸面形式或者国务院证券监督管理机构规定的其他形式。证券交易以现货和国务院规定的其他方式进行交易,禁止以期货方式进行交易。

三、证券交易的暂停和终止

（一）股票交易的暂停和终止

《证券法》规定,上市公司有下列情形之一的,由证券交易所决定暂停其股票上市交易:①公司股本总额、股权分布等发生变化不再具备上市条件;②公司不按照规定公开其财务状况,或者对财务会计报告做虚假记载,可能误导投资者;③公司有重大违法行为;④公司最近3年连续亏损;⑤证券交易所上市规则规定的其他情形。

上市公司有下列情形之一的,由证券交易所决定终止其股票上市交易:①公司股本总额、股权分布等发生变化不再具备上市条件,在证券交易所规定的期限内仍不能达到上市条件；②公司不按照规定公开其财务状况，或者对财务会计报告做虚假记载，且拒绝纠正；③公司最近3年连续亏损，在其后一个年度内未能恢复盈利；④公司解散或者被宣告破产；⑤证券交易所上市规则规定的其他情形。

（二）债券交易的暂停和终止

《证券法》规定，公司债券上市交易后，公司有下列情形之一的，由证券交易所决定暂停其公司债券上市交易：①公司有重大违法行为；②公司情况发生重大变化不符合公司债券上市条件；③发行公司债券所募集的资金不按照核准的用途使用；④未按照公司债券募集办法履行义务；⑤公司最近2年连续亏损。

公司有上述第①项、第④项所列情形之一经查实后果严重的，或者有上述第②项、第③项、第⑤项所列情形之一，在限期内未能消除的，由证券交易所决定终止其公司债券上市交易。公司解散或者被宣告破产的，由证券交易所终止其公司债券上市交易。

对证券交易所做出的不予上市、暂停上市、终止上市决定不服的，可以向证券交易所设立的复核机构申请复核。

四、对特定人员的交易行为的限制

《证券法》对特定人员的交易行为做出了以下限制性规定。

（一）对证券机构及其从业人员的限制

证券交易所、证券公司和证券登记结算机构的从业人员、证券监督管理机构的工作人员以及法律、行政法规禁止参与股票交易的其他人员，在任期或者法定限期内，不得直接或者以化名、借他人名义持有、买卖股票，也不得收受他人赠送的股票。任何人在成为前述所列人员时，其原已持有的股票，必须依法转让。

为股票发行出具审计报告、资产评估报告或者法律意见书等文件的证券服务机构和人员，在该股票承销期内和期满后6个月内，不得买卖该种股票。为上市公司出具审计报告、资产评估报告或者法律意见书等文件的证券服务机构和人员，自接受上市公司委托之日起至上述文件公开后5日内，不得买卖该种股票。

（二）对上市公司有关人员的限制

上市公司董事、监事、高级管理人员、持有上市公司股份5%以上的股东，将其持有的该公司的股票在买入后6个月内卖出，或者在卖出后6个月内又买入，由此所得收益归该公司所有，公司董事会应当收回其所得收益。但是，证券公司因包销购入售后剩余股票而持有5%以上股份的，卖出该股票不受6个月时间限制。公司董事会不按照规定执行的，股东有权要求董事会在30日内执行。公司董事会未在上述期限内执行的，股东有权为了公司的利益以自己的名义直接向人民法院提起诉讼。公司董事会不按照上述规定执行的，负有责任的董事依法承担连带责任。

五、禁止的交易行为

（一）禁止利用内幕信息进行交易

所谓内幕交易，又称内线交易或知情交易，是指证券交易内幕信息的知情人和非法获取内幕信息的人利用内幕信息从事证券交易活动。内幕交易行为是一种不正当的行为，它必然会破坏证券市场的秩序，因此，《证券法》明文规定禁止这种行为，其具体规定如下。

▶ 1. 证券交易内幕信息的知情人

证券交易内幕信息的知情人包括：①发行人的董事、监事、高级管理人员；②持有公司5%以上股份的股东及其董事、监事、高级管理人员，公司的实际控制人及其董事、监事、高级管理人员；③发行人控股的公司及其董事、监事、高级管理人员；④由于所任公司职务可以获取公司有关内幕信息的人员；⑤证券监督管理机构工作人员以及由于法定职责对证券的发行、交易进行管理的其他人员；⑥保荐人、承销的证券公司、证券交易所、证券登记结算机构、证券服务机构的有关人员；⑦国务院证券监督管理机构规定的其他人。

▶ 2. 内幕信息

证券交易活动中，涉及公司的经营、财务或者对该公司证券的市场价格有重大影响的尚未公开的信息，为内幕信息。下列信息皆属内幕信息。

(1) 发生可能对上市公司股票交易价格产生较大影响的重大事件。包括：①公司的经营方针和经营范围的重大变化；②公司的重大投资行为和重大的购置财产的决定；③公司订立重要合同，可能对公司的资产、负债、权益和经营成果产生重要影响；④公司发生重大债务和未能清偿到期重大债务的违约情况；⑤公司发生重大亏损或者重大损失；⑥公司生产经营的外部条件发生重大变化；⑦公司的董事、1/3以上监事或者经理发生变动；⑧持有公司5%以上股份的股东或者实际控制人，其持有股份或者控制公司的情况发生较大变化；⑨公司减资、合并、分立、解散及申请破产的决定；⑩涉及公司的重大诉讼，股东大会、董事会决议被依法撤销或者宣告无效；⑪公司涉嫌犯罪被司法机关立案调查，公司董事、监事、高级管理人员涉嫌犯罪被司法机关采取强制措施；⑫国务院证券监督管理机构规定的其他事项。

(2) 公司分配股利或者增资的计划。

(3) 公司股权结构的重大变化。

(4) 公司债务担保的重大变更。

(5) 公司营业用主要资产的抵押、出售或者报废一次超过资产的30%。

(6) 公司的董事、监事、高级管理人员的行为可能依法承担重大损害赔偿责任。

(7) 上市公司收购的有关方案。

(8) 国务院证券监督管理机构认定的对证券交易价格有显著影响的其他重要信息。

证券交易内幕信息的知情人和非法获取内幕信息的人，在内幕信息公开前，不得买卖该公司的证券，或者泄露该信息，或者建议他人买卖该证券。持有或者通过协议、其他安排与他人共同持有公司5%以上股份的自然人、法人、其他组织收购上市公司的股份，《证券法》另有规定的，适用其规定。内幕交易行为给投资者造成损失的，行为人应当依法承担赔偿责任。

(二) 禁止操纵市场行为

所谓操纵市场，是指单位或个人利用掌握的资金、信息等优势滥用职权，采用不正当手段，人为地制造证券市场假象，操纵或影响证券市场价格，以诱导证券投资者盲目进行证券买卖，从而为自己谋取利益或者转嫁风险的行为。操纵市场行为必然会扭曲证券的供求关系，导致市场机制失灵，诱发过度投机，损害投资者的利益。因此，《证券法》明文禁止该行为。

《证券法》禁止任何人以下列手段操纵证券市场：①单独或者通过合谋，集中资金优势、持股优势或者利用信息优势联合或者连续买卖，操纵证券交易价格或者证券交易量；②与他人串通，以事先约定的时间、价格和方式相互进行证券交易，影响证券交易价格或者证券交易量；③在自己实际控制的账户之间进行证券交易，影响证券交易价格或者证券交易量；④以其他手段操纵证券市场。操纵证券市场行为给投资者造成损失的，行为人应当依法承担赔偿责任。

（三）禁止传播虚假信息行为

所谓虚假信息，是指证券市场主体及其工作人员以及其他有关人员，做出虚假陈述、信息误导，或者编造并传播虚假信息，以影响证券交易的行为。《证券法》规定，禁止国家工作人员、传播媒介从业人员和有关人员编造、传播虚假信息，扰乱证券市场；禁止证券交易所、证券公司、证券登记结算机构、证券服务机构及其从业人员，证券业协会、证券监督管理机构及其工作人员，在证券交易活动中做出虚假陈述或者信息误导；各种传播媒介传播证券市场信息必须真实、客观，禁止误导。

（四）禁止证券欺诈行为

《证券法》规定，禁止证券公司及其从业人员从事下列损害客户利益的欺诈行为：①违背客户的委托为其买卖证券；②不在规定时间内向客户提供交易的书面确认文件；③挪用客户所委托买卖的证券或者客户账户上的资金；④未经客户的委托，擅自为客户买卖证券，或者假借客户的名义买卖证券；⑤为牟取佣金收入，诱使客户进行不必要的证券买卖，⑥利用传播媒介或者通过其他方式提供、传播虚假或者误导投资者的信息；⑦其他违背客户真实意思表示，损害客户利益的行为。

欺诈客户行为给客户造成损失的，行为人应当依法承担赔偿责任。

（五）其他禁止行为

《证券法》还规定，禁止法人非法利用他人账户从事证券交易；禁止法人出借自己或者他人的证券账户。依法拓宽资金入市渠道，禁止资金违规流入股市。禁止任何人挪用公款买卖证券。国有企业和国有资产控股的企业买卖上市交易的股票，必须遵守国家有关规定。证券交易所、证券公司、证券登记结算机构、证券服务机构及其从业人员对证券交易中发现的禁止的交易行为，应当及时向证券监督管理机构报告。

第四节 证券上市

一、证券上市的条件

（一）股票上市

▶ 1. 上市条件

《证券法》规定，股份有限公司申请股票上市，应当符合下列条件：①股票经国务院证券监督管理机构核准已公开发行；②公司股本额不少于人民币 3 000 万元；③公开发行的股份达到公司股份总数的 25% 以上，公司股本总额超过人民币 4 亿元的，公开发行股份的比例为 10% 以上；④公司最近 3 年无重大违法行为，财务会计报告无虚假记载。

证券交易所可以规定高于上述规定的上市条件，并报国务院证券监督管理机构执行。国家鼓励符合产业政策并符合上市条件的公司股票上市交易。

▶ 2. 申请文件

《证券法》规定，申请股票上市交易，应当向证券交易所报送下列文件：①上市报告书；②申请股票上市的股东大会决议；③公司章程；④公司营业执照；⑤依法经会计师事务所审计的公司最近 3 年的财务会计报告；⑥法律意见书和上市保荐书；⑦最近一次的招股说明书；⑧证券交易所上市规则规定的其他文件。

▶ 3. 公告文件

《证券法》规定，股票上市交易申请经证券交易所审核同意后，签订上市协议的公司应当在规定的期限内公告股票上市的有关文件，并将该文件置备于指定场所供公众查阅。签订上市协议的公司除公告前条规定的文件外，还应当公告下列事项：①股票获准在证券交易所交易的日期；②持有公司股份最多的前 10 名股东的名单和持股数额；③公司的实际控制人；④董事、监事、高级管理人员的姓名及持有本公司股票和债券的情况。

（二）债券上市

▶ 1. 上市条件

《证券法》规定，公司申请公司债券上市交易，应当符合下列条件：①公司债券的期限为 1 年以上；②公司债券实际发行额不少于人民币 5 000 万元；③公司申请债券上市时仍符合法定的公司债券发行条件。

▶ 2. 申请文件

《证券法》规定，申请公司债券上市交易，应当向证券交易所报送下列文件：①上市报告书；②申请公司债券上市的董事会决议；③公司章程；④公司营业执照；⑤公司债权募集办法；⑥公司债券的实际发行数额；⑦证券交易所上市规则规定的其他文件。申请可转换为股票的公司债券上市交易，还应当报送保荐人出具的上市保荐书。

▶ 3. 公告文件

《证券法》规定，公司债券上市交易申请经证券交易所审核同意后，签订上市协议的公司应当在规定的期限内公告公司债券上市文件及有关文件，并将其申请文件置备于指定场所供公众查阅。

二、持续信息公开制度

（一）持续信息公开制度的意义

信息公开也叫信息披露。信息公开有利于维护投资者的利益，确保投资者了解公司的最新信息。《证券法》规定，经国务院证券监督管理机构核准依法公开发行股票，或者经国务院授权的部门核准依法公开发行公司债券，应当公告招股说明书、公司债券募集办法。依法公开发行新股或者公司债券的，还应当公告财务会计报告。

信息公开有利于监管机构对市场的管理，确保及时发现和查处违法行为，保证证券市场的稳定和健康发展。

（二）持续信息公开制度的内容

《证券法》规定，发行人、上市公司依法披露的信息，必须真实、准确、完整，不得有虚假记载、误导性陈述或者重大遗漏。

▶ 1. 定期报告

（1）中期报告。《证券法》规定，上市公司和公司债券上市交易的公司，应当在每一会计年度的上半年结束之日起2个月内，向国务院证券监督管理机构和证券交易所报送记载以下内容的中期报告，并予公告：①公司财务会计报告和经营情况；②涉及公司的重大诉讼事项；③已发行的股票、公司债券变动情况；④提交股东大会审议的重要事项；⑤国务院证券监督管理机构规定的其他事项。

（2）年度报告。《证券法》规定，上市公司和公司债券上市交易的公司，应当在每一会计年度结束之日起4个月内，向国务院证券监督管理机构和证券交易所报送记载以下内容的年度报告，并予公告：①公司概况；②公司财务会计报告和经营情况；③董事、监事、高级管理人员简介及其持股情况；④已发行的股票、公司债券情况，包括持有公司股份最多的前10名股东的名单和持股数额；⑤公司的实际控制人；⑥国务院证券监督管理机构规定的其他事项。

上市公司董事、高级管理人员应当对公司定期报告签署书面确认意见。上市公司监事会应当对董事会编制的公司定期报告进行审核并提出书面审核意见。上市公司董事、监事、高级管理人员应当保证上市公司所披露的信息真实、准确、完整。

▶ 2. 临时报告

《证券法》规定，发生可能对上市公司股票交易价格产生较大影响的重大事件，投资者尚未得知时，上市公司应当立即将有关该重大事件的情况向国务院证券管理机构和证券交易所报送临时报告，并予公告，说明事件的起因、目前的状态和可能产生的法律后果。下列情况为上述所称的重大事件：①公司的经营方针和经营范围的重大变化；②公司的重大投资行为和重大的购置财产的决定；③公司订立重要合同，可能对公司的资产、负债、权益和经营成果产生重要影响；④公司发生重大债务和未能清偿到期重大债务的违约情况；⑤公司发生重大亏损或者重大损失；⑥公司生产经营的外部条件发生的重大变化；⑦公司的董事、1/3以上监事或者经理发生变动；⑧持有公司5%以上股份的股东或者实际控制人，其持有股份或者控制公司的情况发生较大变化；⑨公司减资、合并、分立、解散及申请破产的决定；⑩涉及公司的重大诉讼，股东大会、董事会决议被依法撤销或者宣告无效；⑪公司涉嫌犯罪被司法机关立案调查，公司董事、监事、高级管理人员涉嫌犯罪被司法机关采取强制措施；⑫国务院证券监督管理机构规定的其他事项。

（三）持续信息公开不实的法律后果

《证券法》规定，发行人、上市公司公告的招股说明书、公司债券募集办法、财务会计报告、上市报告文件、年度报告、中期报告、临时报告以及其他信息披露资料，有虚假记载、误导性陈述或者重大遗漏，致使投资者在证券交易中遭受损失的，发行人、上市公司应当承担赔偿责任；发行人、上市公司的董事、监事、高级管理人员和其他直接责任人员以及保荐人、承销的证券公司，应当与发行人、上市公司承担连带赔偿责任，但是能够证明自己没有过错的除外；发行人、上市公司的控股股东、实际控制人有过错的，应当与发行人、上市公司承担连带赔偿责任。

第五节 上市公司的收购

一、上市公司收购的概念

上市公司收购，是指投资者依法购入上市公司公开发行的股份，以达到获得上市公司的控股权或者对上市公司进行兼并的目的。在收购行为中，实施收购行为的投资者为收购人，作为收购目标的上市公司为被收购公司或目标公司。

《证券法》规定，投资者可以采取要约收购、协议收购及其他合法方式收购上市公司。

要约收购，是指收购人通过向目标公司的股东发出购买其所持该公司股份的要约，并按照该要约所规定的收购条件、收购价格、收购期限等内容进行收购的方式。协议收购，是指收购人通过与目标公司的股东进行协商达成收购协议，并按照该协议所规定的收购条件、收购价格、收购期限等内容进行收购的方式。

二、《证券法》关于上市公司收购的一般规定

通过证券交易所的证券交易，投资者持有或者通过协议、其他安排与他人共同持有一个上市公司已发行的股份达到5%时，应当在该事实发生之日起3日内，向国务院证券监督管理机构、证券交易所做出书面报告，通知该上市公司，并予公告；在上述期限内，不得再行买卖该上市公司的股票。投资者持有或者通过协议、其他安排与他人共同持有一个上市公司已发行的股份达到5%后，其所持该上市公司已发行的股份比例每增加或者减少5%，应当依照上述规定进行报告和公告。在报告期限内和做出报告、公告后2日内，不得再行买卖该上市公司的股票。

依照上述规定所做的书面报告和公告，应当包括下列内容：①持股人的名称、住所；②持有的股票的名称、数额；③持股达到法定比例或者持股增减变化达到法定比例的日期。

通过证券交易所的证券交易，投资者持有或者通过协议、其他安排与他人共同持有一个上市公司已发行的股份达到30%时，继续进行收购的，应当依法向该上市公司所有股东发出收购上市公司全部或者部分股份的要约。

收购上市公司部分股份的收购要约应当约定，被收购公司股东承诺出售的股份数额超过预定收购的股份数额的，收购人按比例进行收购。

三、上市公司的收购程序

《证券法》对上市公司的收购程序的规定如下。

依照法律规定发出收购要约，收购人必须公告上市公司收购报告书，并载明下列事项：①收购人的名称、住所；②收购人关于收购的决定；③被收购的上市公司名称；④收购目的；⑤收购股份的详细名称和预定收购的股份数额；⑥收购期限、收购价格；⑦收购所需资金额及资金保证；⑧报送上市公司收购报告书时持有被收购公司股份数占该公司已

发行的股份总数的比例。

收购人还应当将上市公司收购报告书同时提交证券交易所。收购要约约定的收购期限不得少于 30 日，并不得超过 60 日。在收购要约确定的承诺期限内，收购人不得撤销其收购要约。收购人需要变更收购要约的，必须及时公告，载明具体变更事项。采取要约收购方式的，收购人在收购期限内，不得卖出被收购公司的股票，也不得采取要约规定以外的形式和超出要约的条件买入被收购公司的股票。

采取协议收购方式的，收购人可以依照法律、行政法规的规定同被收购公司的股东以协议方式进行股份转让。以协议方式收购上市公司时，达成协议后，收购人必须在 3 日内将该收购协议向国务院证券监督管理机构及证券交易所做出书面报告，并予公告。在公告前不得履行收购协议。

第六节 证券机构

《证券法》对证券交易所、证券公司、证券登记结算机构、证券服务机构、证券业协会、证券监督管理机构的职责等做出了具体规定。

一、证券交易所

（一）证券交易所概况

证券交易所是为证券集中交易提供场所和设施，组织和监督证券交易，实行自律管理的法人。

《证券法》规定，证券交易所的设立和解散，由国务院决定。设立证券交易所必须制定章程。证券交易所章程的制定和修改，必须经国务院证券监督管理机构批准。证券交易所必须在其名称中标明证券交易所字样。其他任何单位或者个人不得使用证券交易所或者近似的名称。证券交易所设理事会。证券交易所设总经理 1 人，由国务院证券监督管理机构任免。

（二）证券交易所的职责

根据《证券法》的规定，证券交易所的职责如下。

▶ 1. 为组织公平的集中交易提供保障

证券交易所公布证券交易即时行情，并按交易日制作证券市场行情表，予以公布。未经证券交易所许可，任何单位和个人不得发布证券交易即时行情。

▶ 2. 为突发事件采取措施

因突发性事件而影响证券交易的正常进行时，证券交易所可以采取技术性停牌的措施；因不可抗力的突发性事件或者为维护证券交易的正常秩序，证券交易所可以决定临时停市。证券交易所采取技术性停牌或者决定临时停市，必须及时报告国务院证券监督管理机构。

▶ 3. 对证券交易实行实时监控

证券交易所对证券交易实行实时监控，并按照国务院证券监督管理机构的要求，对异常的交易情况提出报告。证券交易所可以对出现重大异常交易情况的证券账户限制交易,并报国务院证券监督管理机构备案。

▶ 4. 对披露信息进行监督

证券交易所对上市公司及相关信息披露义务人披露信息进行监督,督促其依法及时、准确地披露信息。

▶ 5. 制定规则

证券交易所依照证券法律、行政法规制定上市规则、交易规则、会员管理规则和其他有关规则,并报国务院证券监督管理机构批准。

▶ 6. 对证券交易所实施管理

证券交易所的负责人和其他从业人员在执行与证券交易有关的职务时,与其本人或者其亲属有利害关系的,应当回避。

按照依法制定的交易规则进行的交易,不得改变其交易结果。对交易中违规交易者应负的民事责任不得免除;在违规交易中所获利益,依照有关规定处理。在证券交易所内从事证券交易的人员,违反证券交易所有关交易规则的,由证券交易所给予纪律处分;对情节严重的,撤销其资格,禁止其入场进行证券交易。

二、证券公司

《证券法》对证券公司做出了以下具体规定。

(一)设立的基本条件和业务范围

证券公司是指依照《公司法》和《证券法》规定设立的经营证券业务的有限责任公司或者股份有限公司。设立证券公司,必须经国务院证券监督管理机构审查批准。未经国务院证券监督管理机构批准,任何单位和个人不得经营证券业务。证券公司必须在其名称中标明证券有限责任公司或者证券股份有限公司字样,其净资产不低于人民币2亿元,符合法定的注册资本。

经国务院证券监督管理机构批准,证券公司可以经营下列部分或者全部业务:①证券经纪;②证券投资咨询;③与证券交易、证券投资活动有关的财务顾问;④证券承销与保荐;⑤证券自营;⑥证券资产管理;⑦其他证券业务。

证券公司经营上述第①项至第③项业务的,注册资本最低限额为人民币5 000万元;经营第④项至第⑦项业务之一的,注册资本最低限额为人民币1亿元;经营第④项至第⑦项业务中两项以上的,注册资本最低限额为人民币5亿元。证券公司的注册资本应当是实缴资本。国务院证券监督管理机构根据审慎监管原则和各项业务的风险程度,可调整注册资本最低限额,但不得少于规定的限额。

(二)对证券公司的监管

证券公司设立、收购或者撤销分支机构,变更业务范围或者注册资本,变更持有5%以上股权的股东、实际控制人,变更公司章程中的重要条款,合并、分立、变更公司形式、停业、解散、破产,必须经国务院证券监督管理机构批准。证券公司在境外设立、收购或者参股证券经营机构,必须经国务院证券监督管理机构批准。

证券公司的董事、监事、高级管理人员,应在任职前取得国务院证券监督管理机构核准的任职资格。

国家设立证券投资者保护基金。证券投资者保护基金由证券公司缴纳的资金及其他依法筹集的资金组成，其筹集、管理和使用的具体办法由国务院规定。证券公司从每年的税后利润中提取交易风险准备金，用于弥补证券交易的损失，其提取的具体比例由国务院证券监督管理机构规定。

三、证券登记结算机构

（一）证券登记结算机构的性质

证券登记结算机构是为证券交易提供集中登记、存管与结算服务，不以营利为目的的法人。设立证券登记结算机构必须经国务院证券监督管理机构批准。

（二）证券登记结算机构的职责

证券登记结算机构履行下列职责：①证券账户、结算账户的设立；②证券的存管和过户；③证券持有人名册登记；④证券交易所上市证券交易的清算和交收；⑤受发行人的委托派发证券权益；⑥办理与上述业务有关的查询；⑦国务院证券监督管理机构批准的其他业务。

四、证券服务机构

（一）证券服务机构及其人员的资格

《证券法》规定，投资咨询机构、财务顾问机构、资信评级机构、资产评估机构、会计师事务所从事证券服务业务，必须经国务院证券监督管理机构和有关主管部门批准。投资咨询机构、财务顾问机构、资信评级机构、资产评估机构、会计师事务所从事证券服务业务的审批管理办法，由国务院证券监督管理机构和有关主管部门制定。

投资咨询机构、财务顾问机构、资信评级机构从事证券服务业务的人员，必须具备证券专业知识和从事证券业务或者证券服务业务2年以上经验。认定其证券从业资格的标准和管理办法，由国务院证券监督管理机构制定。

（二）证券服务机构及其人员的行为规范

《证券法》规定，投资咨询机构及其从业人员从事证券服务业务不得有下列行为：

(1) 代理委托人从事证券投资；

(2) 与委托人约定分享证券投资收益或者分担证券投资损失；

(3) 买卖本咨询机构提供服务的上市公司股票；

(4) 利用传播媒介或者通过其他方式提供、传播虚假或者误导投资者的信息；

(5) 法律、行政法规禁止的其他行为。

有上述所列行为之一，给投资者造成损失的，依法承担赔偿责任。

从事证券服务业务的投资咨询机构和资信评级机构，应当按照国务院有关主管部门规定的标准或者收费办法收取服务费用。

证券服务机构为证券的发行、上市、交易等证券业务活动制作、出具审计报告、资产评估报告、财务顾问报告、资信评级报告或者法律意见书等文件，应当勤勉尽责，对所依据的文件资料内容的真实性、准确性、完整性进行核查和验证。其制作、出具的文件有虚假记载、误导性陈述或者重大遗漏，给他人造成损失的，应当与发行人、上市公司承担连带赔偿责任，但是能够证明自己没有过错的除外。

五、证券业协会

(一)证券业协会的性质

证券业协会是证券业的自律性组织,是社会团体法人。证券公司应当加入证券业协会。证券业协会的权力机构为全体会员组成的会员大会。证券业协会设理事会。理事会成员依章程的规定由选举产生。证券业协会章程由会员大会制定,并报国务院证券监督管理机构备案。

(二)证券业协会的职责

证券业协会履行下列职责:①教育和组织会员遵守证券法律、行政法规;②依法维护会员的合法权益,向证券监督管理机构反映会员的建议和要求;③收集整理证券信息,为会员提供服务;④制定会员应遵守的规则,组织会员单位的从业人员的业务培训,开展会员间的业务交流;⑤对会员之间、会员与客户之间发生的证券业务纠纷进行调解;⑥组织会员就证券业的发展、运作及有关内容进行研究;⑦监督、检查会员行为,对违反法律、行政法规或者协会章程的,按照规定给予纪律处分;⑧证券业协会章程规定的其他职责。

六、证券监督管理机构

(一)证券监督管理机构的性质

国务院证券监督管理机构是依法对证券市场实行监督管理,维护证券市场秩序,保障其合法运行的国家行政单位。

(二)证券监督管理机构的职责

国务院证券监督管理机构在对证券市场实施监督管理中履行下列职责:①依法制定有关证券市场监督管理的规章、规则,并依法行使审批或者核准权;②依法对证券的发行、上市、交易、登记、存管、结算,进行监督管理;③依法对证券发行人、上市公司、证券公司、证券投资基金管理公司、证券服务机构、证券交易所、证券登记结算机构的证券业务活动,进行监督管理;④依法制定从事证券业务人员的资格标准和行为准则,并监督实施;⑤依法监督检查证券发行、上市和交易的信息公开情况;⑥依法对证券业协会的活动进行指导和监督;⑦依法对违反证券市场监督管理法律、行政法规的行为进行查处;⑧法律、行政法规规定的其他职责。国务院证券监督管理机构可以和其他国家或者地区的证券监督管理机构建立监督管理合作机制,实施跨境监督管理。

第七节 法律责任

一、法律责任的主体

根据《证券法》的规定,其法律责任的主体主要包括证券发行人、发行人的控股股东、实际控制人、保荐人、信息披露义务人、内幕知情人员、证券交易所、证券公司、证券登记结算机构、证券服务机构及其工作人员,证券监督管理机构、证券业协会的工作人员,其他国家工作人员等。

二、法律责任的形式

《证券法》对应当承担法律责任的证券违法行为做出了具体的规定。同时,《证券法》规定了承担法律责任的形式,具体包括民事责任、行政责任和刑事责任。其主要形式有:赔偿损失,责令停止,责令改正,责令依法处理,责令关闭,退还资金,取缔,撤销证券任职或从业资格,暂停或撤销证券自营业务、相关业务许可,吊销公司营业执照,警告,罚款,没收,行政处分等。违反《证券法》规定,构成犯罪的,依法追究刑事责任。

拓展案例

天涯股份有限公司经过法定程序批准,于2017年2月10日通过向社会公开发行股票成立,注册资本为5 000万元。为了扩大生产经营规模,公司决定通过增资扩股方式筹集资金。2017年8月28日,该公司董事会向股东大会提交了一份增资扩股方案,该方案的主要内容如下:

(1) 本次发行的新股一律为人民币普通股,每股面额为人民币1元,拟发行6 000万股,并委托大海证券公司独家承销。

(2) 如果一切进展顺利,新股销售时间将安排在2015年2月2日—6月2日之间进行。

思考:上述内容是否符合法律的规定?为什么?

复习思考题

1. 证券承销的方式有哪些?
2. 公司债券发行应具备哪些条件?
3. 持续信息公开制度的内容是什么?

第十二章 税收法律制度

学习目标

1. 了解税法的构成要素。
2. 掌握增值税、消费税、所得税的基本内容。
3. 熟悉税务登记、纳税申报、税收征管、税务代理制度。

案例导入

某高校教授2017年4月的收入情况如下：
(1) 工资收入6 000元；
(2) 在法律出版社出版专著一部，稿酬1万元；
(3) 享受国务院津贴1 000元；
(4) 在某大学举办了一次讲座，报酬5 000元；
(5) 将自有的一套房屋出租，租金2 000元；
(6) 丢失助动车一辆，保险公司理赔1 500元；
(7) 购买的国债，收取利息2 000元；
(8) 购买福利彩票，中得三等奖，奖金13 000元。
思考：该教授的哪些收入需要缴纳个人所得税，标准如何？

第一节 税 法

一、税收的概念及种类

（一）税收的概念和特征

税收是国家为了实现其职能，凭借政治权力，根据税法预先规定的标准无偿地强制征收货币或实物的经济行政活动，是国家取得财政收入的一种分配关系。在这种分配关系中，其主体是国家客体，是人民创造的国民收入和积累的社会财富，分配的目的是实现国家职能的需要。我国税收收入占国家财政收入的绝大部分，是国家财政收入中最主要最固定的来源。

税收是一个具有特定含义的独立的经济概念，属于财政范畴。税收是人类社会经济发展到一定历史阶段的产物，是随着国家的产生而产生的，社会剩余产品和国家的存在是税收产生的基本前提。税收具有以下基本特征。

▶ 1. 强制性

强制性即国家凭借政治权力依据法律强制征税。任何单位和个人只要是税法规定应该纳税的，都必须无条件地按时足额地缴纳税款，履行纳税义务。对拒不纳税或者逃避纳税的人，国家则依法给予强制征收或者进行法律制裁。税收的强制性是国家无偿取得财政收入的可靠保证。

▶ 2. 无偿性

国家依据税法征税，不需要向纳税人支付任何代价或报酬。纳税人依法纳税后，财产所有权发生了转移，税款就成为国家的财政收入，归国家所有而不再直接返还给各纳税人。税收形式的强制性决定了征税收入，不必偿还。无偿性是税收的重要特征，它是税收区别于还本付息的国债收入的重要特点。

▶ 3. 固定性

国家通过税法事先规定了明确的征税对象、纳税人、税目、税率、应纳税额的计算方法，以及纳税期限的，纳税人取得应纳税收入或发生了应纳税的行为，就要按规定的标准缴纳税款，这种规定的标准是相对稳定的，一般不受外界客观因素的影响，未经过严格的立法程序，任何单位和个人都不得随意变更或者修改。税收的三个基本特征是区别于其他财政收入形式的基本标志。

（二）税收的职能和种类

税收职能是税收所具有的满足国家需要的能力，它以税收的内在功能为基础，以国家行使职能的需要为转移，是税收内在功能与国家行使职能需要的有机统一。

▶ 1. 税收的职能

税收的职能一般有三种。

（1）财政职能，即组织财政收入的职能。国家为了实现其职能，需要大量的财政资金，税收自产生之日起就具备了筹集财政收入的职能，并且是最基本的职能。

（2）经济职能，即调节经济的职能。国家有目的地利用税收体现其有关的社会经济政策。通过对各种经济组织和社会成员的经济利益的调节，使他们的微观经济行为尽可能符合国家预计的社会经济发展方向，有助于社会经济的顺利发展，从而使税收成为国家调节社会经济活动的重要经济杠杆。

（3）监督职能，即反映和监督管理的职能。税收是国家监督社会经济活动的强有力工具。财政职能是基本的，是实现调节社会经济生活和监督社会经济生活两项职能的基础条件。随着市场经济的发展，调节社会经济生活和监督社会经济生活的职能也变得越来越重要。

▶ 2. 税收的分类

税收按照不同的标准，可以有多种分类。

(1) 按照征税对象的不同，税收可以分为流转税、所得税、财产税、资源税和特定行为税，这是最常见、最基本的一种分类。

流转税是以商品或者非商品流转额，如销售额、营业额、转让额等，为征税对象的一种税，如增值税、消费税、关税等。

所得税是以所得额、收益额为征税对象的一种税，如企业所得税和个人所得税等。

财产税是以房屋等财产的价值为征税对象的一种税，如房产税、车船税等。

资源税是以纳税人开采自然资源、使用土地资源的量为征收对象的一种税，如资源税、城镇土地使用税、耕地占用税、土地增值税等。

特定行为税是以国家需要调节的各种特殊行为为征税对象的一种税，如印花税、城市维护建设税、固定资产投资方向调节税、车辆购置税等。

(2) 按照税收管辖和收入归属的不同，税收可分为中央税、地方税和中央地方共享税。从1994年1月1日起，我国实行分税制，即按照中央和地方政府的事权划分各级财政的支出范围，根据财权和事权相统一原则，合理划分中央和地方收入。中央税包括消费税、关税、海关代征的增值税和消费税、储蓄存款利息所得个人所得税、车辆购置税等；地方税包括企业所得税、个人所得税、城镇土地使用税、固定资产投资方向调节税、城市维护建设税、房产税、契税、印花税。中央地方共享税包括增值税、证券交易印花税等，从2002年起，企业所得税、个人所得税调整为中央地方共享税。国家税务局负责中央税和共享税的征收管理。地方税务局负责地方税的征收管理。

(3) 按照税负能否转嫁划分，税收可分为直接税和间接税。直接税是指税负不能转嫁的税，如各类所得税；间接税则是指纳税人可以通过价格等方式转嫁税负的税，如流转税。

(4) 按照计税依据划分，税收可分为从价税、从量税或复合税。以销售额、收入额等为计税依据的税是从价税，如增值税、所得税等，以征税对象的数量为计税依据的税是从量税，如资源税、城镇土地使用税、车船税等。同时按照征税对象的金额和数量征税的是复合税，如对卷烟和白酒征收消费税均属于复合税。

(5) 按照税收的形态不同，税收可分为实物税和货币税。实物税是指纳税人以各种实物充当税款缴纳的一类税。货币税是指纳税人以货币形式缴纳的一类税。在现代社会中几乎所有的税都是货币税。

二、税法的概念和调整对象

(一) 税法的概念

税法是调整税收关系的法律规范，是由国家最高权力机关或其授权的行政机关制定的有关调整国家在筹集财政资金过程中形成的税收关系的法律规范的总称。它的表现形式包括税收法律、条例、实施细则、征收办法等。我国税收的立法机关是全国人民代表大会及其常务委员会。国家通过法律形式颁布的税法，征税人和纳税人都必须遵守。《中华人民共和国宪法》第56条规定，中华人民共和国公民有依照法律纳税的义务。每一个公民都应该增强法制观念，严格依照法律税法的规定。自觉履行纳税义务，不履行纳税义务，就要承担法律责任，受到国家法律的制裁。

(二) 税法的调整对象

税法的调整对象是参与税收征纳关系主体之间所发生的经济关系。具体地说，我国税法调整对象包括以下内容。

1. 税收经济关系

税收经济关系包括税务机关与全民所有制企业之间的征纳关系，税务机关与集体所有制企业之间的征纳关系，税务机关与行政事业单位及其附属宾馆、招待所、印刷厂等单位之间的征纳关系，税务机关与各种形式的经济联合体之间的征纳关系，税务机关与私营企业之间的征纳关系，税务机关与个体工商户、承包经营户之间的征纳关系，税务机关与涉外企业之间的征纳关系，以及税务机关与公民之间的征纳关系。

2. 税收权限关系

税收权限关系是指相关国家机关因税收方面的权限划分而发生的社会关系，实质上是一种权力分配关系，包括中央与地方之间的税收立法权限关系，国家权力机关与国家行政机关之间、上级国家机关与下级国家机关之间的税收管理权限关系。

3. 税收程序关系

税收程序关系包括税务登记账簿、凭证管理，税款征收，纳税申报，税务检查，税务争议的解决，以及税务处罚的程序关系。

三、税收法律关系

（一）税收法律关系的含义和特征

税收法律关系，是税法调整国家与纳税义务人之间在税收活动中所发生的以征纳关系为内容的权利和义务关系。在税收法律关系中，国家与纳税人都在自己的法定范围内行使一定的权利和承担一定的义务。

由于法律关系中主体的法律地位不一样，税收法律关系具有以下特点。

1. 一方主体的固定性

由于税收是以国家为主体的一种特定的分配，因此，税收法律关系中固定有一方主体必须是国家，另一方是社会组织或个人。

2. 单向、无偿性

税收法律关系具有财产所有权转移的特点。当纳税义务人在缴纳税金之后，意味着纳税义务人原来拥有的货币资金或实物的所有权让渡给国家，税金不再归还纳税人。这是单向的无偿地转移。

3. 强制性

纳税义务人一旦发生了税法规定的行为和事件，就产生了税收法律关系，而不是以征纳双方当事人的意思表示为转移的。纳税人要按规定履行纳税义务。征收机关要按规定行使征税的职责。

（二）税收法律关系的构成要素

税收法律关系在总体上与其他法律关系一样，都是由主体、内容和客体构成，三者缺一不可。

1. 税收法律关系的主体

税收法律关系的主体是指税收法律关系中权利的享有者和义务的承担者，是税收法律关系的参加者，他们的主体资格是由国家法律、法规直接规定的。税收法律关系的主体，分为征税主体和纳税主体。征税主体包括国家权力机关、行政管理机关和税务职能机关；纳税主体包括各类履行纳税义务的人。

2. 税收法律关系的内容

税收法律关系的内容是指权利主体即征收与缴纳双方所享有的权利和应承担的义务，

这是税收法律关系中最实质的东西,也是税法的灵魂。征税主体和纳税主体的权利和义务主要包括以下内容。

(1)征税主体权利和义务。其权利是依法进行征税,办理税务登记,进行税务检查和对违章者进行处罚等;其义务是将税款及时无误地解缴国库,及时把税收争议案件提交上级机关处理等。

(2)纳税主体权利和义务。其权利是按税法规定享有减税免税和申请退税的权利,对税务机关做出的不合理决定,有权申请上级税务机关复议,如对复议仍持有异议,可诉诸法院等;其义务是必须按时办理税务登记,提供真实的会计报表及纳税资料,依法缴纳税款,不拖欠、不偷税、不逃税、不抗税等。

▶ 3. 税收法律关系的客体

税收法律关系的客体是指税收法律关系主体之间的权利和义务共同指向的对象,包括货币、实物和行为三个方面。例如,所得税法律关系客体就是生产经营所得和其他所得。税收法律关系客体也是国家利用税收杠杆调整和控制的目标,国家在一定时期根据客观经济形势发展的需要,通过扩大或缩小征税范围调整征税对象,以达到限制或鼓励国民经济中某些产业、行业发展的目的。

(三)税收法律关系的产生、变更和终止

税法本身并不能产生具体的税收法律关系。税收法律关系的产生、变更和消灭,必须有能够引起税收法律关系产生、变更或消灭的客观情况,即税收法律关系通过一定的法律事实(事件、行为)产生、变更和终止。税收法律事实可以分为税收法律事件和税收法律行为,税收法律事件是指不以税收法律关系权利主体的意志为转移的客观事件,税收法律行为是指税收法律关系主体在正常意志支配下做出的活动。

产生税收法律关系的法律事实有纳税人发生了税法规定的应纳税行为或事件,新的纳税人的出现。

变更税收法律关系的法律事实有:①税法的修改或规定新的税收优惠,征税形式有了变动;②纳税人的收入或财产状况发生了变化,如收入的增加超过了免征额或者收入的减少不够起征点;③由于灾害造成财产的重大损失致使纳税人难以履行纳税义务。

终止税收法律关系的法律事实有:①纳税人履行了纳税义务;②纳税人符合免税的条件;③税法的废除,纳税人的消失和死亡等。

(四)税收法律关系的保护

税收法律关系的保护对权利主体双方是平等的,不能只对一方保护,而对另一方不予保护。税收法律关系的保护形式和方法是很多的,税法中关于限期纳税、征收滞纳金和罚款的规定,《中华人民共和国刑法》对构成逃税、抗税罪给予刑罚的规定,以及税法中对纳税人不服税务机关征税处理决定,可以申请复议或提出诉讼的规定等都是对税收法律关系的直接保护。保护税收法律关系,实质上就是保护国家正常的经济秩序,保障国家财政收入,维护纳税人的合法权益。

四、税法的构成要素

税法的构成要素是指各种单行税法具有的共同的基本要素的总称。税法的构成要素一般包括总则、纳税义务人、征税对象、税目、税率、纳税环节、纳税期限、纳税地点、减税免税、罚则、附则等项目。

（一）纳税义务人

纳税义务人又称纳税人，是指税法规定的直接对国家承担纳税义务的人，包括法人和自然人。任何一个税种首先要解决的就是国家对谁征税的问题，如我国个人所得税法、增值税、消费税、资源税和印花税等暂行条例的第一条规定的都是该税种的纳税义务人。纳税人是履行纳税义务的法律承担者。

（二）征税对象

征税对象又称征税客体，是指征纳税主体权利义务所指向的对象，指税法规定对什么征税。每一种税法都明确规定征税对象，例如消费税的征税对象是消费税条例所列举的应税消费品等。征税对象决定了各个不同税种的名称，如消费税、个人所得税等，这些税种因征税对象不同，性质不同，税名也就不同。征税对象按其性质的不同，通常可划分为流转额、所得额、财产、资源、特定行为五大类，通常也因此将税收分为相应的五大类即流转税（或称商品和劳务税）、所得税、财产税、资源税和特定行为税。

（三）税目

税目是征税对象的具体化，表明征税的范围和广度。税法规定税目，可以通过明确征税对象的范围制定高低不同的税率，从而贯彻国家的经济政策。并非所有税种都需规定税目，有些税种不分课税对象的具体项目，一律按照课税对象的应税数额，采用同一税率计征税款，因此，一般无须设置税目，如企业所得税。有些税种，具体课税对象比较复杂，需要规定税目，如消费税等，一般都规定有不同的税目。

（四）税率

税率是指纳税额与征税对象数额之间的比例。税率是税法基本内容的核心部分，是计算应征税额的尺度。我国现行税率分为比例税率、累进税率和定额税率。

▶ 1. 比例税率

比例税率，是对同一征税对象，不分数额大小，规定相同的征收比例的税率，通常用于流转额的征税。

▶ 2. 累进税率

累进税率，是对同一征税对象，随数量的增大，征收比例也随之增高的税率，这种税率多用于所得税。

按照累进依据和累进方式的不同，累进税率又分为全额累进税率、超额累进税率和超倍累进税率。全额累进税率是对征税对象全部数额，按照规定的与其相适应的等级的税率计征税额。当征税对象的数额上升到另一个等级时，即对其全部数额，均按照上升后的等级税率计算征税。超额累进税率是根据征税对象的数额的不同等级，按照规定的每个等级的适用税率计算征收的一种累进税率，征税对象数额增加，需要提高一级的税率时，只对增加数额按提高一级的税率计征税额。超倍累进税率同超额累进税率相似，把征税对象的特定数额部分作为一个计税基数，以这个基数为一倍，按不同超倍数额采用不同的累进税率征收。

▶ 3. 定额税率

定额税率，也称固定税额，是按征税对象的计量单位直接规定应纳税额的税率形式，采用定额税率征税，税额的多少同征税对象的数量成正比。它一般适用于从量定额征收，例如资源税、车船税等都采用定额税率。

（五）纳税环节

纳税环节是指税法规定的征税对象在从生产到消费的流转过程中应当缴纳税款的

环节。一般商品从生产到消费往往要经过许多环节,但在税收上只选择其中的一个环节规定为纳税环节。在市场经济条件下,商品从生产到消费通常要经过生产制造、商业批发、商业零售等环节,商品课税的纳税环节,应当选择在商品流转的必经环节。我国税法一般是根据不同税种和征税对象的特点,遵循有利于控制税源、简化纳税手续、保证收入及时入库和便于集中管理等原则来确定纳税环节的。例如,消费税是由最终消费者负担的,理论上应在零售环节纳税,而实际上消费税的纳税环节确定在生产环节。

(六)纳税期限

纳税期限是指税法规定的纳税人向国家缴纳税款的具体限期。纳税人不按纳税期限缴纳税款的,要加收滞纳金。

(七)纳税地点

纳税地点主要是指有利于对税款的源泉控制而规定的纳税人的具体纳税地点。

(八)减税免税

减税免税是指税法对某些纳税人和征税对象给予减轻或免除税负的一种优惠规定。减税是对应征税款少征收一部分,免税是对应征税款全部予以免征。在我国税收征管实践中,税收减免主要有三种:固定减免、定期减免和临时减免。减免税措施主要包括起征点、免税额和减税、免税。根据我国现行税法规定,减税、免税主要是从鼓励生产、社会保障和自然灾害等方面给予减税、免税照顾。

第二节 流转税法律制度

流转税是根据商品或非商品的流转额为征税对象的一类税。其特点是:第一,征税是紧随商品交换和非商品服务进行的。第二,计税依据是商品的价格和劳务服务收费标准。税额是商品价格或服务收费标准的组成部分。流转税包括增值税、消费税、进出口关税和城乡维护建设税。

一、增值税

增值税是对在中华人民共和国境内销售货物,进口货物,提供加工修理修配劳务以及交通运输业和部分现代服务业服务征收的一种流转税。从计税原理上说,增值税是对商品生产、流通、劳务服务中多个环节的新增价值或商品的附加值征收的一种流转税。增值税已经成为中国最主要的税种之一,增值税的收入占中国全部税收的60%以上,是最大的税种。

现行增值税法的基本规范包括:①1993年12月13日国务院发布并经2008年11月5日国务院第34次常务会议修订通过的,以及根据2016年2月6日《国务院关于修改部分行政法规的决定》修订的《中华人民共和国增值税暂行条例》(以下简称《增值税暂行条例》);②2008年12月15日财政部国税总局下发的《中华人民共和国增值税暂行条例实施细则》(以下简称《增值税暂行条例实施细则》)。2011年11月11日,财政部和国家税务总局修订并重新公布了《中华人民共和国增值税暂行条例实施细则》,自2011年11月1日起提高了增值税起征点。

(一)增值税纳税人

根据《增值税暂行条例》规定,增值税的纳税人为在我国境内销售货物或提供加工修理修配劳务、交通运输业、邮政业、电信业、部分现代服务业服务以及进口货物的企业单位和个人。为了严格增值税征收管理和对某些经营规模小的纳税人简化计税办法,《增值税暂行条例》将纳税人按其经营规模及会计核算健全与否划分为一般纳税人和小规模纳税人。

▶1. 一般纳税人

一般纳税人是指年应税销售额超过《增值税暂行条例实施细则》规定的小规模纳税人标准的企业和企业性单位,下列纳税人不属于一般纳税人:①个体经营者以外的其他个人;②非企业性单位;③不经常发生增值税应税行为的企业;④应税服务年销售额超过规定标准的其他个人。

▶2. 小规模纳税人

小规模纳税人是指经营规模较小,年销售额在规定标准以下,并且会计核算不健全,不能按规定报送有关税务资料的增值税纳税人。

(二)增值税征税对象

增值税的征税对象包括销售、进口货物,提供加工、修理修配劳务。其中,货物是指有形动产,包括电力、热力、气体。加工是指受委托加工货物,即委托方提供原料及主要材料,受托方按照委托方的要求制造货物并收取加工费的业务。修理修配是指受托对损伤和丧失功能的货物进行修复,使其恢复原状和功能的业务。此外,银行销售金银、典当业销售死当物品、寄售业销售寄售物品、货物期货(包括商品期货和贵金属期货)等,均属增值税的征税范围。

(三)增值税的税率及征收率

我国增值税采用比例税率形式按照一定的比例征收。由于增值税纳税人分为一般纳税人和小规模纳税人,对这两类不同的纳税人采用了不同的税率和征收率。

▶1. 税率

(1)基本税率。增值税一般纳税人销售或者进口货物、提供应税劳务、提供应税服务,除低税率适用范围外,税率一律为17%,这就是通常所说的基本税率。

(2)低税率。增值税一般纳税人销售或者进口下列货物,按低税率13%计征增值税,粮食、食用植物油、鲜奶、自来水、暖气、冷气、热水、煤气、石油液化气、天然气、沼气、居民用煤炭制品、图书报纸杂志、饲料化肥、农药、农机农膜、国务院及其有关部门规定的其他货物。

提供交通运输业服务,税率为11%,提供邮政业服务,税率为11%。提供现代服务业服务有形动产租赁服务外,税率为6%。

(3)零税率。纳税人出口货物和财政部国家税务总局规定的应税服务税率为零。但是,国务院另有规定的除外。

▶2. 征收率

小规模纳税人采用简易办法征收增值税,征收率为3%。一般纳税人在特殊情况下也按简易办法,分别依照3%、4%、6%的征收率计算缴纳增值税。经国务院批准,自2014年7月1日起决定简并和统一增值税征收税率,将6%和4%的增值税征收率统一调整为3%。

(四) 增值税应纳税额的计算

▶ 1. 一般纳税人应纳税额的计算

一般纳税人销售货物、提供应税劳务、应税服务,其应纳税额在一般计税方法下为当期销项税额减去同期准予抵扣的进项税额后的余额,其计算公式为

当期应纳税额＝当期销项税额－当期准予抵扣的进项税额

当期销项税额小于当期进项税额不足抵扣时,其不足部分结转下期继续抵扣销项税额的计算。

(1) 销项税额是指纳税人销售货物或者提供应税劳务和应税服务,按照销售额或提供应税劳务和应税收入有规定的税率计算并向购买方收取的增值税税额,销项税额的计算公式为

销项税额＝销售额×适用税率

销项税额的计算取决于销售额和适用税率两个因素。在适用税率既定的前提下,消项税额的大小主要取决于销售额的大小,增值税适用税率是比较简单的,因而销项税额计算的关键是如何准确确定作为增值税计税依据的销售额。

销售额是指纳税人销售货物或者提供应税劳务和应税服务,向购买方提供应税劳务和应税服务,也是向购买方收取的全部价款和价外费用。特别需要强调的是,增值税采用价外计税方式,用不含价作为计税依据,因而销售额中不包括向购买方收取的销项税额。在实际工作中常常会出现一般纳税人将销售货物或者应税劳务和应税服务采用销售额和销项税额合并定价收取的方法,这就会形成含税销售额。对于一般纳税人销售货物或者应税劳务和应税服务,采用销售额和销项税额合并定价方法的,按下列公式计算销售额:

不含税销售额＝含税销售额÷(1＋增值税税率)

式中,税率为销售的货物或者应税劳务和应税服务按《增值税暂行条例》和"营改增"中规定所适用的税率。

(2) 进项税额是指纳税人购进货物或者接受应税劳务和应税服务,支付或者负担的增值税额。

准予从销项税额中抵扣的进项税额包括:从销售方取得的增值税专用发票上注明的增值税额;从海关取得的完税凭证上注明的增值税额;购进免税农业产品准予抵扣进项税额,依照买价和税法规定的扣除率计算;销售货物或购进货物(固定资产除外)所支付的运费,按运费和建设基金7%扣除率计算进项税额等。

不得从销项税额中抵扣的进项税额包括:购进固定资产;用于非应税项目的购进货物或者应税劳务;用于免税项目的购进货物或者应税劳务;用于集体福利或者个人消费的购进货物或者应税劳务;非正常损失的购进货物;非正常损失的在产品、产成品所耗用的购进货物或者应税劳务。

▶ 2. 小规模纳税人应纳税额的计算

小规模纳税人销售货物或者应税劳务,实行简易办法计算应纳税额,公式如下:

应纳税额＝销售额×征收率

销售额的确定与一般纳税人相同,不同的是小规模纳税人不得抵扣任何进项税额。

▶ 3. 进口货物增值税应纳税额的计算

纳税人进口货物,按照组成计税价格和规定的税率计算应纳税额,不得抵扣任何税额。组成计税价格和应纳税额的计算公式为

组成计税价格＝关税完税价格＋关税＋消费税

应纳税额＝组成计税价格×税率

(五）增值税专用发票

增值税专用发票不仅是商事凭证，而且是购货方进项税额的法定扣税凭证，具有十分重要的地位。专用发票只限于增值税的一般纳税人领购使用，小规模纳税人和非增值税纳税人不得领购使用。专用发票的开具和保管在《税法》中都有明确的规定，纳税人应当遵照执行。

二、消费税

消费税是对部分最终消费品和消费行为的流转额征收的一种税。消费税的征收体现国家的消费政策，其征收范围具有选择性，税率具有差别性，能充分发挥特殊调节作用，是增值税普遍调节的补充。

（一）纳税义务人

在中华人民共和国国境内生产、委托加工和进口应税消费品（不包含金银首饰）的单位和个人，为消费税的纳税义务人。金银首饰消费税的纳税人是在我国境内从事商业零售金银首饰的单位和个人。委托加工应税消费品的，委托加工的单位和个人为纳税人，由受托方代收代缴消费税。

（二）税目和税率

消费税共设置了 15 个税目，具体范围如下：烟（包括甲类卷烟、乙类卷烟、雪茄烟和烟丝）；酒及酒精（包括白酒、黄酒、啤酒、其他酒、酒精）；化妆品；贵重首饰及珠宝玉石；鞭炮、焰火；摩托车；小汽车；高尔夫球及球具；高档手表；游艇；木制一次性筷子；实木地板；成品油（包括含铅汽油、无铅汽油、柴油、石脑油、溶剂油、润滑油、燃料油、航空煤油）；铅蓄电池（2016 年 1 月 1 日起实施）；涂料。实行比例税率和定额税率。比例税率共有 15 个档次，最低 1%，最高 56%。

纳税人兼营不同税率的应税消费品，应当分别核算不同税率应税消费品的销售额、销售数量，未分别核算销售额、销售数量，或者不同税率的应税消费品组成成套消费品销售的，从高适用税率。

▶ 1. 纳税环节

（1）生产环节。纳税人生产的应税消费品，于销售时纳税。纳税人自产自用的应税消费品，用于连续生产的应税消费品不纳税；用于其他方面的，于移送使用时纳税。委托加工的应税消费品，由受托方在向委托方交货时代收代缴税款。进口的应税消费品，报关时纳税。

（2）进口环节。纳税人进口的应税消费品，由进口报关者于报关进口时纳税。

（3）零售环节。金银首饰消费品由零售者在零售环节缴纳。

（4）批发环节。在批发环节征收的消费税仅限于卷烟，且是加征的一道消费税，适用税率 11%。

▶ 2. 应纳税额的计算

消费税实行从价定率或者从量定额的办法计算应纳税额。应纳税额计算公式为

实行从价定率办法计算的应纳税额＝销售额×税率

实行从量定额办法计算的应纳税额＝销售数量×单位税额

其中，销售额是指纳税人销售应税消费品向购买方收取的全部价款和价外费用。

纳税人自产自用的应税消费品，按照纳税人生产的同类消费品的销售价格计算纳税；

没有同类消费品销售价格的,按照组成计税价格计算纳税。计算公式为

组成计税价格=(成本+利润)÷(1-消费税税率)

委托加工的应税消费品,按照受托方的同类消费品的销售价格计算纳税;没有同类消费品的销售价格的,按照组成计税价格计算纳税,计算公式为

组成计税价格=(材料成本+加工费)÷(1-消费税税率)

进口的应税消费品,实行从价定率办法计算应纳税额的,按照组成计税价格计算纳税。组成计税价格的计算公式为

组成计税价格=(关税免税价格+关税)÷(1-消费税税率)

纳税人应税消费品的计税价格明显偏低而又无正当理由的,由主管税务机关核定其计税价格。消费税由税务机关征收,进口的应税消费品的消费税由海关代征。

对纳税人出口应税消费品,免征消费税,国务院另有规定的除外。

第三节 所得税法律制度

一、所得税与所得税法概述

所得税是以纳税人的所得额、收益额为征税对象的一种税。所得税以纳税人的实际负担能力为征税原则,多得多征、少得少征、不得不征,是直接税,体现了一定的税法公平原则。目前所得税是我国第二大税类,主要包括企业所得税和个人所得税。

2007年3月16日,第十届全国人民代表大会第五次会议通过了《企业所得税法》,统一了内外资企业所得税,该法于2017年2月24日进行了修订。2007年11月28日国务院第197次常委会会议通过并颁布了《中华人民共和国企业所得税法实施条例》。

现行《个人所得税法》是1980年9月10日第五届全国人民代表大会第三次会议通过的,1993年、1999年、2005年、2007年和2011年分别重新进行了修订。2011年7月19日颁布的《国务院关于修改〈中华人民共和国个人所得税法实施条例〉的决定》,自2011年9月1日起施行。

二、企业所得税法

企业所得税是对境内企业生产、经营所得和其他所得依法征收的一种税。

(一)纳税义务人

在中华人民共和国境内,企业和其他取得收入的组织(以下统称企业)为企业所得税的纳税人,依法缴纳企业所得税。但是个人独资企业、合伙企业不适用该法。

企业分为居民企业和非居民企业。

居民企业是指依法在中国境内成立,或者依照外国(地区)法律成立但实际管理机构在中国境内的企业。

非居民企业是指依照外国(地区)法律成立且实际管理机构不在中国境内,但在中国境内设立机构、场所的,或者在中国境内未设立机构、场所,但有来源于中国境内所得的企业。

（二）征税对象

居民企业应当就其来源于中国境内、境外的所得缴纳企业所得税，即承担无限纳税义务。

非居民企业在中国境内设立机构、场所的，应当就其所设机构、场所取得的来源于中国境内的所得，以及发生在中国境外但与其所设机构、场所有实际联系的所得，缴纳企业所得税。非居民企业在中国境内未设立机构、场所的，或者虽设立机构、场所但取得的所得与其所设机构、场所没有实际联系的，应当就其来源于中国境内的所得缴纳企业所得税。非居民企业承担有限纳税义务。

（三）税率

企业所得税税率是25％。非居民企业在中国境内未设立机构、场所的，或者虽设立机构、场所但取得的所得与其所设机构、场所没有实际联系的，应当就其来源于中国境内的所得缴纳企业所得税，适用税率为20％。税法还规定了特殊情况下可享受的优惠税率。

（四）企业的应纳税所得额

企业每一纳税年度的收入总额，减除不征税收入、免税收入、各项扣除以及允许弥补的以前年度亏损后的余额，为应纳税所得额。

企业以货币形式和非货币形式从各种来源取得的收入，为收入总额。其中包括销售货物收入；提供劳务收入；转让财产收入；股息、红利等权益性投资收益；利息收入；租金收入；特许权使用费收入；接受捐赠收入；其他收入。

收入总额中的下列收入为不征税收入：财政拨款；依法收取并纳入财政管理的行政事业性收费、政府性基金；国务院规定的其他不征税收入。

企业实际发生的与取得收入有关的、合理的支出，包括成本、费用、税金、损失和其他支出，准予在计算应纳税所得额时扣除。

企业发生的公益性捐赠收支出，在年度利润总额12％以内的部分，准予在计算应纳税所得额时扣除。

在计算应纳税所得额时，下列支出不得扣除：①向投资者支付的股息、红利等权益性投资收益款项；②企业所得税税款；③税收滞纳金；④罚金、罚款和被没收财物的损失；⑤《企业所得税法》第9条规定以外的捐赠收入；⑥赞助支出；⑦未经核定的准备金支出；⑧与取得收入无关的其他支出。

在计算应纳税所得额时，企业按照规定计算的固定资产折旧，准予扣除。下列固定资产不得计算折旧扣除：①房屋、建筑物以外未投入使用的固定资产；②以经营租赁方式租入的固定资产；③以融资租赁方式租出的固定资产；④已足额提取折旧仍继续使用的固定资产；⑤与经营活动无关的固定资产；⑥单独估价作为固定资产入账的土地；⑦其他不得计算折旧扣除的固定资产。

下列无形资产不得计算摊销费用扣除：①自行开发的支出已在计算应纳税所得额时扣除的无形资产；②自创商誉；③与经营活动无关的无形资产；④其他不得计算摊销费用扣除的无形资产。

在计算应纳税所得额时，企业发生的下列支出作为长期待摊费用，按照规定摊销的，准予扣除：①已足额提取折旧的固定资产的改建支出；②租入固定资产的改建支出；③固定资产的大修理支出；④其他应当作为长期待摊费用的支出。

企业对外投资期间，投资资产的成本在计算应纳税所得额时不得扣除。

企业使用或者销售存货，按照规定计算的存货成本，准予在计算应纳税所得额时扣除。

企业转让资产，该项资产的净值，准予在计算应纳税所得额时扣除。

企业在汇总计算缴纳企业所得税时，其境外营业机构的亏损不得抵减境内营业机构的盈利。

企业纳税年度发生的亏损，准予向以后年度结转，用以后年度的所得弥补，但结转年限最长不得超过5年。

非居民企业取得《企业所得税法》第3条第3款规定的所得，按照下列方法计算其应纳税所得额：①股息、红利等权益性投资收益和利息、租金、特许权使用费所得，以收入全额为应纳税所得额；②转让财产所得，以收入全额减除财产净值后的余额为应纳税所得额；③其他所得，参照前两项规定的方法计算应纳税所得额。

（五）应纳税额

企业的应纳税所得额乘以适用税率，减除依照本法关于税收优惠的规定减免和抵免的税额后的余额，为应纳税额。

企业取得的下列所得已在境外缴纳的所得税税额，可以从其当期应纳税额中抵免，抵免限额为该项所得依照本法规定计算的应纳税额；超过抵免限额的部分，可以在以后五个年度内，用每年度抵免限额抵免当年应抵税额后的余额进行抵补；①居民企业来源于中国境外的应税所得；②非居民企业在中国境内设立机构、场所，取得发生在中国境外但与该机构、场所有实际联系的应税所得。

居民企业从其直接或者间接控制的外国企业分得的来源于中国境外的股息、红利等权益性投资收益，外国企业在境外实际缴纳的所得税税额中属于该项所得负担的部分，可以作为该居民企业的可抵免境外所得税税额，在《企业所得税法》第23条规定的抵免限额内抵免。

（六）税收优惠

（1）国家对重点扶持和鼓励发展的产业和项目，给予企业所得税优惠。企业的下列收入为免税收入：①国债利息收入；②符合条件的居民企业之间的股息、红利等权益性投资收益；③在中国境内设立机构、场所的非居民企业从居民企业取得与该机构、场所有实际联系的股息、红利等权益性投资收益；④符合条件的非营利组织的收入。

（2）企业的下列所得，可以免征、减征企业所得税：①从事农、林、牧、渔业项目的所得；②从事国家重点扶持的公共基础设施项目投资经营所得；③从事符合条件的环境保护、节能节水项目的所得；④符合条件的技术转让所得；⑤《企业所得税法》第3条第3款规定的所得。

（3）符合条件的小型微利企业，减按20%的税率征收企业所得税。

（4）国家需要重点扶持的高新技术企业，减按15%的税率征收企业所得税。企业的下列支出，可以在计算应纳税所得额时加计扣除：①开发新技术、新产品、新工艺发生的研究开发费用；②安置残疾人员及国家鼓励安置的其他就业人员所支付的工资。

另外，创业投资企业从事国家需要重点扶持和鼓励的创业投资，可以按投资额的一定比例抵扣应纳税所得额。

三、个人所得税法

个人所得税是对在我国境内有住所或居住的个人取得的所得和在我国无住所又不居住的个人从我国境内取得的所得征收的一种税。

(一) 纳税主体

个人所得税的纳税主体有两类：一类是在中国境内有住所，或者是无住所而在境内居住满1年的个人，这一类纳税人负有从中国境内外所得无限纳税义务；另一类是在中国境内无住所又不居住，或者无住所而在境内居住不满1年的个人，这一类纳税人只就其从中国境内取得的所得负有有限纳税义务。

(二) 征税对象

个人所得税的征税对象包括：工资、薪金所得；个体工商户的生产、经营所得；对企事业单位的承包经营、承租经营所得；劳务报酬所得；稿酬所得；特许权使用费所得；利息、股息、红利所得；财产租赁所得；财产转让所得；偶然所得以及经国务院财政部门确定征税的其他所得。

▶1. 工资、薪金所得

工资、薪金所得，是指个人因任职或受雇而取得的工资、薪金、奖金、年终加薪、劳动分红、津贴、补贴以及与任职或受雇有关的其他所得。也就是说，个人取得的所得，只要是与任职、受雇有关，不管其单位的资金开支渠道或以现金、实物、有价证券等形式支付的，都是工资、薪金所得项目的课税对象。

▶2. 个体工商户的生产、经营所得

个体工商户的生产、经营所得包括四个方面：①经工商行政管理部门批准开业并领取营业执照的城乡个体工商户，从事工业、手工业、建筑业、交通运输业、商业、饮食业、服务业、修理业及其他行业的生产、经营取得的所得；②个人经政府有关部门批准，取得营业执照，从事办学、医疗、咨询以及其他有偿服务活动取得的所得；③其他个人从事个体工商业生产、经营取得的所得，即个人临时从事生产、经营活动取得的所得；④上述个体工商户和个人取得的生产、经营有关的各项应税所得。

▶3. 对企事业单位的承包经营、承租经营所得

对企事业单位的承包经营、承租经营所得，是指个人承包经营、承租经营以及转包、转租取得的所得，包括个人按月或者按次取得的工资、薪金性质的所得。

▶4. 劳务报酬所得

劳务报酬所得，是指个人从事设计、装潢、安装、制图、化验、测试、医疗、法律、会计、咨询、讲学、新闻、广播、翻译、审稿、书画、雕刻、影视、录音、录像、演出、表演、广告、展览、技术服务、介绍服务、经济服务、代办服务以及其他劳务取得的所得。

▶5. 稿酬所得

稿酬所得，是指个人因其作品以图书、报纸形式出版、发表而取得的所得。这里所说的作品，是指包括中外文字、图片、乐谱等能以图书、报刊方式出版、发表的作品；个人作品，包括本人的著作、翻译的作品等。个人取得遗作稿酬，应按稿酬所得项目计税。

▶6. 特许权使用费所得

特许权使用费所得，是指个人提供专利权、著作权、商标权、非专利技术以及其他特许权的使用权取得的所得。提供著作权的使用权取得的所得，不包括稿酬所得。作者将自己文字作品手稿原件或复印件公开拍卖（竞价）取得的所得，应按特许权使用费所得项目计税。

▶7. 利息、股息、红利所得

利息、股息、红利所得，是指个人拥有债权、股权而取得的利息、股息、红利所

得。利息是指个人的存款利息（国家宣布 2008 年 10 月 8 日次日开始取消利息所得税）、贷款利息和购买各种债券的利息。股息，也称股利，是指股票持有人根据股份制公司章程的规定，凭股票定期从股份公司取得的投资利益。红利，也称公司（企业）分红，是指股份公司或企业根据应分配的利润按股份分配超过股息部分的利润。股份制企业以股票形式向股东个人支付股息、红利即派发红股，应以派发的股票面额为收入额计税。

▶ 8. 财产租赁所得

财产租赁所得，是指个人出租建筑物、土地使用权、机器设备车船，以及其他财产取得的所得。财产包括动产和不动产。

▶ 9. 财产转让所得

财产转让所得，是指个人转让有价证券、股权、建筑物、土地使用权、机器设备、车船以及其他自有财产给他人或单位而取得的所得，包括转让不动产和动产而取得的所得。对个人股票买卖取得的所得暂不征税。

▶ 10. 偶然所得

偶然所得，是指个人取得的所得是非经常性的，属于各种机遇性所得，包括得奖、中奖、中彩以及其他偶然性质的所得（含奖金、实物和有价证券）。个人购买社会福利有奖募捐奖券、中国体育彩票，一次中奖收入不超过 10 000 元的，免征个人所得税，超过 10 000 元的，应以全额按偶然所得项目计税。

▶ 11. 其他所得

除上述 10 项应税项目以外，其他所得应确定征税的，由国务院财政部门确定。国务院财政部门，是指财政部和国家税务总局。

(三) 税率

个人所得税根据不同的征税项目，分别规定了三种不同的税率。

(1) 工资、薪金所得，适用 7 级超额累进税率，按月应纳税所得额计算征税。该税率按个人月工资、薪金应纳税所得额划分级距，最高一级为 45%，最低一级为 3%，共 7 级。

(2) 个体工商户的生产、经营所得和对企事业单位适用 5 级超额累进税率。适用按年计算、分月预缴税款的个体工商户的生产、经营所得和对企事业单位的承包经营、承租经营的全年应纳税所得额划分级距，最低一级为 5%，最高一级为 35%，共 5 级。

(3) 比例税率。对个人的稿酬所得，劳务报酬所得，特许权使用费所得，利息、股息、红利所得，财产租赁所得，财产转让所得，偶然所得和其他所得，按次计算征收个人所得税，适用 20% 的比例税率。其中，对稿酬所得适用 20% 的比例税率，并按应纳税额减征 30%；对劳务报酬所得一次性收入畸高的，除按 20% 征税外，应纳税所得额超过 2 万～5 万元的部分，依照税法规定计算应纳税额后再按照应纳税额加征五成；超过 5 万元的部分，加征十成。

(四) 应纳税所得额的计算

扣除标准为 3 500 元/月（2011 年 9 月 1 日起正式执行）（工资、薪金所得适用）。

应纳个人所得税税额＝应纳税所得额×适用税率－速算扣除数

应纳税所得额＝扣除五险一金后月收入－扣除标准

2011年9月1日起调整后的个人工资、薪金所得7级超额累进税率如表12-1所示。

表12-1　7级超额累进税率表

全月应纳税所得额	税率/%	速算扣除数/元
不超过1 500元	3	0
1 500～4 500元	10	105
4 500～9 000元	20	555
9 000～35 000元	25	1 005
35 000～55 000元	30	2 755
55 000～80 000元	35	5 505
超过80 000元	45	13 505

（五）减免税

按照《个人所得税法》的规定，有下列情形之一的，经批准可以减税：①残疾、孤老人员和烈属的所得；②因严重自然灾害造成重大损失的；③其他经国务院财政部门批准减税的。

下列各项个人所得可以免税：①省级人民政府、国务院各部委和中国人民解放军军以上单位，以及外国组织、国际组织颁发的科学、教育、文化、技术、卫生、体育、环境保护等方面的奖金；②国债和国家发行的金融债券利息；③按照国家统一规定发给的补贴、津贴；④福利费、抚恤金、救济金；⑤保险赔款；⑥军人的转业费、复员费；⑦按照国家统一规定发放给干部、职工的安家费、退职费、退休工资、离休工资、离休生活补助费；⑧依照我国有关法律规定应予免税的各国驻华使馆、领事馆的外交人员所得；⑨中国政府参加的国际公约、签订的协议中规定免税的所得；⑩经国务院财政部门批准免税的所得。

第四节　税收征收管理法

一、税收征收管理法概述

税收征收管理法是调整在我国税收的征收与缴纳过程中形成的税收关系的法律规范的总称，这里的税收关系是指税务管理、税款征收、税务检查，法律责任等关系，征收管理是税务机关依据税法指导纳税人正确履行纳税义务，并对征纳税过程进行组织、管理、监督、检查等一系列工作的总称。

1992年9月4日，第七届全国人民代表大会常务委员会第二十七次会议公布了《中华人民共和国税收征收管理法》（以下简称《税收征管法》），自1993年1月1日起施行，并于1995年、2001年、2013年、2015年进行了修订。同时为了惩治偷税抗税的犯罪，还颁布了《关于惩治偷税抗税犯罪的补充规定》。2002年9月7日，国务院发布并施行了《中华人民共和国税收征收管理法实施细则》，并于2012年、2013年、2016年进行了修订。

依据《税收征管法》的规定,纳税人为法律、行政法规规定负有纳税义务的单位和个人,扣缴义务人为法律、行政法规规定负有代扣代缴、代收代缴税款义务的单位和个人。税收的开征、停征以及减税、免税、退税、补税,依照法律的规定执行。法律授权国务院规定的,依照国务院所制定的行政法规的规定执行,任何机关单位和个人不得违反法律、行政法规的规定,擅自做出税收开征、停征以及减税、免税、退税、补税的决定,国务院税务主管部门主管全国税收征收管理工作。

二、税收征纳的管理程序

税务管理包括税务登记,纳税申报,税款征收,税务检查,账簿、凭证管理。

(一)税务登记

税务登记,也称纳税登记,是指纳税人按税法要求,在开业后和停业以及经营期间发生较大变动时,向税务机关申请登记,企业、企业在外地设立的分支机构和从事生产经营场所,个体工商户和从事生产经营的事业单位,自领取营业执照之日起30日内,持有关证件向税务机关书面申报办理税务登记,如实填写税务登记表。税务机关审核后发给税务登记证件。税务登记内容发生变化时,纳税人在工商行政管理机关办理注册登记的,应自工商行政管理机关办理变更登记之日起30日内,持有关证件向原税务登记机关申报办理变更税务登记;按规定不需在工商行政管理机关办理注册登记的,应当自有关机关批准或宣布变更之日起30日内,持有关证件向原税务机关申报,办理变更税务登记。纳税人发生解散、破产、撤销以及其他情形,依法终止纳税义务的,应当在向工商行政管理机关,办理注销登记前,持有关证件向原税务登记机关申报办理注销税务登记。纳税人因住所、经营地点变动而涉及税务登记机关的,应向原税务机关申报办理注销登记,并向迁达地税务机关申请办理税务登记。纳税人在注销税务登记前应当向税务机关结清应纳税款、滞纳金、罚款,缴销发票和其他税务证件。

税务机关对税务登记证件应实行定期验证和更换制度,税务登记证只限于纳税人自己使用,不得涂改转借或转让,并要接受税务机关查验。

(二)纳税申报

纳税申报是《税收征管法》中的纳税人必须履行的法定手续,是税务机关掌握税收的基本方式。《税收征管法》规定,纳税人必须在规定期限内办理纳税申报,报送纳税申报表、财务会计报表以及税务机关要求纳税人报送的其他材料。扣缴义务人必须在规定申报期限内报送代扣代缴、代收代缴税款报告表以及税务机关要求的其他资料。不能按期办理纳税申报或者报送代扣代缴、代收代缴税款报告的,经税务机关核准可延期申报。

(三)税款征收

根据《税收征管法》的规定,税务机关必须依照法律、行政法规的规定征收税款。纳税人、扣缴义务人必须依照法律、行政法规的规定缴纳税款或者解缴税款。未按期缴纳或者解缴税款的,税务机关除责令限期缴纳外,从滞纳税款之日起,按日加收滞纳税款万分之五的滞纳金。税务机关征收税款和扣缴义务人代扣、代收税款,必须给纳税人开具完税凭证。

税款征收方式主要包括查账征收、查定征收、查验征收、定期定额征收,以及其他方式征收。

(四) 税务检查

税务检查是税务机关依法对纳税人履行纳税义务和扣缴义务人履行代扣代缴、代收代缴义务的情况进行监督检查。概括《税收征管法》的规定，纳税人、扣缴义务人必须接受税务机关依法进行的税务检查，如实反映情况和提供有关资料，不得拒绝、隐瞒。税务机关工作人员在对纳税人进行税务检查时，应当出示税务检查证件，并有责任为被检查人保守秘密。

税务机关有权进行下列税务检查：①检查纳税人的账簿、记账凭证、报表和有关资料，检查扣缴义务人代扣代缴、代收代缴税款账簿、记账凭证和有关资料。②到纳税人的生产经营场所和货物存放地，检查纳税人应纳税的商品、货物或者其他财产，检查扣缴义务人与代扣代缴、代收代缴税款有关的经营情况。③责成纳税人、扣缴义务人提供与纳税或者代扣代缴、代收代缴税款有关的文件、证明材料和有关材料。④询问纳税人、扣缴义务人与纳税或者代扣代缴、代收代缴税款有关的问题和情况。⑤到车站、码头、机场、邮政企业及其分支机构检查纳税人托运、邮寄应纳税商品、货物或者其他财产的有关单据、凭证和有关资料。⑥经县以上税务局局长批准，凭全国统一格式的检查存款账户许可证明，查核从事生产、经营的纳税人、扣缴义务人在银行或者其他金融机构的存款账户；查核从事生产、经营的纳税人的储蓄存款，须经银行支行或分行的办事处核对，指定所属储蓄所提供资料。

税务机关依法进行税务检查时，有关部门和单位应当支持、协助，向税务机关如实反映纳税人、扣缴义务人和其他当事人的与纳税或者代扣代缴税款有关的情况，提供有关资料及证明材料。

(五) 账簿、凭证管理

账簿、凭证是记载纳税人资金运作的书面资料。账簿包括总账、明细账、日记账以及其他辅助性账簿。从事生产经营的纳税人应当自领取营业执照15日内设置账簿，根据合法、有效凭证记账，进行核算。个体工商户确因困难不能设置账簿的，经税务机关核准可以不设账簿，但必须建立收支凭证粘贴簿、进货销货登记簿等；扣缴义务人应当自税收法律、行政法规规定的扣缴义务发生之日起10日内，按照所代扣、代收的税种，分别设置代扣代缴、代收代缴税款账簿。

账簿、记账凭证、完税凭证及其他纳税资料，应当保存10年，不得伪造、变造或者擅自损毁。

三、对违法行为的认定与处理

(一) 对违法行为的认定

违反税法行为，是指纳税人违反税法规定的作为或不作为，包括故意过错行为和过失过错行为，根据《税收征管法》的规定，违反税法的行为主要有以下几种：

(1) 纳税人未按规定期限申报办理税务登记、变更或注销登记的；未按照规定设置、保管账簿或包管记账凭证和有关资料的；未按照规定将财务、会计制度或财务、会计处理办法，报送税务机关备查的。

(2) 扣缴义务人未按照规定设置、保管代扣代缴、代收代缴税款账簿或包管代扣代缴、代收代缴税款记账凭证及有关资料的。

(3) 纳税人未按照规定的期限办理纳税申报的。

(4) 纳税人采取伪造、变造、隐匿、擅自销毁账簿、记账凭证,在账簿上多列支出、少列收入,或进行虚假的纳税申报的手段,不缴或少缴应纳税款的(即偷税)。

(5) 以暴力、威胁方法拒不缴纳税款的(抗税)。

(6) 税务工作人员违反法律、行政法规的规定,擅自决定税收的开征、停征、减税、免税、退税、补税的。

(二) 对违法行为的处理

对违法行为的处理方式有以下几种。

▶ 1. 经济制裁

经济制裁是对违反税法的纳税人从经济方面的惩罚。一般有加收滞纳金和罚款两种。加收滞纳金一般是对偷税、欠税和违反税法情节较轻的制裁。罚款又分为两种:一种是对某种特定违法行为处以一定数额罚款;另一种是对偷税、骗税、抗税数额除以若干倍罚款。

▶ 2. 行政制裁

行政制裁是对违反税法的纳税人及其他责任人员,由具有行政处罚权的部门,依行政程序进行处分,如批评、警告、吊销营业执照等。

▶ 3. 刑事制裁

刑事制裁是对违反税法,情节严重,触犯刑律,构成犯罪的人员,由司法机关依法给予刑事惩罚。《税收征管法》对税收违法行为规定了明确的制裁措施,主要内容如下。

(1) 对违反税务管理行为,由税务机关责令限期改正,逾期不改的,可处以 2 000 元以下罚款;情节严重的,处以 2 000 元以上 10 000 元以下罚款。

(2) 对纳税人偷税、抗税、骗税和欠税款行为,尚未构成犯罪的,除追缴偷、抗、欠的税款外,并处以 5 倍以下的罚款。构成犯罪的,则由司法机关追究其刑事责任。

四、税务代理

(一) 税务代理的概念

税务代理是税务代理人接受委托人的委托,在法定的代理范围内代为办理有关税务事宜的一种民事行为。税务代理的当事人有委托人、税务代理人、税务机关。委托人即纳税人。税务代理人是符合国家规定,取得税务代理资格的人。税务机关是征税机关,税务代理人在其权限内,以纳税人(扣缴义务人)的名义,代为办理纳税申报、申办、变更、注销税务登记证,申请减免税,设置保管账簿凭证,进行税务行政复议和诉讼等纳税事项的服务活动。

(二) 税务代理的业务范围

税务代理的业务范围包括:①办理税务登记、变更税务登记和注销税务登记;②办理发票准购手续;③办理纳税申报或扣缴税款报告;④申请减税、免税、退税、补税和延期缴税;⑤制作涉税文书;⑥进行税务检查;⑦建账建制,办理账务;⑧开展税务咨询、税务业务培训;⑨受聘税务顾问;⑩申请税务行政复议或进行税务行政诉讼等。

(三) 税务代理的法律责任

一般来说,税务代理属于代理行为,因此税务代理人(包括税务代理机构和代理个人)

实施代理行为所引起的法律责任,应直接由委托人(被代理人)承担,但在实际中应根据不同情况,区分委托人与代理人之间的法律责任。

(1) 代理双方串通,或一方唆使、协助另一方直接故意,或一方明知而放任另一方间接故意,使税务代理行为违反税法的,应由双方承担连带责任。

(2) 委托人(被代理人)提供的资料不全、失真、不及时,而受到税务机关和司法机关追究法律责任的,由委托人承担。

(3) 委托人有意弄虚作假,代理人因疏忽大意而未察觉,导致代理行为违反税法的,由委托和代理双方承担法律责任,但代理人的责任应明显地轻于委托人。

(4) 因代理人过失或故意,委托人无过,代理行为违反税收法律规定的,由代理人承担法律责任。

(5) 委托人委托代理权限不明确的,由委托人承担法律责任,代理人负连带责任。

(6) 代理人无代理权,超越代理权,或代理权已终止后的行为,经委托人追认的,由委托人承担法律责任;未经委托人追认的,有代理人承担法律责任。

拓展案例

2017年7月,王振在某县工商局办理了临时营业执照从事服装经营,但未向该县税务机关申请办理税务登记。9月,被该县税务所查处,核定应缴纳税款3 000元,限其于次日缴清税款。王振在限期内未缴纳税款,对核定的税款提出异议,税务所不听其申辩,直接扣押了其价值4 000元的一批服装。扣押后仍未缴纳税款,税务所将服装以3 000元价格销售给内部职工,用以抵缴税款。

思考:
1. 对王振的行为应该如何处理?
2. 请分析该县税务所的执法行为有无不妥?

复习思考题

1. 税法的构成要素有哪些?
2. 流转税法规定了哪些基本内容?
3. 个人所得税的税目有哪些?
4. 简要介绍税收的职能。

第十三章 劳动法

学习目标

1. 了解劳动法、劳动合同法的调整对象、适用范围。
2. 熟悉劳动合同的主要条款及合同当事人双方的权利和义务。
3. 掌握劳动合同的订立、履行、变更和解除的有关法律规定。
4. 能够正确签订劳动合同,并利用劳动法维护自身合法权益。
5. 能够依照法定程序处理和解决劳动争议。

案例导入

2017年8月7日,小张应聘到江苏省徐州市东方设备公司,并与后者签订了劳动协议。协议约定:小张应聘润滑油的销售工作,试用期为3个月,基本工资为每月1 200元,基本销售任务每月100桶润滑油,奖金在公司所派任务完成的情况下每桶提取10元。如未完成销售任务,公司有权给予处罚或者不发试用期基本工资。小张称,他从合同签订之日起便开始上班,但是由于任职期间他未能完成推销任务,公司拒绝向其支付工资。9月18日,小张申请辞职。

思考:小张有权要求公司支付工资吗?试用劳动法相关规定对本案例加以评析。

第一节 劳动法概述

一、劳动法的概念

劳动法是调整劳动关系以及与劳动关系密切联系的其他社会关系的法律规范的总称。制定劳动法的目的是保护劳动者的合法权益,维护、发展和谐稳定的劳动关系,维护社会安定，促进经济发展和社会进步。

劳动法有狭义和广义之分：狭义上的劳动法仅指由国家最高立法机构制定颁布的全国性、综合性的法律规范，即《中华人民共和国劳动法》（以下简称《劳动法》），是1994年7月5日第八届全国人民代表大会常务委员会第八次会议通过，自1995年1月1日起施行的，并于2009年进行了修订。广义上的劳动法，是指一个国家的劳动法法律以及与之实施相配套的一系列劳动法规和规章。

二、劳动法的调整对象

《劳动法》第1条规定："为了保护劳动者的合法权益，调整劳动关系，建立和维护适应社会主义市场经济的劳动制度，促进经济发展和社会进步，根据宪法，制定本法。"据此，我们明确劳动关系是劳动法的主要调整对象，同时也调整与劳动关系密切联系的其他社会关系。

（一）劳动关系是劳动法调整的最基本、最主要的社会关系

劳动关系是指劳动者与用人单位之间在实现劳动过程中发生的社会关系，其特征如下。

▶ 1. 劳动关系的当事人是特定的，一方是劳动者，另一方是用人单位

（1）劳动者。我国《劳动法》限定劳动关系的主体资格，劳动者只能是自然人，是劳动力的所有者，可以释放其脑力和体力的劳动能力以从事物质创造和完成其他工作任务。劳动者包括在法定劳动年龄内具有劳动能力的我国公民、外国人、无国籍人。

（2）用人单位。《劳动法》第2条规定："在中华人民共和国境内的企业、个体经济组织（以下统称用人单位）和与之形成劳动关系的劳动者，适用本法。国家机关、事业组织、社会团体和与之建立劳动合同关系的劳动者，依照本法执行。"据此，用人单位主要是指企业和个体经济组织，在国家机关、事业单位享有国家编制的工作人员不适用《劳动法》，例如公务员适用公务员法。但是，与国家机关、事业单位和社会团体签订劳动合同的劳动者，其劳动关系适用劳动法，此时的国家机关、事业单位和社会团体是劳动法主体。同时，劳动法主体还包括民办非企业单位，在民办非企业单位中工作的劳动者与民办非企业单位之间的劳动关系，适用劳动法。民办非企业单位是指企业事业单位、社会团体和其他社会力量以及公民个人利用非国有资产举办的从事非营利性社会服务活动的社会组织，例如民办学校、民办医院等。

▶ 2. 劳动关系是在实现劳动过程中发生的社会关系

所谓实现劳动过程，就是劳动者参加到某一用人单位中去劳动，使劳动者与用人单位提供的生产资料、工作条件相结合。在我国，私人雇用关系、家庭成员的共同劳动关系等不受《劳动法》调整。

▶ 3. 劳动关系具有人身、财产关系的属性

（1）人身属性。劳动者向用人单位提供劳动力，就是将其人身在一定限度内交给用人单位支配，因而劳动关系具有人身属性。表现在劳动关系中用人单位未经劳动者同意，不得将其劳动力请求权让与他人；同样，劳动者未经用人单位同意，不得让他人代为提供劳务，这是由劳动力直接依附于劳动者人身不能分离的本性决定的。

（2）财产属性。在劳动关系中，劳动者出卖劳动力，用人单位支付工资报酬，具有财产属性。

▶ 4. 劳动关系具有平等、从属关系的属性

(1) 平等性。在市场经济条件下，劳动关系是通过现代契约形式——劳动合同确定的，双方当事人在建立变更或终止劳动关系时，依照平等、自愿、协商原则进行，因而劳动关系具有平等关系的属性，不具有惩罚性、强制性。但是，由于我国劳动力市场供大于求现象的存在，用人单位有一定的经济实力，劳动者在劳动关系建立后从属于用人单位，因而劳动关系还存在着事实上的不平等。一般而言，劳动者处于相对弱势，因此需要国家公力干预劳动关系，制定强制实施的劳动条件和标准，以实现社会公平。

(2) 从属性。劳动关系具有从属性，劳动关系一经确立，劳动者成为用人单位的职工，与用人单位存在身份、组织和经济上的从属关系，用人单位控制和管理劳动者，双方形成管理与被管理、支配与被支配的关系。

(二) 劳动法也调整与劳动关系密切联系的其他社会关系

用人单位与劳动者之间形成的劳动关系是劳动法调整的最基本、最主要的对象，而在劳动过程中，用人单位和劳动者与国家劳动行政管理部门、监督检查部门等也在发生着社会关系，这些与劳动密切联系的社会关系，也是劳动法调整的内容。这些关系可以概括为以下五个方面。

(1) 职业中介机构为用人单位及劳动者提供服务过程中发生的社会关系。

(2) 行政管理方面的社会关系，劳动行政部门与用人单位之间因职工招收、录用、工资、解聘等方面发生的管理社会关系。

(3) 社会保险方面的社会关系，社会保险机构与用人单位及劳动者之间因社会保险制度而发生的社会关系。

(4) 工会组织关系、工会监督方面的社会关系。

(5) 处理劳动争议方面的社会关系，劳动争议仲裁机构、人民法院与用人单位及劳动者之间在处理劳动争议过程中发生的关系。

第二节 劳动合同法

一、劳动合同法概述

(一) 劳动合同法的立法背景

《劳动法》是我们国家在计划经济向市场经济过渡时期，为解决市场经济下出现的新劳动关系而制定的，《劳动法》由全国人大常委会于1994年7月5日通过，于1995年1月1日生效实施。但是，随着我国市场经济的发展，劳动关系中出现了许多新的社会问题，为解决社会矛盾，保护弱势群体劳动者，中华人民共和国第十届全国人民代表大会常务委员会第二十八次会议于2007年6月29日通过《中华人民共和国劳动合同法》(以下简称《劳动合同法》)，自2008年1月1日起施行，并于2012年12月28日进行了修订。《劳动法》是20世纪劳动立法的标杆，《劳动合同法》则是21世纪中国劳动关系发展的必然结果，是构建社会主义和谐社会对上层建筑的必然要求。

（二）劳动法与劳动合同法的关系

《劳动法》和《劳动合同法》不是一部法律的两个版本，而是两部法律，目前这两部法律都在执行中，实际操作中都可以作为法律依据。

《劳动法》调整的范围更大更宽泛，涉及促进就业、劳动合同和集体合同、工作时间和休息休假、工资、劳动安全卫生、女职工和未成年工特殊保护、职业培训、社会保险和福利、劳动争议等。《劳动合同法》是指关于调整劳动合同关系的法律规范的总称。与《劳动法》相比，《劳动合同法》的规定更具体、更具有操作性，只针对劳动关系中涉及劳动合同的订立、劳动合同的履行和变更、劳动合同的解除和终止、特别规定、集体合同、劳务派遣、非全日制用工等方面做出规定。

现实中，如果出现《劳动法》与《劳动合同法》的法律适用冲突，根据后法优于前法的原则，在实际操作中更多地按《劳动合同法》执行。

二、劳动合同的订立

劳动合同，是劳动者与用人单位之间确立劳动关系，明确双方权利和义务的书面协议。劳动合同是确立劳动关系的普遍性法律形式，是用人单位与劳动者履行劳动权利义务的法律依据。

（一）劳动合同的种类

根据《劳动合同法》第12条的规定："劳动合同的期限分为有固定期限、无固定期限和以完成一定的工作任务为期限。"签订何种类型的劳动合同，用人单位与劳动者可以通过自由协商确定，但要遵守法律强制性规定。

▶ 1. 固定期限的劳动合同

固定期限的劳动合同，是指用人单位与劳动者约定合同终止时间的劳动合同。用人单位与劳动者协商一致，可以订立固定期限劳动合同。双方约定的劳动合同期满，双方无续订劳动合同的意思表示，劳动合同即告终止。如果双方有续订劳动合同的意思表示的，可以续订。但劳动合同法对固定期限的劳动合同有订立次数的限制，连续两次订立固定期限劳动合同后续订的，劳动者提出要求签订无固定期限劳动合同的，用人单位应当按照法律规定签订无固定期限的劳动合同。固定期限的劳动合同在具备法定终止情形时，如劳动者丧失劳动能力，用人单位破产、解散，该固定期限劳动合同亦终止。

▶ 2. 无固定期限劳动合同

无固定期限劳动合同，是指用人单位与劳动者约定无确定终止时间的劳动合同。即双方当事人在合同书上只约定合同生效的起始日期，没有确定合同的终止日期。在不出现法律、法规规定的或当事人约定的变更、解除劳动合同的条件或法定终止情形时，无固定期限劳动合同可持续至劳动者法定退休年龄为止。无固定期限劳动合同在符合法律、法规规定的或双方当事人约定的变更、解除的条件或法定终止情形时，可以依法解除、变更、终止。法律规定无固定期限劳动合同的目的在于保护劳动者的"黄金年龄"，保护劳动者的职业稳定权，解决劳动合同短期化问题。

用人单位与劳动者协商一致，可以订立无固定期限劳动合同。根据《劳动合同法》第14条的规定，有下列情形之一的，劳动者提出或者同意续订、订立劳动合同的，除劳动者提出订立固定期限劳动合同外，用人单位应当与劳动者订立无固定期限劳动合同：①劳动者在该用人单位连续工作满10年的;②用人单位初次实行劳动合同制度或者国有企业改制重新订立劳动合同时,劳动者在该用人单位连续工作满10年且距法定退休年龄不足10年的;③连续订立2次固定期限劳动合同,且劳动者没有《劳动合同法》第39条规定的过错性辞退和第40条第1项、第2项规定的非过错性辞退情形,续订劳动合同的。为了使劳动合同制度平稳过渡,《劳动合同法》规定连续订立固定期限劳动合同的次数,自《劳动合同法》施行后续订固定期限劳动合同时开始计算;④用人单位自用工之日起满1年不与劳动者订立书面劳动合同的,视为用人单位与劳动者已订立无固定期限劳动合同。

为保证劳动者签订无固定期限劳动合同选择权的实现,《劳动合同法》第82条规定了用人单位不履行该义务时应当加倍支付工资,即用人单位违反《劳动合同法》规定不与劳动者订立无固定期限劳动合同的,自应当订立无固定期限劳动合同之日起向劳动者每月支付2倍的工资。

▶ 3. 以完成一定工作任务为期限的劳动合同

以完成一定工作任务为期限的劳动合同,是指用人单位与劳动者约定以某项工作任务的完成时间为合同期限的劳动合同。当该项工作完成后,劳动合同即告终止。这种劳动合同没有明确约定合同有效时间的长短,而是把某项工作任务完成的时间作为劳动合同终止的时间,实际是固定期限劳动合同的转化。主要是便于用人单位根据工作性质、工作任务完成的状况,灵活确定劳动合同开始和结束的时间,具有较大的灵活性。

《劳动合同法》对以完成一定工作任务为期限的劳动合同在签订上没有特殊或强制性的要求,用人单位与劳动者协商一致,可以订立以完成一定工作任务为期限的劳动合同。它适用于建筑业、临时性、季节性的工作,或者由于工作性质可以采取此种合同期限的工作。

(二)订立劳动合同的原则

《劳动合同法》第3条规定:"订立劳动合同,应当遵循合法、公平、平等自愿、协商一致、诚实信用的原则。"

▶ 1. 合法原则

合法原则即劳动合同必须依法订立,不得违反法律、行政法规的规定,不得违反国家强制性、禁止性的规定。劳动合同依法订立即具有法律效力,用人单位与劳动者应当履行劳动合同约定的义务。

(1)劳动合同的主体合法。我国公民就业,劳动者应是年满16周岁、身体健康,具有劳动能力。外国公民也可在我国就业,但必须符合《外国人在中国就业管理规定》。《外国人在中国就业管理规定》第8条规定:"在中国就业的外国人应持职业签证入境(有互免签证协议的,按协议办理),入境后取得《外国人就业证》和外国人居留证件,方可在中国境内就业。"用人单位需要聘用外国公民的,用人单位须为该外国人申请就业许可,经获准并取得《中华人民共和国外国人就业许可证书》后方可聘用。

(2)内容合法。劳动合同的内容必须符合国家法律、行政法规的规定,主要包括最低工资标准、劳动保障等。

(3)订立程序和形式合法。劳动合同订立的程序必须符合法律规定,未经双方协商一致、强迫订立的劳动合同无效。在形式方面,劳动合同必须采用书面形式,用人单位和劳动者各执一份。

▶ 2. 公平原则

公平原则主要体现在三个方面，一是用人单位与劳动者在法律地位上的平等，虽然劳动者是弱势群体，劳动法重点保护劳动者的权益，但同时兼顾用人单位的合法权益；二是在订立合同的过程中，应本着公平的原则确定其相互之间的权利与义务；三是在处理劳动纠纷时，应以事实为依据，以法律为准绳，公平地解决纠纷，以实现结果公平。

▶ 3. 平等、自愿原则

（1）平等，是指在订立劳动合同过程中，双方当事人有双向选择权，任何一方不得凭借事实上的优势地位强迫对方接受不合理、不公平、不合法的条款。

（2）自愿，是指劳动合同的订立及其合同内容的达成，完全出于当事人自己的意志，是其真实意思的表示，任何一方不得将自己的意志强加于对方，也不允许第三者非法干预。

▶ 4. 协商一致原则

协商一致原则，是指经过双方当事人充分协商，达成一致意见，签订劳动合同。劳动者被迫签订的劳动合同或未经协商一致签订的劳动合同为无效劳动合同。

▶ 5. 诚实信用原则

诚实信用原则，是指劳动合同的双方当事人订立、履行、变更、解除或者终止劳动合同过程中，应当讲究信用，诚实不欺，在追求自身合法权益的同时，以善意的方式履行义务，尊重对方当事人的利益和他人利益，不得损人利己。

（三）劳动合同的内容

《劳动合同法》第17条规定，劳动合同应当具备以下条款：用人单位的名称、住所和法定代表人或者主要负责人；劳动者的姓名、住址和居民身份证或者其他有效身份证件号码；劳动合同期限；工作内容和工作地点；工作时间和休息休假；劳动报酬；社会保险；劳动保护、劳动条件和职业危害防护；法律、法规规定应当纳入劳动合同的其他事项。劳动合同除前款规定的必备条款外，用人单位与劳动者可以约定试用期、培训、保守秘密、补充保险和福利待遇等其他事项。

依据《劳动合同法》第17条的规定，劳动合同的内容，分为必备条款和约定条款。必备条款，是指法律规定劳动合同必须具备的条款，它是劳动合同生效的必备内容，必备条款的不完善，会导致劳动合同的不能成立。

《劳动合同法》第81条规定："用人单位提供的劳动合同文本未载明本法规定的劳动合同必备条款或者用人单位未将劳动合同文本交付劳动者的，由劳动行政部门责令改正；给劳动者造成损害的，应当承担赔偿责任。"可见，向劳动者提供载明法律规定的必备条款的劳动合同文本是用人单位的法定义务，不履行这一义务用人单位将承担行政责任和赔偿责任。

▶ 1. 必备条款

根据《劳动合同法》第17条的规定，劳动合同必备条款具备以下内容。

（1）用人单位的名称、住所和法定代表人或者主要负责人以及劳动者的姓名、住址和居民身份证或者其他有效身份证件号码。该规定主要是确定双方当事人的准确信息，也有利于发生劳动纠纷后准确的确定当事人。

（2）劳动合同期限。劳动合同的期限在我国分为三种：固定期限、无固定期限和以完成一定的工作为期限。

(3) 工作内容和工作地点。工作内容是用人单位对劳动者提供劳动的具体要求。

(4) 工作时间和休息休假。工作时间又称劳动时间,是指依照法律规定,一天(24 小时)以及一周(7 个工作日)内,劳动者的劳动时间。休息休假,是指劳动者按照国家的法律规定,可以自由安排的非工作时间。

(5) 劳动报酬。劳动报酬包括工资、津贴、奖金等。

(6) 社会保险。社会保险是由政府强制缴纳,将劳动者收入的一部分作为社会保险费形成社会保险基金,在满足一定条件的情况下,被保险人可从基金获得固定的收入或损失的补偿,它是一种再分配制度,它的目标是保证物质及劳动力的再生产和社会的稳定。社会保险的主要项目包括养老社会保险、医疗社会保险、失业保险、工伤保险、生育保险。

(7) 劳动保护、劳动条件和职业危害防护。劳动保护和劳动条件,是指用人单位应当为劳动者提供符合国家安全标准的工作环境,并提供相应的劳动保护措施。职业危害防护,是指对因从事放射性、有害化学物质等职业活动而对身体健康所造成伤害的劳动者采取的预防和保护措施。

(8) 法律、法规规定应当纳入劳动合同的其他事项。

▶ 2. 约定条款

约定条款是指除劳动合同法定必备条款外,劳动合同当事人可以协商约定、也可以不约定的条款。约定条款的缺少,并不影响劳动合同的成立。虽然约定哪些条款由双方当事人决定,但国家对约定条款的内容有强制性、禁止性规定的,仍应当遵守,约定条款不得违反法律、法规的规定。

劳动合同的约定条款一般包括试用期条款、培训条款、保守商业秘密和与知识产权相关的保密条款、补充保险和福利待遇等其他事项的条款。

(1) 试用期条款。劳动合同的试用期是劳动者和用人单位为相互了解、选择而约定的考查期。试用期一般适用于初次就业或再次就业的劳动者,试用期满,被试用者即成为正式职工。

依据《劳动合同法》,我国对试用期的规定如下。

① 限制试用期的约定次数。同一用人单位与同一劳动者只能约定一次试用期。劳动者在同一用人单位调整或变更工作岗位,用人单位不得再次约定试用期。

② 限制试用期的时间。劳动合同期限 3 个月以上不满 1 年的,试用期不得超过 1 个月;劳动合同期限 1 年以上 3 年以下的,试用期不得超过 2 个月;3 年以上固定期限和无固定期限的劳动合同,试用期不得超过 6 个月。

③ 规定不得约定试用期的情形。以完成一定工作任务为期限的劳动合同或者劳动合同期限不满 3 个月的,不得约定试用期。非全日制用工不得约定试用期。

④ 规定试用期不成立的情形。试用期包含在劳动合同期限内。劳动合同仅约定试用期的,试用期不成立,该期限为劳动合同期限。

⑤ 保障试用期内劳动者的最低工资标准。《劳动合同法》第 20 条规定:"劳动者在试用期的工资不得低于本单位相同岗位最低档工资或者劳动合同约定工资的 80%,并不得低于用人单位所在地的最低工资标准。"

⑥ 试用期内劳动者的各项劳动权利受法律保护。试用期内用人单位为试用者提供的劳动条件不得低于劳动法律、法规规定的标准,用人单位应为试用者缴纳社会保险费。

⑦ 对在试用期中的劳动者，用人单位不得滥用解雇权。除有证据证明劳动者不符合录用条件、劳动者有违规违纪违法行为，不能胜任工作等情形外，用人单位不得解除劳动合同。用人单位在试用期解除劳动合同的，应当向劳动者说明理由。

⑧ 违反试用期规定应承担行政责任和赔偿责任。用人单位违反劳动合同法规定与劳动者约定的试用期无效，由劳动行政部门责令改正；违法约定的试用期已经履行的，由用人单位以劳动者试用期满月工资为标准，按已经履行的超过法定试用期的期限向劳动者支付赔偿金。

(2) 保守商业秘密和与知识产权相关的保密条款。《劳动合同法》第23条规定："用人单位与劳动者可以在劳动合同中约定保守用人单位的商业秘密和与知识产权相关的保密事项。对负有保密义务的劳动者，用人单位可以在劳动合同或者保密协议中与劳动者约定竞业限制条款，并约定在解除或者终止劳动合同后，在竞业限制期限内按月给予劳动者经济补偿。劳动者违反竞业限制约定的，应当按照约定向用人单位支付违约金。"

商业秘密是指不为公众所知悉、能为权利人带来经济利益，具有实用性并经权利人采取保密措施的技术信息和经营信息。商业秘密是企业的财产权利，它关乎企业的竞争力，对企业的发展至关重要，有的甚至直接影响企业的生存。用人单位与劳动者可以在劳动合同中约定保守用人单位的商业秘密和与知识产权相关的保密事项，双方当事人可以就商业秘密的范围、保密期限、保密措施、保密义务及违约责任和赔偿责任等进行约定，劳动者因违反约定保密事项给用人单位造成损失的，应承担赔偿责任。

(3) 竞业限制条款。竞业限制是用人单位对负有保守用人单位商业秘密的劳动者，在劳动合同、知识产权权利归属协议或技术保密协议中约定的竞业限制条款，即劳动者在终止或解除劳动合同后的一定期限内不得在生产同类产品、经营同类业务或有其他竞争关系的用人单位任职，也不得自己生产与原单位有竞争关系的同类产品或经营同类业务。限制时间由当事人事先约定，但最长不得超过2年。竞业限制条款在劳动合同中为延迟生效条款，也就是劳动合同的其他条款法律约束力终结后，该条款开始生效。在竞业限制期限内，用人单位按月给予劳动者经济补偿，劳动者违反竞业限制约定的，应当按照约定向用人单位支付违约金。

(4) 服务期限协议。《劳动合同法》第22条规定："用人单位为劳动者提供专项培训费用，对其进行专业技术培训的，可以与该劳动者订立协议，约定服务期。劳动者违反服务期约定的，应当按照约定向用人单位支付违约金。违约金的数额不得超过用人单位提供的培训费用。用人单位要求劳动者支付的违约金不得超过服务期尚未履行部分所应分摊的培训费用。用人单位与劳动者约定服务期的，不影响按照正常的工资调整机制提高劳动者在服务期间的劳动报酬。"

(5) 违约金条款。违约金是用人单位与劳动者在劳动合同中约定的不履行或不完全履行劳动合同约定义务时，由违约方支付给对方的一定金额的货币。劳动合同法对违约金条款进行限制，规定只有在用人单位与劳动者约定服务期限、约定保守用人单位的商业秘密和与知识产权相关的保密事项、约定竞业限制条款时，才能与劳动者约定违约金，且对因劳动者违反服务期限协议而约定的违约金的数额不得超过用人单位提供的培训费用，用人单位要求劳动者支付的违约金不得超过服务期尚未履行部分所应分摊的培训费用。

三、劳动合同的效力

劳动合同依法成立，即双方当事人意思表示一致，合同内容符合国家法律法规的规定，合同从成立之日或者约定生效之日起生效。

劳动合同的无效是指当事人违反法律、法规，订立的不具有法律效力的劳动合同。《劳动合同法》第26条规定，下列劳动合同无效或者部分无效：①以欺诈、胁迫的手段或者乘人之危，使对方在违背真实意思的情况下订立或者变更劳动合同的；②用人单位免除自己的法定责任、排除劳动者权利的；③违反法律、行政法规强制性规定的。对劳动合同的无效或者部分无效有争议的，由劳动争议仲裁机构或者人民法院确认。

劳动合同被劳动争议仲裁机构或者人民法院确认为无效的，劳动合同应当终止履行，劳动报酬按《劳动合同法》第28条执行。《劳动合同法》第28条规定："劳动合同被确认无效，劳动者已付出劳动的，用人单位应当向劳动者支付劳动报酬。劳动报酬的数额，参照本单位相同或者相近岗位劳动者的劳动报酬确定。"

《劳动合同法》第27条规定："劳动合同部分无效，不影响其他部分效力的，其他部分仍然有效。"

四、劳动合同的履行

（一）履行原则

《劳动合同法》第29条规定："用人单位与劳动者应当按照劳动合同的约定，全面履行各自的义务。"依据此规定，劳动者必须遵循亲自履行原则和全面履行合同义务原则。

（二）用人单位的履行义务

用人单位应当按照劳动合同的约定，全面履行义务。用人单位应当按照劳动合同约定和国家规定，向劳动者及时足额支付劳动报酬。用人单位拖欠或者未足额支付劳动报酬的，劳动者可以依法向当地人民法院申请支付令，人民法院应当依法发出支付令。

用人单位应当严格执行劳动强度标准，不得强迫或者变相强迫劳动者加班。用人单位安排加班的，应当按照国家有关规定向劳动者支付加班费。劳动者拒绝用人单位管理人员违章指挥、强令冒险作业的，不视为违反劳动合同。劳动者对危害生命安全和身体健康的劳动条件，有权对用人单位提出批评、检举和控告。

用人单位变更名称、法定代表人、主要负责人或者投资人等事项，不影响劳动合同的履行。用人单位发生合并或者分立等情况，原劳动合同继续有效，劳动合同由承继其权利和义务的用人单位继续履行。

五、劳动合同的变更、解除与终止

（一）劳动合同的变更

劳动合同的变更是指劳动合同依法订立后，在合同尚未履行或者尚未履行完毕之前，经用人单位和劳动者双方当事人协商同意，对劳动合同内容做部分修改、补充或者删减的法律行为。劳动合同的变更是原劳动合同的派生，是双方已存在的劳动权利义务关系的发展，原劳动合同未变更的部分仍然有效，变更后的内容就取代了原合同的相关内容，新达成的变更协议条款与原合同中其他条款具有同等法律效力，对双方当事人都有约束力。

（二）劳动合同的解除

劳动合同的解除是指劳动合同当事人在劳动合同期限届满之前依法提前终止劳动合同关系的法律行为。劳动合同的解除可分为双方协商解除、劳动者单方解除、用人单位单方解除等。

▶ 1. 双方协商解除劳动合同

用人单位与劳动者协商一致，可以解除劳动合同。我国《劳动法》对双方协商解除劳动合同没有规定实体、程序上的限定条件，只要双方达成一致，内容、形式、程序没有违反法律禁止性、强制性规定，该解除行为有效。

▶ 2. 劳动者单方解除劳动合同

（1）即时解除。即时解除劳动合同，是指劳动者无须事先告知用人单位，当法定情形出现时，劳动者可立即单方解除与用人单位之间的劳动关系。《劳动合同法》第38条第2款规定："用人单位以暴力、威胁或者非法限制人身自由的手段强迫劳动者劳动的，或者用人单位违章指挥、强令冒险作业危及劳动者人身安全的，劳动者可以立即解除劳动合同，不需事先告知用人单位。"

（2）通知解除。通知解除，是指劳动者要解除与用人单位之间的劳动合同，必须履行提前告知用人单位的法定义务，否则不能解除劳动合同。《劳动合同法》第37条规定："劳动者提前30日以书面形式通知用人单位，可以解除劳动合同。劳动者在试用期内提前3日通知用人单位，可以解除劳动合同。"《劳动合同法》第38条规定："用人单位有下列情形之一的，劳动者可以解除劳动合同：未按照劳动合同约定提供劳动保护或者劳动条件的；未及时足额支付劳动报酬的；未依法为劳动者缴纳社会保险费的；用人单位的规章制度违反法律、法规的规定，损害劳动者权益的；因本法第26条第1款规定的情形致使劳动合同无效的；法律、行政法规规定劳动者可以解除劳动合同的其他情形。"

▶ 3. 用人单位单方解除劳动合同

在具备法律规定的条件时，无须双方协商达成一致意，用人单位享有单方解除劳动合同的权利。用人单位单方解除劳动合同，应当事先将理由通知工会。用人单位违反法律、行政法规规定或者劳动合同约定的，工会有权要求用人单位纠正。用人单位应当研究工会的意见，并将处理结果书面通知工会。

用人单位单方解除劳动合同有以下三种情况。

（1）即时解除。《劳动合同法》第39条规定："劳动者有下列情形之一的，用人单位可以解除劳动合同：在试用期间被证明不符合录用条件的；严重违反用人单位的规章制度的；严重失职，营私舞弊，给用人单位造成重大损害的；劳动者同时与其他用人单位建立劳动关系，对完成本单位的工作任务造成严重影响，或者经用人单位提出，拒不改正的；因本法第26条第1款第1项规定的情形致使劳动合同无效的；被依法追究刑事责任的。"

（2）通知解除。《劳动合同法》第40条规定："有下列情形之一的，用人单位提前30日以书面形式通知劳动者本人或者额外支付劳动者1个月工资后，可以解除劳动合同：劳动者患病或者非因工负伤，在规定的医疗期满后不能从事原工作，也不能从事由用人单位另行安排的工作的；劳动者不能胜任工作，经过培训或者调整工作岗位，仍不能胜任工作的；劳动合同订立时所依据的客观情况发生重大变化，致使劳动合同无法履行，经用人单位与劳动者协商，未能就变更劳动合同内容达成协议的。"

(3)因经济性裁员而发生的解除。《劳动合同法》第41条规定:"有下列情形之一,需要裁减人员20人以上或者裁减不足20人但占企业职工总数10%以上的,用人单位提前30日向工会或者全体职工说明情况,听取工会或者职工的意见后,裁减人员方案经向劳动行政部门报告,可以裁减人员:依照企业破产法规定进行重整的;生产经营发生严重困难的;企业转产、重大技术革新或者经营方式调整,经变更劳动合同后,仍需裁减人员的;其他因劳动合同订立时所依据的客观经济情况发生重大变化,致使劳动合同无法履行的。裁减人员时,应当优先留用下列人员:与本单位订立较长期限的固定期限劳动合同的;与本单位订立无固定期限劳动合同的;家庭无其他就业人员,有需要扶养的老人或者未成年人的。用人单位依照本条第1款规定裁减人员,在6个月内重新招用人员的,应当通知被裁减的人员,并在同等条件下优先招用被裁减的人员。"

为保障劳动者的合法权益,《劳动合同法》还规定了用人单位不得解除劳动合同的情形,包括:①从事接触职业病危害作业的劳动者未进行离岗前职业健康检查,或者疑似职业病病人在诊断或者医学观察期间的;②在本单位患职业病或者因工负伤并被确认丧失或者部分丧失劳动能力的;③患病或者非因工负伤,在规定的医疗期内的;④女职工在孕期、产期、哺乳期的;⑤在本单位连续工作满15年,且距法定退休年龄不足5年的;⑥法律、行政法规规定的其他情形。

(三)不得解除劳动合同情形和劳动合同的终止

▶ 1. 不得解除劳动合同情形

《劳动合同法》第42条规定:"劳动者有下列情形之一的,用人单位不得依照本法第40条、第41条的规定解除劳动合同:从事接触职业病危害作业的劳动者未进行离岗前职业健康检查,或者疑似职业病病人在诊断或者医学观察期间的;在本单位患职业病或者因工负伤并被确认丧失或者部分丧失劳动能力的;患病或者非因工负伤,在规定的医疗期内的;女职工在孕期、产期、哺乳期的;在本单位连续工作满15年,且距法定退休年龄不足5年的;法律、行政法规规定的其他情形。"

▶ 2. 劳动合同的终止

劳动合同终止是指劳动合同中各主体的权利义务的消灭。除劳动合同的解除之外,下列情况会导致劳动合同的终止:①劳动合同期满的;②劳动者开始依法享受基本养老保险待遇的;③劳动者死亡,或者被人民法院宣告死亡或者宣告失踪的;④用人单位被依法宣告破产的;⑤用人单位被吊销营业执照、责令关闭、撤销或者用人单位决定提前解散的;⑥法律、行政法规规定的其他情形。

有下列情形之一的,劳动合同终止时,用人单位应当向劳动者支付经济补偿,具体包括:①劳动者因用人单位违反法律法规或劳动合同要求解除劳动合同的;②用人单位向劳动者提出解除劳动合同并与劳动者协商一致解除劳动合同的;③劳动者因非过失性原因被用人单位辞退的;④用人单位依照《企业破产法》规定进行重整裁员的等。

经济补偿应按劳动者在本单位工作的年限,每满一年支付一个月工资的标准向劳动者支付。六个月以上不满一年的,按一年计算;不满六个月的,向劳动者支付半个月工资的经济补偿。

劳动者月工资高于用人单位所在直辖市、设区的市级人民政府公布的本地区上年度职工月平均工资3倍的,向其支付经济补偿的标准按职工月平均工资3倍的数额支付,向其支付经济补偿的年限最高不超过12年。其中,月工资是指劳动者在劳动合同解除或者终止前12个月的平均工资。

六、集体劳动合同

(一) 集体劳动合同的概念

集体劳动合同(以下简称集体合同)是工会代表企业职工一方与用人单位通过平等协商,可以就劳动报酬、工作时间、休息休假、劳动安全卫生、保险福利等事项订立的合同。集体合同草案应当提交职工代表大会或者全体职工讨论通过。尚未建立工会的用人单位,由上级工会指导劳动者推举的代表与用人单位订立。在县级以下区域内,建筑业、采矿业、餐饮服务业等行业可以由工会与企业方面代表订立行业性集体合同,或者订立区域性集体合同。集体合同是协调劳动关系、保护劳动者权益、建立现代企业管理制度的重要手段。劳动合同与集体合同的关系体现在以下几个方面。

(1) 劳动合同规定的劳动者的个人劳动条件和劳动标准不得低于集体合同的规定,否则无效。《劳动合同法》第55条规定:"集体合同中劳动报酬和劳动条件等标准不得低于当地人民政府规定的最低标准;用人单位与劳动者订立的劳动合同中,劳动报酬和劳动条件等标准不得低于集体合同规定的标准。"

(2) 劳动合同约定不明时,适用集体合同的规定。《劳动合同法》第18条规定:"劳动合同对劳动报酬和劳动条件等标准约定不明确,引发争议的,用人单位与劳动者可以重新协商;协商不成的,适用集体合同规定;没有集体合同或者集体合同未规定劳动报酬的,实行同工同酬;没有集体合同或者集体合同未规定劳动条件等标准的,适用国家有关规定。"

(3) 未订立书面劳动合同的,有集体合同适用集体合同的规定。《劳动合同法》第11条规定:"用人单位未在用工的同时订立书面劳动合同,与劳动者约定的劳动报酬不明确的,新招用的劳动者的劳动报酬按照集体合同规定的标准执行;没有集体合同或者集体合同未规定的,实行同工同酬。"

(二) 集体劳动合同的订立

集体合同的订立,是指工会或职工代表与企业单位之间,为规定用人单位和全体职工的权利义务而依法就集体合同条款经过协商,一致确立集体合同关系的法律行为。在我国,集体合同主要是由代表劳动者的工会或职工代表与企业签订。尚未建立工会的用人单位,由上级工会指导劳动者推举的代表与用人单位订立。在县级以下区域内,建筑业、采矿业、餐饮服务业等行业可以由工会与企业方面代表订立行业性集体合同,或者订立区域性集体合同。企业职工一方与用人单位可以订立劳动安全卫生、女职工权益保护、工资调整机制等专项集体合同。

集体合同按如下程序订立:①讨论集体合同草案或专项集体合同草案。经双方代表协商一致的集体合同草案或专项集体合同草案应提交职工代表大会或者全体职工讨论。②通过草案。全体职工代表半数以上或者全体职工半数以上同意,集体合同草案或专项集体合同草案方获通过。③集体协商双方首席代表签字。

集体合同的生效与劳动合同的生效不同,法律对集体合同的生效规定了特殊程序:集体合同订立后,应当报送劳动行政部门;劳动行政部门自收到集体合同文本之日起15日内未提出异议的,集体合同即行生效。依法订立的集体合同对用人单位和劳动者具有约束力。行业性、区域性集体合同对当地本行业、本区域的用人单位和劳动者具有约束力。

(三）集体劳动合同争议处理

用人单位违反集体合同，侵犯职工劳动权益的，工会可以依法要求用人单位承担责任；因履行集体合同发生争议，经协商解决不成的，工会可以依法申请仲裁、提起诉讼。

七、劳务派遣

劳务派遣，是指劳务派遣单位与劳动者订立劳动合同后，由派遣单位与实际用工单位通过签订劳务派遣协议，将劳动者派遣到要派单位工作，要派单位实际使用劳动者，要派单位向劳务派遣单位支付管理费而形成的关系。劳务派遣是典型的"有关系无劳动，有劳动无关系"，即劳务派遣单位与劳动者建立劳动关系，但劳动者却不为劳务派遣单位提供劳动，劳动者为要派单位提供劳动，但却没有劳动关系，造成了劳动力的雇用和劳动力的使用分离。

（一）劳务派遣单位

劳务派遣单位是将劳动者派遣到实际用工单位的企业法人。为规范劳务派遣关系，保护被派遣的劳动者的合法权益，法律为劳务派遣公司设立了"门槛"：规定劳务派遣单位应当依照《公司法》的有关规定设立，注册资本不得少于50万元。《劳动合同法》明确劳务派遣单位就是用人单位，应当履行用人单位对劳动者的义务，遵守《劳动法》的相关规定，与被派遣的劳动者订立书面劳动合同。其劳动合同应符合如下要求：劳务派遣单位应当与被派遣劳动者订立2年以上的固定期限劳动合同，保障劳务派遣者的工作权；在劳动合同中除应当载明劳动合同的必备条款外，还应当载明被派遣劳动者的用工单位以及派遣期限、工作岗位等情况；为保障被派遣劳动者的劳动报酬权，《劳动合同法》规定应按月支付劳动者劳动报酬；被派遣劳动者在无工作期间，劳务派遣单位应当按照所在地人民政府规定的最低工资标准，向其按月支付报酬；劳务派遣单位不得克扣用工单位按照劳务派遣协议支付给被派遣劳动者的劳动报酬；劳务派遣单位跨地区派遣劳动者的，被派遣劳动者享有的劳动报酬和劳动条件，按照用工单位所在地的标准执行。劳务派遣单位和用工单位不得向被派遣劳动者收取费用。同时劳务派遣单位有权依照《劳动合同法》有关规定，可以与劳动者解除劳动合同。

（二）劳务派遣协议

劳务派遣协议是劳务派遣单位与实际用工单位就劳务派遣事项签订的书面协议。《劳动合同法》规定，劳务派遣单位派遣劳动者应当与接受以劳务派遣形式用工的单位订立劳务派遣协议；劳务派遣协议应当约定派遣岗位和人员数目、派遣期限、劳动报酬和社会保险费的数额与支付方式以及违反协议的责任；劳务派遣一般在临时性、辅助性或者替代性的工作岗位上实施；用工单位应当根据工作岗位的实际需要与劳务派遣单位确定派遣期限，不得将连续用工期限分割订立数个短期劳务派遣协议；劳务派遣单位应当将劳务派遣协议的内容告知被派遣劳动者；被派遣劳动者有知情权。

（三）用工单位的义务

《劳动合同法》虽未规定在劳务派遣关系中，实际用工单位是《劳动法》意义上的用人单位，但从以下几个方面强化劳务派遣中实际用工单位的义务：执行国家劳动标准，提供相应的劳动条件和劳动保护，告知被派遣劳动者的工作要求和劳动报酬；支付加班费、绩效奖金，提供与工作岗位相关的福利待遇；对在岗被派遣劳动者进行工作岗位所必需的培训；连续用工的，实行正常的工资调整机制；不得将被派遣劳动者再派遣到其他用人单位；不得设立劳务派遣单位向本单位或者所属单位派遣劳动者。

（四）被派遣劳动者的权利

《劳动合同法》赋予劳务派遣者如下权利：赋予被派遣劳动者参加和组织工会的权利，被派遣劳动者有权在劳务派遣单位或者用工单位依法参加或者组织工会，维护自身的合法权益；赋予被派遣劳动者解除劳动合同的权利，被派遣劳动者可以依照劳动合同法与用人单位协商一致解除劳动合同，在用人单位有违法、违约情形时，被派遣劳动者有权与劳务派遣单位单方解除劳动合同；享有与用工单位的劳动者同工同酬的权利，用工单位无同类岗位劳动者的，参照用工单位所在地相同或者相近岗位劳动者的劳动报酬确定。

八、非全日制用工

非全日制用工，是指以小时计酬为主，劳动者在同一用人单位一般平均每日工作时间不超过4小时，每周工作时间累计不超过24小时的用工形式。非全日制用工是灵活用工的一种形式，非全日制用工可以不订立书面劳动合同，双方当事人可以订立口头协议；法律允许非全日制用工建立双重或多重劳动关系，从事非全日制用工的劳动者可以与一个或者一个以上用人单位订立劳动合同，但是，后订立的劳动合同不得影响先订立的劳动合同的履行；非全日制用工双方当事人任何一方都可以随时通知对方终止用工。终止用工，用人单位不向劳动者支付经济补偿。

为保障非全日制用工劳动者的劳动权利，《劳动合同法》规定，非全日制用工双方当事人不得约定试用期；非全日制用工小时计酬标准不得低于用人单位所在地人民政府规定的最低小时工资标准；非全日制用工劳动报酬结算支付周期最长不得超过15日。

九、违反劳动合同的法律责任

违反劳动合同的法律责任，是指劳动合同双方当事人由于自身的过错不按照劳动合同的约定履行应当履行的合同义务，而应当承担的法律责任。

（一）用人单位的法律责任

用人单位违法违约应承担法律责任，根据《劳动合同法》的规定，用人单位应承担的法律责任如下。

▶ 1. 用人单位故意拖延，不与劳动者订立劳动合同

《劳动合同法》第42条规定："用人单位自用工之日起超过一个月不满一年未与劳动者订立书面劳动合同的，应当向劳动者每月支付2倍的工资。用人单位违反本法规定不与劳动者订立无固定期限劳动合同的，自应当订立无固定期限劳动合同之日起向劳动者每月支付2倍的工资。"

▶ 2. 订立劳动合同违法应承担的法律责任

用人单位提供的劳动合同文本未载明《劳动合同法》规定的劳动合同必备条款或者用人单位未将劳动合同文本交付劳动者的，由劳动行政部门责令改正；给劳动者造成损害的，应当承担赔偿责任；用人单位违反本法规定与劳动者约定试用期的，由劳动行政部门责令改正；违法约定的试用期已经履行的，由用人单位以劳动者试用期满月工资为标准，按已经履行的超过法定试用期的期间向劳动者支付赔偿金。

▶ 3. 用人单位扣押劳动者证件应承担的法律责任

用人单位违反《劳动合同法》规定，扣押劳动者居民身份证等证件的，由劳动行政部门

责令限期退还劳动者本人,并依照有关法律规定给予处罚;用人单位违反《劳动合同法》规定,以担保或者其他名义向劳动者收取财物的,由劳动行政部门责令限期退还劳动者本人,并以每人500元以上2 000元以下的标准处以罚款;给劳动者造成损害的,应当承担赔偿责任。

▶ 4. 侵犯劳动者劳动报酬权应承担的法律责任

用人单位有下列情形之一的,由劳动行政部门责令限期支付劳动报酬、加班费或者经济补偿;劳动报酬低于当地最低工资标准的,应当支付其差额部分;逾期不支付的,责令用人单位按应付金额50%以上100%以下的标准向劳动者加付赔偿金;未按照劳动合同的约定或者国家规定及时足额支付劳动者劳动报酬的;低于当地最低工资标准支付劳动者工资的;安排加班不支付加班费的;解除或者终止劳动合同,未依照《劳动合同法》规定向劳动者支付经济补偿的。

▶ 5. 劳动合同无效应承担的法律责任

劳动合同依照《劳动合同法》第26条规定被确认无效,给对方造成损害的,有过错的一方应当承担赔偿责任。

▶ 6. 违法解除或终止劳动合同应承担的法律责任

用人单位违法解除或者终止劳动合同的,应当依照法律规定的经济补偿标准的2倍向劳动者支付赔偿金;用人单位违法未向劳动者出具解除或者终止劳动合同的书面证明,由劳动行政部门责令改正;给劳动者造成损害的,应当承担赔偿责任。

▶ 7. 侵犯劳动者人身权应承担的法律责任

用人单位有下列情形之一的,依法给予行政处罚;构成犯罪的,依法追究刑事责任;给劳动者造成损害的,应当承担赔偿责任:以暴力、威胁或者非法限制人身自由的手段强迫劳动的;违章指挥或者强令冒险作业危及劳动者人身安全的;侮辱、体罚、殴打、非法搜查或者拘禁劳动者的;劳动条件恶劣,环境污染严重,给劳动者身心健康造成严重损害的。

对不具备合法经营资格的用人单位的违法犯罪行为,依法追究法律责任;劳动者已经付出劳动的,该单位或者其出资人应当依照《劳动合同法》有关规定向劳动者支付劳动报酬、经济补偿、赔偿金;给劳动者造成损害的,应当承担赔偿责任。

(二)劳动者的法律责任

劳动者违法解除劳动合同,或者违反劳动合同中约定的保密义务或者竞业限制,给用人单位造成损失的,应当承担赔偿责任。

劳动者应赔偿用人单位下列损失:①用人单位招收录用其所支付的费用;②用人单位为其支付的培训费用,双方另有约定的按约定办理;③对生产、经营和工作造成的直接经济损失;④劳动合同约定的其他赔偿费用。劳动者违反劳动合同中约定的保密事项,对用人单位造成经济损失的,按《反不正当竞争法》第20条的规定支付用人单位赔偿费用。

(三)连带赔偿责任

连带赔偿责任是指权利人可以向任何一个责任人要求权利时,各个责任人不分份额、不分先后次序地根据权利人的请求对外承担全部责任。在权利人提出请求时,各个责任人不得以超过自己应承担的部分为由而拒绝。《劳动法》规定的连带赔偿责任主要包括以下内容。

(1) 用人单位与劳动者的连带赔偿责任。用人单位招用与其他用人单位尚未解除或者终止劳动合同的劳动者，给其他用人单位造成损失的，应当承担连带赔偿责任。

(2) 劳务派遣单位与用工单位的劳动赔偿责任。劳务派遣单位违反规定的，由劳动行政部门和其他有关主管部门责令改正；情节严重的，以每人1 000元以上5 000元以下的标准处以罚款，并由工商行政管理部门吊销营业执照；给被派遣劳动者造成损害的，劳务派遣单位与用工单位承担连带赔偿责任。

(3) 没有经营资质的个人承包经营违反法律规定招用劳动者，给劳动者造成损害的，发包的组织与个人承包经营者承担连带赔偿责任。

第三节　劳动者的权利制度

在现实社会中，与用人单位相比，劳动者是弱势群体，为保障劳动者的合法权益，我国《劳动法》制定了一系列的制度来保障劳动者的各项权利。

一、休息休假制度

（一）工作时间

为保障劳动者的休息休假权，我国《劳动法》对劳动者的工作时间进行了严格的规定。工作时间是指法律规定的劳动者在一昼夜和一周内从事劳动的时间，它包括每日工作的小时数、每周工作的天数和小时数。

▶ 1. 标准工作时间

标准工作时间又称标准工时，是指法律规定的在一般情况下普遍适用的，按照正常作息办法安排的工作日和工作周的工时制度。《劳动法》第36条规定："国家实行劳动者每日工作时间不超过8小时、平均每周工作时间不超过44小时的工时制度。"《劳动法》第38条规定："用人单位应当保证劳动者每周至少休息一日。"实行计件工作的劳动者，用人单位应当根据每日工作8小时、每周工作40小时的工时制度，合理确定其劳动定额和计件报酬标准。

▶ 2. 缩短工作时间

缩短工作时间是指法律规定的在特殊情况下，劳动者的工作时间长度少于标准工作时间的工时制度，即每日工作少于8小时。缩短工作时间适用于：①从事矿山井下、高山、有毒有害、特别繁重或过度紧张等作业的劳动者；②从事夜班工作的劳动者；③哺乳期内的女职工。

▶ 3. 延长工作时间

《劳动法》第36条规定："用人单位由于生产经营需要，经与工会和劳动者协商后可以延长工作时间，一般每日不得超过1小时；因特殊原因需要延长工作时间的，在保障劳动者身体健康的条件下延长工作时间每日不得超过3小时，但是每月不得超过36小时。"但下列情况延长工作时间不受第36条的限制："发生自然灾害、事故或者因其他原因，威胁劳动者生命健康和财产安全,需要紧急处理的;生产设备、交通运输线路、公共设施发生故障,影响生产和公众利益,必须及时抢修的;法律、行政法规规定的其他情形。"

(二)休息休假的概念和种类

休息休假是指劳动者为行使休息权在国家规定的法定工作时间以外,不从事生产或工作而自行支配的时间。

▶1. 休息时间的种类

(1)工作日内的间歇时间,是指在工作日内给予劳动者休息和用膳的时间。一般为1~2小时,最少不得少于半小时。

(2)工作日间的休息时间,是指两个邻近工作日之间的休息时间。一般不少于16小时。

(3)公休假日,又称周休息日,是劳动者在1周(7日)内享有的休息日,公休假日一般为每周2日,一般安排在周六和周日休息。不能实行国家标准工时制度的企业和事业组织,可根据实际情况灵活安排周休息日,应当保证劳动者每周至少休息1日。

▶2. 休假的种类

(1)法定节假日,是指根据我国各民族的风俗习惯或纪念要求,由国家法律统一规定的用以进行庆祝及度假的休息时间。第一类是对全体公民放假的,包括:元旦,放假1天;春节,放假3天(农历正月初一、初二、初三);清明节,放假1天;劳动节,放假1天;端午节,放假1天;中秋节,放假1天;国庆节,放假3天(10月1日、2日、3日)。第二类是除了全体公民放假的节日外,还有第二类是部分公民放假的节日及纪念日,包括:妇女节(3月8日妇女放假半天);青年节(5月4日14周岁以上28周岁以下的青年放假半天);儿童节(6月1日14周岁以下的少年儿童放假1天);中国人民解放军建军纪念日(8月1日现役军人放假半天)。第三类是少数民族习惯的节日,具体节日由各少数民族聚居地区的地方人民政府,按照各该民族习惯,规定放假日期。

(2)探亲假,是指职工享有保留工作岗位和工资而同分居两地,又不能在公休日团聚的配偶或父母团聚的假期。根据《国务院关于职工探亲待遇的规定》,探亲假只适用于在国家机关、人民团体、全民所有制企业、事业单位工作满1年的固定职工。《国务院关于职工探亲待遇的规定》第4条规定,探亲假期分为以下几种:探望配偶,每年给予一方探亲假一次,30天;未婚员工探望父母,每年给假一次,20天,也可根据实际情况,2年给一次,45天;已婚员工探望父母,每4年给假一次,20天。另外,根据实际需要给予路程假,上述假期均包括公休假日和法定节日在内。

(3)职工带薪年休假。《职工带薪年休假条例》第2条规定:"机关、团体、企业、事业单位、民办非企业单位、有雇工的个体工商户等单位的职工连续工作1年以上的,享受带薪年休假。单位应当保证职工享受年休假。职工在年休假期间享受与正常工作期间相同的工资收入。"

带薪年休假的时间,《职工带薪年休假条例》第3条规定:"职工累计工作已满1年不满10年的,年休假5天;已满10年不满20年的,年休假10天;已满20年的,年休假15天。国家法定休假日、休息日不计入年休假的假期。"

不能享受带薪年休假的情况包括:职工依法享受寒暑假,其休假天数多于年休假天数的;职工请事假累计20天以上且单位按照规定不扣工资的;累计工作满1年不满10年的职工，请病假累计2个月以上的；累计工作满10年不满20年的职工，请病假累计3个月以上的；累计工作满20年以上的职工，请病假累计4个月以上的。

（三）延长工作时间的主要法律规定

延长劳动时间，也称加班加点，是指用人单位经过一定程序，要求劳动者超过法律、法规规定的最高限制的日工作时数和周工作天数而工作。加班是指用人单位经过法定批准手续，要求职工在法定节日或公休假日从事工作的时间。加点是指用人单位经过法定批准手续，要求职工在正常工作日工作时数之外延长工作的时间。一般分为正常情况下延长工作时间和非正常情况下延长工作时间两种形式。

▶ 1. 一般情况下延长工作时间的规定

《劳动法》第41条规定："用人单位由于生产经营需要，经与工会和劳动者协商后可以延长工作时间，一般每日不得超过1小时；因特殊原因需要延长工作时间的，在保障劳动者身体健康的条件下延长工作时间每日不得超过3小时，但是每月不得超过36小时。"

▶ 2. 非正常情况下延长工作时间

非正常情况下延长工作时间的，不受《劳动法》第41条的限制。《劳动法》第42条规定："有下列情形之一的，延长工作时间不受本法第41条的限制：发生自然灾害、事故或者因其他原因，威胁劳动者生命健康和财产安全，需要紧急处理的；生产设备、交通运输线路、公共设施发生故障，影响生产和公众利益，必须及时抢修的；法律、行政法规规定的其他情形。"

▶ 3. 延长工作时间的工资标准

《劳动法》第44条规定："有下列情形之一的，用人单位应当按照下列标准支付高于劳动者正常工作时间工资的工资报酬：安排劳动者延长工作时间的，支付不低于工资的150%的工资报酬；休息日安排劳动者工作又不能安排补休的，支付不低于工资的200%的工资报酬；法定休假日安排劳动者工作的，支付不低于工资的300%的工资报酬。"《职工带薪年休假条例》第5条规定："单位确因工作需要不能安排职工休年假的，经职工本人同意，可以不安排职工休年假。对职工应休未休假天数，单位应当按照该职工日工资收入的300%支付年休假工资报酬。"

▶ 4. 监督检查措施

县级以上各级劳动保障行政部门对本行政区域内的用人单位组织劳动者延长工作时间的情况依法监督检查，分不同情况予以行政处罚：①用人单位未与工会或劳动者协商，强迫劳动者延长工作时间的，给予警告，责令改正，并可按每名劳动者延长工作时间每小时罚款100元以下的标准处罚；②用人单位每日延长劳动者工作时间超过3小时或每月延长工作时间超过36小时的，给予警告，责令改正，并可按每名劳动者每超过工作时间1小时罚款100元以下的标准处罚。

二、工资法律制度

（一）工资的概念

工资是指用人单位依据与劳动者之间的劳动合同，以货币形式对劳动者的劳动所支付的报酬。用人单位根据本单位的生产经营特点和经济效益，依法与劳动者协商确定本单位的工资分配方式和工资水平。

（二）工资形式

根据《关于工资总额组成的规定》的规定，工资总额由六个部分组成：计时工资、计件工资、奖金、津贴和补贴、加班加点工资和特殊情况下支付的工资。

▶ 1. 计时工资

计时工资是指按计时工资标准和工作时间支付给个人的劳动报酬，包括：对已做工作按计时工资标准支付的工资；实行结构工资制的单位支付给职工的基础工资和职务（岗位）工资；新参加工作职工的见习工资；运动员体育津贴等。

▶ 2. 计件工资

计件工资是指对已做工作按计件单价支付的劳动报酬，包括：实行超额累进计件、直接无限计件、限额计件、超定额计件等工资制，按劳动部门或主管部门批准的定额和计件单价支付给个人的工资；按工会任务包干方法支付给个人的工资；按营业额提成或利润提成办法支付给个人的工资。

▶ 3. 奖金

奖金是指支付给职工的超额劳动报酬和增收节支的劳动报酬，包括生产奖、节约奖、劳动竞赛奖、机关、事业单位的奖励工资等。

▶ 4. 津贴和补贴

津贴和补贴是指为了补偿职工特殊或额外的劳动消耗和因其他特殊原因支付给职工的工资，以及为了保证职工工资水平不受物价影响支付给职工的物价补贴。津贴包括补偿职工特殊或额外劳动消耗的津贴、保健性津贴、技术性津贴等。物价补贴包括为保证职工工资水平不受物价上涨或变动影响而支付的各种补贴。

▶ 5. 加班加点工资

加班加点工资是指按规定支付的加班工资和加点工资。

▶ 6. 特殊情况下支付的工资

根据国家法律、法规和政策规定，特殊情况下支付的工资包括因病、工伤、产假、计划生育假、婚丧假、事假、探亲假、定期休假、停工学习、执行国家或社会义务等原因按计时工资标准或计件工资标准的一定比例支付的工资。

（三）最低工资保障制度

《劳动法》第48条第2款明确规定："用人单位支付劳动者的工资不得低于当地最低工资标准。"《劳动合同法》第20条规定："劳动者在试用期的工资不得低于本单位相同岗位最低档工资或者劳动合同约定工资的80%，并不得低于用人单位所在地的最低工资标准。"

最低工资保障制度是指国家以一定的立法程序规定的，劳动者在法定工作时间内提供了正常劳动的前提下，其所在企业应支付最低劳动报酬的制度。其中，所谓的正常劳动是劳动者按照依法签订的劳动合同的约定，在法定的工作时间或劳动合同约定的工作时间内从事的劳动。最低工资保障制度是国家对劳动力市场的运行进行干预的一种重要手段，以保障劳动者能够满足其自身及其家庭成员基本生活需要。

最低工资不包括下列各项：①加班加点工资；②中班、夜班、高温、低温、井下、有毒有害等特殊工作环境条件下的津贴；③国家法律、法规和政策规定的劳动者保险、福利待遇；④用人单位通过贴补伙食、住房等支付给劳动者的非货币性收入。

最低工资的具体标准由省、自治区、直辖市人民政府规定，报国务院备案。在确定和调整最低工资标准时，综合参考下列因素：①劳动者本人及平均赡养人口的最低生活费用；②社会平均工资水平；③劳动生产率；④就业状况；⑤地区之间经济发展水平的差异。

最低工资标准应当高于当地的社会救济金和失业保险金标准，低于平均工资。最低工资标准发布实施后，如确定最低工资标准参考的因素发生变化，或本地区职工生活费用价格指数累计变动较大时，应当适时调整，但每年最多调整一次。

最低工资应以法定货币支付。用人单位支付给劳动者的工资低于最低工资标准的，由当地人民政府劳动保障行政部门责令其限期改正，逾期未改正的，由劳动保障行政部门对用人单位和责任者给予经济处罚，并视其欠付工资时间的长短向劳动者支付赔偿金。

三、职业安全卫生制度

职业安全卫生制度是国家为了保障劳动者在劳动过程中的安全和健康，改善劳动条件而制定的劳动安全卫生保障制度。用人单位必须建立、健全劳动安全卫生制度，严格执行国家劳动安全卫生规程和标准，对劳动者进行劳动安全卫生教育，防止劳动过程中的事故，减少职业危害。

劳动安全卫生设施必须符合国家规定的标准。新建、改建、扩建工程的劳动安全卫生设施必须与主体工程同时设计、同时施工、同时投入生产和使用。用人单位必须为劳动者提供符合国家规定的劳动安全卫生条件和必要的劳动防护用品，对从事有职业危害作业的劳动者应当定期进行健康检查。从事特种作业的劳动者必须经过专门培训并取得特种作业资格。劳动者对用人单位管理人员违章指挥、强令冒险作业，有权拒绝执行；对危害生命安全和身体健康的行为，有权提出批评、检举和控告。国家建立伤亡事故和职业病统计报告和处理制度。县级以上各级人民政府劳动行政部门、有关部门和用人单位应当依法对劳动者在劳动过程中发生的伤亡事故和劳动者的职业病状况，进行统计、报告和处理。

四、女职工和未成年工的特殊保护

（一）女职工的特殊劳动保护

女职工特殊劳动保护是指根据女职工生理特点和抚育子女的需要，对其在劳动过程中的安全健康所采取的有别于男子的特殊保护。我国《劳动法》对女职工的特殊保护包括以下内容。

（1）工种保护，禁止用人单位安排女职工从事矿山井下、国家规定的第四级体力劳动强度的劳动和其他禁忌从事的劳动。

（2）经期保护，用人单位不得安排女职工在经期从事高处、低温、冷水作业和国家规定的第三级体力劳动强度的劳动。

（3）孕期保护，用人单位不得安排女职工在怀孕期间从事国家规定的第三级体力劳动强度的劳动和孕期禁忌从事的活动。对怀孕七个月以上的女职工，不得安排其延长工作时间和夜班劳动。

（4）产期保护，根据《女职工劳动保护特别规定》，女职工生育享受14周的产假。

(5) 哺乳期保护，用人单位不得安排女职工在哺乳未满一周岁的婴儿期间从事国家规定的第三级体力劳动强度的劳动和哺乳期禁忌从事的其他劳动，不得安排其延长工作时间和夜班劳动。

(二) 未成年工特殊劳动保护

未成年工是指年满16周岁未满18周岁的劳动者。《劳动法》明确规定用人单位不得安排未成年工从事矿山井下、有毒有害、国家规定的第四级体力劳动强度的劳动和其他禁忌从事的劳动。此外，用人单位应当对未成年工定期进行健康检查。

五、职业培训制度

▶ 1. 国家在制度上，鼓励和支持对劳动者的职业培训

《劳动法》第66条规定："国家通过各种途径，采取各种措施，发展职业培训事业，开发劳动者的职业技能，提高劳动者素质，增强劳动者的就业能力和工作能力。"《劳动法》第67条规定："各级人民政府应当把发展职业培训纳入社会经济发展的规划，鼓励和支持有条件的企业、事业组织、社会团体和个人进行各种形式的职业培训。"

▶ 2. 对劳动者进行职业培训是用人单位的义务

《劳动法》第68条规定："用人单位应当建立职业培训制度，按照国家规定提取和使用职业培训经费，根据本单位实际，有计划地对劳动者进行职业培训。从事技术工种的劳动者，上岗前必须经过培训。"

▶ 3. 国家职业技能标准制度

国家确定职业分类，对规定的职业制定职业技能标准，实行职业资格证书制度，由经过政府批准的考核鉴定机构负责对劳动者实施职业技能考核鉴定。

六、社会保险制度

社会保险制度，是指国家依法建立的，由国家、用人单位和个人共同筹集资金、建立基金，使个人在年老（退休）、患病、工伤（因工伤残或者患职业病）、失业、生育等情况下获得物质帮助和补偿的一种社会保障制度。

依据2011年7月1日正式实施的《中华人民共和国社会保险法》，我国社会保险主要包括基本养老保险、基本医疗保险、工伤保险、失业保险和生育保险五大类。社会保险基金按照保险类型确定资金来源，逐步实行社会统筹。用人单位和劳动者必须依法参加社会保险，缴纳社会保险费。以下仅对职工社会保险制度做介绍。

(一) 职工基本养老保险制度

职工养老保险是指劳动者在因年老或病残而丧失劳动能力的情况下，退出劳动领域，从国家和社会获得物质帮助，以满足其老年生活需要的一项社会保险制度。

职工基本养老保险金，从职工养老保险基金中提取。职工养老保险基金主要由企业和职工缴费形成，企业交纳基本养老保险费的比例，一般不超过企业工资总额的20%，个人交纳基本养老保险费的比例为本人缴费工资的8%，由用人单位代扣代缴。

参加职工基本养老保险的个人，达到法定退休年龄时累计缴费满15年的，按月领取基本养老金；达到法定退休年龄时累计缴费不足15年的，可以缴费至满15年，按月领取基本养老金。

（二）职工基本医疗保险制度

职工基本医疗保险，是指当职工因生病或受到伤害后，从国家和社会获得一定医疗帮助的社会保险制度。

职工基本医疗保险具有社会保险的强制性、互济性、社会性等基本特征。因此，职工基本医疗保险制度由国家立法，强制实施，建立基本医疗保险基金制度，费用由用人单位和个人共同缴纳，医疗保险金由医疗保险机构支付，以解决劳动者因患病或受伤害带来的医疗风险。

基本医疗保险基金原则上实行地市级统筹。基本医疗保险覆盖城镇所有用人单位及其职工，所有企业、国家行政机关、事业单位和其他单位及其职工必须履行缴纳基本医疗保险费的义务。用人单位的缴费比例为工资总额的6%左右，个人缴费比例为本人工资的2%。单位缴纳的基本医疗保险费一部分用于建立统筹基金，另一部分划入个人账户；个人缴纳的基本医疗保险费计入个人账户。统筹基金和个人账户分别承担不同的医疗费用支付责任。统筹基金主要用于支付住院和部分慢性病门诊治疗的费用，统筹基金设有起付标准、最高支付限额；个人账户主要用于支付一般门诊费用。

（三）工伤保险制度

工伤，是指劳动者在从事职业活动或者与职业活动有关的活动时所遭受的不良因素的伤害和职业病伤害。

工伤保险，是指国家和社会为劳动者在生产经营活动中遭受意外伤害、患职业病，以及因这两种情况造成的死亡、劳动者暂时或永久丧失劳动能力时，给予劳动者及其亲属必要的医疗救治、生活保障、经济补偿、医疗康复、社会康复和职业康复等物质帮助的一种社会保障制度。

▶ 1. 工伤认定范围

《工伤保险条例》第14条规定："职工有下列情形之一的，应当认定为工伤：在工作时间和工作场所内，因工作原因受到事故伤害的；工作时间前后在工作场所内，从事与工作有关的预备性或者收尾性工作受到事故伤害的；在工作时间和工作场所内，因履行工作职责受到暴力等意外伤害的；患职业病的；因工外出期间，由于工作原因受到伤害或者发生事故下落不明的；在上下班途中，受到非本人主要责任的交通事故或者城市轨道交通、客运轮渡、火车事故伤害的；法律、行政法规规定应当认定为工伤的其他情形。"

《工伤保险条例》第14条规定："职工有下列情形之一的，视同工伤：①在工作时间和工作岗位，突发疾病死亡或者在48小时之内经抢救无效死亡的；②在抢险救灾等维护国家利益、公共利益活动中受到伤害的；③职工原在军队服役，因战、因公负伤致残，已取得革命伤残军人证，到用人单位后旧伤复发的。职工有前款第①项、第②项情形的，按照本条例的有关规定享受工伤保险待遇；职工有前款第③项情形的，按照本条例的有关规定享受除一次性伤残补助金以外的工伤保险待遇。"

对于广受社会关注的上下班途中的工伤认定问题，2014年9月1日施行的《最高人民法院关于审理工伤保险行政案件若干问题的规定》最高人民法院发布司法解释，明确职工在上下班途中工伤的四种情形："对社会保险行政部门认定下列情形为'上下班途中'的，人民法院应予支持：在合理时间内往返于工作地与住所地、经常居住地、单位宿舍的合理路线的上下班途中；在合理时间内往返于工作地与配偶、父母、子女居住地的合理路线的上下班途中；从事属于日常工作生活所需要的活动，且在合理时间和合理路线的上下班途中；在合理时间内其他合理路线的上下班途中。"

不得认定为工伤或者视同工伤的情形包括三种：故意犯罪的；醉酒或者吸毒的；自残或者自杀的。

职工发生事故伤害或者按照职业病防治法规定被诊断、鉴定为职业病，所在单位应当自事故伤害发生之日或者被诊断、鉴定为职业病之日起30日内，向统筹地区社会保险行政部门提出工伤认定申请。遇有特殊情况，经报社会保险行政部门同意，申请时限可以适当延长。

▶ 2. 费用的支付

（1）医疗费。

①职工治疗工伤应当在签订服务协议的医疗机构就医，情况紧急时可以先到就近的医疗机构急救。

②治疗工伤所需费用符合工伤保险诊疗项目目录、工伤保险药品目录、工伤保险住院服务标准的，从工伤保险基金支付。

③职工住院治疗工伤的伙食补助费，以及经医疗机构出具证明，报经办机构同意，工伤职工到统筹地区以外就医所需的交通、食宿费用从工伤保险基金支付，基金支付的具体标准由统筹地区人民政府规定。

（2）误工费（停工留薪期待遇）。

①职工因工作遭受事故伤害或者患职业病需要暂停工作接受工伤医疗的，停工留薪期内，原工资福利待遇不变，由原单位按月支付。

②停工留薪期一般不超过12个月。伤情严重或者特殊，经设区的市级劳动能力鉴定委员会确认，可以适当延长，但延长不得超过12个月。

③工伤职工在停工留薪期满后仍需治疗的，继续享受工伤医疗待遇。

（3）护理费。

①生活不能自理的工伤职工在停工留薪期需要护理的，由所在单位负责。

②工伤职工已经评定伤残等级并经劳动能力鉴定委员会确认需要生活护理的，从工伤保险基金按月支付生活护理费。生活护理费按照生活完全不能自理、生活大部分不能自理或者生活部分不能自理3个不同等级支付，其标准分别为统筹地区上年度职工月平均工资的50%、40%或者30%。

（四）职工失业保险制度

失业保险是指国家通过立法强制实行的，由社会集中建立基金，对因失业而暂时中断生活来源的劳动者提供物质帮助的制度。

▶ 1. 领取失业保险的条件

在我国，失业人员领取失业保险的条件有三个：①非因本人意愿中断就业；②已办理失业登记，并有求职要求；③按照规定参加失业保险，所在单位和本人已按照规定履行缴费义务满1年。

▶ 2. 失业保险待遇

失业保险待遇的内容主要涉及以下四个方面。

（1）按月领取的失业保险金。失业人员失业前用人单位和本人累计缴费满1年不足5

年的，领取失业保险金的期限最长为 12 个月；累计缴费满 5 年不足 10 年的，领取失业保险金的期限最长为 18 个月；累计缴费 10 年以上的，领取失业保险金的期限最长为 24 个月。重新就业后，再次失业的，缴费时间重新计算，领取失业保险金的期限与前次失业应当领取而尚未领取的失业保险金的期限合并计算，最长不超过 24 个月。

(2) 领取失业保险金期间的医疗补助金，即支付给失业人员领取失业保险金期间发生的医疗费用的补助。

(3) 失业人员在领取失业保险金期间死亡的丧葬补助金和供养其配偶直系亲属的抚恤金。

(4) 为失业人员在领取失业保险金期间开展职业培训、介绍的机构或接受职业培训、介绍的本人给予补偿，帮助其再就业。

(五) 生育保险制度

生育保险是在怀孕和分娩的妇女劳动者暂时中断劳动时，由国家和社会提供医疗服务、生育津贴和产假的一种社会保险制度。职工应当参加生育保险，包括男职工。生育保险费用由用人单位按照国家规定缴纳，职工不缴纳生育保险费。

▶ 1. 职工享受生育保险待遇的条件

(1) 用人单位为职工累计缴费满 1 年以上，并且继续为其缴费；

(2) 符合国家和省人口与计划生育规定。

▶ 2. 生育保险待遇

生育保险待遇包括生育医疗费用和生育津贴。

生育医疗费用包括：①生育的医疗费用；②计划生育的医疗费用；③法律、法规规定的其他项目费用。

生育津贴包括：①女职工生育享受产假（正常情况 90 日）；②享受计划生育手术休假；③法律、法规规定的其他情形。生育津贴按照职工所在用人单位上年度职工月平均工资计发。

第四节 劳动争议的处理

一、劳动争议的概念

劳动争议又称劳动纠纷，是指劳动关系双方当事人因执行劳动法律、法规或履行劳动合同、集体合同发生的纠纷。

劳动争议发生在劳动者与用人单位之间，劳动争议的主体与《劳动法》《劳动合同法》规定的劳动关系的主体相同。

二、劳动争议的范围

根据我国《劳动争议调解仲裁法》第 2 条规定，劳动争议的范围是：①因确认劳动关系发生的争议；②因订立、履行、变更、解除和终止劳动合同发生的争议；③因除名、辞退和辞职、离职发生的争议;④因工作时间、休息休假、社会保险、福利、培训以及劳动保护发生的争议;⑤因劳动报酬、工伤医疗费、经济补偿或者赔偿金等发生的争议;⑥法律、法规规定的其他劳动争议。

下列纠纷不属于劳动争议:①劳动者请求社会保险经办机构发放社会保险金的纠纷;②劳动者与用人单位因住房制度改革产生的公有住房转让纠纷;③劳动者对劳动能力鉴定委员会的伤残等级鉴定结论或者对职业病诊断鉴定委员会的职业病诊断鉴定结论的异议纠纷;④家庭或者个人与家政服务人员之间的纠纷;⑤个体工匠与帮工、学徒之间的纠纷;⑥农村承包经营户与受雇人之间的纠纷。

三、劳动争议的解决方式及处理程序

《劳动法》第77条规定:"用人单位与劳动者发生劳动争议,当事人可以依法申请调解、仲裁、提起诉讼,也可以协商解决。"根据这一规定,我国劳动争议的解决方式主要有协商、调解、仲裁和诉讼。

(一)协商程序

发生劳动争议,劳动者可以与用人单位协商解决纠纷,但是,协商程序不是处理劳动争议的必经程序。双方可以协商,也可以不协商,完全出于自愿,任何人都不能强迫。

劳动争议发生后,当事人应当协商解决,协商一致后,双方可达成和解协议,但和解协议无必须履行的法律效力,而是由双方当事人自觉履行。

协商不是处理劳动争议的必经程序,当事人不愿协商或协商不成,可以向本单位劳动争议调解委员会申请调解或向劳动争议仲裁委员会申请仲裁。

(二)调解程序

调解程序是指劳动纠纷的一方当事人就已经发生的劳动纠纷向劳动争议调解委员会申请调解的程序。根据《劳动法》规定:在用人单位内,可以设立劳动争议调解委员会负责调解本单位的劳动争议。调解委员会委员由单位代表、职工代表和工会代表组成。一般具有法律知识、政策水平和实际工作能力,又了解本单位具体情况,有利于解决纠纷。除因签订、履行集体劳动合同发生的争议外,均可由本企业劳动争议调解委员会调解。但是,与协商程序一样,调解程序也由当事人自愿选择,且调解协议也不具有强制执行力,如果一方反悔,同样可以向仲裁机构申请仲裁。

(三)仲裁程序

劳动争议仲裁,是指劳动争议仲裁委员会根据当事人的申请,依法对劳动争议在事实上做出判断、在权利义务上做出裁决的一种法律制度。

劳动争议仲裁是劳动争议案件处理必经的法律程序,仲裁一般要经历以下阶段。

▶ 1. 案件受理阶段

(1)当事人在规定的时效内向劳动争议仲裁委员会提交请求仲裁的书面申请。劳动争议申请仲裁的时效期间为1年,提出仲裁要求的一方应当自劳动争议发生之日起1年内向劳动争议仲裁委员会提出书面申请。仲裁时效期间从当事人知道或者应当知道其权利被侵害之日起计算。

(2)案件受理。劳动争议仲裁委员会接到仲裁申请后,应当在5日内做出是否受理的决定。

2. 调查取证阶段

调查取证的目的是收集有关证据和材料，查明争议事实，为下一步的调解或裁决做好准备工作。调查取证工作包括撰写调查提纲，根据调查提纲进行有针对性的调查取证，核实调查结果和有关证据等。

3. 调解阶段

仲裁庭在查明事实的基础上，首先要做调解工作，努力促使双方当事人自愿达成协议。仲裁委员会可依法进行调解，经调解达成协议的，制作仲裁调解书。仲裁调解书具有法律效力，自送达之日起具有法律约束力，当事人须自觉履行，一方当事人不履行的，另一方当事人可向人民法院申请强制执行。

4. 裁决阶段

经仲裁庭调解无效或仲裁调解书送达前当事人反悔，调解失败的，劳动争议的处理便进入裁决阶段。仲裁庭的裁决要通过召开仲裁会议的形式做出。一般要经过庭审调查、双方辩论和陈述等过程，最后由仲裁员对争议事实进行充分协商，按照少数服从多数的原则做出裁决。仲裁委员会应当在收到仲裁申请之日起45日内做出仲裁裁决，案情复杂需要延期的，经劳动争议仲裁委员会主任批准，可以延期并书面通知当事人，但是延长期限不得超过15日。逾期未做出仲裁裁决的，当事人可以就该劳动争议事项向人民法院提起诉讼。

除一裁终局的仲裁裁决以外的其他劳动争议案件的仲裁裁决，当事人不服的，可以自收到仲裁裁决书之日起15日内向人民法院提起诉讼；期满不起诉的，裁决书发生法律效力。一方当事人逾期不履行，另一方当事人可以向人民法院申请强制执行。

（四）诉讼

《劳动法》第79条规定："劳动争议发生后，当事人可以向本单位劳动争议调解委员会申请调解；调解不成，当事人一方要求仲裁的，可以向劳动争议仲裁委员会申请仲裁。当事人一方也可以直接向劳动争议仲裁委员会申请仲裁。对仲裁裁决不服的，可以向人民法院提起诉讼。"《劳动法》第83条还规定："劳动争议当事人对仲裁裁决不服的，可以自收到仲裁裁决书之日起15日内向人民法院提起诉讼。一方当事人在法定期限内不起诉又不履行仲裁裁决的，另一方当事人可以申请人民法院强制执行。"以上规定说明，仲裁程序是劳动争议案件的前置程序，未经仲裁，案件不能进入诉讼程序。

1. 起诉

劳动争议当事人对仲裁裁决不服的，可以自收到仲裁裁决书之日起15日内向人民法院提起诉讼。

2. 劳动争议案件的管辖

劳动争议案件由用人单位所在地或者劳动合同履行地的基层人民法院管辖。劳动合同履行地不明确的，由用人单位所在地的基层人民法院管辖。

3. 举证责任

在劳动诉讼中，适用民事诉讼的一般举证原则，即"谁主张，谁举证"。但在现实中，劳动者并不能掌握公司的运营资料，为此我国规定，因用人单位做出的开除、除名、辞退、解除劳动合同、减少劳动报酬、计算劳动者工作年限等决定而发生的劳动争议，用人单位负举证责任。

▶ 4. 人民法院对一裁终局的部分劳动争议仲裁裁决有撤销权

《劳动争议调解仲裁法》第47条规定:"下列劳动争议,除本法另有规定的外,仲裁裁决为终局裁决,裁决书自做出之日起发生法律效力:追索劳动报酬、工伤医疗费、经济补偿或者赔偿金,不超过当地月最低工资标准12个月金额的争议;因执行国家的劳动标准在工作时间、休息休假、社会保险等方面发生的争议。"

《劳动争议调解仲裁法》第49条规定:"用人单位有证据证明本法第47条规定的仲裁裁决有下列情形之一,可以自收到仲裁裁决书之日起30日内向劳动争议仲裁委员会所在地的中级人民法院申请撤销裁决:适用法律、法规确有错误的;劳动争议仲裁委员会无管辖权的;违反法定程序的;裁决所根据的证据是伪造的;对方当事人隐瞒了足以影响公正裁决的证据的;仲裁员在仲裁该案时有索贿受贿、徇私舞弊、枉法裁决行为的。人民法院经组成合议庭审查核实裁决有前款规定情形之一的,应当裁定撤销。"

仲裁裁决被人民法院裁定撤销的,当事人可以自收到裁定书之日起15日内就该劳动争议事项向人民法院提起诉讼。

▶ 5. 人民法院审理劳动争议案件实行两审终审制

人民法院一审审理终结后,对一审判决不服的,当事人可在15日内向上一级人民法院提起上诉;对一审裁定不服的,当事人可在10日内向上一级人民法院提起上诉。经二审审理所做出的裁决是终审裁决,自送达之日起发生法律效力,当事人必须履行。

拓展案例

张某和李某同为江苏省徐州市某大型国有企业员工,两人均为2015年8月1日入职,张某月工资为8 900元,李某由于担任公司核心技术部门的经理职务,月工资为9 900元。因客观情况发生重大变化,公司于2017年5月30日合法解除两人劳动合同。假设解除劳动合同时,徐州市上年度职工平均工资为3 000元,且两人工作期间的工资不变。

思考:
1. 计算张某和李某因解除劳动合同获得的经济补偿金。
2. 若违法解除劳动合同,张某和李某的经济赔偿金标准是多少?
3. 若终止劳动合同,张某和李某的经济补偿金标准是多少?

复习思考题

1. 劳动合同的必备条款有哪些?
2. 根据《劳动合同法》的规定,不得解除劳动合同的情形有哪些?
3. 用人单位进行经济性裁员时,应当优先留用哪些人员?

第十四章
经济仲裁和经济诉讼

学习目标

1. 了解仲裁和诉讼的概念、特征、适用范围等。
2. 掌握仲裁和诉讼的基本制度，重点掌握仲裁的程序和执行，诉讼的管辖和程序等。
3. 理解仲裁协议的重要性，能够运用仲裁法和诉讼法的基本知识解决经济和民事纠纷。

案例导入

甲公司与乙公司因为买卖合同发生纠纷，甲向某仲裁委员会申请仲裁，乙向当地人民法院提起诉讼。据了解，甲乙双方并没有签订仲裁协议。

思考：甲乙公司解决纠纷的途径是什么？仲裁委员会和人民法院对甲乙两公司的请求各会做出怎样的处理？

第一节 经济仲裁

一、仲裁的概念和特征

通常认为，仲裁是居中公断之意。法律上，仲裁是指双方当事人根据争议发生前或者之后达成的协议，自愿将其争议提交给第三方裁决的法律制度。作为解决纠纷的渠道之一，仲裁具有以下特征。

▶ 1. 自愿性

仲裁是建立在双方当事人协议的基础上。仲裁机构是民间组织，只有在当事人双方自愿达成仲裁协议,仲裁机构才能依法受理。而通过诉讼解决纠纷,只要一方当事人向有管辖权的法院起诉,法院就可以不受理,不需要征得另一方当事人的同意。

2. 选择性

申请仲裁的双方当事人可以选择仲裁地点、仲裁机构以及审理案件的仲裁员等。而对诉讼当事人而言,选择的范围相对较小。

3. 保密性

仲裁一般不公开进行,可以较好保护当事人的商业秘密。只有在当事人协议公开时才可以公开进行,但涉及国家秘密的除外。一般情况下,仲裁费用比诉讼费用相对要低。

4. 快捷性

仲裁实行一裁终局制度,仲裁裁决做出后,当事人应当履行裁决。当事人就同一纠纷再申请仲裁或者向法院起诉的,仲裁委员会或人民法院不予受理。

5. 强制性

仲裁裁决一旦做出,对双方当事人都有法律上的约束力,一方拒不履行,仲裁机关无权强制执行,另一方当事人只能向人民法院申请强制执行。

二、仲裁法概述

仲裁法就是调整仲裁过程中发生的各种关系的法律规范的总称。《中华人民共和国仲裁法》(以下简称《仲裁法》)于1994年8月31日由第八届全国人民代表大会常务委员会第九次会议通过,自1995年9月1日起施行。该法的颁布和实施对于保证公正、及时地仲裁经济纠纷,保护当事人的合法权益,保障社会主义市场经济健康发展,具有十分重要的意义。

《仲裁法》规定,平等主体的公民、法人和其他组织之间发生的合同纠纷和其他财产权益纠纷,可以仲裁。同时,《仲裁法》还规定下列纠纷不能仲裁:①婚姻、收养、监护、抚养、继承纠纷;②依法应当由行政机关处理的行政争议。另外,劳动争议和农业集体经济组织内部的农业承包合同纠纷的仲裁,另行规定,不属于《仲裁法》的调整范围。

三、仲裁法的基本原则

1. 自愿原则

自愿原则是仲裁法最基本的原则。我国《仲裁法》第4条规定:"当事人采用仲裁方式解决纠纷,应当双方自愿,达成仲裁协议。没有仲裁协议,一方申请仲裁的,仲裁委员会不予受理。"在仲裁中,当事人可以任意选择他们共同信任的、对纠纷处理较为方便的仲裁机构。但是,如果当事人一旦选择了仲裁,则意味着就同时放弃了就原纠纷进行诉讼的权利。

2. 以事实为根据、以法律为准绳的原则

仲裁机构是基于当事人的信任,居中解决经济纠纷的。因此,为了充分保护当事人的合法权益,仲裁机构应以客观案情为依据,在查证确认双方当事人应承担的法律责任基础上,以国家法律和行政法规为衡量尺度,公平合理地解决纠纷。

3. 独立原则

仲裁独立是现代仲裁制度的核心,是指从仲裁机构的设置到仲裁纠纷的整个过程,都

依法独立进行，不受行政机关、社会团体和个人的干涉。仲裁协会、仲裁委员会和仲裁庭之间相互独立。各仲裁委员会之间没有高低上下之分，相互独立，不存在隶属关系。

▶ 4. 先行调解原则

调解制度是我国处理案件的一条重要经验。通过调解解决纠纷，有利于当事人将来的合作，便于调解协议的执行。《仲裁法》规定："仲裁庭在做出裁决前，可以先行调解。当事人自愿调解的，仲裁庭应当调解。调解不成的，应及时做出裁决。"

▶ 5. 法院监督原则

人民法院既保障仲裁裁决的执行，也对仲裁进行必要的监督。人民法院的监督实行事后监督，表现为撤销违法的仲裁裁决和决定对仲裁裁决不予执行。通过法院必要的监督，对仲裁做出必要的制约。

四、仲裁法的基本制度

▶ 1. 一裁终局制度

一裁终局，是指仲裁机构的裁决一经做出即发生法律效力，对同一争议，既不允许当事人向仲裁机构再申请仲裁，也不允许当事人向人民法院起诉。一裁终局制度是仲裁程序简便、迅速的集中体现。为了保证仲裁裁决的公正、合法，我国《仲裁法》在规定一裁终局制度的同时，还规定了人民法院对仲裁裁决的司法监督制度，以维护当事人的合法权益。

▶ 2. 或裁或审制度

当事人没有仲裁协议，一方申请仲裁的，仲裁委员会不予受理；当事人达成仲裁协议的，应当向仲裁机构申请仲裁，不能向法院起诉。但仲裁协议无效的除外。

▶ 3. 协议仲裁制度

当事人采用仲裁方式解决纠纷，应当双方自愿，达成仲裁协议。仲裁委员会应当由当事人协议选定。协议仲裁制度是自愿原则在仲裁过程中得以实现的最根本的保证。

五、仲裁机构与仲裁协议

（一）仲裁机构

我国《仲裁法》规定仲裁机构是仲裁委员会。仲裁委员会是组织进行仲裁工作、解决经济纠纷的事业单位法人。

仲裁委员会可以在直辖市、省和自治区人民政府所在地的市设立，也可以根据需要在其他设区的市设立，不按行政区划层层设立。设立仲裁委员会，应当经省、自治区、直辖市的司法行政部门登记。同时，《仲裁法》规定，涉外经济贸易、运输和海事纠纷的仲裁由中国国际商会组织设立的涉外仲裁委员会进行。

仲裁委员会应当具备下列条件：①有自己的名称、住所和章程；②有必要的财产；③有该委员会的组成人员；④有聘任的仲裁员。仲裁委员会由主任1人、副主任2~4人和委员7~11人组成，仲裁委员会的主任、副主任和委员由法律、经济贸易专家和有实际工作经验的人员担任，仲裁委员会的组成人员中，法律、经济贸易专家不得少于2/3。

仲裁员由仲裁委员会聘任。仲裁委员会应当从公道正派的、具备仲裁员资格的人员中聘任仲裁员，并按不同专业设置仲裁员名册，供当事人选择。仲裁员应当符合下列条件之一：从事仲裁工作满8年的；从事律师工作满8年的；曾任审判员满8年的；从事法律研究、教学工作并具有高级职称的；具有法律知识、从事经济贸易工作并具有高级职称或者具有同等专业水平的。

仲裁员有专职和兼职之分：属于仲裁委员会的工作人员，又被聘任为仲裁员的，为专职仲裁员；在其他部门工作，又被聘任为仲裁员的，为兼职仲裁员。

中国仲裁协会是社会团体法人，是仲裁委员会的自律性组织，根据章程对仲裁委员会及其组成人员、仲裁员的违纪行为进行监督，并按照仲裁法和民事诉讼的有关规定制定仲裁规则。全国各个仲裁委员会都是中国仲裁协会的会员。中国仲裁协会的章程由全国会员大会制定。

（二）仲裁协议

仲裁协议是指双方当事人自愿把将已经发生或将来可能发生的纠纷争议提交仲裁并服从仲裁约束力的书面协议。《仲裁法》规定，仲裁协议应采取书面形式，可以在合同中订立仲裁条款，或以其他书面形式达成仲裁协议。当事人既可以在纠纷发生前达成仲裁协议，也可以在纠纷发生后达成。

仲裁协议是双方当事人充分协商，达成一致意见后订立的书面协议。根据《仲裁法》的规定，仲裁协议应当具备下列内容：请求仲裁的意思表示、仲裁事项、选定的仲裁机构。仲裁协议对仲裁事项或者仲裁委员会没有约定或者约定不明确的，当事人可以补充协议；达不成补充协议的，仲裁协议无效。

仲裁协议的效力是指一项有效的仲裁协议对有关当事人和机构在法律上的约束力。一份有效的仲裁协议，对法院的效力表现为排斥了法院对该案件的管辖权。《仲裁法》第19条规定：仲裁协议独立存在，合同的变更、解除、终止或者无效，不影响仲裁协议的效力。

六、仲裁程序

（一）申请和受理

▶ 1. 仲裁的申请

当事人申请仲裁应当符合三个条件：一要有仲裁协议；二要有具体的仲裁请求和事实、理由；三要属于仲裁委员会的受理范围。当事人申请仲裁应当向仲裁委员会提交书面仲裁协议、仲裁申请书及副本。

▶ 2. 仲裁的受理

仲裁委员会收到仲裁申请书之日起5日内，认为符合受理条件的，应当受理，并通知当事人；认为不符合受理条件的，应当书面通知当事人不予受理，并说明理由。

当事人达成仲裁协议，一方向人民法院起诉未声明有仲裁协议，人民法院受理后，另一方在首次开庭前提交仲裁协议的，人民法院应当驳回起诉，但仲裁协议无效的除外；另一方在首次开庭前未对人民法院受理该案提出异议的，视为放弃仲裁协议，人民法院应当继续审理。

仲裁委员会受理仲裁申请后，应当在规定的期限内，将仲裁规则和仲裁员名册送达申请人，并将仲裁申请书副本和仲裁规则、仲裁员名册送达被申请人。被申请人收到仲裁申请书副本后，应当在规定的期限内提交答辩书。未提交答辩书的，不影响仲裁程序的进行。

▶3. 财产保全

一方当事人因另一方当事人的行为或者其他原因，可能使裁决不能执行或难以执行的，可以申请财产保全，并向仲裁委员会递交财产保全申请书，由仲裁委员会将当事人的申请书提交被申请人住所地或者财产所在地的基层人民法院。被申请人提供担保的，人民法院应当解除财产保全。申请有错误的，申请人应当赔偿被申请人因财产保全所遭受的损失。

（二）仲裁庭的组成

仲裁庭可以由三名仲裁员或者一名仲裁员组成。《仲裁法》第31条规定："当事人约定由3名仲裁员组成仲裁庭的，应当各自选定或者各自委托仲裁委员会主任指定一名仲裁员，第3名仲裁员由双方当事人共同选定或者共同委托仲裁委员会主任指定。第3名仲裁员是首席仲裁员。当事人约定由一名仲裁员组成仲裁庭的，应当由当事人共同选定或者共同委托仲裁委员会主任指定仲裁员。"

（三）开庭和裁决

▶1. 自行和解与先行调解

《仲裁法》规定，当事人申请仲裁后，可以自行和解。达成和解协议的，可撤回仲裁申请。撤回仲裁申请后又后悔的，仍有权申请仲裁。仲裁庭在做出裁决前，也可先行调解。调解达成协议的，仲裁庭应当制作调解书。调解书与裁决书具有同等的法律效力。调解书经双方当事人签收后，即发生法律效力。仲裁庭调解不成，或在调解书签收前当事人反悔的，仲裁庭应当及时做出裁决。

▶2. 开庭

仲裁应当开庭进行，但当事人协议不开庭时，仲裁庭可以根据仲裁申请书、答辩书以及其他材料做出裁决。仲裁一般不公开进行，当事人协议公开的，可以公开进行，但涉及国家秘密的除外。

仲裁委员会应当在规定的期限内将开庭日期通知双方当事人。申请人经书面通知，无正当理由不到庭或者未经仲裁庭许可中途退庭的，可以视为撤回仲裁申请。被申请人经书面通知，无正当理由不到庭或者未经仲裁庭许可中途退庭的，可以缺席裁决。

▶3. 裁决

裁决应当按照多数仲裁员的意见做出。仲裁庭不能形成多数意见时，裁决应当按照首席仲裁员的意见做出。独任仲裁庭仲裁的案件，裁决按照独任仲裁员的意思做出。裁决书由仲裁员签名，加盖仲裁委员会印章。仲裁庭仲裁纠纷时，其中一部分事实已经清楚，可以就该部分先行裁决。裁决书自做出之日起发生法律效力。

（四）仲裁裁决的撤销

撤销裁决，是指对于符合法律规定的情况，经由当事人提出申请，人民法院组成合议庭审查核实，裁定撤销仲裁裁决的行为。

当事人自收到裁决书之日起6个月内，提出证据证明裁决有下列情形之一的，可以向仲裁委员会所在地的中级人民法院申请撤销裁决：
（1）没有仲裁协议的；
（2）裁决的事项不属于仲裁协议的范围或者仲裁委员会无权仲裁的；
（3）仲裁庭的组成或者仲裁程序违反法定程序的；
（4）裁决所依据的证据是伪造的；
（5）对方当事人隐瞒了足以影响公正裁决的证据的；
（6）仲裁员在仲裁该案件时有索贿、受贿、徇私舞弊、枉法裁判行为的。

人民法院经过组成合议庭审查核实裁决有上述情形之一的，应当在受理申请之日起2个月内做出撤销裁决的裁定。未发现可被撤销的理由的，应当做出驳回申请的裁定。此外，人民法院认定该裁决违背社会公共利益的，应当裁定撤销。人民法院裁定撤销裁决的，应当裁定终结执行。

（五）仲裁裁决的执行

我国仲裁实行一次裁决终局制，裁决书自做出之日起即发生法律效力，当事人应当履行裁决。一方当事人不履行仲裁裁决的，仲裁机构无权强制执行，只能由另一方当事人依照民事诉讼的有关规定向人民法院申请强制执行，受申请的人民法院应当执行。

▶ 1. 仲裁裁决的不予执行

被申请人提出证据证明裁决有《民事诉讼法》第213条规定的下列情形之一的，经人民法院组成合议庭审查核实，裁定不予执行：
（1）当事人在合同中没有订立仲裁条款或者事后没有达成书面仲裁协议的；
（2）裁决的事项不属于仲裁协议的范围或者仲裁机构无权仲裁的；
（3）仲裁庭的组成成员或者仲裁的程序违反法定程序的；
（4）认定事实的主要证据不足的；
（5）适用法律有错误的；
（6）仲裁员在仲裁该案件时有贪污受贿、徇私舞弊、枉法裁决行为的。

对于仲裁裁决被撤销或不予执行的纠纷案件，当事人有两种选择：一是就该纠纷重新达成仲裁协议，申请重新仲裁；二是向人民法院起诉。

▶ 2. 仲裁裁决的中止执行

中止执行是指在执行仲裁裁决的过程中，由于出现某种特定的原因，而使执行程序暂时停止，待情况消除后再继续执行。一方当事人申请执行裁决，另一方当事人申请撤销仲裁裁决的，人民法院应当裁定中止执行。

第二节　经济诉讼

一、诉讼的概念和分类

诉讼是指人民法院在双方当事人及其诉讼参与人的参加下，审理和解决各种纠纷案件的活动以及由于这些活动形成的各种诉讼法律关系的总称。当事人的起诉、应诉行为，其他诉讼参与人如证人的作证、鉴定人的鉴定行为、人民法院审理案件的行为等都是诉讼行为。诉讼法律关系，是指在诉讼活动中发生的法院与一切诉讼参与人之间的权利和义务关系。

根据诉讼所要解决案件的性质及其所依据的法律不同，诉讼可分为以下三种。

▶ 1. 刑事诉讼

刑事诉讼是指国家专门机关在当事人和其他诉讼参与人的参加下，依照法定的权限和程序发现、揭露犯罪，证实、惩罚犯罪的全部活动。

▶ 2. 民事诉讼

民事诉讼是指当事人因其民事权益受到侵害或者发生争议，起诉到人民法院，由人民法院按照法定程序，对当事人争执的问题进行审理和裁判的诉讼活动。

因违反经济法产生的平等主体之间的案件，一般归类为民事案件，按民事诉讼有关规定处理。

▶ 3. 行政诉讼

行政诉讼是指行政管理相对人不服行政机关所做的处理决定，依法起诉到人民法院，由人民法院按照行政诉讼法的规定予以审理和裁决的诉讼活动。

二、经济诉讼的基本原则

经济诉讼的基本原则，是指在经济诉讼的全过程中起着指导作用的基本准则。

▶ 1. 独立审判的原则

人民法院依照法律规定对民事、经济纠纷案件进行独立审判，不受行政机关、社会团体和个人的干涉。

▶ 2. 以事实为根据，以法律为准绳的原则

人民法院在审理案件时，以案件的真实情况作为定案处理的根据，以法律作为标准和尺度，来判断是非、明确权利和义务关系。

▶ 3. 当事人诉讼权利平等的原则

人民法院审理民事案件，当事人无论是中国公民、法人或其他组织，还是外国公民、法人或其他组织，他们的诉讼地位都是平等的，当事人双方都享有平等的诉讼权利。但是，如果外国法院对我国公民、法人或其他组织的诉讼权利加以限制，我国人民法院对该国公民、企业或组织的诉讼权利，实行对等原则。

▶ 4. 自愿合法调解的原则

人民法院在审理民事案件及经济纠纷案件时，对能够调解的案件，在自愿合法的原则下，尽可能调解结案；调解不成的，应当及时判决。调解贯彻整个诉讼过程，不论是一审、二审还是再审，都可以进行调解。

▶ 5. 辩论原则

当事人双方在人民法院的主持下，就案件事实和适用法律的争议问题，各自陈述自己的主张和意见，相互反驳和答辩，以维护自己的合法权益。

▶ 6. 处分原则

当事人在诉讼活动中有权依法自由处置自己的诉讼权利和实体权利。例如，原告可以

自由决定是否撤回起诉，放弃、变更诉讼请求；被告可以自由决定是否承认、反驳部分或全部诉讼请求，提起反诉等。

三、经济诉讼的基本制度

▶ 1. 合议制度

合议制度是指由3名以上的审判人员组成合议庭，代表人民法院行使审判权，对案件进行审理并做出裁判的制度。合议制是相对于独任制度而言的。独任制度是指由一名审判员独立地对案件进行审理和裁判的制度。一般适用于简易程序的第一审民事案件。

▶ 2. 回避制度

回避制度是指为了保证案件的公正审理，要求与案件有一定利害关系的审判人员或其他诉讼参加人员不得参与本案的审理活动。《民事诉讼法》第45条规定，审判人员有下列情形之一的，必须回避：是本案当事人或者当事人、诉讼代理人的近亲属；与本案有利害关系；与本案当事人有其他关系，可能影响对案件的公正审理。当事人提出回避申请，应当说明理由，在案件开始审理时提出；回避事由在案件开始审理后知道的，也可以在法庭辩论终结前提出。

▶ 3. 公开审判制度

公开审判制度是指人民法院审理各类案件，除法律规定的情况外，审判过程及结果应当向当事人和社会公开的程度，即公开开庭的时间、地点，允许群众旁听和新闻记者采访，对外宣布判决结果，以保证司法的公正性。但涉及国家秘密、个人隐私或者法律另有规定的案件，不公开审理。另外，离婚案件和涉及商业秘密的案件，当事人申请不公开审理的，可以不公开审理。对于不公开审理的案件，宣判应当公开进行。

▶ 4. 两审终审制

两审终审制度是指一个民事案件依照法定程序经过第一审、第二审两级人民法院审理后即告终结的制度，但最高人民法院所做的一审判决、裁定，为终审判决、裁定，当事人不得上诉，即实行一审终审。适用特别程序、督促程序、公示催告程序和地方各级法院审理的破产案件，实行一审终审。

四、经济诉讼的管辖

(一) 管辖的概念

经济诉讼的管辖是指各级人民法院和同级人民法院之间，受理第一审民事、经济案件的分工和权限。

(二) 管辖的分类

我国的诉讼管辖主要有级别管辖、地域管辖、移送管辖和指定管辖。

▶ 1. 级别管辖

级别管辖是指划分上下级法院之间受理第一审民事、经济案件的分工和权限。这体现出我国人民法院之间管辖的纵向分工。级别管辖分为以下四级。

(1) 基层人民法院管辖的第一审案件是一般的民事纠纷。

(2) 中级人民法院管辖下列第一审民事纠纷案件：重大的涉外案件；在本辖区有重大影响的案件；最高人民法院确定由中级人民法院管辖的案件。

(3) 高级人民法院管辖在本辖区有重大影响的第一审民事案件。

(4) 最高人民法院管辖的第一审民事纠纷案件是指在全国有重大影响的案件以及其认为应当由本院审理的案件。

以上案件因诉讼标的的金额大小和案件的繁简程度不同，可以分别由上一级或下一级人民法院审理。一般来说，级别越低的法院受理的第一审民事案件量越大，级别越高的法院管辖的地域范围越广，但实际受理的第一审民事案件量越小。

▶ 2. 地域管辖

地域管辖，是指同级人民法院之间以行政区划为标准，在审理第一审民事纠纷案件的权限上的分工。

我国民事诉讼法规定的地域管辖，包括一般地域管辖、特殊地域管辖、专属管辖、协议管辖和共同管辖。

▶ 3. 移送管辖

人民法院发现受理的案件不属于本院管辖的，应当移送有管辖权的人民法院，受移送的人民法院应当受理。受移送的人民法院认为受移送的案件依照规定不属于本院管辖的，应当报请共同的上级人民法院指定管辖，不得再自行移送。

▶ 4. 指定管辖

有管辖权的人民法院由于特殊原因，不能行使管辖权的，由上级人民法院指定管辖。人民法院之间因管辖权发生争议，由争议双方协商解决；协商不成的，报请他们的共同上级人民法院指定管辖。

五、经济审判和执行程序

审判程序是人民法院审理民事与经济纠纷案件所适用的程序，包括第一审程序、第二审程序和审判监督程序。审判程序的意义在于保障人民法院查明事实、分清是非，依法确认权利义务关系，正确做出判决。

（一）第一审程序

第一审程序是民事诉讼规定的人民法院审理第一审民事纠纷案件时的程序，包括第一审普通程序和简易程序。

▶ 1. 第一审普通程序

第一审普通程序是指人民法院审理第一审民事纠纷案件时适用的最基本的程序，也是审判程序中规定最完整的程序，包括以下几个阶段。

(1) 起诉和受理。起诉是指公民、法人或其他组织在其民事权益受到侵害或与他人发生争议时，向人民法院提起诉讼，请求人民法院通过审判予以司法保护的诉讼行为。所以，起诉是当事人一项重要的诉讼权利。

起诉必须同时具备以下条件：原告必须是与本案有直接利害关系的公民、法人或其他组织；有明确的被告；有具体的诉讼请求和事实、理由；属于人民法院受理民事诉讼的范围和受诉人民法院管辖。

受理是指人民法院通过对当事人的起诉进行审查，对符合法律规定条件的，决定立案审理的诉讼行为。人民法院收到起诉状或者口头起诉，经审查，认为符合起诉条件的，应当在 7 日内立案，并通知当事人；认为不符合起诉条件的，应当在 7 日内裁定不予受理。原告对裁定不服的，可以提出上诉。

（2）审理前的准备。人民法院受理案件后开庭审理之前，为保证审理工作顺利进行，要做好各种准备工作。主要包括：在法定期间内及时送达起诉文书，人民法院受理案件后，应以书面形式分别向原告、被告发送受理案件通知书和应诉通知书；人民法院应在立案后 5 日内将起诉状副本发送被告，被告在收到之日起 15 日内提交答辩状，被告未提交答辩状的，不影响人民法院审理；人民法院应告知当事人有关的诉讼权利和义务；合议庭组成人员确定后，应当在 3 日内告知当事人；审判人员应认真审核诉讼材料，调查收集必要的证据，追加当事人等。

人民法院对于可能因当事人一方的行为或者其他原因，使判决不能执行或者难以执行的案件，可以根据对方当事人的申请，做出财产保全的裁定。申请人在人民法院采取保全措施后 15 日内不起诉的，人民法院应当解除财产保全。人民法院采取财产保全措施，可以责令申请人提供担保；申请人不提供担保的，驳回申请。

（3）调解。人民法院审理经济纠纷案件，根据当事人自愿的原则，在事实清楚的基础上，分清是非，进行调解。如达成调解协议，应当制作调解书，由审判人员、书记员署名，并加盖人民法院印章。调解书送达并经双方当事人签收后，即具有法律效力。

（4）开庭审理。开庭审理是审判工作的中心环节，其任务是全面审查证据，彻底查明案情，正确认定案件事实，做出合法公正的判决。开庭审理的程序，大致可分为以下几个阶段：开庭准备、开始审理、法庭调查、法庭辩论和宣判。

人民法院审理民事案件，应当在开庭 3 日前通知当事人和其他诉讼参与人。公开审理的，应当公告当事人姓名、案由和开庭的时间、地点。

人民法院审理案件，除法律规定的特殊情况外，一律公开进行。

开庭审理时由审判长核对当事人，宣布案由，公布审判人员、书记员名单，告知当事人有关的诉讼权利、义务，询问当事人是否提出回避申请。

随后，开庭审理就依序进入法庭调查和法庭辩论阶段，须遵循法律相关规定进行。经过法庭调查和法庭辩论后，人民法院依法做出判决前，审判长可以询问当事人是否愿意调解。当事人同意的，可以依法进行调解。调解不成，应当及时判决。

法庭辩论终结后，由审判长宣布休庭，合议庭退庭进行评议。合议庭评议实行少数服从多数的原则，评议的情况应如实记入笔录。评议完毕，由审判长宣布继续开庭，宣告判决结果。也可定期宣判。不论案件是否公开审理，宣告判决结果一律公开进行。当庭宣判的，应当在 10 日内发送判决书；定期审判的，审判后立即发给判决书。宣告判决时，要告知当事人上诉权利、上诉期限和上诉审理法院。

适用普通程序审理的案件，人民法院应当在立案之日起 6 个月内审结；有特殊情况需要延长的，报请院长批准，批准延长的期限，最长不超过 6 个月；若仍需要延长的，则由受诉人民法院报请上级人民法院批准。

▶ 2. 简易程序

简易程序是指基层人民法院及其派出法庭审理简单的民事案件和经济纠纷案件所适用

的程序。适用简易程序审理的案件只能是事实清楚、权利义务关系明确、争议不大的简单民事案件和经济纠纷案件，而且只有基层人民法院及其派出法庭可以适用。

（二）第二审程序

第二审程序是指上一级人民法院根据当事人的上诉，就下级人民法院的一审判决和裁定，在其发生法律效力前，对案件进行重新审理的程序。上级人民法院通过对上诉案件的审理，审查一审判决、裁定是否有错误，能有效地保证人民法院裁判的正确性和合法性，使人民法院正确地行使国家审判权。

当事人不服地方人民法院第一审判决的，有权在判决书送达之日起15日内向上一级人民法院提起上诉。当事人不服第一审裁定的，有权在裁定书送达之日起10日内向上一级人民法院提起上诉。

第二审人民法院受理后，应当组成合议庭，开庭审理。经过阅卷和调查，询问当事人，在事实核对清楚后，合议庭认为不需要开庭审理的，也可以直接判决、裁定。第二审人民法院对上诉案件经过审理，原判决认定事实清楚，适用法律正确的，判决驳回上诉，维持原判决；原判决适用法律错误的，依法改判；原判决认定事实错误，或者原判决认定事实不清，证据不足，或者原判决违反法定程序，可能影响案件正确判决的，裁定撤销原判决，发回原审人民法院重审，或者查清事实后改判。

人民法院审理对判决的上诉案件，应当在第二审立案之日起3个月内审结。有特殊情况需要延长的，由本院院长批准。对裁定的上诉案件，应当在第二审立案之日起30日内做出终审裁定。

第二审人民法院判决裁定是终审判决裁定，所做出的判决、裁定自判决书、裁定书送达当事人之日，发生法律效力。

（三）审判监督程序

审判监督程序又称为再审程序，是指人民法院对已经发生法律效力的判决、裁定认为在认定事实上或者适用法律上确有错误，对案件依法进行重审的一种审判程序。实行这种制度的目的是纠正已经发生法律效力，但又确实有错误的判决、裁定。当事人、法院和检察院均有资格启动审判监督程序，但相关具体资格及法院是否实际进行再审均应看有关法定条件是否具备。

（四）执行程序

对已经发生法律效力的调解书、裁定书和判决书，当事人必须执行。有义务执行的一方当事人拒不执行的，另一方有权请求人民法院强制执行，以保护自己的合法权益。

拓展案例

2017年7月，石家庄市某健身房与广州市某健身器材公司签订了一份购销合同。合同中的仲裁条款规定："因履行合同发生的争议，由双方协商解决；无法协商解决的，由仲裁机构仲裁。"2017年9月，双方发生争议，该健身房向其所在地的石家庄市仲裁委员会递交了仲裁申请书，但健身器材公司拒绝答辩。同年11月，双方经过协商，签订了一份仲裁协议，并商定将此合同争议提交健身器材公司所在地的广州市仲裁委员会仲裁。事后，该健身房担心广州市仲裁委员会实行地方保护主义，偏袒健身器材公司，故未申请仲裁，而是向公司履行地人民法院提起诉讼，且起诉时未说明约定仲裁的情况，法院受理此案，并向健身器材公司送达了起诉状副本，健身器材公司向法院递交了答辩状。法院经审理判决被告健身器材公司败诉，被告不服，理由是双方事先有仲裁协议，法院判决无效。

思考：

1. 争议发生后，双方签订的仲裁协议是否有效？为什么？
2. 原告某健身房向法院提起诉讼正确与否？为什么？
3. 被告健身器材公司是否具有上诉权？为什么？

复习思考题

1. 简述经济仲裁的基本制度。
2. 简述民事诉讼法的基本原则。
3. 简述我国民事诉讼的审判程序。

参 考 文 献

[1] 寇晓慧,邵伟军. 经济法教程[M]. 北京:中国财政经济出版社,2014.
[2] 刘常宝. 新编经济法教程[M]. 西安:西北农林科技大学出版社,2010.
[3] 赵旭,陆中宝. 经济法[M]. 长沙:湖南师范大学出版社,2014.
[4] 葛恒云. 经济法[M]. 北京:机械工业出版社,2014.
[5] 马洪. 经济法概论[M]. 上海:上海财经大学出版社,2007.
[6] 张猛,潘灿辉. 经济法概论[M]. 北京:中国工商出版社,2013.

教师服务

感谢您选用清华大学出版社的教材！为了更好地服务教学，我们为授课教师提供本书的教学辅助资源，以及本学科重点教材信息。请您扫码获取。

❯❯ 教辅获取

本书教辅资源，授课教师扫码获取

❯❯ 样书赠送

经济学类重点教材，教师扫码获取样书

 清华大学出版社

E-mail: tupfuwu@163.com
电话: 010-83470332 / 83470142
地址: 北京市海淀区双清路学研大厦 B 座 509

网址: http://www.tup.com.cn/
传真: 8610-83470107
邮编: 100084

教师服务

感谢您选用清华大学出版社的本科教材!为了更好地服务教学,我们为采用本书作为教材的教师提供本书的配套资源,以尽本学期内完成对新教材的熟悉和教学设计工作。

> 教辅&课件

本书配套教辅材料,请扫描右侧二维码获取。

> 样书赠送

教研室或课程团队,欢迎扫码申请样书。

（四）清华大学出版社

E-mail: tupfuwu@163.com
电话: 010-83470032/83470142
地址: 北京市海淀区双清路学研大厦B座509, 邮编: 100084
网址: http://www.tup.com.cn
传真: 8610-83470107